环喜马拉雅区域研究编译文集 ①

——环境、生计与文化

郁丹 李云霞 曾黎 主编

学苑出版社

图书在版编目（CIP）数据

环喜马拉雅区域研究编译文集一．环境、生计与文化 / 郁丹，李云霞，曾黎主编．－－北京：学苑出版社，2017.8
ISBN 978-7-5077-5302-8

Ⅰ．①环… Ⅱ．①郁… ②李… ③曾… Ⅲ．①社会科学－文集 Ⅳ．① C53

中国版本图书馆 CIP 数据核字 (2017) 第 211137 号

责任编辑：	杨　雷
封面设计：	陈　曦
出版发行：	学苑出版社
社　　址：	北京市丰台区南方庄 2 号院 1 号楼
邮政编码：	100079
网　　址：	www.book001.com
电子信箱：	xueyuanpress@163.com
联系电话：	010-67601101（销售部） 67603091（总编室）
经　　销：	新华书店
印 刷 厂：	北京京华虎彩印刷有限公司
开本尺寸：	1/16
印　　张：	20.5
字　　数：	410 千字
版　　次：	2017 年 8 月第 1 版
印　　次：	2017 年 8 月第 1 次印刷
定　　价：	68.00 元

目 录

序　　言 ·· 郁　丹（1）

喜马拉雅人类学发展史 ··············· James F. Fisher　著　姚婧媛　译（14）

消融的喜马拉雅：气候变化对水资源，生物多样性和生计的梯度效应
　　················· Jianchu Xu（许建初）　等著　其美卓嘎　译（43）

世界最高生态系统中的日常佛教和环境决策
　　·································· Jeremy Spoon　著　曾　黎　张　荣　译（66）

消失的女神？关于对根戈德里-高穆克冰川附近生态变化矛盾的感知
　　································· Georgina Drew　著　李　璐　瑾　璨　译（93）

发展的修辞学路径：尼泊尔的一项道路工程
　　································ Ben Campbell　著　段　平　唐小茜　译（110）

急剧恶化？喜马拉雅环境变迁叙述的审视
　　······································ John J. Metz　著　马斌斌　译（127）

水电国公民：尼泊尔水利发展前沿中的地域性与能动性
　　······································ Austin Lord　著　次仁德吉　译（158）

交互空间：边界、非法流动和领土国家如何相扣
　　······························ Willem van Schendel　著　李云霞　译（183）

星系政体：传统东南亚王国的结构
　　······················ Stanley J. Tambiah（已故）著　李晓哲　译（207）

法国殖民军事民族志记录中的越南北部边境生计，1897—1904
　　····································· Jean Michaud　著　张　敏　译（240）

金三角佛国：佛教复兴运动和卡里斯玛僧人祜巴温忠（Khruba Bunchum）
　　·· Paul T. Cohen　著　王　媛　译（267）

克伦难民苦处的调解及其权利的表征 …………………………………………
………………………… Alexander Horstmann 著 朱 迪 译（282）

西双版纳的少数民族治理和发展：作为商人的阿卡和傣族胶农
………………………… Janet C. Sturgeon（已退休）著 马 祯 译（302）

序　言
——环喜马拉雅环境、生计和文化的连贯性

郁　丹[①]

语　境

《环喜马拉雅区域研究编译文集》由中国国家社会科学基金项目"'一带一路'战略背景下环喜马拉雅生态与文化多样性研究"（编号：15BMZ070）、云南民族大学 2015 国际教育合作基地项目、云南民族大学 2015 高层次国际人才引智项目支持。《文集》中文献的挑选、翻译和编译工作由"耶鲁大学—云南民族大学 2016 环喜马拉雅区域研究夏季研讨班"专家、学者和部分学员担任。本次研讨班作为云南民族大学第二期夏季学科前沿文献编译研讨班，由夏季班云南民族大学欢喜马拉研究中心与耶鲁大学喜马拉雅研究中心联合举办。夏季班作为云南民族大学高水平民族大学建设战略的一部分，按云南民族大学民族性、边疆性和国际性的三个定位来设计研讨和编译文献，其宗旨是为了带动中青年学者、研究生、博士生、博士后的学科创新，其中心任务是通过对国际上现有

[①] 郁丹，自 2014 年秋起担任云南民族大学环喜马拉雅研究中主任、教授。之前担任德国马普宗教与民族多元研究所高级研究员和中国科研组负责人、德国哥廷根大学跨区域研究中心核心研究员、中央民族大学民族学与社会学学院新世纪人才等职务。郁丹教授于 2006 年在美国加州大学戴维斯校园获得人类学博士，专长跨区域学、边疆学、环境人文学、民族生态学、影视人类学理论、宗教学，个案研究包括近现代藏汉佛教互动、藏族神山文化中的生境可持续性、喜马拉雅及青藏高原水文化中的环境人文、"一带一路"战略背景下的环喜马拉雅生态多样性、中-印两国文化多元治理比较研究、欧亚宗教世俗化的多样发展脉络等。其科研地理范畴涵盖中国西部、南亚、东南亚、中亚高地和北欧极圈高地。近期的代表性专著和文集包括《地境与心境之间的西藏——地方、记忆、生态审美》（*Mindscaping the Landscape of Tibet: Place, Memorability, Eco-aesthetics*）（De Gruyter, 2015）和《环喜马拉雅边疆——生计、地域、现代》（*Tran-Himalayan Borderlands: Livelihoods, Territoriality, Modernities*）（与 Jean Michaud 合编，Amsterdam University Press, 2017）。

喜马拉雅区域研究成果的深度研讨和编译，对欧美相关论著、论点进行语境分析、历史研读、理论价值和现实意义的探讨和阐释。夏季班的主题围绕跨区域理论、喜马拉雅中心地区与中国西南和东南亚高地的跨族、跨界的人文和经贸的流动以及区域性性别政治与现代化的关联。这些主题的选择是基于项目负责人及特邀专家们对全球化语境下地方与区域文化、环境、生境的变迁以及商品、资本、科技的流动性和穿越性的充分认识。研讨中涌现的创新点表现在专家们及学员们对地方问题的互联性和全球表述性的认识。

本次夏季编译班由云南民族大学环喜马拉雅研究中心主任郁丹教授与耶鲁大学喜马拉雅研究中心主任阿拉克·赛克西纳（Alark Saxena）共同主持、由耶鲁大学玛丽·艾弗琳·塔克（Mary Evelyn Tucker）教授、约翰·格林（John Grim）教授、哥本哈根大学亚历山大·郝斯特曼（Alexander Horstmann）教授、澳洲艾德莱德大学乔启·德鲁（Georgina Drew）博士、云南民族大学李全敏博士、李云霞博士、王建华博士、杨桎担任专题讲座、主持研讨、评议等工作。学员来自国内外高等院校和科研单位，包括中央民族大学、清华大学、厦门大学、西藏大学、西南民族大学、青海民族大学、云南大学、耶鲁大学、波恩大学、剑桥大学、香港科技大学等。在为期五天高密度研讨中，专家们和学员们集思广益，进一步对喜马拉雅研究的拓展以及与中国西南地区及东南亚的连接做了深度的视野和观点的交换。研讨班结束后，部分学者马上与云南民族大学专家学者展开文献的挑选、翻译和编译工作。文集的主编工作由郁丹教授、李云霞博士[①]、曾黎博士[②]担任。

环喜马拉雅研究与喜马拉雅研究的差别

喜马拉雅研究（Himalayan studies）从广义上讲已经有一个多世纪的历史，但是作为一个区域研究学科（area study）在21世纪初才开始系统性的进入全球学术视野，目前还处在不断发展和完善的过程中。国内外对喜马拉雅地区的研究大多散落在藏学、地理学、民族学、人类学、环境学、人文生态学、宗教学、国际政治学等学科里，其中以藏学为主导。从严格学科意义上讲，藏学不等同于喜马拉雅区域研究，而是其中的一部分，对此，下个段落有详细的阐述。在民族学、地理学、人类学里有很多有关喜马拉雅地区的个

[①] 李云霞，博士，毕业于澳大利亚麦考瑞大学，现为云南民族大学人文学院社会学系讲师。
[②] 曾黎，博士，毕业于人民大学，现为云南民族大学人文学院社会学系副教授。

案研究，但是大多没有从学科意义和跨区域概念上把这些个案的理论研讨放入喜马拉雅学科理论框架里。自改革开放以来，中国学界有关喜马拉雅地区的科研成果不断涌现，更庆幸的是近几年来，陆续有喜马拉雅研究单位的成立，比如西南政法大学于2010年成立喜马拉雅研究所，云南民族大学于2014年10月成立环喜马拉雅研究中心，四川大学于2014年12月成立喜马拉雅文化与宗教研究中心、青海民族大学于2016年成立藏传佛教与喜马拉雅山地国家研究中心。这些前沿科研单位都在尽快进入各自定义的科研方向来展开各种课题的研究，目前国内外学者的一大困境是对喜马拉雅区域的地理和理论导向研究缺乏综合性梳理和定义。

如果从宽泛的角度把喜马拉雅研究定位为一类区域研究或一个复合型学科，其根基和范畴具有这些特点或局限性：
- 西藏中心论
- 南喜马拉雅视角
- 英国殖民产物论
- 冷战思维对区域研究的定位

以上四点可以先把英国在南亚的殖民时期略述为喜马拉雅研究的源头。

对喜马拉雅地区民族、生态、文化、宗教、经济体系的研究最早从19世纪英伦殖民官员、学者和探险家开始。由于早期英人对喜马拉雅地区的研究并不是系统的学术行为，因而梳理喜马拉雅研究史自然成了一件非常具有挑战性的工作。实际梳理工作到21世纪初才开始体现出学科的系统性。2004年大卫·华特豪斯（David Waterhouse）出版了他主编的《喜马拉雅研究起源》文集（Waterhouse，2004）。该文集把布莱尔·浩顿·赫杰森（Brian Houghton Hodgson，1801—1894），一位英国殖民官员和非常优秀的自由学者，认定为喜马拉雅研究的开山鼻祖，追认他给后人的三大贡献，即喜马拉雅地区佛教研究、自然史和语言民族学。在文集中，郝杰森被誉为"喜马拉雅人类学创始人"及"我们最高的权威和最佳印度原住民民族学和音韵学调研者"。（Gaenszle，2004：209）

华特豪斯的《喜马拉雅研究起源》在受到广泛赞扬的同时，也引起带后殖民、后现代背景的学者对早期喜马拉雅研究的反思。著名藏学家埃里克斯·麦克（Alex McKay）则认为郝杰森及其同代的殖民学者对喜马拉雅地区的信息采集和知识构建与英国在该地区的殖民政治和经济利益是分不开的。从后殖民学的角度看，像郝杰森这样的殖民官员兼学者的确是早期西方喜马拉雅研究的中坚人群。郝杰森的研究方法与其他英国殖民学者类同，大量使用本土知识分子和劳力来完成自己的资料采集工作。不言而喻，西方殖民官员、学者、探险家在近代和现代对西藏及其周边的地理和地质勘探、文化民俗的探索和记载、动植物标本的采集工作在喜马拉雅研究中占据了很大的比重。对此，汤姆斯·理查德（Thomas Richards，1996）、温蒂·佩雷斯（Wendy Palace，2012）、戴雷克·瓦拉（Derek Waller，2004）、迪比亚西·阿南德（Dibyesh Anand，2008）、阿拉斯特·兰姆（Alastair Lamb，1986）等学者对英国异域文化的知识生产有大量的历史回顾和后殖民学反思。

笔者对此也有同感。现代喜马拉雅研究的定位还没有完全从英国殖民时期对喜马拉雅地区的地理和地缘政治定位脱开来进行新的区域研究概念发展。19世纪时，赫杰森视野里的喜马拉雅是以西藏为工作对象但以尼泊尔为中心。他所采集的大量佛教文献、撰写的民族志大多是藏文和与西藏有关联的。作为殖民官员，他学术活动的前提是大英帝国东印度公司赋予他的使命，即把印中贸易陆路通道通过西藏打开。因此，西藏其实是郝杰森的殖民与学术并重的研究对象，并不是针对喜马拉雅区域的总体研究。他在尼泊尔期间以西藏作为前提的民族志、植物标本、宗教文本采集同时产生了地缘政治和区域研究概念上的效应。这些效应的重合点就是以上所说的喜马拉雅研究的"西藏中心论"。从地缘政治上讲，郝杰森的喜马拉雅视野给英国和之后的现代印度提供了众所周知的"西藏缓冲说"（Tibet as a buffer）。由于英国在当时藏族和清朝政府的抵御下没有实现印中贸易陆路通道，因而在地缘政治上转而把西藏视为印中之间的隔离带，以防范清朝和之后的现代中国对印度所谓的"威胁"，也就是当时英帝国所说的"缓冲带"。

郝杰森的科研活动所产生的英国殖民时期地缘政治定位也同时派生出喜马拉雅研究，但目前还存在一个地理与概念的局限性，即同样是一个西藏中心视野，但不同的是它决定了以后一个多世纪的学科发展走向。21世纪伊始，学者们对喜马拉雅研究开始综合性历史回顾和概念范畴定位时，还是依附于郝杰森的视野，一个从印度次大陆往北看的西藏中心视野。特豪斯主编的《喜马拉雅研究起源》文集中11位撰稿人，除了一位鸟类学家外，都是研究印度、西藏、尼泊尔和不丹等地的专家。2016年全球重要的喜马拉雅研究单位之一尼泊尔和喜马拉雅研究协会在德克萨斯大学举办的学术年会中有4个圆桌分组和5个主题研讨组，其中只有凯罗·麦格蕾娜翰（Carole McGranahan）主持的研讨组是针对喜马拉雅区域研究的理论定位，其命题为"喜马拉雅山脉是一个区域吗？——关于通过或超越民族国家的学术研究"（HSC，2016），其余的均为具体历史和现代社会、文化问题。到目前为止，特豪斯的《喜马拉雅研究起源》是唯一专注于喜马拉雅研究的源头探讨的文集，但没有提出其理论定义与科研范畴。

纵观当代全球学界对喜马拉雅区域研究的理论探索，耶鲁大学的喜马拉雅研究中心和云南民族大学的环喜马拉雅研究中心为走在前沿的两个单位。在 2013 年耶鲁大学举办的"喜马拉雅的连接：学科、地理和视角"会议首次把"喜马拉雅"作为一个学科概念和分析对象提了出来，主办方学者提出了一系列值得探索的前沿理论问题："把'喜马拉雅'作为一个宽泛的区域概念来对待是否引发了一个降低特殊政治史（现代民族国家史）重要性的一个生态或文化先决论？或者它（喜马拉雅研究）合理地认知到多个生态、经济和文化相连的网络随着时间的推移把许多复杂个体（大小族群社会和生态系统）缠绕在一起了？倾向于互联性、包容性的、使用新型分析方式的喜马拉雅研究怎样能从过去的惯性中得到鉴戒？新的表述又如何被包容在当代喜马拉雅研究更宽广的多样性中？"（Lord et al., 2013）该次会议尽管没有把参会学者的论文整理出版，但是在学科发展上起到了新的开拓作用。

2015 年 7 月和 2016 年 7 月间，云南民族大学环喜马拉雅研究中心接连举办了"环喜马拉雅区域研究理论新探国际会议""云南民族大学第一期环喜马拉雅区域研究前沿文献编译夏季班""耶鲁大学—云南民族大学环喜马拉雅研究夏季高级研讨班"等重要学术活动。国际会议云集了当代多位喜马拉雅研究和跨区域研究著名专家，为推动喜马拉雅研究在全球范围内的理论创新进一步做出了贡献。会议文集由阿姆斯特丹大学出版社出版，其理论重点之一是笔者提出了"环喜马拉雅研究"（trans-Himalayan studies）的区域研究概念，其用意是让喜马拉雅研究从"西藏中心论"和"南亚视野"的局限性中走出来，在地理上拓展到东南亚和中国西南高地，尤其是云南省。东南亚高地与喜马拉雅山脉在地质上是连贯的，其形成与欧亚板块和南亚次大陆板块的持续撞击是同时产生的。在生态上、文化上、语言上、宗教上、商贸上自古就有跨民族、跨区域的连接。在此基础上，笔者作为这几个国际学术活动的主持人，提出"环喜马拉雅研究"这个区域研究概念的重点是在"环"字上，词根源头来自西文前缀"trans-"，意为"跨"或"互联"，那么"环"是其中的一个意思，但在中文里的概念使用上注入了全部理论用意。因而，从地理、经验和概念上讲，环喜马拉雅区域研究被定义为一类新型的跨区域研究（transregional studies）和跨界研究（transboundary studies），其侧重点是对喜马拉雅山脉地区与周边族群、地区和国家之间的连贯性机制的研究，包括自然地理/地质、文化/文明体系、语系、商贸网络、人口流动、国际关系、区域和平构建等，尤其在全球化语境下对跨区域自然、人文、地缘政治、科技动态元素的研究。因而，相对喜马拉雅研究，"环喜马拉雅研究"更多地使用了跨区域研究理论，也对这些理论在"环喜马拉雅研究"中进行拓展和更新。

环喜马拉雅学科概念对区域研究发展的意义

从区域研究（area studies）的学科发展意义上讲，自 2015 年笔者环喜马拉雅学科概念提出以来，越来越多的国内外学者达到一个共识，即喜马拉雅研究在欧美起始以来一百多年里在总体上把东南亚高地和中国西南高地边缘化或排除在外。环喜马拉雅研究作为对一个更大的地理范畴的研究必须包括这两个相连的但是被边缘的区域。在这里我们需要概述一下被边缘化的历史原因。

首要原因是以上提到的 19 世纪在英国南亚殖民视野下起步的喜马拉雅研究，因其地缘政治、商贸利益和地理范畴的狭窄性，不可避免地把东南亚和中国西南高地遗落在其视野之外，只突出尼泊尔和西藏地区。另外一个重要边缘化因素是来自第二次世界大战之后欧美政体对区域研究（area studies）加大资源上的支持，同时也出于其地缘政治战略需要对区域研究进行了重构。第二次世界大战之后的区域研究构建基于近代欧洲对世界的"分类、定序和构权的帝国性工程"，滑入到美国全球战略知识生产的过程中，尤其是针对第二次世界大战后形成的新民族国家的国土划分和意识形态的地理分界岭的研究（Sidaway，2013：3）。冷战时期亚洲区域研究（Asian area studies）形成了现在我们熟悉的格局，这个格局说白了就是以"制图手术"把亚洲地理按美国的战略和意识形态需要切割成诸如"东亚""南亚""东南亚""中亚"等学术区域板块（van Schendel，2002：650）。其中相关民族国家被归入到相对应的制图板块中去。换言之，一个国家的疆界也就成了一个区域研究的疆界。在学术上讲此类区域划分曾经有过其贡献，但是在当前全球化语境下，这些制图型的区域研究划分总体上对跨国、跨民族、跨界动态元素的研究、对民族国家内的民族、文化多样研究有许多盲点，因而起到了阻碍作用。

环喜马拉雅区域概念的发展重心是把传统的喜马拉雅山脉中心地区与东南亚、中国西南和其他地质上相连的亚洲高地重新串接起来，目的是为了在把被排除在以西藏或尼泊尔为中心的喜马拉雅研究视野之外的，但具有地质、生态、人文等连贯性的区域作为推动环喜马拉雅研究的起点，以期达到对以上所述的跨区域自然和人文连贯性机制的研究。在此，需要强调的是，在人文和社会学学科里，东南亚、南亚区域研究中已经具有很多对区域、跨区域、民族、国家等概念的丰富研究成果。笔者在构建环喜马拉雅区域研究概念中，受到很多的启发。比如，艾德蒙·利奇（Edumnd Leach）对缅甸高地政治体制的研究（Leach，1964）、本尼迪克特·安德森（Benedict Anderson）的"想象共同体"（Anderson，2006）、威廉·冯·申德尔的"过程地理"（process geographies）（van Schendel，2002）、斯坦利·谭拜尔（Stanley Tambiah）的"星系政体"（galactic polity）（Tambiah，2013）等。其中，冯·申德尔对区域研究的反思话语对构建在全球化语境下的区域研究具有推波助澜的作用，他的理论用意是"探索区域（area）是如何被想象而成以及区域知识是如何被用来结构化地把区域构建为'中央地带'或'边境（边疆）地带'"。（van Schendel 2002：647）在此学科结构反思过程中，他提出了"过程地理"（process geographies）（van Schendel，2002：658），其中"地理"不只是通常认为的容纳社会和文化的容器，更是具有连贯性、具有包括自然和人文元素的跨域动态性的概念。因而过程地理从方法论角度讲对环喜马拉雅概念中的区域间连贯机制的研讨具有更多的阐释功能和理论效应。

从冯·申德尔的视角看，环喜马拉雅区域研究也是一类过程地理学。从现代民族国家地缘政治看，环喜马拉雅地区不再有如斯哥特所说的无国家族群或地区（Scott，2009：5），而是按不同国家主权被划分成国家地理版图/板块。但同时，由于全球化的原因，自然资源、资本、人口、商贸和科技的跨界流动，民族文化地理不全然与国家地理重合，而是按多种流动因素来定义。边界和边疆是每个国家的主权标志，同时也是各自经济和政治利益的穿越通道。从这个层面上讲，环喜马拉雅研究在过程地理视野中是一类流动区域学，也就是说，区域概念不是固定的，而是在动态中体现自身。

环境、生计和文化

本文集的主题为环境、生计和文化，三者是不可相互剥离的生境（habitat）现实，它们是相互融合的。尽管在学科概念上三者有自己的独立性，但是从经验上讲，它们是同一生境的三种表述。从中文学科概念语汇上讲，这三组词汇是中文与西文概念的合并。环境或 environment 可以是环绕人类、某个物种的外境或是一个地球科学里涵盖大气层（atmosphere）、水界（hydrosphere）、土壤层（pedosphere）、生物圈（biosphere）的统函外境概念。作为局部外境，环境可以是自然的也可是人为的。比如可可西里与上海的差别，前者一般被认知为自然区域，而后者是人造都市环境。由于人类对自身认知局限性有越来越多的自我意识，环境概念逐渐成为一个统涵概念（all encompassing concept），几乎与地球等同的概念。以此视角，人类不再是置于环境之外的物种，而是其中的一分子。在此，无论基于人类中心论还是环境统涵论，环境是一个涵盖性极强的宏观概念。

与此同时，环境与生计和文化是同体的。无论现代全球化工业或信息职业还是地方传统职业都建立在自身的生境位（niche）上。生计是个人和群体的生存方式，而生存方式取决于人类如何寻找到最适合的外在环境条件，也就是从中可以获得物种延续所需能量和资源的生境位。也就是说，生计的存在取决于相应的环境因素，其持续性是建立在环境的可共性上的。（Smyer Yu，2015：26）从能量和资源转换的角度讲，生计是环境元素的生物和社会表述。从而，我们可以看到环境不是客观的存在，而是与人类或其他物种产生一种可以称之为"关系式存在"（relational existence）。以上说到的关系是单向性、功利性的，指的是人类生存对环境资源的需求。这层关系在环境学、生物学、生态学里有大量的阐述，就不在此重复了。但需要提出的是，自21世纪初开启的环境人文学里，自然科学家、社会科学家和人文学科学者有了一个新的共识，就是人类或所有物种与外在环境具有情感性的关系，用人类的词汇来说就是"乡土感情""地方情感""乡恋"等。这些看似非物质人类-环境-生计关系，但是里面体化了很多可以量化表述的物种与环境的多重可持续关系。对于这些多层次、非物质关系，学者们常用诸如"情感""互根性""系统""次序""伦理"等词汇来研讨文化、文明、社会体系的存在和发展与具体环境因素无法脱节。环境-物种-生境的关系式存在因而不是单向性的，而是双向、多向、多体系、多物种的。越来越多的学者开始从本地或原住民的角度阐述环境或地球本身是生命体，具有意识，且与各物种有不同的沟通方式，也有对自身的完整性有所诉求。（Rose et al.，2012；Smyer Yu，2014）这方面的概念转换主要集中在对世界各地原住民环境人文的研究。在这些学术话语中，最突出的是研讨文化体系中的环境伦理和环境可持续性的人文因素。在此，环境不只是物理的、无生命、无意识的，而是不断与各物种，包括人类，在互动中。

环喜马拉雅地区也不例外，其多样生计和文化与其独特的环境同属一个区域整体。喜马拉雅山脉从东到西2500多千米，它是一个地质上连贯的整体，但是从地形、生态、海拔、气象上看，它也被多个峡谷和高原分隔为多个不同的生态-地质单位。不同的人类生计和其他物种生境也与这些生态—地质单位相对应。整个喜马拉雅地区的总人口过6500多万，按自然语言划分由

50多个民族组成。(Breton，1999：120) 人种主要分为四大类：一、印度祖源；二、藏族祖源；三、阿富汗-伊朗祖源；四、缅甸及东南亚高地祖源。每个祖源地都有其原住民宗教习俗，大多以万物有灵或萨满式为主。同时，佛教、印度教和伊斯兰教不分海拔高低或生态差异贯穿喜马拉雅地区，并且与原住民宗教习俗产生复合型宗教形式（Karan，1966：7-8）。

从生计上讲，喜马拉雅的多样民族生产模式可从海拔的高、中、低来概括不同的人类-生态关系。(Guillet，1983：561) 海拔的高低与气候、气象和生态系统的差异是相对应的。根据笔者在尼泊尔、印度、青藏高原的田野观察，在3600米以上，4800米以下，一般是人类可生产和居住的高海拔层。在这个高海拔层里，喜马拉雅山脉的南北两侧的生计模式几乎是相同的，由于干燥的土地无法支撑农耕，南侧的印度裔、阿富汗-伊朗裔和北侧的藏族人口大都以畜牧或游牧为生计模式。在海拔3600米以下，2000米以上的地区，人类生计形态以农业、牧业和半耕半牧为主，在这个海拔层里，由于土壤适合种植不同的谷物、蔬菜和果实，人们大都以定居耕种或定居畜牧为主，由于农业的发展，社会结构与高海拔游牧人群相比也较为大型和复杂。在海拔2000米以下，500米以上，生计模式由农耕、半农半牧、刀耕火种和种植现代经济作物为主。这些地区里有很多大面积河流冲积地，土地肥沃、水资源丰富，因而适合农耕生计模式，尤其在喜马拉雅山脉的南面低海拔地区，人们都以农业为主要生计基础。东南亚和中国西南高地多为喜马拉雅山脉的山脚地区，由于地形、生态和水层的复杂和多样性，农耕常常以梯田和刀耕火种形式为主。总之，从自然地质和生态层面上看，环境、生计和文化及社会制度是一个整体。

然而，20世纪中叶后，如前所述，喜马拉雅地区也成为人为划分的多个不同民族国家地理板块，其中现代化和全球化趋势到了21世纪已经波及所有族群，包括那些被称为"无国家"（Scott，2009：5）族群。因此，按传统的文化史、文明史和生态学角度来研讨喜马拉雅地区的环境、生计和文化出现很多或缺。传统生计和自然环境被按现代工业和消费规律来重新导向和开发，其用意和规模不再与原初的传统生境位和自然资源使用相等同。那么，在研讨环境的同时，我们也需要研讨穿透不同生态系统、人类社会、文化体系的环喜马拉雅现代性（trans-Himalayan modernity）。现代性在21世纪是以多样形态出现的，但是我们必须看到其历史上的单一性仍然占有主导地位，即来源于西欧的启蒙思想和工业革命世界观，其环境意识把人与自然、人与其他物质、人与地球本身分离为主客体关系，并且把这个复杂关系简化为一种功利关系或使用与被使用的关系。在本文集里几乎所有论文都谈及现代性的现实意义,展现出传统与现代、现状与发展的张力。在张力中,我们看到了现代性的多种形态,其中,以经济发展而驱动现代化在面临环喜马拉雅多样民族和生态系统的同时不再是一类从外到里、从上至下只专注经济开发的生产模式,由于本地国家、民族、城镇、乡村的参与,环喜马拉雅现代性是多元的,且推动了本地人群在环境可持续性、人文遗产保护、非物质福祉等方面的多种能动性。本文集里的多篇论文在多样现代化语境下对环喜马拉雅环境、生计和文化的做了深入的研讨。

学科发展和政策意义

回到序言语境部分提到的云南民族大学的民族性、边疆性和国际性三个治学和科研定位,本编译文集的云南语境与这三个定位是一致的。加上云南省作为中国"一带一路"东南亚和南亚的辐射中心,这三个定位对推动环喜马拉雅区域研究,除了以上所概括的科研视角外,起到了推波助澜的作用。科学研究在近代和现代中国史中,不只是中性的学术和科技的研究,而是对构建一个强大、富裕、和平的新中国具有自身民族和国际责任,因而边境、边疆和跨区域研究有不可推脱的科学和政策使命感。

在学科发展上,云南民族大学对环喜马拉雅研究与中国现有的和近期创新的边疆、跨界、跨区域研究动态和趋向是一致的,大都是中国改革开放和全球化发展以来启动的。比如,中国社会科学院中国边疆研究所成立于1988年,科研方向为中国边疆的古代和近代史。中央民族大学于2016年成立了"中国边疆学研究中心",其重心放在当代中国边疆学的理论与实践的发展上。在中国的民族大学系统内,云南民族大学的边疆学和跨界研究一直走在前沿。在最近的10年里增添了云南跨境民族文化研究基地、云南跨境民族宗教社会问题研究基地、云南省跨境民族地区生物质资源清洁利用国际联合研究中心、云南省东南亚南亚西亚研究中心、云南藏学研究中心等科研平台。环喜马拉雅研究中心是云南民族大学众多国际科研平台之一。本着把中国学科发展话语国际化和学科理论前沿化的宗旨,中心成立两年以来致力于在云南省周边国家进行民族志研究和理论拓展,在很多方面如前所述已经开始梳理出国内外同行还没有做到的一些理论见解。

环喜马拉雅研究作为一个跨学科理论概念,其核心科学价值是构造以民族学为基石的、具中国特色和国际影响力的跨区域学科及其一系列以实证为基础的跨学科理论。在构建区域学科理论上，通过跟踪多个环喜马拉雅地块范围内的生态和民族多样性和地缘政治表述，云南民族大学学者与国内外同行共同研讨"佐米亚思维"（Zomia thinking）（Shneiderman，2010）、"认知地理"（geographies of knowing）（van Schendel，2002）、"地境可塑性"（landscape plasticity）（Sturgeon，2005）、"水利政治依赖性"（hydro-political dependencies）（Beck et al.，2014）等当前多种学科理论观点，在全球性视野下积极地推动云南民族大学和中国社会科学科研话语国际化的进程，通过实证研究和与相关国际科研单位及学者进行频繁的对话、交流、合作来创立云南民族大学特有的社科"云南学派"，其国际标杆的特征是针对文化疆界和族际关系的流动性、生态的连贯性、经贸的历史延续性，以云南及环喜马拉雅地区案例为实证基础发展具有丰富政策比较意义和价值的学科理论。

在政策意义上，云南民族大学的环喜马拉雅研究紧密切合中国"一带一路"战略发展方向。基于云南省的特殊民族地理和与东南亚、南亚的跨区域连接，环喜马拉雅研究首先是强调云南省及其比邻的环喜马拉雅国家与地区在历史上一直存在民族多样性、文化语系同宗同脉性、生态体系连贯性、经贸互依性的多民族"利益共同体"和"命运共同体"关系。因而，环喜马拉雅研究的成果将对云南省和环喜马拉雅地区现存的多样民族"命运共同体"的深度解读，对具政策应用型的理论模式的构建和"一带一路"国家战略的实施将做出应有的贡献。

译文成形过程

文集中的译文翻译工作有多位来自云南民族大学和其他兄弟姊妹院校的青年学者、博士生、研究生参与，总体翻译、编译过程分为三个步骤：首先，2016年与耶鲁大学联合举办的夏季班课程和研讨为翻译前期的解读和阐释过程，学员们通过阅读文献、聆听专家的背景介绍和概念讲解、提出疑难来把握所选翻译文献的个案主题和理论主派；第二个步骤是夏季班结束后近半年的翻译过程，期间学员和编译专家们通过电子邮件和微信频繁沟通和解答疑难；最后是郁丹、李云霞、曾黎的主编工作，其中郁丹、李云霞承担大部分主编工作和文集最后阶段的编译、翻译校对和文体格式的统一工作，与此同时，曾黎在出版事务中与云南民族大学职能部门和出版社的合同签订前期工作做了大量烦琐、仔细的工作，每位主编、译者都付出了大量的精力和时间。

众所周知，学术出版是一项非营利工作，学者们、学生们大都出于对自己学术专业的热情、对学科发展的希望而进行学术出版工作。在此，我们希望读者在对本文集批评指正的同时，也看到翻译工作，尤其是学术翻译，是一项极具挑战性的工作，在概念词汇翻译上常常为了一两个词汇翻阅大量原文使用的历史、文化和学科发展语境。为尊重原著者的学术叙述，地名翻译未完全依照我国传统的说法与译法，文集中难免会有些错译或有争议的译法，遇到此类情况，我们不胜歉意，请读者们与主编们联系或查看原文为准，衷心感谢大家的支持！

参考文献

Anand, Dibyesh 2008. *Geopolitical Exotica: Tibet in Western Imagination*, University of Minneapolis Press.

Anderson, B. 1991. *Imagined Communities: Reflections on the Origins and Spread of Nationalism*, New York: Verso.

Beck, Lucas et al. Implications of hydro-political dependency for international water cooperation and conflict: Insights from new data. *Political Geography* 42 (2014) 23–33.

Breton, Roland J. 1999. *Atlas of the Languages and Ethnic Communities of South Asia*. New Delhi: Sage Publications.

Gaenszle, Martin. 2014. Brian Hodgson as Ethnographer and Ethnologist. In *The Origins of Himalayan Studies: Brian Houghton Hodgson in Nepal and Darjeeling, 1820–1858*, ed. D. Waterhouse, pp. 206–226. London: Routledge.

Guillet, David. Toward a Cultural Ecology of Mountains: The Central Andes and the Himalayas Compared. *Current Anthropology*, Vol. 24, No. 5, December 1983. p. 561.

HSC. Roundtable: Are the Himalayas a Region? On Scholarship Across and Beyond the Nation-State, organized by Carole McGranahan. https://hscaustin.wordpress.com/roundtables/. Accessed on May 4, 2017.

Karan, Pradyumna P. 1966. *Geographic Regions of the Himalayas*. http://www.dspace.cam.au.uk/handle/1810/243014. Accessed on May 4, 2017.

Lamb, Alastair 1986. *British India and Tibet*, 1766–1910. London: Routledge & Kegan Paul.

Leach, Edmund. 1954. Political Systems of Highland Burma: A Study of Kachin Social Structure. London: G. Bell & Son Ltd.

Lord, Austin, Andrew Quintman, and Sara Shneiderman. 2013. Himalayan Connections: Disciplines, Geographies, Trajectories, Yale University, March 9-10, 2013 Workshop Report. New Haven: Yale Himalaya Initiative.

Palace, Wendy 2012. *The British Empire and Tibet*, 1900-1922. London: Routledge.

Richards, Thomas 1996. *Imperial Archive: Knowledge and the Fantasy of Empire*, London: Verso.

Rose, Deborah Bird et al. Thinking Through the Environment, Unsettling Humanities. *Environmental Humanities*, 1 (2012) 1-5.

Scott, James C. 2009. *The art of not being governed: An anarchist history of upland Southeast Asia*. New Haven: Yale University Press.

Shneiderman, Sara. 2010. Are the Central Himalayas in Zomia? Some scholarly and political considerations across time and space. *Journal of Global History*, Vol. 5, Issue 02, pp. 289-312.

Sidaway, James D. 2013. Geography, Globalization, and the Problematic of Area Studies. *Annals of the Association of American Geographers*, 103: 4: 984-1002.

Smyer Yü, Dan. Sentience of the Earth: Eco-Buddhist Mandalizing of Dwelling Place in Amdo, Tibet. *Journal for the Study of Religion, Nature and Culture*, 2014: 8 (4): 483-501.

Smyer Yü, Dan. 2015. *Mindscaping the Landscape of Tibet: Place, Memorability, Eco-aesthetics*. Boston: De Gruyter.

Sturgeon, Janet. 2005. *Border Landscapes: The Politics of Akha Land Use in China and Thailand*. Seattle: University of Washington Press.

Tambiah, Stanley. 2013. Galatic Polity in Southeast Asia. *HAU: Journal of Ethnographic Theory*, 3 (3): 503-534.

Van Schendel, Willem. 2002. Geographies of Knowing, Geographies of Ignorance: Southeast Asia from the Fringes. *Environment and Planning D: Society and Space* 20, 6, pp. 647-668.

Waller, Derek 2004. *The Pundits: British Exploration of Tibet and Central Asia*. Lexington: University Press of Kentucky.

Waterhouse, David, ed. 2014. *The Origins of Himalayan Studies: Brian Houghton Hodgson in Nepal and Darjeeling*, 1820-1858. London: Routledge.

喜马拉雅人类学发展史[1]

美国卡尔顿大学社会学与人类学系　James F. Fisher　著
西藏大学文学院　姚婧媛　译

摘　要：由于几千年来喜马拉雅地区一直被环绕其周围的中国、印度，乃至后来的欧洲帝国们视为在政治、经济和文化上落后的区域，与其在南美安第斯地区的发展相比，人类学在喜马拉雅地区的发展比较缓慢。相比而言，对安第斯山地的控制是当时征服南美的钥匙。历史文献里初略提到，从17世纪至20世纪初期，喜马拉雅地区在外交官、士兵、商人及传教士的记载中有了更多的提及。但是，由于处于政治封闭状态，直到20世纪50年代，人类学家无法进入大部分喜马拉雅地区。到了20世纪70年代，很多国家学生、学者开始在喜马拉雅地区展开研究，其中首次包括了大量本土学者。

关键词：喜马拉雅人类学　西藏　英属印度　尼泊尔　村落　发展

当沃伦·黑斯廷斯[2]（Warren Hastings）于1774年注意到安第斯与喜马拉雅地区的相似性时，他已经能够掌握关于安第斯地区土著的丰富材料。但近两个世纪以后，喜马拉雅地区[3]民族志学上的空白才开始被填补。与人们惯常的预想正相反的是：直到前哥伦布时期，安第斯山脉的居民都从未具有读写能力；而亚洲具有最古老书写传统的人群则在千百年来一直定居于或统治着喜马拉雅地区。喜马拉雅居民有文字却未被知晓，安第斯区域没有文字却被

---

[1] 原文来源：James F. Fisher. The Historical Development of Himalayan Anthropology. *Mountain Research and Development*, Vol. 5, No. 1, 1985, pp. 99-111.

[2] 译注：沃伦·黑斯廷斯（1732年12月6日—1818年8月22日），英国殖民地官员，长年在印度各地任职，1773年至1785年为首任印度总督（当时职称为威廉堡省总督）。他卸任返回英国后，被指控在印度供职期间管治失当，而且卷入贪腐丑闻，面临国会的弹劾。英国国会对黑斯廷斯的弹劾聆讯在1787年展开，经过断续的聆讯，至7年后的1795年才审结，最终裁定指控不成立。黑斯廷斯晚年在1814年获委任为枢密院顾问官。

[3] 学术界对于喜马拉雅地区这一概念尚无统一的定义。在本文中，喜马拉雅地区指的是印度平原以北、帕米尔高原及中亚大沙漠以南，布拉马普特拉河以西，兴都库什山脉以东的丘陵和山地。这一定义所包含的区域比施罗德（Schroeder）文中的大了几倍。

了解，这一悖论存在之原因在于千百年来其周围的优势文明都认为喜马拉雅是政治、经济、文化等方面停滞不前的区域，不值得费心。作为众神之家，喜马拉雅地区遍布知名的朝圣地。关于神灵的民族志众多，而关于居民的则鲜少。此外，喜马拉雅区域被环绕其周围的中国、印度及其后的欧洲帝国们首先视为各自间的缓冲与屏障。寇松勋爵①（Lord Curzon）将其称为"深度边疆"（a frontier in depth）。虽然喜马拉雅在地缘政治上的重要性被公认，但在其他方面却不被认为具有重要意义。

尽管先后在喜马拉雅兴盛和衰亡的许多王朝封地或王国都有一种或几种文字的读写能力[从最初的梵文②到后来的尼瓦尔文（Newari）③、尼泊尔文④、藏文、基拉塔文（Kirata）、乌尔都文⑤等]。至少从公元4世纪以来，仅存的记录是丰富的编年史铭文、王朝名录以及皇家法令等。此外，在离车族⑥（Lichhavi）档案及考底利耶⑦（Kautilya）所著《政事论》（*Arthasastra*）的注释中，有少量具有民族志旨趣的资料。事实上，在11世纪以前的文献记录中，都没有提及尼泊尔加德满都谷地3个主要城镇的存在（Regmi，1969：7）。19世纪起，尼泊尔就已出现了人口普查资料、朝廷档案以及税收记录（Lagat Phant），但这些残遗的文档并没有像安第斯地区的记录一样得到学者

---

① 译注：寇松勋爵（1859年1月11日—1925年3月20日），英国保守党政治家，1898年—1905年曾任印度总督，晚年自1919年至1924年任外相，曾在决定英国的政策方面起主要作用。平生世袭贵族头衔达7个之多。

② 译注：梵文是印欧语系、印度-伊朗语族、印度-雅利安语支的一种语言，是印欧语系最古老的语言之一。和拉丁语一样，梵语已经成为一种属于学术和宗教的专门用语。

③ 译注：尼瓦尔文，是尼泊尔中部加德满都谷地尼瓦尔人所操持的语言，属汉藏语系藏缅语族，尼瓦尔语原用兰札文字母拼写、后改用天城文字母拼写，使得现今的尼瓦尔文成为在该语系中唯一一种以天城文为书写系统的语言。另外，在锡金、西孟加拉邦和西藏等地区也有操尼瓦尔语的居民。

④ 译注：尼泊尔语亦属于印度-雅利安语支，在尼泊尔、不丹、印度和缅甸的一些地区被使用，是尼泊尔的官方语言。约半数的尼泊尔人将其作为母语，其他尼泊尔人将其作为第二语言。

⑤ 译注：乌尔都语亦属于印欧语系、印度-伊朗语族、印度-雅利安语支，是巴基斯坦的国语，也是印度的24种规定语言之一。

⑥ 译注：离车族建立了尼泊尔第一个有明文记录的王朝（从约公元400年存续至750年），主要势力范围是加德满都谷地一带。传说这个王国的统治地区本来在比哈尔一带，因失势而迁移至此，征服了土著克拉底人，建立了尼泊尔历史上第一个印度教王国。但无任何族群和历史上的确切证据，将他们联系于佛经中常提到的毗。

⑦ 译注：考底利耶，古印度政治家、哲学家，摩揭陀国孔雀王朝大臣，曾协助旃陀罗笈多一世建立孔雀王朝，被后人尊为"印度的马基雅维利"。相传考底利耶著有《政事论》（也译作《利论》或《治国安邦术》）。该书共15卷，内容涵盖了内政、外交、民政、军事、经济、法律和科学等方面，为古印度重要的政治文献。

们的注意。从拉达克（Ladakh）到不丹的庙宇记录以及从10世纪开始的西藏编年史仅提供了有关文化的碎片式信息。更晚近的西藏人口普查及朝廷档案正在被中国编录，并且在10至15年内可能无法面世①。在这种本土资料缺乏中一个值得注意的例外是在过去200年中存在不同历史版本的尼泊尔国家法典（MulukiAin）。尼泊尔国家法典作为官方法典，规定了种姓等级制度和种姓的内部关系，它并没有严格地记录已发生之事，却表明了尼泊尔政府对其人民强化印度教的期望。

古代阶段

喜马拉雅居民在古代并不是被完全忽略的。制定古印度法典的摩奴②（Manu）于公元2世纪就提及了基拉塔人（Kirata）和卡斯人③（Khas）的部落。此外，印度两部不朽的史诗——《摩诃婆罗多》④（Mahabharata）和《罗摩衍那》⑤（Ramayana）中也提及了基拉塔人。不仅如此，甚至在此前的《梨俱吠陀》⑥（Rig Veda）这一现存最早的梵文文本中，也对该部落有所记述。尽管有关于生活方式的信息穿插于战争记述之中，这些史诗材料还是在

---

① 译注：本文原载于《山地研究与发展》（Mountain Research and Development）第5卷第1期——《山地经济与社会的趋同和差异：安第斯和喜马拉雅的比较》（Convergences and Differences in Mountain Economies and Societies: A Comparison of the Andes and Himalaya），1985年2月。

② 译注：摩奴为人类始祖的统称，也是带领人们度过劫难的先知。相传梵天在创世期间不断地睡去又醒来，每次相隔时间极长，称为劫数（Kalpa）。而在每一劫中梵天会创造出一位始祖，帮自己代理世界的秩序。

③ 译注：卡斯人是尼泊尔的印度教民族，分布于克什米尔至不丹之间，多数分布于北阿坎德邦、喜马偕尔邦、北方邦、尼泊尔、西孟加拉邦北方、大吉岭，以及锡金。他们也是雅利安人的一支，体质与塔吉克人相似。他们在1000年前进入尼泊尔西方，以养牛种地为生。他们虽然是雅利安人，但因没固定信仰也不遵守种姓制度的很多规定，平原印度教徒不喜欢他们。地位与首陀罗差不多。后来印度教徒涌入尼泊尔西方，使他们被同化（大部分被授予切特里种姓）。他们在沙阿王朝统一全国时向东前进，成为尼泊尔主体民族（40%—45%）。他们的语言卡斯库拉语（尼泊尔语）也是尼泊尔国语。他们曾长期是尼泊尔军队与警察的主力。由于他们信印度教前受平原印度教徒鄙夷，所以大多数现代卡斯人不会把自己称作卡斯而以其不同的种姓（巴洪、切特里、刹帝里等）作为自称。

④ 译注：《摩诃婆罗多》为古印度两大著名梵文史诗之一，成书于公元前3世纪至公元5世纪之间。与《罗摩衍那》齐名。

⑤ 译注：《罗摩衍那》的作者为诗人蚁垤。主要讲述鞠萨罗国王子罗摩与其妻子悉多的故事。

⑥ 译注：《梨俱吠陀》是吠陀经中最早出现的一卷，成文于公元前16世纪到前11世纪，是除了赫梯语的文献外，在印欧语系语言中最古老的书籍。与其他文明的古老文献不同，它是以口传方式保存下来的。

作为神话战争历史年鉴时更有其意义。在《罗摩衍那》中，基拉塔人①（Kirata）被描述成了原始人，他们以水果和植物根茎为食，以兽皮为衣（Levi, 1905）。综上，涉及土地测量、神灵崇拜、货币种类，管理方式，以及外交条约细节等方面的古代喜马拉雅居民生活的大部分内容在上述资料中都有所涉及。

在西方学者中，提及喜马拉雅区域的有普林尼②（Pliny）、麦加斯梯尼③（Megasthenes）和希罗多德④（Herodotus）。可悲的是，希罗多德在撰写有关喜马拉雅的内容时，并不像其他内容一样具有较高水准。事实上，其对于喜马拉雅的描述是令人失望的。他在其堪称欧洲关于西藏的最早的研究资料中提及，在印度北部的一个沙漠中，"大小介于狗和狐狸之间的巨大蚂蚁在挖地洞时可以抛起成堆的金沙。一个位于印度以北的好战部落试图在袋子中装满金沙后迅速逃走。然而蚂蚁们却去追赶它们"。于是，希罗多德总结说："当蚂蚁们挖地洞时，如果不是由印度人先开始收集金沙的话，没有一个淘金者可以逃跑。"（MacGregor, 1970：259）如果更可靠的希罗多德都将以上内容作为事实报道，那么，在不那么著名的观察者笔下，又会有多少不真实的内容呢？

撇开信息的质量不谈，这一时期关于喜马拉雅居民的材料多数都来自于外部。公元7世纪，中国朝圣僧人玄奘（Hiuen Tsang）是第一个特别地提及尼泊尔的外国人，虽然他本人是否曾真正到访过尼泊尔还是值得怀疑的。尽管玄奘记录了尼泊尔的佛教实践活动，但他也对尼泊尔居民发表了一些贬低的评论。如"这里气候寒冷，人们没有礼貌、虚伪并且天生不爱交际。他们不知道时间和公正的价值，没有教化，但他们很有艺术才能。他们身体笨拙，相貌卑贱"（Regmi, 1969：290）。几千年来，这些令人难堪的言辞延续至今，颇具讽刺意味的是，低地的观察者们反而在向下俯视着其高地的邻居。

---

① 译注：基拉塔是梵文中对喜马拉雅山地及东北部印度地区居民的称呼，他们被认为具有蒙古血统。

② 译注：普林尼（公元23年—公元79年8月24日），古罗马作家、博物学者、军人、政治家，以《自然史》一书留名后世。

③ 译注：麦加斯梯尼（前350年—前290年），古希腊塞琉古一世的使节，曾几次前往印度孔雀王朝旃陀罗笈多一世国王的宫廷。他游历了北印度，是首位权威撰述印度历史的希腊人。他的四卷本《印度史》中包括了对地理、种族、城市、政府、宗教和神话传说等方方面面的记载。

④ 译注：希罗多德（约前484年—前425年），古希腊作家。他把旅行中的所见所闻、以及波斯阿契美尼德帝国的历史记录下来，著成《历史》一书，成为西方文学史上第一部完整流传下来的散文作品。

前殖民时代：17 至 18 世纪

　　喜马拉雅地区若想超越以上方式的描述或重构历史，只能像安第斯地区一样等待欧洲人的到来。当然，欧洲人附加于这两大山地系统的重要性有着意义深远的差别。在安第斯地区，强大统一的印加帝国几乎占据着整个南美大陆，成为西班牙人统治该区域的最主要障碍。西班牙对安第斯地区的资源投资是以征服和统治为目的的，并且也通过和安第斯地区相对原始的低地邻居的比较了解了印加帝国。

　　在喜马拉雅情况则正相反。亚洲伟大的水利文明和农业国家——印度和中国，位于河谷低地而不是山地。更现实的来说，征服或统治霸权获得的关键在于控制中国和印度，或者其他的王国、侯国及该地区的军阀，而不是渗透到那些不好客且无利可寻之山地的尝试。与安第斯地区不同的是，喜马拉雅从未实现过政治或文化上的统一。沿喜马拉雅900千米的条带状区域尼泊尔，政治上的统一超过了200年。然而尼泊尔境内生活着不同的族群，他们使用着几十种相互之间无法理解的语言，信仰着不同的宗教，践行着不同的仪式，拥有不同的亲属制度和婚姻体系，并且在对生态的适应上形成了鲜明的对比。在喜马拉雅，形成了大量的小王国和本土的自治性部落集团。它们在几个世纪以来势力时大时小，通常独立于中、印两大帝国，但有时也与其建立松散的属国与宗主国关系。

　　尽管欧洲人到来后很大程度上依然延续着对喜马拉雅地区在民族志学上的忽视，但最初的关注也在此时出现了。也许是由于西藏的宗教看起来过于强大，17世纪中期以来，天主教的耶稣会和圣方济会都派遣了小型的传教团体前往藏地。与安第斯地区不同的是，这些教会的力量几乎没有使任何人改变宗教信仰。并且他们于1745年被驱逐，再也没有得以回来过。相似情况，此时圣方济会也在加德满都传教，并于1768年国王纳拉扬·沙阿①（Prithwi Narayan Shah）征服加德满都谷地并统一尼泊尔、初步形成其今天的版图时被驱逐。这些传教士完全没有提供任何有益于人类学的信息。其原因一方面在于他们居留的时间并不长；另一方面，以耶稣会士白乃心②（Grueber）为例，

---

① 译注：纳拉扬·沙阿（1772年—1775年），廓尔喀国王，尼泊尔沙阿王朝的建立者。史料中也称其为博赤纳喇。1742年即廓尔喀王国（今尼泊尔中部）王位。经过20年的时间先后攻灭马拉王朝的加德满都、帕坦、巴德冈等国，定都加德满都，建立沙阿王朝。为近代统一的尼泊尔国家的缔造者。

② 译注：来自奥地利的白乃心是最初与达赖喇嘛见面的两位耶稣会传教士之一（另一位是来自佛兰德斯的 Albert d'Orville）。他于1661年抵达拉萨。

他从未发表自己所掌握的材料。（MacGregor，1970：58）还有一些人并不理解他们所看到的现象。以德西德里①（Desideri）为例，尽管他是一个很好的观察者，但他却并未完全意识到自己研究的"喇嘛教"②其实是佛教的一种形式。（MacGregor，1970：60）与此相反，英国探险家们，如东印度公司的官员伯格尔③（Bogle）却对西藏社会做出了十分有益的描述。

殖民时代：18世纪晚期至20世纪早期

正是在（大英）东印度公司官员及帝国官员随后到达这个地区时，真正的民族学先辈才进入了喜马拉雅，或者到达了足以描述它的临近区域。

上校威廉·柯克帕特里克（William Kirkpatrick）于1793年到访尼泊尔，协助同中国（清朝）谈判，试图让其撤回在1792年西藏-尼泊尔战争中攻至加德满都附近的中国军队。然而当柯克帕特里克抵达尼泊尔时，拉纳·巴哈都尔·沙阿国王④（Goorkhali）已经和中国达成了协议。于是，柯克帕特里克便把他的时间都花在了记录金属矿产的地理分布、农作物产量及其估测，以及对人类学家更有益的宗教节日与部落语言上。玛卡姆（Markham，1879：xl）在几年后发现，"所有有能力的行政官，都首先是天生的地理学家"。

许多英国外交官和政府官员到访尼泊尔后，都纷纷效仿柯克帕特里克的做法。汉密尔顿（Hamilton）于1819年出版的著作如百科全书一般，并且提供了许多有关不同种姓和部落的细节。拜恩·荷吉森（Brian Hodgson）的著作达到了人类学先驱写作范式的顶峰。一方面，荷吉森在尼泊尔居住了19年，时间远远长于其前辈；另一方面，荷吉森的气质和其受过的训练都使他更接近一位学者。其名为《尼泊尔的语言、文字与宗教，西藏的地理与人种及西藏与尼泊尔的贸易之随笔》（*Essays on the Languages, Literature and Religion of Nepal and Tibet Together with Further Papers on the Geography, Ethnology and Commerce of those Countries*）的文集虽然发表于1874年，但直到今天都

---

① 译注：德西德里（1684年12月21日—1733年4月14日），是一位意大利耶稣会传教士，同时也是第一位掌握藏语的欧洲人。

② 译注：作者在此处用了Lamaism一词。

③ 译注：伯格尔（1746年—1781年），苏格兰格拉斯哥人，探险家、外交官，第一位同西藏建立外交联系并试图获得中国清朝承认的西方外交官。

④ 译注：拉纳·巴哈都尔·沙阿国王（1775年—1806年4月25日），尼泊尔王国沙阿王朝第三代国王。1777年至1799年在位。中国史料称之为喇纳巴都尔。

十分经得起推敲。荷吉森许多从未发表的手稿大部分收藏于英国印度事务部图书馆中，且不可查阅。

柯克帕特里克及奥德菲尔德（Oldfield，1880）、兰德勒（Landon，1928）等英国人撰写的文章多为随意的且质量上参差不齐的大杂烩。但当我们注意到他们是在被限制的情况下撰写文章时，我们就会意识到这已经是伟大的成就了。在尼泊尔于1814年到1816年的尼英战争中失败后，尼泊尔政府勉强允许英国在加德满都保留一个小的外交团，但其成员只能在加德满都谷地活动。因此，他们关于这个国家其他区域的资料都是其收集到的第二手或第三手材料。同样的，我们也不难想象，西班牙殖民者报告的价值亦会因他们在20世纪50年代前活动区域被限制在库斯科①（Cuzco）而大打折扣。

与此同时，在1792年与尼泊尔的战争之后，西藏开始闭关，真正成了传说中的"禁地"（forbidden land）。这种状况一直持续到了20世纪70年代。在超过一个世纪的时间里，几乎没有任何外国人进入西藏，更不要说学者了。为了应对上述情况并与苏联进行吉卜林②（Kipling）所称的"大博弈"（Great Game），英国训练了许多非凡的印度人和藏族人对西藏进行秘密的勘探。这些人伪装成朝圣者，通过长年累月的记录行走的步数来测量距离。他们是当时从未有过的，激荡人心的探险故事和国际阴谋论的素材提供者。虽然他们收集的主要是地理学上的信息，但以传奇人物萨拉特·钱德拉·达斯③（Sarat

---

① 译注：库斯科，秘鲁东南方城市，被安第斯山脉环绕，海拔约3400米，是古老的印加帝国的摇篮。

② 译注：吉卜林（1865年12月30日—1936年1月18日），英国作家、诗人，生于印度孟买。他是英国19世纪至20世纪中一位很受欢迎的散文作家，被誉为"短篇小说艺术创新之人"，并于1907年获得诺贝尔文学奖。他是英国第一位、也是迄今为止最年轻的诺贝尔文学奖获得者。此外，他也曾被授予英国爵士头衔和英国桂冠诗人的头衔，但都被他放弃了。由于吉卜林所生活的年代正值欧洲殖民国家向其他国家疯狂扩张的时期，他的部分作品也有些被人指责为带有明显的帝国主义和种族主义色彩。长期以来，人们对吉卜林的评价各执一端。

③ 译注：萨拉特·钱德拉·达斯（1849年—1917年），印度吉大港人，藏学家。达斯生于东孟加拉吉大港一个印度教徒家庭。他早年加入加尔各答的管辖区学校。1874年，他被任命为大吉岭的菩提寄宿学校校长。1878年，一位藏族教师、喇嘛乌金嘉措为达斯取得了赴扎什伦布寺的护照。1879年6月，达斯和乌金嘉措自大吉岭启程赴西藏。他们在西藏逗留了6个月，并带着许多藏文和梵文文献回到大吉岭。这些文献成为达斯日后从事藏学研究的资料。1880年，达斯一直在大吉岭研究这些资料。1881年11月，达斯和乌金嘉措再次赴西藏。他们考察了雅隆河谷后于1883年回到了印度。达斯曾一度作为英国间谍赴西藏从藏族人、汉族人那里获取情报。在他离开西藏后，他的使命曝光，许多之前和他友好的藏族人都遭到了报复。达斯在大吉岭度过了余生。他将自己的家命名为"拉萨别墅"（Lhasa Villa），并在这里招待了许多知名人物，如查尔斯·阿尔弗雷德·贝尔（Charles Alfred Bell）以及河口慧海（Ekai Kawaguchi）等。

Chandra Das）为代表的一些人，也提供了许多关于社会生活细节的信息。

直到 1904 年荣赫鹏①（Younghusband）远征军攻入拉萨，在西藏才开始有英国人的存在。查尔斯·贝尔（Charles Bell）于 20 世纪初在拉萨生活了近 20 年，出版了分别关于西藏历史、人民、宗教的杰出的三部曲。其中的第二部《西藏的人民》（*The People of Tibet*, 1928）中含有大量民族志方面的信息。尽管声称这是"一个对人们生活在自己家乡的生活进行表述的尝试"，贝尔同时谦虚地认为"不应该梦想完成一个关于西藏居民生活的全面研究"。贝尔认为他能提供的仅是混杂的事实和流于其表面的偶然性的观点。他的书中有包括不同的经济阶层（牧民、农民、贵族、商人、乞丐和强盗）以及婚姻、儿童、女性地位等丰富的事实和观点，贝尔甚至还为食物、饮品及烟草设有独立的章节。贝尔（1978）以及为了更好地研究而买下一座寺庙的渥德尔（Waddell，1895）与以大卫·尼尔（David Neel，1966）为首的另一类研究者不同，大卫·尼尔沉浸于令人压抑、同时也神秘且令人惊奇的喇嘛教的智慧。总之，这些非人类学作者比其他人（人类学学者）更具人类学的旨趣。

但是在印度，人类学者及行政官埃德温·T·阿特金森（Edwin T. Atkinson）呈现了最发达和完善的形式。尼泊尔和西藏从未被融入大英帝国范围之中，与此不同的是，从库蒙（Kumanu）到克什米尔（Kashmir）的印度喜马拉雅区域被纳入英国的统治。因此，英国人在印度可以在任何时间造访、定居任意地点。阿特金森在他的"闲暇时光"（1882：v）里完成了其卷帙浩繁的三卷本《喜马拉雅辞典》（*Himalayan Gazetteer*）。该著作内容十分广博，涵盖了英国治下喜马拉雅区域的地理学、植物学、动物学以及历史和宗教等方方面面。尽管它并没有像我们期望的那样涵盖着广泛的民族学内容，但其有关宗教的章节却有大量关于魔鬼崇拜、佛教、种姓、坦特罗、苯教、湿婆②（Siva）和帕舒帕蒂③（Pashupati）及巫师的小章节，同时还有关于不同神灵与节日的描写。

阿特金森著作中有关民族学的章节和美国人类学家于几十年之后发明出来的特性列表很相似。此外，阿特金森已经注意到在宗教内部"有一个秘传

---

① 译注：荣赫鹏（1863 年 5 月 31 日—1942 年 7 月 31 日），英属印度政府官员、作家、探险家和外交家。他最为人熟知的是他在远东和中亚的游历，尤其是他领导的 1904 年英国入侵西藏的战争，以及他关于亚洲和外交政策的著作。荣赫鹏历任英国驻中国新疆、西藏特派专员，皇家地理学会主席。

② 译注：湿婆，印度教三大主神之一，与梵天、毗湿奴并称。湿婆是毁灭之神，也担当创造（转化）的职能，是印度民众最为敬畏的神，系由吠陀时代的天神楼陀罗演变而成。

③ 译注：帕舒帕蒂，意为一切生物的保护者，为湿婆作为动物之神的化身。

的传统和一个开放的传统，人们对前者过分关心，却忽略了影响更多人的、活着的信仰"（1882：699）。阿特金森这部在空闲时间完成的巨著让人们无比钦佩。其报告成果基于对库蒙 350 个寺庙、加瓦尔（Garhwal）550 个寺庙以及台拉登①（Dehra Dun）及其下辖杰纳萨·巴瓦尔（Janusar Bawar）地区的 100 座寺庙教育情况的调查。阿特金森提供了库蒙和加瓦尔的 900 座寺庙的位置、被崇拜的神灵之名称、对神灵的宽泛划分体系、常去寺庙者的阶层，以及对一些主要节日的描述。（Atkinson，1882：701）关于宗教的论述只是阿特金森众多研究主题中的一个，并且只占三卷本中六分之一的篇幅。阿特金森的整个学术生涯都集中于对这一个小社区人群的研究。虽然在现代学者中他经常被遗忘，但我们不得不承认，他取得的成就是非凡的。

对比《克什米尔和拉达克辞典》（Gazetteer of Kashmir and Ladak，1890），阿特金森在撰写《喜马拉雅辞典》时更加勤勉，也更富技巧。在《克什米尔和拉达克辞典》中，他按照字母顺序列出了整个区域的地名。然而除了一些题为"地理与地形"的简要评述外，该书对民族学基本没有益处。

另一个尼泊尔民族学资料的来源是一位英国官员撰写的关于山地部落被招募入所谓的廓尔喀军团并远赴世界大战战场的历史。这些人今天仍在英国和印度的军中服役。在这些已出版的书籍和小册子中，《廓尔喀人》（The Gurkhas）（Northey and Morris，1928）最具代表性。这本书与在加德满都居住的英国人所写的一样，很少基于对山地尼泊尔的直接观察。但比起加德满都谷地的原住民，这本书却更关注山地的部落。以上著作以及其他的 20 世纪前半叶的成果，都有两个不足：其一，它们与人类学学科的发展没有建立直接或间接的联系；其二，其作者都没有进入山地区域的政治权力。

近现代时期：1950 年以前

尽管在 20 世纪 40 年代一些人类学先驱出版了部分重要资料，但在 20 世纪 50 年代以前，喜马拉雅区域并不存在现代意义上的人类学，即受过学术训练的观察者所做的集中的、长时间的田野研究［戈勒（Gorer）关于锡金雷布

---

① 译注：台拉登为印度北阿坎德邦首府。该城市地处印度河-恒河平原北缘，北枕喜马拉雅山脉，南依西瓦利克山脉，东临恒河，西接亚穆纳河，为二河分水岭所处位置。

查人①（Lepchas）的民族志（1938）除外]。除了瑞典探险家赫定②（Hedin）之外，藏学家图齐（Tucci）也于 20 世纪 30 年代造访拉萨；埃克瓦尔（Ekvall）于 20 世纪 20 年代到 30 年代在西藏边境地区做传教士，他后来撰写了一份观察报告（1968）；登山家哈勒（Harrer）留下了其在西藏 7 年的丰富记录（1953），后被迫于 20 世纪 50 年代同达赖喇嘛一起逃离拉萨。此外，潘特（Pant）对印度喜马拉雅社会经济的记述（1935）则具有里程碑式的意义。

喜马拉雅人类学③起步较慢的原因还包括：亚洲人类学一般避开了对农民及其支撑的高度文明体系的研究，而对原始的、前文字群体更感兴趣。美国和欧洲的人类学家倾向于在离家更近的区域工作。美国人多从事印第安人的研究，英国人则多研究隶属于英国的非洲和太平洋地区的人群。那些到达印度的人类学家，比如福勒-海门道夫④（Fürer-Haimendorf）、曼德尔鲍姆（Mandelbaum）和艾尔文（Elwin），大多在南亚次大陆更易进入的地区做部落研究。假设没有第二次世界大战的干扰，人类学没有进入一个突然、具破坏性的休止状态，人类学家或许最终会向北漂移到达印度喜马拉雅地区（尼泊尔和西藏仍然是禁地）。战后，中国成了一个封闭的区域。人类学家们重返印度，在雷德菲尔德（Redfield）的影响下，在印度的核心地带恢复了对农民社会和种姓制度的研究。

---

① 译注：雷布查人主要分布在锡金、亦分布于不丹西部、尼泊尔东部以及印度的西孟加拉邦。语言为雷布查语，是第一批抵达锡金的居民。该族原为藏族的一支，与藏族在经济、文化等方面保持着密切的联系，并长期通婚。

② 译注：赫定（1865 年 2 月 19 日—1952 年 11 月 26 日），生于瑞典首都斯德哥尔摩，瑞典地理学家、地形学家、探险家、摄影家、旅行作家。在对中亚的四次探险考察中，赫定发现了喜马拉雅山脉、雅鲁藏布江、印度河和象泉河的发源地，罗布泊及塔里木盆地沙漠中的楼兰城市遗址、墓穴和长城。其去世后出版的中亚地图集是他毕生工作的结晶。

③ 喜马拉雅人类学这一术语在此指文化和社会人类学。由于篇幅所限，不包括考古学、体质人类学和语言学的研究。这里忽略了于 1968 年至 1978 年在尼泊尔召开的语言学暑期讨论会的成果。该讨论会虽然没有人类学家参加，但也与喜马拉雅人类学有相关性。其中的著名学者有：考古学家和历史学家帕雅嘎·拉吉·夏尔马（PrayagRai Sharma）、地理学家哈卡 B. 古荣（Harka B. Gurung）和 P. P. 卡兰（P. P. Karan）、语言学家奥斯丁·黑尔（Austin Hale）和须跋陀·须跋哈（Subhadra Subbha）、社会学家乔·埃尔德（Joe Elder）和柴塔尼亚·米斯拉（Chaitanya Misra），以及做比较宗教研究的林思·班尼特（Lynn Bennett）和 J. 加布里埃尔·坎贝尔（J. Gabriel Campbell）。进一步查阅布尔努瓦（Boulnois）及米勒（Millot, 1969）和尼泊尔皇家学院（1975）的成果请参看本文的参考文献。

④ 译注：福勒-海门道夫（1909 年 6 月 22 日—1995 年 6 月 11 日），奥地利民族学家，在印度次大陆生活 40 年。伦敦大学亚非学院教授。

用本地制作的手持锯齿状镰刀收割小米。田里同时种植了大麻和苋菜。本文内所有图片来自 James Fisher 的专著《环喜马拉雅商人》(*Trans-Himalayan Traders*),由加州大学出版社出版。

母女俩摆姿势展出过去 40 年间时尚的变化。注意布料的花纹、腰带的尺寸和耳环的大小。

塔伦格布尔(Tarangpur)那里一幢房子依山盖在另一幢房子上面。那位背着自己弟弟站在房顶上的姑娘正要扔出手里的雪球。

近现代时期：1950年以后

直到20世纪50年代初，现代的、持续的人类学研究才在喜马拉雅地区开始。这一趋势始于弗雷德里克·巴斯（Fredrik Barth）在巴基斯坦斯瓦特①（Swat）的研究和克里斯托夫·冯·福勒-海门道夫（Christoph von Fürer-Haimendorf）在尼泊尔的研究。福勒-海门道夫曾在20年的时间里专注于印度部落的研究，并出版了两本专著（1955，1962）。其描写的部落位于喜马拉雅最东端的印度东北部边境特区［印度称为：阿鲁纳恰尔邦（Arunachal Pradesh），中国西藏藏南的行政区］，但是这些民族一直处于孤立和自给自足，以至于他们的文化同西藏、尼泊尔，乃至其他受印度影响的喜马拉雅区域的族群都无密切关联。尽管在1953年前外交官、传教士、商人和军队官员已做过大量记述，福勒-海门道夫关于尼瓦尔人、高压的印度种姓制度、塔艺人和夏尔巴人的研究也较为基础，却毫无疑问地堪称一次史无前例的人类学活动。

福勒-海门道夫的著作涉及的领域很宽泛。他只出版了一本人类学专著（1964），其后海门道夫的大量著作和文章也都与宗教、寺院组织、种姓等级制度、亲属关系、婚姻、社会结构、土地占有、经济以及道德观念等有关。除了人类学晚近以来的象征的、认知的以及心理学的取向外，海门道夫的研究涵盖了同一时期人类学研究的所有问题和旨趣。

贝雷曼（Berreman）于20世纪50年代末在印度喜马拉雅研究印度教（1963），稍晚一点，马登（Madan）对克什米尔地区的原住民进行了分析（1965）。到了20世纪60年代希区柯克（Hitchcock）将他的兴趣点从印度的恒河平原转移到了尼泊尔喜马拉雅（1966）。也正是在这一区域，川北町（Kawakita）分别研究了古朗族（Gurungs）和马嘉族②（Magars，1974）、内帕里（Nepali，1965）研究了尼瓦尔人（1965）。

在尼泊尔和印度喜马拉雅开放的同时，西藏却由于1950年以后中国加强了对国家的控制而对外更加封闭。但是在20世纪50年代，一小部分学者得以在锡金（Sikkim）和大吉岭③（Darjeeling）研究藏族。内贝斯基-沃捷科维

---

① 译注：斯瓦特，位于巴基斯坦西北边境，景色秀丽，有"巴基斯坦的瑞士"之称。
② 译注：马嘉族为尼泊尔最主要的原住民族。
③ 译注：大吉岭位于喜马拉雅山麓的西瓦利克山脉。英属印度时期，由于大吉岭温和的气候，使得它作为英国居民逃避平原上炎热的夏季的山中避暑地而发展起来。

茨（Nebesky-Wojkowitz）描述和分析了西藏的宗教与艺术（1956）；碧翠丝·米勒（Beatrice Miller）致力于通过主题统觉测验做人格与文化研究（1978）；中根千枝（Chie Nakane）则研究了锡金的族际关系（1966）。与现代西藏人类学相关的唯一资料是近似于学者的尼泊尔驻拉萨总领事比斯塔（Bista）记录的其于1972年至1975年任职期间的经历（1979）。对于西藏信息的获取仍旧依赖于根据难民对自身经历的描述而做出的关于西藏生活的重构（Aziz, 1978；Goldstein, 1978），对尼泊尔藏语群体的研究（Levine, 1976；Goldstein, 1981）以及并非基于第一手田野工作的学术成果（Carrasco, 1959）。具有讽刺意味的是：一方面，在中国"文化大革命"的影响下，西藏的许多传统生活方式被彻底地转变了；另一方面，在印度和尼泊尔的近10万难民却使有关该地的人类学资料的质量迅速提高。

到了20世纪70年代，尼泊尔在喜马拉雅人类学中的优势地位已显而易见。在尼泊尔，人类学研究从20世纪50年代到60年代的"细水长流"过渡到了70年代的"波涛汹涌"。从某种程度上来说对一个区域的研究过于集中，恰恰为新研究对象的发现提供了契机。另一个重要的影响因素是：由于美国在1972年的巴基斯坦-孟加拉国战争中倾向于巴基斯坦而导致了美-印外交关系的恶化。随之而来的是在印度的所有美国人的研究都被禁止。无论如何，1962年印度-中国的边境冲突实际上打破了对外国人的禁令。同样的，巴基斯坦自1965年到1974年与印度的战争后，也封锁了其北部地区（包括限制巴基斯坦国内的人类学家进入）。由于中国西藏、锡金和不丹仍然实行闭关政策，许多对南亚感兴趣的人类学家都开始着手研究尼泊尔。尼泊尔开放、积极且令人深受鼓舞的研究支持吸引了包括新一代研究生在内的许多学者。

这些人类学新能量引发了20世纪70年代尼泊尔人类学研究史无前例的大飞跃。一个宗教的例子可以表明这次飞跃的程度：希区柯克和琼斯（Jones）（1976）关于尼泊尔的神附体（spirit possession）的书中收录有超过16位人类学家的文章。这16位人类学家分别研究了林布族[①]（Limbu）、拉伊族（Rai）、苏努佤族（Sunuwar）、夏尔巴人（Sherpas）、马嘉族（Magar）、古朗族（Gurungs）、拉吉族（Raji）和藏族，以及1854年版的尼泊尔国家法典中的巫术之地。

到20世纪80年代，人类学对尼泊尔兴趣的激增使这个几乎完全不为人们所知的国家及其居民与印度和巴基斯坦相比更广泛地为人所闻。幸运的是，

[①] 译注：林布族为尼泊尔的一个原住民族，在印度也有分布。从广义上讲，林布族、拉伊族等都是克拉底人的分支。

印度的人类学家开始承担起更多研究。如由斯利瓦斯塔瓦（Srivastava, 1958）、桑瓦尔（Sanwal, 1976）及拉哈（Raha）执行的田野工作。阿克巴·S·阿哈默德（Akbar S. Ahmad）通过巴基斯坦的田野工作，对斯瓦特地区做出了与早先巴斯的分析有很大不同的新的阐释。

然而，人类学对于尼泊尔各个区域的关心程度也不是完全均匀的。人类学家早已被贴上了偏爱研究遥远的、高海拔的喜马拉雅区域居民的标签。此外，人类学家还对小群体，如穆斯林（Gaborieau, 1996）或在19世纪时已处于灭绝边缘的所谓"破碎的部落"（broken tribes）（Reinhard, 1969、1974）感兴趣。人类学浪漫的魔力暗示着远方和异域。居住于加德满都各地的尼瓦尔人是最后吸引人类学注意的。在20世纪70年代，艾伦（Allen, 1975）、格林伍德（Greenwold, 1978）、斯塔柏林（Stablein, 1978）、施密特（Schmidt, 1978），以及石井町（Ishii, 1978）都研究了尼瓦尔人。此外，托芬（Toffin）建立于福勒-海门道夫（1956）、巴基拉查雅（Bajracharya, 1959）、内帕里（1965）及罗瑟（Rosser, 1966）成果之上的研究（1978），全面地梳理了喜马拉雅地区最复杂的族群情况。

理论与实践

一直以来，理论取向不是独创的和史无前例的，而是传统的和折中的。尽管也涌现出了许多优秀的研究，但喜马拉雅人类学并未在国际人类学发展史上留下太多的痕迹。直到现在，在喜马拉雅区域还没有马林诺夫斯基[①]（Malinowski）、拉德克利夫·布朗[②]（Radcliffe Brown），或列维·施特劳

[①] 译注：马林诺夫斯基（1884年4月7日—1942年5月16日），发迹于英国的波兰人类学家。他建构了以客观民族志记载田野调查研究成果的方式，并开创最早的社会人类学课程，故有人称他为民族志之父。马林诺夫斯基对近代人类学影响深远。他不但是第一位亲自在当地长期研究，并以客观的民族志材料取代过往充满研究者主观论述的人类学家，也是首先提出完整的文化理论以取代以往演化论与传播论观点，进而开启新研究方向的理论大师。

[②] 译注：拉德克利夫·布朗（1881年9月17日—1955年10月24日），英国人类学家，结构功能论的创建者。相较于马林诺夫斯基强调实证主义的功能论，布朗则结合迪尔凯姆的社会学理论、罗素等人的科学哲学等，提出一套结合自然与社会科学的人类学理论。他认为透过观察抽离出来的社会体系与结构，能够找出一套有系统的社会分析方式，进而探究人类的普同法则。

斯①（Lévi-Strauss）式的学者诞生。

在房顶上为谷物脱粒，房顶是塔让普人社会生活的重要空间。

此外，喜马拉雅人类学也因人类学者所属国的不同而有着不同的倾向性。以凯普兰（Caplans，1970、1972、1975）为代表的一些英国人类学家对土地占有、社会结构与政治等传统社会人类学的关注点很有兴趣。美国人则更乐于关注象征（Ortner，1978）、心理学（Paul，1982）、生态学以及经济学（Fisher，1985）等方面的理论观点。德国人对文化史（Oppizt，1968）以及物质文化（Schmidt-Thome et al.，1975）表现出了强烈兴趣。法国人则更倾向于细节的民族志描述。（Jest，1975）但以上都是很模糊的倾向，事实上，若要仅仅通过其著作来判断人类学家的国籍是十分困难的。

国家习俗差异之处常常体现在科研（人员）的社会结构本身里。美国人一般独自进行研究。每个学者都能从大量不同的公共或私人资源处获取研究经费。而法国或德国学者则隶属于由兼官位的学者为主导的大型国家研究团体。如果一位欧洲学者和国家的学术机构关系良好，那么他将更容易获得研

---

① 译注：列维·施特劳斯（1908年11月28日—2009年10月30日），法国人类学家，与弗雷泽、博厄斯共同享有"现代人类学之父"的美誉。列维·施特劳斯所建构的结构主义与神话学不但深深影响人类学，对社会学、哲学和语言学等学科都有深远影响。

究所需的财务支持。另一方面，那些独来独往不隶属于这一官僚体系的学者们，则很难获得研究资金。

终于在喜马拉雅区域站稳脚跟后，人类学又追寻了怎样的研究方向呢？对这一问题的简单回答是：所有研究方向。在最近10年，喜马拉雅人类学，尤其是尼泊尔喜马拉雅人类学十分活跃。其结果是，人类学的所有知识领域——语言学、社会结构、亲属关系、人口统计学、生态学、宗教学、神话学、心理学、性别角色、儿童养育、地方政治等在喜马拉雅区域都在以指数倍扩展。简而言之，喜马拉雅人类学和其他地区的人类学一样具有关注点广泛的特征。尽管如此，人类学者们还是表现出了更关注该区域独有的或在西方人眼中更有异域特征的生活方式的倾向。

以下为一些典型例证：

1. 宗教

喜马拉雅地区的宗教在萨满、神秘主义、圣僧、转世喇嘛等的共同作用下，一直吸引着西方人类学家的注意。而且，在1959年以前，西藏是世界上最古老的现存神权政体，尼泊尔则是世界上唯一存在的印度教王国。这一切都与"伟大的传统"（Great Traditions）早已被消灭的安第斯地区形成了鲜明的对比。

宗教综摄（religious syncretism）是一个持久以来的学术视角。某一个部落是信仰印度教还是佛教？还是他有自己的本土信仰和仪式？又抑或其宗教信仰是上述现象的综摄（Höfer，1971）？综摄（syncretism）是一个复杂的概念。它可以指印度教和佛教的融合。事实上，法国伟大的梵文学家列维（Lévi）曾说过，任何排除了印度教或佛教的因素去描述尼泊尔神灵和象征符号的尝试都是"一派胡言"。综摄也可以存在于大传统和小传统之间，即发生在以印度教和佛教为代表的所谓世界宗教与部落宗教之间。

在20世纪50年代到60年代，宗教或多或少被按照标准的结构-功能（structural-functional）的形式描述着。但近15年的研究则更加注重细节的描述。人类学家们不再把宗教视为民族志整体的一部分，而是透过宗教的视角去观察整个社会。有的人类学家用自己的术语去理解宗教，把其视为一连串的象征符号及其意义（Ortner，1978）；有的则为了了解研究对象的心理构造和进入其所在社会而分析宗教（Paul，1982）。

2. 社会结构

种姓制度及其同部落的关系或许有些过度地吸引人类学家了，以印度的而不是本土的模式作为研究视角是形成这一现象的原因，这一观点很难用语言表达。

一妻多夫现象在世界上其他地区很少见，却在喜马拉雅地区相当普遍。

这一现象也因而成了人类学一个永不过时的话题。普林斯·彼得（Prince Peter，1963）在其巨著中描述了西藏的一妻多夫制。在3本关注印度喜马拉雅中部地区非藏族著作的书名中也出现了"一妻多夫"一词（Saksena，1956；Majumdar，1962；Parmar，1975）。贝雷曼关于一妻多夫的写作十分详细，最终形成了他关于一妻多夫的观念（1978），即"在人类学家的观念中，一妻多夫的出现推动了其他婚姻形式"。

3. 生态学

自从巴斯（Barth）对巴基斯坦的首创性研究后（1965），人类与物质环境的密切关系常常被形容为强大的、甚至是压倒性的。当然在尼泊尔这样的社会研究暗示着国家的土地政策（Caplan，1970）。人地比率的迅速下降导致了移民运动（Dahal et al.，1977）。

4. 村落研究

大多人类学家们在没有质疑这个假设的前提下都曾认为合理的研究单元不是部落就是村落，且把两者认作为分立的、碎片化的实体，这在尼泊尔更是如此。与更大、更综合的（社会）网络连接的脉络被忽视了。比斯塔（Bista，1982）试图通过提出"是时候处理那些被遗忘的不同民族、不同语言、不同文化背景的人群间的整体性了"，来更正研究中的这种不平衡。另一个背离传统人类学的倾向则表现为试图综合不同村落和族群的材料。福勒-海门道夫对北部边境沿线贸易经济的比较研究以及艾伦（1978）对藏缅语人群部落等级制度的比较都是很好的例证。

5. 发展

自20世纪70年代起，"发展"（包括经济、社会、文化等方面的发展）这一主题开始出现并被逐渐强化。发展的视角也渗透到了包括印度（Rahul，ca. 1969）和尼泊尔在内的喜马拉雅区域。喜马拉雅人类学研究涉及了与发展相关的人口统计学（Goldstein，1981；Goldstein and Beall，1981）、人口问题和资源消耗（MacFarlane，1976）、经济组织（Messerschmidt，1981）及旅游（Sacherer，1977）等方方面面；刚刚萌芽的"医学人类学"是"发展人类学"的最新变体；健康问题愈来愈受到尼泊尔田野工作者的关注（Stone，1976；Justice，1981）。

在尼泊尔，绝大多数发展导向的人类学都和政府的项目计划相适应。一小部分社会学家试图以马克思主义的道路来解决贫困问题（Seddon，laikie，Cameron，1979）。但是在尼泊尔人类学家间并没有争论发生。而在安第斯国家，围绕着农村群体该被称为部族（tribals）还是农民（peasants）、应遵循马克思主义道路还是资本主义道路等都有很多争论。在印度，围绕着"发展"帮助了还是伤害了喜马拉雅居民这一问题产生了更多的争论。贝雷曼（1983）证明了本土力量（"抱树运动"① the "Chipko" movement）对伐木业的抵制。与安第斯地区人类学家研究自身的介入对本土的影响不同，喜马拉雅人类学家则研究本土发生的事件。

6. 女性

与女性相关的象征和地位研究在喜马拉雅与其他地区一样，成了新的研究热点。琼斯夫妇（Jones and Jones, 1976）和安道尔斯（Andors, 1976）是首先从事这一新领域的研究的。同时，也有研究围绕着政治中的女性（Molnar, 1982）、宗教中的女性（Holmberg, 1982），以及性别与社会建设（March, 1982）等方面展开。

以上6个研究焦点表明：喜马拉雅人类学研究一方面与该地居民的特征密切相关，另一方面也受到世界人类学发展趋势的影响。

所有这些关注点都曾经是中心与边缘的问题。在回应以印度平原或中国平原相对山地为核心的观点时，喜马拉雅学者们有时对自己所研究的一小角世界地理产生了激进的忠诚。尽管在两极文化中找到融合之处是人类学研究一个持续的主题（Fisher, 1978），我们还是应当意识到其背后隐藏的沙文主义倾向。我们应当视喜马拉雅为有着内部复杂性和整体性的独立文化区域（即使并没有严格的边界划分），而不是依靠印度或中国的传统去理解它。

文学人类学的膨胀已经影响到西方和日本学者，但是严谨的学术研究并不一定都来自国外。事实上，所有外国研究者的成果都得益于具有本地知识的土著研究助手的帮助。有关这一问题一个最近、也是最公开的案例是：玛丽·斯鲁瑟（Mary Slusser）是否对尼泊尔本土学者为其《尼泊尔的曼陀罗》（*Nepal Mandala*, 1982）一书所做的贡献做出了合适的评价。

对故土的研究并不是一个新的现象。也许你会想到萨拉特·羌德拉·达斯（Sarat Chandra Das）在19世纪晚期秘密潜入拉萨的"英勇行为"，或是戈文达喇嘛（Lama Anagarika Govinda）有关佛教的著述。更晚近的例证包括施

---

① 译注："抱树运动"于1973年4月在印度的喜马拉雅山区发起。由于原始森林被大量砍伐，使得当地妇女依赖于原始森林的生计被剥夺。她们承袭了圣雄甘地的非暴力运动方式，由村民抱住大树来阻拦砍伐行为。运动成功地向政府索赔了所受到的损失，并且使政府承诺在15年内禁止伐木。到20世纪80年代，该运动已经发展成了上百个村民自治的基层社会网络，保护了喜马拉雅山区周围5000平方公里的森林。

奈尔格罗夫（Snellgrove，1967）翻译的一些能够体现塔芒族①（Tamang）关于社会和宗教观点的传统（MacDonald，1975），以及威利（Wylie，1970）翻译的旅行指南和喇嘛视角下对试图攀登珠穆朗玛峰的行为之看法（MacDonald，1973）。

　　只要有更多的喜马拉雅教育机构，就必将产生更多的本土研究。20世纪50年代以前，尼泊尔除了寺院没有任何教育机构。因此，在20世纪60年代以前，西方意义上的人类学研究必然没有任何本土实践者。多·巴哈杜尔·比斯塔（Dor Bahadur Bista）曾于1957年担任福勒-海门道夫的研究助手，后又先后于伦敦和威斯康星学习人类学，并最终出版了包括经典的《尼泊尔的民族》（People in Nepal，1967）在内的一系列著作。这本书的标题隐藏了一个至今困扰着尼泊尔的小争论。尽管人类学总体上被热情好客的尼泊尔所欢迎，但在尼泊尔政府试图强化国家整体性时，一些政府官员因人类学强调民族差异而视其为"洪水猛兽"。因此，比斯塔的书名采用了"people"的单数而不是复数形式就显得十分重要。受训于20世纪70年代到80年代的尼泊尔人类学家应该自己找到应对政治与学术旨趣对峙问题的解决办法。对于这一问题目前的一个解决方案是要关注更大社会的整合进程，而不是不同社区间的鸿沟。(Bista，1982)

　　国外的学者很少查阅本土的研究成果。导致这种现象的成因有两个。其一，很少有人类学者能够很好地阅读土著的文字，如尼泊尔文、藏文、克什米尔文等，并理解其含义。因此出现了两个彼此独立、平行发展的学术传统。所以，什雷斯塔（Shrestha，1972）对西部萨库里人（Thakuris）以及迪瓦斯（Diwas，1973）等人对于狄摩人（Dhimal）民俗生活的经典研究都没有得到西方学者应有的重视。

　　其二，本土研究出版的成果常常很难被找到。例如，在多尔普②（Dolpo）出版的有关塔卡利族③（Thakali）的油印随笔（1968）虽然是当时对该领域最好的总体介绍，却由于其出版形式，而几乎不为人所知。

---

　　① 译注：塔芒族，主要分布在加德满都谷地一带的山区里，尤以东部最为集中。有人说塔芒族是公元643年吐蕃援助尼泊尔国王纳伦德拉复位的士兵滞留尼泊尔后繁衍而成。因为他们来自西藏，故又叫菩提亚人。

　　② 译注：多尔普为位于尼泊尔西北方的一个偏僻的村庄。

　　③ 译注：塔卡利族是生活在尼泊尔北部木斯塘地区的民族。塔卡利族以经商闻名。他们以前从事的生意是喜马拉雅地区的贸易，现在多从事服务业。塔卡利族实行严格的内婚制，只与同族结婚。同时分为四个民族，在四个氏族间通婚，但不得在同一氏族内结婚。

在20世纪70年代到80年代初，来自东部尼泊尔、印度和巴基斯坦，到西部阿富汗的新一代本土学者撰写了大量研究成果。这些年轻的人类学者不仅为喜马拉雅人类学带来了活力，更有着无与伦比的语言能力、本土的直觉和对传统人类学理论方法的洞察力。1984年在加德满都一次非正式的讨论会上，塔卡利族的社会学家和西方的塔卡利研究学者共同讨论了彼此的研究成果。随着更多的本土人士成为学者，这种有益双方的对话也将会更多地开展。

塔里的壁画展现马亨德雷国王（King Mahendra）在众神之中

仪轨师（patum）在每年冬季长达一个月的仪式上击鼓

塔伦格布尔入口处的塔子

尽管在尼泊尔涌现出了许多有能力、有学术热情的青年人类学者和社会学者，但是制度上对他们的支持却显得远远不够。隶属于加德满都特里布文大学（Tribhuvan University）的尼泊尔与亚洲研究中心及社会学与人类学系分别成立于1922年和1980年。这两个机构内部都有着大量充满活力的学者。研究成果的发表可以通过专门的大学出版或发表于《为尼泊尔研究做贡献》（Contributions to Nepalese Studies）、《卡拉什人①》（Kailash）、《喜马拉雅文化》（Himalayan Culture）等杂志。另一方面，进入国际人类学团体则受到了限制。特里布文大学图书馆至今都没有认购《东方人类学学家》（Eastern Anthropologist）、《人类》（Man）、《美国人类学家》（American Anthropologist）、《当代人类学》（Current Anthropology）、《人类学研究杂志》（The Journal of Anthropological Research）、《民族学》（Ethnology），以及《民族精神》（Ethos）等刊物。

印度的大学也有从事喜马拉雅教学和研究的人类学系。然而，在巴基斯坦，只有一所位于伊斯兰堡的大学有人类学系，且并没有与喜马拉雅相关的研究项目。史密森学会②（Smithsonian Institution）于1983年开始在奇特拉尔（Chitral）资助多学科的研究项目。海德堡大学（University of Heidelberg）于1979年与真纳大学（Quaid-i-Azam University）及民族传承协会（Institute of Folk Heritage）合作在巴基斯坦北部地区开展了研究。

结　　论

对比安第斯地区，喜马拉雅人类学在其发展史上并没有明确的发展趋势。喜马拉雅区域面积广大、文化复杂的特性决定了对它的研究至今仍然远远不够。因此在喜马拉雅区域也很难发展出安第斯地区几个世纪前就已形成的占支配地位的主题或视角。早期的探险家、军人、传教士、商人和外交官都倾向于使自己的写作符合身份与使命。他们中的一些人也在此之外收集了可获得的所有方面的民族学信息。综上，直到最近，喜马拉雅区域人类学上的知

---

① 译注：卡拉什人为居住在巴基斯坦西北边境省奇特拉尔县的一个古老民族。据称他们是古希腊人的后代，仍保留着古老的传统信仰。

② 译注：史密森学会是美国一系列博物馆和研究机构的集合组织。该组织囊括19座博物馆、9座研究中心、美术馆和国家动物园以及1.365亿件艺术品和标本。史密森学会也是美国唯一一所由美国政府资助、半官方性质的第三部门博物馆机构，同时也拥有世界最大的博物馆系统和研究联合体。该机构于1846年成立，资金源于英国科学家詹姆斯·史密森（James Smithson）对美国的遗赠。该机构的诸多博物馆除圣诞节外，全年对公众免费开放。

识仍然是模糊的、不均衡的和相互混杂的。

今天，学者们对于传统人类学研究内容的关心程度有增无减。不管怎样喜马拉雅人类学都倾向于研究独特的或在喜马拉雅区域发展得更好的文化现象，如宗教或作为社会结构之特殊形式的一妻多夫现象。

古文物研究者和现代学者都对喜马拉雅的文化史及部落和种姓制度的起源有着持久的兴趣。这种历史学兴趣的关注点在于不同族群同印度教中心（印度）或佛教中心（西藏）的密切关系。

喜马拉雅人类学另一个持续的特征在于关注大传统与小传统的差异，即受过教育的专家的观点与未受过教育的世俗农民的信仰和实践之间的差别。总体来说，人类学家们都支持阿特金森于100多年前所说的：前者得到了文本研究学者足够的注意，并且在追踪后者。

目前，对于发展问题的迫切关注，消耗了包括国外及本土人类学者的大量精力。而且，研究对象为现实问题的签证申请在喜马拉雅国家更受欢迎。目前为止，还没有人类学家得以进入西藏，但中国允许了从事诸如滑坡、洪涝及雪崩预测等"灾难研究"的地理学家进入了西藏。

喜马拉雅封闭了太长时间，并且在这段时期里没有自我反思。因此，即使近来研究浪潮汹涌，喜马拉雅人类学依然处于起步阶段。即使是对其人民已经有很深了解的尼泊尔，由于其国家内部的分割和对北部边境政治上的缺乏理解，都导致了关于尼泊尔及其他喜马拉雅区域认识的不均衡发展。而在安第斯区域，财富和信息的获得都较喜马拉雅容易。目前，本土人类学开始与迄今为止大量的国外研究和谐发展。这一现象似乎将引导着喜马拉雅人类学研究完成巨大的突破、而愈加成熟和科学。

致　谢

作者希望感谢杰拉德·贝雷曼（Gerald Berreman）、克里希纳·巴特钱（Krishna Bhattachan）、底力·拉姆·达哈（Dilli Ram Dahal），以及纳文 K. 拉伊（Navin K. Rai）对本文初稿提出的十分有益的建议和批评。

参考文献

Allen, M. 1975. *The Cult of Kumari*. Kathmandu: Institute of Nepal and Asian Studies.

Allen, N. J. 1978. Fourfold classifications of society in the Himalayas. In

Fisher, J. F. (ed.), *Himalayan Anthropology: The Indo-Tibetan Interface*. The Hague: Mouton Publishers.

Andors, Ellen. 1976. *The life cycle of Gurung women: child rearing practice and socialization in a Gurung village*. Ph. D. dissertation, Columbia University.

Atkinson, E. T. 1973. *The Himalayan Gazetteer* (originally published as The Himalayan Districts of the North-Western Provinces of India in 1882, 1884, and 1886). Delhi: Cosmo Publications.

Aziz, B. N. 1978. *Tibetan Frontier Families*. New Delhi: Vikas Publishing House.

Bajracharya, Purna Harsha. 1959. Newari marriage customs and festival. *Southwestern Journal of Anthropology*, 15: 418–428.

Barth, F. 1965. Ecologic relationships of ethnic groups in Swat, Northern Pakistan. *American Anthropologist*, 58.

Bell, Sir Charles. 1978. *The People of Tibet*. London: Oxford University Press.

Berreman, G. D. 1963. *Hindus of the Himalayas*. Berkeley: University of California Press.

Berreman, G. D. 1978 Ecology, demography and domestic strategies in the Western Himalayas. *Journal of Anthropological Research*, 34.

Berreman, G. D. 1983 Identity definition, assertion and politicization in the Central Himalayas. In Jacobson-Widding, A. (ed.), *Identity: Personal and Socio-Cultural*. Uppsala Studies in Cultural Anthropology, 5.

Bista, Dor Bahadur. 1967. *People of Nepal*. Kathmandu: Department of Publicity, His Majesty's Government.

Bista, Dor Bahadur. 1979. *Report from Lhasa*. Kathmandu: Sajha Prakashan.

Bista, Dor Bahadur. 1982. The process of Nepalization. In *Anthropological and Linguistic Studies in the Gandaki Area in Nepal*. Tokyo: Institute for the Study of Languages and Cultures of Asia and Africa.

Boulnois, L. and Millot, H. 1969. *Bibliographie du Népal*. Paris: Edition du CNRS.

Caplan, A. P. 1972. *Priests and Cobblers*. San Francisco: Chandler Publishing Company.

Caplan, L. 1970. *Land and Social Change in East Nepal*. Berkeley:

University of California Press.

Caplan, L. 1975. *Administration and Politics in a Nepalese Town*. London: Oxford University Press.

Carrasco, Pedro. 1959. *Land and Polity in Tibet*. Seattle: University of Washington Press.

Dahal, Dilli Ram, Navin Kumar Rai, and Manzardo, A. E. 1977. *Land and Migration in Far-Western Nepal*. Kathmandu: Institute of Nepal and Asian Studies.

Das, Sarat Chandra. 1970. (Originally published 1881 and 1882.) *Contributions on the Religion and History of Tibet*. New Delhi: Manjusri.

David-Neel, A. 1966. *Magic and Mystery in Tibet*. (Originally published under the title, With Magicians and Mystics in Tibet, in 1931.) New Hyde Park, New York: University Books.

Diwas, Subbha Dahal, Rai, and Shakya. 1973. *Dhimal* (Lok-Jivan Adhyan). Kathmandu: Royal Nepal Academy.

Ekvall, R. B. 1968. *Fields on the Hoof: Nexus of Tibetan Nomadic Pastoralism*. New York: Holt, Rinehart and Winston.

Fisher, J. F. 1978. *Himalayan Anthropology: The Indo-Tibetan Interface*. The Hague: Mouton.

Fisher, J. F. 1985. *Trans-Himalayan Traders*. Berkeley: University of California Press (in press).

Fürer-Haimendorf, C. von. 1955. *Himalayan Barbary*. London: John Murray.

Fürer-Haimendorf, C. von. 1956. Elements of Newar social structure. *Journal of the royal Anthropological Institute*, lxxxvi: 2.

Fürer-Haimendorf, C. von. 1962. *The Apa Tanis and their Neighbours*. London: Routledge and Kegan Paul.

Fürer-Haimendorf, C. von. 1964. *The Sherpas of Nepal*. Berkeley: University of California Press.

Fürer-Haimendorf, C. von. 1975. *Himalayan Traders*. New York: St. Martin's Press.

Gaborieau, M. 1966. Les curaute de Moyen Nepal: place d'un group de Musulmans dans une société de castes. L'Homme, vi, 3.

Goldstein, M. C. 1978. Ethnogenesis and resource competition among Tibetan refugees in South India: A new face to the Indo-Tibetan interface. In Fisher, J. F.

(ed.); 1978. *Himalayan Anthropology: The Indo-Tibetan Interface*. The Hague: Mouton.

Goldstein, M. C. 1981. New perspectives on Tibetan fertility and population declines. *American Ethnologist*, 8 (4).

Goldstein, M. C. and Beall, M. C. 1981. Modernization and aging in the third and fourth world: Views from the rural hinterland in Nepal. *Human Organization*, 40 (1).

Goldstein, M. C., Paljor Tsarong, and Beall, C. M. 1983. High altitude hypoxia, culture and human fecundity/fertility: A comparative study. *American Anthropologist*, 85 (1).

Gorer, G. 1938. *Himalayan Village: An Account of the Lepchas of Sikkim*. London: Thomas Nelson and Sons.

Greenwold, S. M. 1978. The role of the priest in Newar society. In Fisher, J. F. (ed.), *Himalayan Anthropology: The Indo-Tibetan Interface*. The Hague: Mouton.

Hamilton, F. B. 1819. *An Account of the Kingdom of Nepal, and of the Territories Annexed to This Domain by the House of Gorkha*. Edinburgh: A. Constable.

Harrer, H. 1953. *Seven Years in Tibet*. New York: E. P. Dutton.

Hitchcock, J. T. 1966. *The Magars of Banyan Hill*. New York: Holt, Rinehart and Winston.

Hitchcock, J. T. and Jones, R. 1976. *Spirit Possession in the Nepal Himalayas*。Warminster, England: Aris and Phillips Ltd.

Hodgson, B. H. 1874. *Essays on the Languages, Literature and Religion of Nepal and Tibet: Together with Further Papers on the Geography, Ethnology and Commerce of Those Countries*. London: Trubner and Company.

Höfer, A. 1971. *Some non-Buddhist elements in Tamang religion*. Vasudha, 4: 17-23.

Holmberg, D. 1982. Shamanic sounding: Women in the ritual structure of the Tamang of Nepal. Unpublished paper.

Ishii, Hiroshi. 1978. Structure and change of a Newari festival organization. In Fisher, J. F. (ed.), *Himalayan Anthropology: The Indo-Tibetan Interface*. The Hague: Mouton.

Jest, C. 1975. *Dolpo Communautés de Language Tibétaine du Népal*. Paris:

Centre National de la Recherche Scientifique.

Jones, R. L. and Jones, S. K. 1976. *The Himalaya Women*. Palo Alto: Mayfield Publishing Company.

Justice, J. 1981. The invisible worker: The role of the peon in Nepal's health service. Unpublished paper.

Kawakita, J. 1974. *The Hill Magars and Their Neighbours*. Tokyo: Takai University Press.

Kirkpatrick, Colonel W. 1811. *An Account of the Kingdom of Nepaul. Being the Substance of Observations Made During a Mission to that Country in the Year 1793*. London: William Miller.

Landon, P. 1928. *Nepal*. London: Constable.

Lévi, S. 1905. Le Népali: *Etude Historique d'un Royaume Hindou*. Paris: E. Leroux.

Levine, N. 1976. The origins of stod-pa: a Nyinba clan legend. *Contributions to Nepal Studies*, 4 (1).

MacDonald, A. W. 1973. The Lama and the General. *Kailash*, 1 (3).

MacDonald, A. W. 1975. The Tamang as seen by one of themselves (originally published in 1966 in French). In *Essays on the Ethnology of Nepal and South Asia*. Kathmandu: Ratna Pustak Bhandar.

McDougal, C. 1968. *Village and Household Economy in Far-Western Nepal*. Kathmandu: Tribhuvan University Press.

MacFarlane, A. 1976. *Resources and Population: A Study of the Gurungs of Nepal*. Cambridge: Cambridge University Press.

MacGregor, J. 1970. *Tibet: A Chronicle of Exploration*. New York: Praeger.

Madan, T. N. 1965. *Family and Kinship: A Study of the Pandits of Rural Kashmir*. New York: Asia Publishing House.

Majumdar, D. N. 1962. *Himalayan Polyandry*. New York: Asia Publishing House.

March, K. S. 1982. Weaving, writing, and gender. Unpublished paper.

Markham, Clements. 1879. *Narratives of the Mission of George Bogle to Tibet and of the Journey of Thomas Manning to Lhasa*. London: Trubner and Company.

Messerschmidt, D. A. 1981. Nogar and other traditional forms of cooperation in Nepal: Significance for development. *Human Organization*, 40 (1).

Miller, B. D. 1978. Tibetan culture and personality: Refugee responses to a Tibetan culture-bound TAT. In Fisher, J. F. (ed.), *Himalayan Anthropology: The Indo-Tibetan Interface*. The Hague: Mouton.

Molnar, A. 1982. Woman and politics: Case of the Kham Magar of Western Nepal. *American Ethnologist*, 9 (3).

Nakane, Chie. 1996. A plural society: A study of the interrelations of Lepchas, Bhotias and Nepalis. In Fürer-Haimendorf, C. von (ed.), *Caste and Kin in Nepal, India and Ceylon*. London: Asia Publishing House.

Nebesky-Wojkowitz, R. 1956. *Oracles and Demons of Tibet*. The Hague: Mouton.

Nepali, Gopal Singh. 1965. *The Newars*. Bombay: United Asia Publications.

Northey, W. Brook and Morris, C. J. 1928. *The Gurkhas: Their Manners, Customs and Country*. London: Bodley.

Oldfield, H. A. 1880. *Sketches from Nepal*. London: Allen and Company.

Oppitz, M. 1968. *Geschichte und Sozialordnung der Sherpa*. Innsbruck-Munchen: Universitatsverlag Wagner Ges. M. B. H.

Ortner, S. B. 1978. *Sherpas Through Their Rituals*. Cambridge: Cambridge University Press.

Pant, S. D. 1935. *The Social Economy of the Himalayas, based on a Survey in the Kumaon Himalayas*. London: Allen and Unwin.

Parmar, Y. S. 1975. *Polyandry in the Himalayas*. Delhi: Vikas Publishing House.

Paul, R. A. 1982. *The Tibetan Symbolic World*. Chicago: University of Chicago Press.

Peter, Prince. 1963. *A Study of Polyandry*. The Hague: Mouton.

Quarter Master General in India in the Intelligence Branch. 1890. *Gazetteer of Kashmir and Ladak*. Calcutta: Superintendent of Government Printing.

Raha, Manis Kumar. 1978. Stratification and religion in a Himalayan society. In Fisher, J. F. (ed.), *Himalayan Anthropology: The Indo-Tibetan Interface*. The Hague: Mouton.

Rahul, Ram, ca. 1969. *Social Work in the Himalaya*. Delhi: Delhi School of Social Work.

Rai, N. K. 1984. Critique on development of infrastructure and programme in anthropology. In *Social Sciences in Nepal: Infrastructure and Programme Development*. Kathmandu, Tribhuvan University Press.

Reinhard, J. 1969. Aperçu sur les Kusunda, people chasseur du Nepal. In *Objets et Mondes*, ix, 1.

Reinhard, J. 1974. The Raute. *Kailash*, 2: 4.

Regmi, D. R. 1969. *Ancient Nepal*. Calcutta: Firma K. L. Mukhopadhyay.

Roerich, G. N. 1976. The Blue Annals. Delhi: Motilal Banarasi Dass.

Rosser, C. 1966. *Social mobility in the Newar caste system. In Caste and Kin in Nepal, India and Ceylon.* London: Asia Publishing House.

Royal Nepal Academy. 1975. *Bibliography of Nepal*. Kathmandu: Sahayogi Press.

Sacherer, J. 1977. The sherpas of Rolwaling: A hundred years of economic change. In *Himalaya: Ecology-Ethnologie*. Paris: Edition de CNRS.

Saksena, R. N. 1956. *Social Economy of a Polyandrous People*. Agra University Institute of Social Sciences.

Sanwal, R. D. 1976. *Social Stratification in Rural Kumaon*. Delhi: Oxford University Press.

Schmidt, R. L. 1978. Symbolic fields in Nepalese religious iconography: A preliminary investigation. In Fisher, J. F. (ed.), *Himalayan Anthropology: The Indo-Tibetan Interface*. The Hague: Mouton.

Schmidt-Thome, M. and Thingo, Ts. T. 1975. *Materielle Kultur und Kunst der Sherpa*. Innsbruck: Universitatsverlag Wagner.

Seddon, D., Blaikie, P., and Cameron, J. 1979. *Peasants and Workers in Nepal*. Warminster, England: Aris and Phillips Ltd.

Shrestha, Bihar K. 1972. *Karnali Lok Sanskriti, Diyargauka Thakurihari*. Kathmandu: Royal Nepal Academy.

Slusser, M. 1982. *Nepal Mandala*. Princeton: University Press.

Snellgrove, D. L. 1967. *Four Lamas of Dolpo*. Glasgow: Bruno Cassirer.

Srivastava, Ram P. 1958. The Bhotia nomads and their Indo-Tibetan trade. *Journal of the University of Sagar*, 7 (1).

Stablein, W. 1978. A descriptive analysis of the content of Nepalese Buddhist Pujas as a medical-cultural system with references to Tibetan parallels. In Fisher, J. F. (ed.), *Himalayan Anthropology: The Indo-Tibetan Interface*. The Hague:

Mouton.

Stone, L. 1976. *Illness, hierarchy, and food symbolism in Hindu Nepal*. Ph. D. dissertation, Brown University.

Thakali, Santa Ram. 1968. *Himachhadit Dolpa Jillako ek Jhalak* (A Glimpse of Snow-Covered Dolpo District). 2025 B. S. (1968 A. D.).

Toffin, G. 1978. Intercaste relations in a Newar community. In Fisher, J. F. (ed.), *Himalayan Anthropology: The Indo-Tibetan Interface*. The Hague: Mouton.

Waddell, L. A. 1985. *The Buddhism of Tibet or Lamaism, with its Mystic Cults, Symbolism and Mythology, and its Relation to Indian Buddhism*. London: Allen and Company.

Wylie, T. 1970. *A Tibetan Religious Geography of Nepal*. Seria Orientale Roma XLII. Rome: Instituto Italiano Per Il Medio Ed Estremo Oriente.

消融的喜马拉雅：气候变化对水资源，生物多样性和生计的梯度效应[①]

中科院昆明植物研究所　Jianchu Xu（许建初）[②]
美国普雷斯哥特大学　Prescott College　R. Edward Grumbine
国际综合山地发展中心（ICIMOD）　Arun Shrestha
斯德哥尔摩国际水研究所　Mats Eriksson
中科院昆明植物研究所　Xuefei Yang（杨雪飞）
新西兰植物与食物研究所　Yun Wang（王　云）
世界农业森林业中心　Andreas Wilkes　著
西藏大学旅游与外国语学院　其美卓嘎　译

摘　要：大喜马拉雅地区拥有除了南北极地区之外最大的冰川群，还是亚洲10大河流的发源地。气候变化正在导致喜马拉雅地区冰川的融化与冰川总量的锐减。气温升高和冰雪消融的梯度效应影响到水资源的利用（资源量和季节性变化），生物多样性（特有种，捕食者与被捕食者的关系），生态系统边界的移动（树线上升，高海拔生态系统的变化）以及全球对气候变化的反馈（季风变化，土壤碳流失）等。气候变化也会对环境和社会产生影响，很可能会增加亚洲在水供给和农业产量上的不确定性。应该通过在区域和小范围的研究增强对气候变化的普遍认识，以便能够找到和实施减缓和适应对策。气候变化给大喜马拉雅地区带来的挑战也只能通过增强在科学研究和政策制定上的国际区域合作来解决。

关键词：高山生态系统　梯度效应　气候变化　冰川　喜马拉雅　水资源

[①] 原文发表于《保育生态学》（Conservation Biology）2009年第23卷．No.3，520-530 DOI：10.1111/j.1523-1739.2009.01237.x

[②] Email：j.c.xu@cgiar.org　来稿时间：2008年12月13日；修改录用论文时间：2009年2月18日．

引 言

大喜马拉雅地区指的是中亚、南亚与内亚将近 700 万平方千米的高山和高原区域，也被称为"亚洲水塔"（Qiu，2008；Xu，2008）。地理地形的异质性不仅使大喜马拉雅地区拥有极高的气候变率而且使之成为阻挡夏季风和冬季西风带大气环流的天然屏障。大喜马拉雅地区年平均降水量在西北部塔克拉玛干沙漠的小于 50 毫米到喜马拉雅东部印度乞拉朋齐的 11117 毫米之间变动。（Hofer & Messerli，2006）该区域的气候带不仅含有多样的物种也拥有显著湿度梯度的生态系统。植被分布的变化跨度包括亚热带的半沙漠化和西北部的高寒荒漠带到喜马拉雅东南部的热带常绿阔叶林带（Schickhoff，2005）。大喜马拉雅地区拥有全球 34 处生物多样性热点地区的 4 个区域，包括中亚高山、喜马拉雅山脉、中国西南部以及东南亚次大陆。此外，大喜马拉雅地区是亚洲十大河流的发源地，即阿姆河、印度河、恒河、布拉马普特拉河（雅鲁藏布江）、伊洛瓦底江、萨尔温江（怒江）、湄公河、长江、黄河、塔里木河。这些水域共同为大约 13 亿人口提供了生活用水。（J. Xu et al.，2007；Bates et al.，2008）

气候变化的影响正在冲击大喜马拉雅地区。（Benison，2003；Cruz et al.，2007）最常被报道的环境问题是冰川的急剧减少和冰川融化给下游供水造成的连带影响。（Yao et al.，2004；Barnett et al.，2005；IPCC，2007b；Nogues-Bravo et al.，2007）持续几十年的气候变化对这片山岳产生消极影响，包括河道水流、地下水补给、自然灾害、生物多样性的梯度效应；生态多样性的构成、结构和功能以及民众生计。（Nijssen et al.，2001；Parmesan，2006；Bates et al.，2008；Ma et al.，2009）

即便有这些预测，生态学和水文学的综合研究并没有强调大喜马拉雅地区的重要性。本篇论文通过定性预估检验气候变化对高山、山地和低地的水资源，生物多样性和当地生计产生的梯度效应，建立将来引导正确的定量评价与政策反应的框架。

现 状

在大喜马拉雅地区，区域性季风是降水产生源（孟加拉湾，阿拉伯海和地中海）之间的距离，山地地形的影响以及全球大气环流系统的变量。

（Hahn & Manabe，1975）但是当前降雨量主要在采自谷地，导致我们严重低估了降雨总量。区域降水和温度数据不能反映局部变化，而如今对它们的依赖使得很多次盆地的变化无法体现。

喜马拉雅地区与亚洲内陆的冰川面积总和为 116180 平方千米，是除去南北极之外最大的含冰川地区。（Owen et al.，2002；Li et al.，2008）在大喜马拉雅地区，永久性积雪和冰川以及季节性积雪的融水被储存在高海拔的湿地与湖泊。积雪与冰川融化主要发生在盛夏，但是季风雨来临时积雪冰川融化的供水就没有像在春秋等平季时那么关键。当季风雨减弱、推迟或无法成形时，融化的冰川水限制与转移了灾难性干旱的发生。（Meehl，1997）

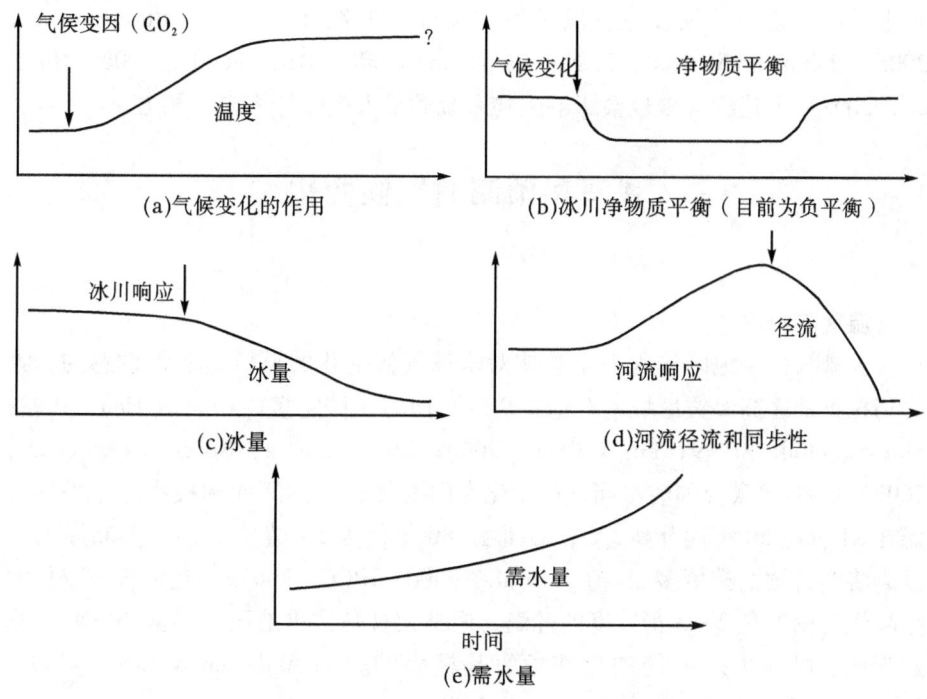

图 1　高山地区气候-冰川-水的级联表

积雪与冰川的融化给大喜马拉雅地区的主要河流贡献了（5%到）45%的平均流量。（J. Xu et al.，2007）在平季（比如，夏天的季风带来降水之前与季风过去的这段时间），融化的积雪与冰川为恒河、印度河、塔里木河、喀布尔河贡献了夏季流量的70%。(Singh & Bengtsson, 2004; Barnett et al., 2005) 冰川融水对亚洲内陆河水流量的作用更大。(Yao et al., 2004; Xu et al., 2004; Chen et al., 2006) 巴基斯坦的印度河灌溉系统依赖兴都库什山东部, 喀喇昆仑山脉以及喜马拉雅山脉东部的积雪与冰川融化。(Winiger et al., 2005) 在中国西部,冰川融水不仅占水流总量的12%,而且在干季为中国25%的人口供水。(Li et al., 2008; Xu, 2008)

生物多样性取决于气候,而大喜马拉雅地区生物多样性的价值高于全球平均水平(Körner, 2004); 喜马拉雅东部拥有最丰富的植物多样性资源(Xu&Wilkes, 2004; Mutke & Barthlott, 2005; Salick et al., 2006)。水文改变从多方面影响了生物多样性;比如水分有效性决定了生理机能、新陈代谢与再生过程、物候、林线位置以及淡水和湿地的地理分布。(Burkett et al., 2005; Holtmeier & Broll, 2005; Parmesan, 2006; Bates et al., 2008; He et al., 2008) 上述相应地也会影响生物系统满足人类生计需求的能力。

观察和预测的气候变化

温度与降水

大喜马拉雅地区作为一个整体对全球气候变化的反应是非常敏感的。大喜马拉雅地区高海拔区域的升温是全球平均的3倍之多。(Liu & Hou, 1998; Shrestha et al., 1999; Liu & Chen, 2000; IPCC, 2007a; Nogues-Bravo et al., 2007) IPCC(联合国政府间气候变化专门委员会)预测亚洲板块的年平均气温在21世纪50年代升高3℃,21世纪80年代为5℃左右,而青藏高原的气温高将会持续上升更多。(Rupa et al., 2006; IPCC, 2007a) 近期气候变化的危险性讨论的是2—3摄氏度的升温,但是大喜马拉雅地区不寻常的气候变化对当地居民和生态系统的潜在危害是极大的。(Anderson & Bowe, 2008; Hansen et al., 2008; Solomon et al., 2009)

在过去的几十年间,大喜马拉雅地区出现了降水量增加和减少的趋势。(Shrestha et al., 2000; Z. Xu et al., 2007; Ma et al., 2009) 雨季的模式被打乱了,整个生态系统的变化更加难以预估。(Shresthas et al., 2000) IPCC预测即便土壤水分蒸发损失率上升有抑制作用,青藏高原总体上的年均降水量会在2080年提升10%—30%。

冰川响应

大喜马拉雅 17%的冰川与积雪正在以高于世界平均的速度急剧融化（Dyurgerov & Meier, 2005; IPCC, 2007a），冰川积雪面积近几年持续缩小（Ren et al. 2004; Liu et al., 2006; Zemp et al., 2008）。如果气候变暖的现状持续，到 2035 年时青藏高原的冰川面积将从 1995 年 50 万平方千米的基线减少到 10 万平方千米或以下。（Cruz et al., 2007; Ye & Yao, 2008）

径流与河流响应

大喜马拉雅地区冰川与积雪变成径流与向下水流的过程很复杂，但是气候变化对河流水情的影响也非常深刻。最初，虽然融水能增加水体量，但是随着时间推移，有些冰川完全消失或趋向新的均衡。水资源短缺和供应限制将长期影响下游地区，特别在干季更明显（图 1）。根据目前的研究，最有可能因为冰川融化导致可用水资源量严重损失的有印度河、塔里木河、长江、布拉马普特拉河（雅鲁藏布江）和阿姆河（表一）。虽然已经观测到上述变化，但是至于何时突破临界点还不确定。

表一 大喜马拉雅地区 10 大河流由于气候变化而发生的水文反应预测

河流（流域面积 km^2）	冰川融化占径流%	动态与趋势	未来预测的特点	参考文献
塔里木河（1152448）	40.2	20 世纪变得更湿润；某些支流径流量增加；9 个支流干涸	冰川退化区域径流量急剧减少，因极端雨量发生洪灾	Chen et al., 2006
阿姆河（534739）	1—20	降水量增加但年流量减少	在 2100 年雨量增加使径流增加 83%—87%	Aizen et al. 1997, 2007
印度河（1081718）	44.8	降雨显著增加（19%）；增加径流（14%—90%）	2060 年，冰川次流域流量将达到最初的 150%；年均流量减少 4%	Rees & Collin, 2006; Singh et al., 2008
恒河（1016124）	9.1	降水与强降水稍有增加；每 100 年雨天减少	2070 年，次流域流量将达到最初 170%；年均流量减少 18%	Rees & Collin, 2006; Singh et al., 2008

续表

河流（流域面积 km²）	冰川融化占径流%	动态与趋势	未来预测的特点	参考文献
布拉马普特拉河（雅鲁藏布江）（651335）	12.3	径流增加（低流动高流动）；降水变化不明显但下游河段径流有所变化	拉萨河年流量增加11.3%和月最大流量在2050年代增加45%	Gong, 2006; illiman et al., 2008
伊洛瓦底江（413710）	小	未知	未知	不可用
萨尔温江（217914）	8.8	在雨季河水径流增加	短期内径流减少（2010—2039）及长期内增加（2070—2099）	Ma et al., 2009
湄公河（805604）	6.6	在早期季风降水增加；河水径流增加	降水和极端洪灾增加	Costa-Cabral et al., 2008; Nijssen et al., 2001
长江（1722193）	18.5	降水增加，极端降水和频繁洪灾也增加；径流改变不明显	长江上游的冰川面积减少11.6%和冰川融水的径流在2050年增加28.5%	Su et al., 2005; Wang et al., 2005; Zhang et al., 2006
黄河（944970）	1.3 17.4（平均）	降水变化不明显，但径流显著减少	降雨和土壤水分蒸发增加；河川径流减少	Xu, 2005; Milliman et al., 2008; Nijssen et al., 2001

水利灾害

水不仅是生命、生计与财富之源，也是死亡、毁坏和贫困的起因（Grey & Safoff, 2007）。在大喜马拉雅地区水利灾害是很常见的。在 300—3000 米的高地更容易发生山崩、滑坡、泥石流和山洪；而在低于 300 米的低地河边与海岸发生洪水的可能性有所增加。（Xu & Rana, 2005）急剧的冰川积雪融化极有可能导致周期性过度供水，中期缺水以及长期状况下供水不足的情况。

物候学，授粉作用以及捕食者与被捕食者的关系

物候的变化不仅是全球变暖最直观的反映也极有可能对依赖周期性可利用资源的动植物带来严重的后果。（Corlett & Lafrankie, 1998）喜马拉雅地区丰富的物种和史料数据的缺失，导致我们对这块区域的物候模式的认识严重不足。例如在喜马拉雅地区发现的 517 种不同的杜鹃花属占据全球已经被发现的所有种类的 2/3。(Cox & Cox, 1997) 经野生蜂、蜜蜂、大黄蜂和蝴蝶的授粉，几种杜鹃比正常情况早了一个月开花。气候变化引起的升温会严重影响植株再生、发芽期、花期以及亚洲雨季时节访花动物的活动。(Corlett & Lafrankie, 1998) 融雪的速度极大地影响了大多数高山物种的开花期。(Kudo, 1991) 气候变化破坏的授粉关系危害了高山植物种和访花动物的生存。

大喜马拉雅的大部分地区的干旱期明显缩短的情况会对生物气候带来直接的冲击。在低海拔的喜马拉雅热带地区干季变短和干度不足的情况会使植物无法开花。缩短的干季也会在展叶的主要时期扰乱原有的食草动物的数量。例如，褐飞蝗成灾的情况已确认与气候变化有关。(Todd et al., 2002) 历史上西藏高海拔地区迁移的蝗虫成灾与干旱有着不可分割的联系。(Chen & Zhang, 2008) 土壤类型和足够的土壤表层含水量决定着蝗虫能否在该区域存活。(Ni et al., 2007)

蜘蛛在限制被捕食者数量上起到重要的作用，但是温度的升高弱化了蜘蛛捕食的效果；另一方面升温延长了成年蝗虫在夏末的繁殖期，以此造成了成年蝗虫数量的增加。(Logan et al., 2006) 如果越冬条件适宜蝗虫卵的生存，延长的繁殖期能够在来年增加蝗虫的数量。但这只是能够解释之前捕食者与被捕食者关系同步性的一个例证。

地方特有种与物种灭绝

由于气候带随海拔梯度的压缩，光照作用以及生境多样性的综合作用，大喜马拉雅地区物种的丰富程度超过了平原地区。在高山地区，虽然生物种类随着海拔高度在减少，但是部分因为封闭的地形，特有种在增加。(Köner, 2004; Salick et al., 2004) 大喜马拉雅地区生存着古特有种（进化中的残遗植物区系）和新特有种（即在第三纪末期开始的山脉隆升而产生的新近物种。(Wu et al., 2007) 一些研究预测气候变暖将严重破坏大喜马拉雅地区包括冻土和草原地带在内的多种高山栖息地的物种多样性。(Klein et al., 2004; Walker et al., 2006) 因地理活动空间的限制，地方特有种最容易受到气候变化的影响。(Salick, 2009) 总体上来讲，作为对全球气候变暖的非线性反应，高山植物群落分布的海拔会更高，面积会更广，但是物种的多样性和均衡性会减少。(Luo et al., 2004)

物种应对气候变化的能力取决于他们"追寻"变换的气候带以此占领新领土或者根据条件改变自己的生理功能和季节性行为的能力。（Menzel et al.，2006）已有的物种会根据气候的变化改变他们的地理分布，而不会静止不变或完全变成新的形式。（Grace et al.，2002；Holmeier & Broll，2005；Parmesan，2006）沿着海拔的梯度，迁移物种的数量可能会减少。（Körner，2007）大喜马拉雅地区的气候、地形与地质成为物种沿纬向梯度迁移的障碍。

树线的改变

在山地生态系统中，预计年平均温度升高1℃会使等温线纵在海拔高度上迁移160米或在纬度上迁移150公里。虽然生物地理学、物种生态学、区位史和人为作用等使得研究更加复杂，但是高山树线交错群落对观察气候变化非常有效。（Hartman，1994；Hughes，2000；Camrero & Gutierrez，2002；Grace et al.，2002；Holtmeier & Broll，2005；Schickhoff，2005；Lenoir et al.，2008）青藏高原地区的树线的应该是向上和向北变化。（Song et al.，2004）在1923年和2003年云南西北部的一组对比照片显示树线增长了67米，树木生长的极限上升了45米。（Baker & Moseley，2007）研究人员测算出在过去一个世纪喜马拉雅东部的树线移位了110米。预计在不同的排放情况下，到2100时年该区域长苞冷杉林的海拔范围将减少4.6%到25.6%，森林面积减少5%到38.6%之间。（M. H. Wong & Y. C. Long，个人交流）研究表明过去10年间在喜马拉雅西部的南北坡树线生长物种分布向上分别提升了19和14m（Dubey et al.，2003）。但是，树线交错群落的位移与该区域气候变化之间的研究数据依然不足。

通过运用简化的Holdridge生命地带模型①，研究小组测算了大喜马拉雅地区生物带对随着海拔梯度升温5℃的潜在反应（在不考虑降水的情况下）。测量结果显示根据海拔分布的生物地带将发生如下巨变：高山植被范围缩小，常绿林带减少以及热带低地森林带增加（图2）。因区域农牧作业区边界的改变，中国西部的草原面积也将变大。农业区与农牧交错区有荒漠化的潜在危险（Li & Zhou，2001；Qiu et al.，2001；Wilkes，2008）。

---

① 译者注：Holdridge生命地带模型（Holdridge life zones system）是一个全球性生物气候的区域分类方案，既指示着一定的植被类型，又反映着产生该类型的热量与降水的一定数值幅度。

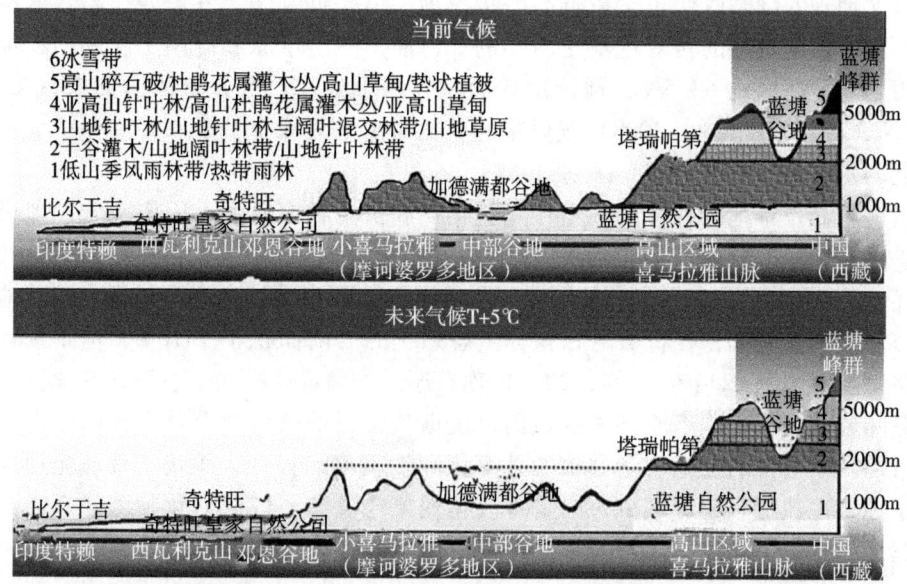

图2 目前喜马拉雅生命地带的海拔分布与5℃的升温假设情境下分布带的变化格局。预测显示，喜马拉雅地区高山带、栎类林和常绿林等分布带面积将严重缩减；而该区域拥有喜马拉雅最丰富的物种多样性资源。

生态系统的组成与动力

气候改变极有可能会影响包括高寒草甸、草原、湿地、泥炭地和森林在内的大喜马拉雅地区的植被组成和分布。高山草甸一般分布在年降水量大于400毫米的区域，而高寒草原和高山荒漠带在年降水量小于400毫米的地方。这些植被类型的生存得益于冰川水、融雪以及湿地的流水。虽然水资源丰富与否是关键，但是青藏高原草场退化的原因还包括过度放牧（因为啮齿动物食用地表生物量和根茎加速了此过程），而气候变暖是造成草场退化的一个根本的原因。(Zhou et al., 2005) 喜马拉雅草原通过（星体）反照率、表面能、风阻力、蒸发、土壤湿度和降水形式等整体反射率，影响了区域的大气循环和水文地理。该区域的草地在调节主要河流流速和流量方面也起到重要的作用。(Wilkes, 2008)

高海拔湿地存在于冰川、永冻土、草原、河流和湖泊之间的过渡地带。水文地理的细微改变也会影响高海拔湿地。但是据预测,气候变化给青藏高原生态系统带来的转变绝不是微小的。目前,高山草原和高山荒漠的面积覆盖了青藏高原的53.5%;预计这块面积会缩小到37.9%,整体损失15.6%。(Ni, 2003; Wilkes, 2008) 气候带的变化对由永久冻土减少和荒漠化扩大引起的生态系统梯度效应有深刻的影响。

喜马拉雅地区森林的多重作用包括:庇护生物多样性、固定水土、提供碳汇[①]、调节气候、缓和河川径流。森林也为当地的生计和经济提供了林产品。到21世纪,在大喜马拉雅的一些地区森林面积预计会增大,而在其他地方会缩减。例如,在青藏高原森林生态系统的当前面积小于10%,但是预计将来会提高到22.4%。(Ni, 2003) 现在还无法确定这样的生态系统变化到底意味着什么。青藏高原某些区域因过度砍伐,当地政府对森林面积的错误报告以及不明智的土地政策导致的荒漠化和沙漠化趋势令人担忧。荒漠化加速了地方性独特有种的减少,但是荒漠化现象还没有与气候变化预测联系在一起。(Pandit et al., 2007)

梯度效应

在预测层面上,大喜马拉雅地区的气候变化会给生态系统带来显著的梯度效应和根本的改变。预期的后果及与之相关的反应在这块区域是极其重要而复杂的。我们关注以下四个层面的梯度效应:生态、地方生计、下游流域和全球影响。本篇论文认为四个层面的梯度效应既相互关联又充满诸多不确定性因素。

对生态系统和生计的影响

有关大喜马拉雅地区高海拔物种对气候因子生态响应的基础研究非常欠缺,但是对于个体物种对气候变化的快速回应可能会破坏互动的观点已达成了共识。潜在的生态梯度效应包括由高山生态系统缺失重要物种引发的二次衰减。物种丰富的喜马拉雅地区有许多植物种可能无法很好地适应对未来气候变化的速率和规模。(Mutke & Barthlott, 2005; Salick et al., 2009) 最显著

[①] 碳汇,一般是指从空气中清除二氧化碳的过程、活动、机制。主要是指森林吸收并储存二氧化碳的多少,或者说是森林吸收并储存二氧化碳的能力。

的危险之一是山的海拔不高无法给向上迁移的物种类群提供逃离的路线导致物种灭绝。（Becker et al., 2007）一般而言，自然植被对气候变化的反应是复杂的；有些物种会减少而有些会增加，新的物种也可能会出现。（Chen et al., 2003; Williams et al., 2007）低海拔地区的野草和外来物种也有可能会往高海拔地区占领空间。（Mc Carty, 2001）

人类对气候变化有效的应对措施主要是适应能力的建立：包括知识、管理和适应本身。人类自身的适应指的是通过改变自身行为和谋生之道来适应新的条件和环境。（Smit & Pilifosova, 2001; Mirza, 2007）喜马拉雅地区并不是第一次面临气候变化。构造隆升和第四纪（包括大冰期和小冰期的复原）的气候变化迫使人类以人口流动、改变生计策略以及制度安排来适应环境变化。

然而，大喜马拉雅地区气候变化引发的预期速率与规模的风险，决不能当成可以逐渐适应的一种自然进程来消除。人们必须马上采取措施来减少气候变化将带来的消极后果。比如，洪水是由降水引发的，但是河堤挡土坝、坡面稳定作用以及阶地状构造能够缓解洪水的灾害作用。以上措施也能减少滑坡、岩崩和泥流造成的破坏。山区的人们运用传统的生态学知识和由社会习俗发展形成社会制度来应对自然灾害。（Xu & Rana, 2005; Byg & Salick, 2009）对青藏高原的研究显示农村生计、土地使用、人类健康与气候变化有密不可分的联系。（Wilkes 2008; Xu et al., 2008）有关气候变化潜在危害的相关信息越来越多，但是喜马拉雅地区人们已有的适应能力和他们在气候变化中处于的弱势角色等方面的研究非常匮乏。气候变化多样化的梯度效应引发的生计改变需要被确认、预估以及在多种文化语境下的过滤。可是目前这类措施都没有实施。

下游效应与全球效应

水流动态的变化极有可能给下游生态系统和人们水资源的利用带来冲击。可是，对大喜马拉雅地区河流动态变化的下游效应进行的定量预测非常少见。（Hofer & Messerli, 2006）虽然喜马拉雅某些地区的冰川、积雪场和永久冻土的研究已经比较完备，但是几乎没有基线研究，尤其是在海拔4千米以上的地区。冰川、积雪和冰盖的减少给下游带来的全方位的影响还不能准确地预估出来。（Liu & Chen, 2000; Messerli et al., 2004; Rees & Collins, 2006）由于地球22%的人口的生计都是由亚洲水塔供给，梯度效应中最令人担心的是持续的升温和供水减少对下游粮食生产的影响。亚洲有52300万人营养不良。

喜马拉雅地区气候变化的幅度很大；自1990年以来大喜马拉雅地区大部分区域温度逐年升高，预计在2040年至2060年夏季平均温度将打破最热纪录。(Battisti & Naylor, 2009)

大喜马拉地区对全球大气循环有重要的作用。(Zachos et al., 2001) 大喜马拉雅地区的环境改变能引发气候效应，而这些变化对全球的降水和温度模式带来不良的后果。(Wang et al., 2002) 低纬度地区的冰川作用和积雪覆盖对地球辐射平衡很重要。在夏季，亚洲广袤的高山地区的温度高于印度洋，由此形成的气压梯度和气流以及海洋的湿气加强了印度季风。(Qiu, 2008) 大喜马拉雅地区冰川和积雪覆盖面积的减少有可能改变了气压梯度。

大喜马拉雅地区冰川积雪的减少对海平面上升也将产生无法预估的梯度效应。IPCC最保守估计海平面平均上升40厘米，并没有考虑地球冰盖和积雪覆盖面积的减少，但是最近的研究结果显示在2100年海平面将平均至少上升80厘米。(Cruz et al., 2007; Pfeffer et al., 2008) 海平面急剧上升会造成进一步的全球梯度效应；即亚洲几个大型三角洲海岸线的淹没，数以千计的环境移民以及因海平面上升和海边盐度改变导致的农业用地缩减。(Cruz et al., 2007; Dhar, 2009) 大喜马拉雅地区也是一个很重要的碳汇与碳净化的区域。研究预测表明青藏高原草场外围的土壤有机碳含量是全球土壤碳总量的2.5%。(Wang et al., 2002) 与碳通量相比，草原生态系统的净生产额（即释放的碳总量）是非常小的。所以，影响通量的气候有可能改变碳流动的净额，从而把碳汇的草原转换成碳源。(Jones & Donnelly, 2004; Wilkes, 2008) 研究者指出，在同样的气候变化和相似的高山生态系统下，喜马拉雅地区湿地的年排放量较其他地区呈现成倍增加的趋势 (Bohn et al., 2007)。因为释放该地区大部分土壤碳后引起潜在的梯度效应，青藏高原生态系统将会从高寒草原和高山荒漠到高山草甸与高山灌木林的变换，气候带分布格局的改变最终导致永久冻土的完全消失。(Ni, 2003; Anismov, 2007; Wilkes, 2008) 目前还没有建立起能够反映如下关键变量之间交互作用的数据模型：消融的喜马拉雅，退化的永久冻土和湿地，变换的高山生态系统以及季风气候的改变。

结　　语

本文通过数据证明，整个喜马拉雅地区都具有诸多不确定性；其中最重要的不确定性因素为气候变化的物理表现，它包括迄今为止大多数区域无法准确预算的升温和个别地区的降温，生态系统的变换和极端气候持续时间的增加。河川径流的总量与速度以及淡水资源确定会发生巨变，但是还不能确定准确的连锁反应。针对数据不完整的现状，本篇论文建议对更广范围内的冰川长期追踪，密切观察高山动植物，山河格局的变化以及通过数据共享和大喜马拉雅地区国家间的合作来实践跨国界保护生物多样性的方法。（Sarkar, 2007）

基于科研层面的不确定性，我们应该着重三个关键范围的调整：本地群落，城乡间、区域间与跨国的应对措施。对本地群落而言，如同大部分欠发达地区，大喜马拉雅农牧区人口与支配自然资源的决策权是隔离的。（Ribot et al., 2006; Agrawal & Chhatre, 2007; Larson & Soto, 2008）该话题的复杂性超出了此篇论文讨论的范围，但是以下结论是非常确凿的。如果需要了解当地群众如何适应环境变化的话，地方与该区域的政府部门必须加强与村民的积极合作。

在城乡范围，村民与城市居民在适应气候变化的细节上有内在差异。强调下游人口集中化、城市基础设施建设与大规模的农业系统的政策必须要和高山区域的民生和生计相互协调。在流域水准面上设计综合的土地与水资源规划管理能够帮助化解城乡之别。（Gleick, 2003; Grey & Sadoff, 2007）在城乡两个区域要重视减少用水需求和现代化农业灌溉。城市需求不能超出低成本的社区规模环境适应性产出。

最近的研究结果清楚地显示，跨区域跨国境建立适应机制必须是长期的，因为有些气候影响即便在1000年零碳排放的情况下都无法恢复。（Solomon et al., 2009）区域风险评估和大喜马拉雅地区全局的统筹能够辅助决策者采取适合的策略。目前还没有当地或跨境的政府机构关注上述气候变化的复杂性。如果想要让气候变化的适应与缓和机制行得通，就必须从政府层面做出改变。大喜马拉雅地区大部分区域属于中印两国的国土，因此，中国和印度的角色变得非常重要。

我们倡导组成一个大喜马拉雅地区气候变化的机构设置，我们认为自上而下的政策制定能明确形成这一区域的多种记录。（Blakie & Muldavin, 2004）这种状况尚未形成；政治领导者必须付诸行动。不管范围或者政策场域如何，科学家的责任在于发现减少不确定性的知识。

致　谢

本篇论文是由 ICIMOD（国际山地综合开发中心）主导，并由 SIDA（瑞典国际发展合作机构）资助的项目"水太多或太少——大喜马拉雅地区气候诱发的水分胁迫与水利灾害应对策略研究"阶段性研究成果。本篇论文的形成也得到了 GRP6（全球先锋研究）和欧盟世界农用林业研究中心的支持。课题组要感谢科纳（C. Köner）、吉亚瓦利（D. Gyawali）和多尔（J. Dore）等几位专家。感谢沃姆斯利（L. Walmsley）和拉娜（G. Rana）对论文提出的宝贵意见和校订。

参考文献

Agrawal, A., and A. Chhatre. 2007. State involvement and forest cogovernance: evidence from the Indian Himalayas. Studies in Comparative International Development 42: 67–86.

Aizen, V. B., E. M. Aizen, J. M. Melack, and J. Dozier. 1997. Climate and hydrologic change in the Tien Shan, Central Asia. Journal of Climate 10: 1393–1404.

Aizen, V. B., V. A. Kuzmichenok, A. B. Surazakov, and E. M. Aizen. 2007. Glacier changes in the Tien Shan as determined from topographic and remotely sensed data. Global and Planetary Change 56 (3–4): 328–340.

Anderson, K., and A. Bows. 2008. Reframing the climate change challenge in light of post-2000 emissions trends. Transactions of the Royal Academy-A: Mathematical, Physical and Engineering Sciences 366: 3863–3882.

Anismov, O. A. 2007. Potential feedback of thawing permafrost to the global climate system through methane emission. Environmental Research Letters DOI: 10.1088/1748-9326/2/4/045016.

Baker, B. B., and R. K. Moseley. 2007. Advancing treeline and retreating glaciers: implications for conservation in Yunnan, P. R. China. Arctic, Antarctic, and Alpine Research 39: 200–209.

Barnett, T. P., J. C. Adam, and D. P. Lettenmaier. 2005. Potential impactsof a warming climate on water availability in a snow-dominatedregion. Nature 438: 303–309.

Bates, B. C., Z. W. Kundzewicz, S. Wu, and J. P. Palutikof, editors. 2008. Climate change and water. Technical paper. Intergovernmental Panel on Climate Change, Geneva.

Battisti, D., and R. Naylor. 2009. Historical warnings of future foodinsecurity with unprecedented seasonal heat. Science 323: 240-244.

Becker, A., C. Körner, J. Brun, A. Guisan, and U. Tappelner. 2007. Ecological and land use studies along elevational gradients. Mountain Research and Development 27: 58-65.

Beniston, M. 2003. Climatic change in mountain regions: a review of possible impacts. Climatic Change 59: 5-31.

Blakie, P., and J. Muldavin. 2004. Upstream, downstream, China, India: the politics of environment in the Himalayan region. Annals of the Association of American Geographers 94: 520-548.

Bohn, T. J., D. P. Lettenmaier, K. Sathulur, L. C. Bowling, E. Podest, K. C. McDonald, and T. Friborg. 2007. Methane emissions from western Siberian wetlands: heterogeneity and sensitivity to climate change. Environmental Research Letters DOI: 10.1088/1748-9326/2/4/045015.

Burkett, V. R., et al. 2005. Nonlinear dynamics in ecosystem response to climatic change: case studies and policy implications. Ecological Complexity 2: 357-394.

Byg, A., and J. Salick. 2009. Tibetan perceptions of climate change in the eastern Himalayas. Global Environmental Change: in press.

Camarero, J. J., and E. Gutierrez. 2002. Plant species distribution across two contrasting treeline ecotones in the Spanish Pyrenees. Plant Ecology 162: 247-257.

Chen, X. W., X. S. Zhang, and B. L. Li. 2003. The possible response of life zones in China under global climate change. Global and Planetary Change 38: 327-337.

Chen, Y., and D. Zhang. 2008. Historical evidence for population dynamics of Tibetan migratory locust and the forecast of its outbreak. Insect Science 6: 135-145.

Chen, Y. N., K. Takeuchi, C. C. Xu, Y. P. Chen, and Z. X. Xu. 2006. Regional climate change and its effects on river runoff in the Tarim basin,

China. Hydrological Process 20: 2207-2216.

Corlett, R., and J. Lafrankie. 1998. Potential impacts of climate change on tropical Asian forests through an influence on phenology. Climate Change 39: 439-453.

Costa-Cabral, M. C., J. E. Richey, G. Goteti, D. P. Lettenmaier, C. Feldkotter, and A. Snidvongs. 2008. Landscape structure and use, climate, and water movement in the Mekong River Basin. Hydrological Processes 22: 1731-1746.

Cox, P. A., and K. N. Cox, editors. 1997. Encyclopaedia of rhododendron species. Glendoick Publishing, Perth, Australia.

Cruz, R., et al. 2007. Asia. Pages 469-506 in M. Parry, et al. Editors. Climate change 2007: impacts, adaptation and vulnerability. Contribution of Working Group II to the Fourth assessment report of the Intergovernmental Panel on Climate Change. Cambridge University Press, Cambridge, United Kingdom.

Dhar, S. 2009. Rising sea salinates India's Ganges: expert. Reuters, London. Available from http://www.reuters.com/article/environmentNews/idUS-TRE5111RC20090202 (accessed February 2009).

Dubey, B., R. Yadav, J. Singh, and R. Chaturvedi. 2003. Upward shiftof Himalayan pine in Western Himalaya, India. Current Science 85: 1135-1136.

Dyurgerov, M. D., and M. F. Meier. 2005. Glaciers and changing earth system: a 2004 snapshot. Institute of Arctic and Alpine Research, University of Colorado, Boulder, Colorado.

Gleick, P. H. 2003. Global freshwater resources: soft-path solutions for the 21st century. Science 302: 1524-1528.

Gong, T. L. 2006. Mechanism of hydrological cycle and water resource management stragedy in the Yarlung Tsangpo River Basin. PhD dissertation, Beijing Normal University, Beijing.

Grace, J., F. Berninger, and L. Nagy. 2002. Impacts of climate change on the treeline. Annals of Botany 90: 537-544.

Grey, D., and C. W. Sadoff. 2007. Sink or swim? Water security for growth and development. Water Policy 9: 545-571.

Hahn, D. G., and S. Manabe. 1975. The role of mountains in the South Asian monsoon circulation. Journal of the Atmospheric Sciences 32: 1515-1541.

Hansen, J., et al. 2008. Target atmospheric CO2: where should humans aim? The Open Atmospheric Science Journal 2: 217-231.

Hartman, D. L. 1994. Global physical climatology. Academic Press, San Diego, California.

He, J., Z. Wang, X. Wang, B. Schimid, W. Zuo, and M. Zhou. 2008. A test of the generality of leaf trait relationships on the Tibetan Plateau. New Phytologist 174: 835-848.

Hofer, T., and B. Messerli. 2006. Floods in Bangladesh: history, dynamics and rethinking the role of the Himalaya. United Nations University Press, New York.

Holtmeier, F., and G. Broll. 2005. Sensitivity and response of northern hemisphere altitudinal and polar treelines to environmental change at landscape and local scales. Global Ecology and Biogeography 14: 395-410.

Hughes, L. 2000. Biological consequences of global warming: is the signal already apparent? Trends in Ecology & Evolution 15: 56-61.

IPCC (Intergovernmental Panel on Climate Change). 2007a. Climatechange 2007: the physical science basis. Pages 235-336 in S. Solomon, et al. editors. Contribution of Working Group I to the Fourth assessment report of the Intergovernmental Panel on Climate Change. Cambridge University Press, Cambridge, United Kingdom.

IPCC (Intergovernmental Panel on Climate Change). 2007b. Climate change 2007: impacts, adaptation and vulnerability. Pages 470-506 in M. Parry, et al. editors. Contribution of Working Group II to the Fourth assessment report of the Intergovernmental Panel on Climate change. Cambridge University Press, Cambridge, United Kingdom. Jones, M., and A.

Donnelly. 2004. Carbon sequestration in temperate grassland ecosystems and the influence of management, climate and elevated CO2. New Phytologist 164: 423-439.

Klein, J. A., J. Harte, and X. Q. Zhao. 2004. Experimental warming causes large and rapid species loss, dampened by simulated grazing, on the Tibetan Plateau. Ecology Letters 7: 1170-1179.

Körner, C. 2004. Mountain biodiversity, its causes and function. Ambio13: 11-17.

Körner, C. 2007. The use of 'altitude' in ecological research. Trendsin Ecology & Evolution 22: 570-574.

Kudo, G. 1991. Effects of snow-free period on the phenology of alpine plants inhabiting snow patches. Arctic Alpine Research 23: 436-443.

Larson, A., and F. Soto. 2008. Decentralization of natural resource governance regimes. Annual Review of Environment and Resources 33: 213-239.

Lenoir, J., J. C. Gegout, P. A. Marquet, P. de Ruffray, and H. Brisse. 2008. A significant upward shift in plant species optimum elevation during the 20th Century. Science 320: 1768-1771.

Li, B. L., and C. H. Zhou. 2001. Climatic variation and desertification in west sandy land of Northeast China Plain. Journal of Natural Resources 16: 234-239.

Li, X., G. Cheng, H. Jin, S. Kang, T. Che, R. Jin, L. Wu, and Z. Nan. 2008. Cryospheric change in China. Global and Planetary Change 62: 210-218.

Liu, S. Y., Y. J. Ding, J. Li, D. H. Shangguan, and Y. Zhang. 2006. Glaciers in response to recent climate warming in Western China. Quaternary Sciences 26: 762-771.

Liu, X., and B. Chen. 2000. Climatic warming in the Tibetan Plateau during recent decades. International Journal of Climatology 20: 1729-1742.

Liu, X. D., and P. Hou. 1998. Relationship between the climatic warming over the Qinghai-Xizang Plateau and its surrounding areas in recent30 years. Plateau Meteorology 17: 245-249 (in Chinese).

Logan, J. D., W. Wolesensky, and A. Joern. 2006. Temperature dependent phenology and predation in arthropod system. Ecological Modelling 96: 471-482.

Luo, T. X., Y. D. Pan, H. Ouyang, P. L. Shi, J. Luo, Z. L. Yu, and Q. Lu. 2004. Leaf area index and net primary productivity along subtropicalto alpine gradients in the Tibetan Plateau. Global Ecology and Biogeography 13: 345-358.

Ma, X., J. C. Xu, Y. Luo, S. P. Aggarwal, and J. T. Li. 2009. Response of hydrological processes to land cover and climate change in Kejie Watershed, Southwest China. Hydrological Processes DOI: 10.1002/hyp.7233.

McCarty, J. P. 2001. Ecological consequences of recent climate change. Conservation Biology 15: 320-331.

Meehl, G. A. 1997. The South Asian monsoon and the tropospheric biennial oscillation. Journal of Climate 1997: 1921-1943.

Menzel, A., T. H. Sparks, N. Estrella, and E. Koch. 2006. European phonological response to climate change matches the warming pattern. Global Change Biology 12: 1969-1976.

Messerli, B., D. Viviroli, and R. Weingartner. 2004. Mountains of the world: vulnerable water towers for the 21st century. Ambio 13: 29-34.

Milliman, J. D., K. L. Farnsworth, P. D. Jones, K. H. Xu, and L. C. Smith. 2008. Climatic and anthropogenic factors affecting river discharge to the global ocean, 1951-2000. Global andplanetary change 62: 187-194.

Mirza, M. 2007. Climate change, adaptation and adaptative governance in (the) water sector in South Asia. Adaptation and Impacts Research Division (AIRD), Department of Physical and Environmental Sciences, University of Toronto at Scarborough, Scarborough, Ontario.

Mutke, J., and W. Barthlott. 2005. Patterns of vascular plant diversity at continental to global scales. Biologiske Skrifter 55: 521-531.

Ni, J. 2003. A simulation of biomes on the Tibetan Plateau and their responses to global climate change. Mountain Research and Development 20: 80-89.

Ni, S. X., J. C. Wang, J. J. Jiang, and Y. Zha. 2007. Rangeland grasshoppers in relation to soils in the Qinghai Lake Region, China. Pedosphere 17: 84-89.

Nijssen, B., G. M. O'Donnell, A. Hamlet, and D. P. Letternmaier. 2001. Hydrological sensitivity of global rivers to climate change. Climate Change 50: 143-175.

Nogues-Bravo, D., M. B. Araujo, M. P. Errea, and J. P. Martinez-Rica. 2007. Exposure of global mountain systems to climate warming during the21st century. Global Environmental Change 17: 420-428.

Owen, L. A., R. C. Finkel, and M. W. Caffee. 2002. A note on the extent of glaciation throughout the Himalaya during the global last glacial maximum. Quaternary Science Reviews 21: 147-157.

Pandit, M., et al. 2007. Unreported yet massive deforestation drivingloss of endemic biodiversity in Indian Himalaya. Biodiversity and Conservation 16: 153–163.

Parmesan, C. 2006. Ecological and evolutionary responses to recent climate change. Annual Review of Ecology, Evolution, and Systematics 37: 637–669.

Pfeffer, W., et al. 2008. Kinematic constraints on glacier contributions to 21st-century sea-level rise. Science 321: 1340–1343.

Qiu, G. W., Y. X. Hao, and S. L. Wang. 2001. The impacts of climate change on the interlock area of farming—pastoral region and its climatic potential productivity in Northern China. Arid Zone Research 18: 23–28.

Qiu, J. 2008. The third pole. Nature 454: 393–396.

Rees, G. H., and D. N. Collins. 2006. Regional differences in response of flow in glacier-fed Himalayan rivers to climate warming. Hydrological Processes 20: 2157–2167.

Ren, J. W., D. H. Qin, S. C. Kang, S. G. Hou, J. C. Pu, and Z. F. Jing. 2004. Glacier variations and climate warming and drying in the central Himalayas. Chinese Science Bulletin 49: 65–69.

Ribot, J., A. Agrawal, and A. Larson. 2006. Recentralizing while decentralizing: how national governments reappropriate forest resources. World Development 34: 1864–1886.

Rupa, K. K., A. K. Sahai, K. K. Krishna, S. K. Patwardhan, P. K. Mishra, J. V. Revadkar, K. Kamala, and G. B. Pant. 2006. High resolution climate change scenario for India for the 21st century. Current Science 90: 334–345.

Salick, J., D. Anderson, J. Woo, R. Sherman, C. Norbu, A. Na, and S. Dorje. 2004. Tibetan ethnobotany and gradient analyses, Menri Medicine Mountains), eastern Himalayas. Millenium ecosystem assessment. Available from http://www.millennium assessment.org/documents/bridging/papers/salick.jan.pdf (accessed February 2009).

Salick, J., A. Byg, A. Amend, B. Gunn, W. Law, and H. Schmidt. 2006. Tibetan medicine plurality. Economic Botany 60: 227–253.

Salick, J., Z. D. Fang, and A. Byg. 2009. Tibetan ethnobotany and climate change in the eastern Himalayas. Global Environmental Change: in press.

Sarkar, S. 2007. An open access database for Himalayan environmental management. Himalayan Journal of Sciences: 7-8.

Schickhoff, U. 2005. The upper timberline in the Himalayas, HinduKush and Karakorum: a review of geographical and ecological aspects. Pages 275-354 in G. Broll and B. Keplin, editors. Mountaine cosystems: studies in treeline ecology. Springer-Verlag, Berlin.

Shrestha, A. B., C. P. Wake, P. A. Mayewski, and J. E. Dibb. 1999. Maximum temperature trends in the Himalaya and its vicinity: an analysis based on temperature records from Nepal for the Period1971-94. Journal of Climate 12: 2775-2787.

Shrestha, A. B., C. P. Wake, J. E. Dibb, and P. A. Mayyewski. 2000. Precipitation fluctuations in the Nepal Himalaya and its vicinity and relationship with some large-scale climatology parameters. International Journal of Climatology 20: 317-327.

Singh, P., and L. Bengtsson. 2004. Hydrological sensitivity of a large Himalayan basin to climate change. Hydrological Processes 18: 2363-2385.

Singh, P., V. Kumar, T. Thomas, and M. Arora. 2008. Changes in rainfall and relative humidity in river basins in northwest and central India. Hydrological Processes 22: 2982-2992.

Smit, B., and O. Pilifosova. 2001. Adaptation to climate change in the context of sustainable development and equity. Page 876-912 in J. J. McCarthy, O. F. Canziani, N. A. Leary, D. J. Dokken, and K. S. White, editors. Climate change 2001: impacts, adaptation, and vulnerability. Cambridge University Press, New York.

Solomon, S., et al. 2009. Irreversible climate change due to carbon dioxide emissions. Proceedings of the National Academy of Sciences of the United States of America 106: 1704-1709.

Song, M., C. Zhou, and H. Ouyang. 2004. Distributions of dominant tree species on the Tibetan Plateau under current and future climate scenarios. Mountain Research and Development 24: 166-173.

Su, B. D., B. Xiao, D. M. Zhu, and T. Jiang. 2005. Trends in frequency of precipitation extremes in the Yangtze River basin, China: 1960-2003. Hydrological Sciences-Journal 50: 479-492.

Todd, M. C., R. Washington, R. A. Cheke, and D. Kniveton. 2002.

Brown locust outbreaks and climate variability in southern Africa. Journal of Applied Ecology 39: 31-42.

Walker, M., et al. 2006. Plant community responses to experimental warming across the tundra biome. Proceedings of the National Academy of Sciences of the United States of America 103: 1342-1346.

Wang, G. X., J. Qian, G. D. Cheng, and Y. M. Lai. 2002. Soil organic carbon pool of grassland soils on the Qinghai-Tibetan Plateau and its global implication. Science of the Total Environment 291: 207-217.

Wang, X., Z. C. Xie, Q. H. Feng, Y. L. Yang, M. Q. Yang, and J. Lin. 2005. Response of glaciers to climate change in the source region of the Yangtze River. Journal of Glaciology and Geocryology 27: 498-502.

Wilkes, A. 2008. Towards mainstreaming climate change in grassland management: policies and practices on the Tibetan Plateau. Working paper No. 67. World Agroforestry Centre, Nairobi.

Williams, J., S. Jackson, and J. Kutzbach. 2007. Projected distributions of novel and disappearing climates by 2100 A. D. Proceedings of the National Academy of Sciences of the United States of America 104: 5738-5742.

Winiger, M., M. Gumpert, and H. Yamout. 2005. Karakoram-HinduKush-Western Himalaya: assessing high-altitude water resources. Hydrological Processes 19: 2329-2338.

Wu, Z. Y., S. Hang, Z. K. Zhou, P. Hua, and D. Z. Li. 2007. Originand differentiation of endemism in the flora of China. Frontiers of Biology in China 2: 125-143.

Xu, J. C. 2008. The highlands: a shared water tower in a changing climate and changing Asia. Working paper No. 64. World Agroforestry Centre, Nairobi.

Xu, J. C., and G. M. Rana. 2005. Living in the mountains. Page 196-199 in T. Jeggle, editor. Know risk. U. N. Inter-agency Secretariat of the International Strategy for Disaster Reduction, Geneva.

Xu, J. C., and A. Wilkes. 2004. Biodiversity impact analysis in northwest Yunnan, Southwest China. Biodiversity and Conservation 13: 959-983.

Xu, J. C., A. B. Shrestha, R. Vaidya, M. Eriksson, and K. Hewitt. 2007. The melting Himalayas: regional challenges and local impacts of climate change on mountain ecosystems and livelihoods. Technical paper. International

Center for Integrated Mountain Development, Kathmandu, Nepal.

Xu, J. C., Y. Yang, Z. Q. Li, N. Tashi, R. Sharma, and J. Fang. 2008. Understanding land use, livelihoods, and health transitions among Tibetan Nomads: a case from Gangga Township, Dingri County, Tibetan Autonomous Region of China. EcoHealth 5: 104-114.

Xu, J. X. 2005. The water fluxes of the Yellow River to the sea in the past 50 years in response to climate change and human activities. Environmental Management 35: 620-631.

Xu, Z. X., Y. N. Chen, and J. Y. Li. 2004. Impacts of climate change on water resources in the Tarim River basin. Water Resources Management 18: 439-458.

Xu, Z., T. Gong, and C. Liu. 2007. Decadal trends of climate in the Tibetan Plateau-regional temperature and precipitation. Hydrological Processes 22: 3056-3065.

Ye, Q., and T. D. Yao. 2008. Glacier and lake variations in some regions on Tibetan Plateau using remote sensing and GIS technologies. Geophysical research abstracts. Volume 10. (EGU2008-A-01760, 2008. SRef-ID: 1607-792/gra/EGU2008-A-01760). Copernicus Publications, Katlenburg-Lindau, Germany.

Yao, T., Y. Wang, S. Liu, J. Pu, and Y. Shen. 2004. Recent glacial retreat in high Asia in China and its impact on water resource in northwest China. Science in China Series D Earth Sciences 47: 1065-1075.

Zachos, J., M. Pagani, L. Sloan, E. Thomas, and K. Billups. 2001. Trends, rhythms, and aberrations in global Climate 65 ma to present. Science 292: 686-693.

Zemp, M., et al. 2008. Global glacial changes: facts and figures. World Glacier Monitoring Service, Zurich, Switzerland.

Zhang, Q., C. Y. Xu, S. Becker, and T. Jiang. 2006. Sediment and run off changes in the Yangtze River basin during past 50 years. Journal of Hydrology 331: 511-523.

Zhou, H. K., X. Q. Zhao, Y. H. Tang, S. Gu, and L. Zhou. 2005. Alpine grassland degradation and its control in the source region of the Yangtze and Yellow Rivers, China. Grassland Science 51: 191-203.

世界最高生态系统中的日常佛教和环境决策[①]

美国俄勒冈州波特兰州立大学人类学系　Jeremy Spoon　著

云南民族大学　曾　黎　张　荣　译

摘　要：作为藏传佛教宁玛派的信徒，坤布夏尔巴人通常认为神圣的地境由各种神灵和精灵保护。人们通过跟随某种宗教实践以获得保护的信仰在传统上也有利于环境保护的结果。然而，随着国际旅游所带来的经济条件变化，降低了宗教信仰的普遍性，或是改变了它的信仰和实践特征。在2004—2007年和2008—2011年间进行的定性和定量综合研究显示，代际和市场导向的改变，与受访人对人类与非人类的构想以及他们所观察到的环境禁忌等关联。日常佛教的知识和实践混合着世俗信仰体系，更少关注精神实体。一些没有继续遵从地方宗教传统的夏尔巴人，经济可能会促使其做出不可持续发展的决策；而其他夏尔巴人将会继续他们的传统实践或是利用新知识来支持环境可持续发展的行为。

关键词：日常佛教　旅游业　环境决策　文化变迁　夏尔巴人　喜马拉雅

　　坤布夏尔巴人（The Khumbu Sherpa）是居住在萨加玛塔国家公园（Sagarmatha National Park，建于1976年）和国家公园缓冲区［Sagarmatha National Park Buffer Zone，建于2002年，包括萨加玛塔国家公园边界线范围内及邻近南部帕拉克地区（Pharak region）的夏尔巴居住区］的原住民（图1）。这个保护区是亚洲较早建立且有人居住的国家公园，它并没有以自然保护的名义而迁走原住民。（West, Igoe, Brockington, 2006; Steves, 1997; Dowie, 2009）之后，随着大部分被保护区规划为国家公园，因而所有定居点都在缓冲区。

　　此前的研究表明，夏尔巴人基于地域的宗教传统可以影响环境伦理[②]，并实施对环境有利的行为，从而避免了随着时间推移而产生的重大资源危机。

---

　　① 原文出处 Spoon, Jeremy. 2014. Everyday Buddhism and EnvironmentalDecisions in the World's Highest Ecosystem. *Journal for the Study of Religion, Nature and Culture*. 8. 4. 427-457.

　　② 为了定义环境伦理，我借用了奥斯特罗姆（Ostrom, 1990）对环境规范的定义：适当的价值观、信仰、态度和行为的理解形成非正式的环境约束力。伦理和实践共同表现了生活环境道德和群体内实践的异质性。

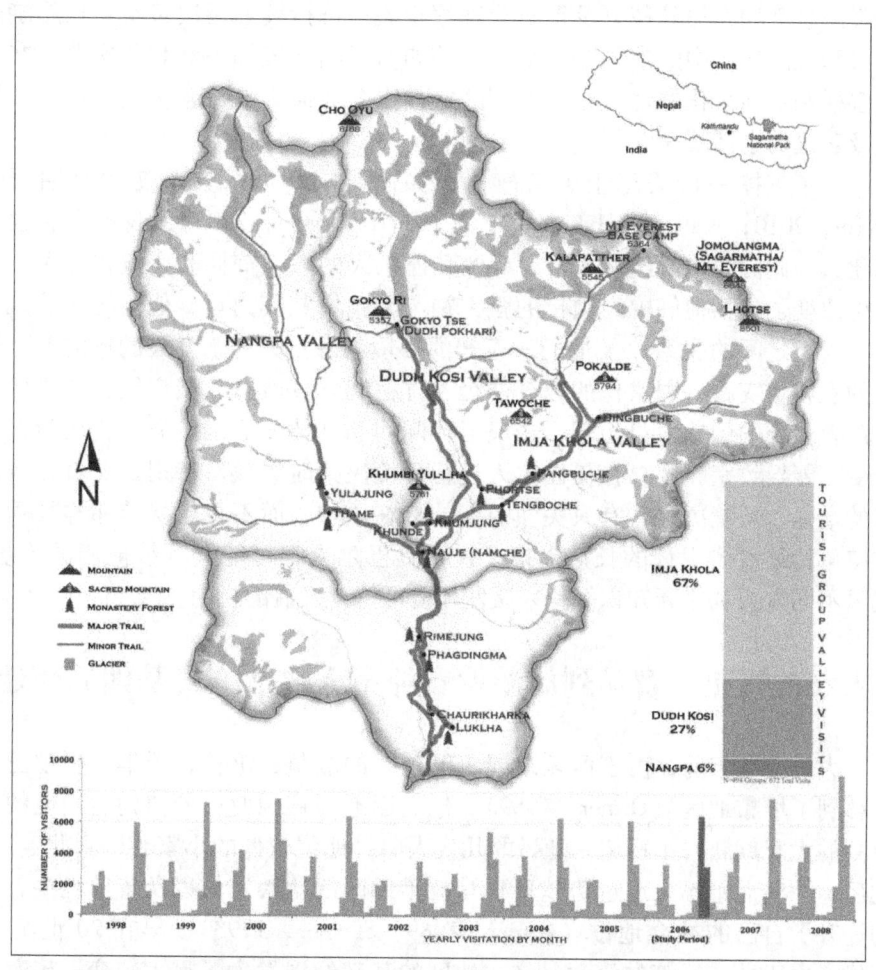

图1 萨加玛塔国家公园和缓冲区的地图，包括旅游线路，主要保护神的所在和寺院林。公园游览和旅游团接待区也在上面标出。

(Sherpa, 2005; Stevens, 1993; Dowie, 1991) 然而，他们对当代环境的适应导致宗教传统作为环境保护工具的用处不大。在此，我着重关注随着国家公园建立以及旅游业的增长和相关基础设施发展，坤布夏尔巴人的日常佛教知识和实践面对这些新近变化，是否可以继续支持对环境有利的行动。我尤其想知道，他们的宗教知识和实践，是否可以继续促进森林资源的使用，非生物降解垃圾和人类粪秽以及采石管理等相关的可持续发展决策？它在旅游业经济和代际变迁中的参与程度如何，并如何影响环境知识和相关实践？在如此多样和不断变化的环境中，地方的宗教观念如何影响日常生活、地方认知以及正确的生计观念？

为了支撑一份关于土著宗教传统如何影响环境行为改变的早期研究(Kent, 2010; Watson and Kochore, 2012; Haberman, 2006)，我指出农牧业退化，与此同时旅游经济上升，导致夏巴尔人的宗教信仰和实践在许多方面发生改变，包括他们曾经敬畏的强大神灵和精灵及其力量，他们构建的人类与非人类之间的关系以及他们所遵守的环境禁忌。另外，发展的旅游业，退化的农牧业实践，国家化的教育课程和寄宿制学校教育，城市经历及改变地方宗教传统的国外力量出现，造成了代际间和其他方面的差异。我认为这些转变可能导致宗教观念在夏巴尔人进行环境决策时失效。特别是随着经济动机的增强，环境决策会有只关注短期的潜在风险，而不再像从前那样鼓励和支持可持续发展生计的长期考虑。一些夏巴尔人很可能会延续他们的传统，或以不同方式利用新知识等，来激发环境可持续发展的行为。

从农畜牧业、贸易到旅游业：坤布人生活方式基础的变迁

大约500年前，由于西藏东部康巴地区的战争、饥荒、干旱，夏尔巴人迁移到了坤布地区（Ortner, 1989）。他们逐渐迁移到此；最初到达当地的地位高的大家族获得了声望。随后的几代人中，地位较低的小家族也到此定居。此后，一些夏尔巴人通过跨越环喜马拉雅地区的盐粮贸易以及蓄养牦牛，成功提升了自己的社会地位（Ortner, 1989; Stevens, 1993）。早在20世纪80年代，由于社会经济的流动，这一地区的基础经济发生了重大转变，旅游业成为推动社会和经济发展的动力。（Füer-Haimandorf, 1984; Fisher, 1990; Stevens, 1993）。我在2004—2011年间的研究显示，1960—1970年间当背夫和向导的夏尔巴人，在1990—2000年时基本都已经成了旅馆或徒步旅行社的老板。旅游业也导致了人们生活方式改变。从前许多夏巴尔人是全年常驻的居民，而现在许多夏巴尔人在冬季迁移到了加德满都，在其他季节迁移的人口也在增加。少数人通过参与旅游业而变得更富裕，并向外迁移到了加德满都或者海外。如果真的要回去，也只是在社区和家族庆典的时候。每年情况不同，目前有2800—4000名夏尔巴人居住在这个区域。

在旅游业发展之前,夏尔巴人的生计主要依赖当地环境,一种可持续的生活方式,因此避免了重大的资源危机(Stevens, 1993; Brower, 1991)。混合的农牧和贸易方式,使得高海拔地区环境成为适合的人类生境。生活在高海拔地区无疑限制了人类的活动:贫瘠的土壤不利于农作物生产,稳定的牧区也很有限,森林资源生长缓慢,而且,高海拔地区患肺部疾病的风险增加(Moran, 2008; Spoon, 2013)。适应是在这生存的基本要素。一些农作物的引入,如19世纪50年代的马铃薯,使农业生产提高了。贸易兴衰和流动的张力取决于产品可用性和政治进程,尤其是在1959年中国解放西藏后。(Stevens, 1993)尽管资源使用的变化存在于过去,但旅游业明显增强了它的张力。

现在旅游业支配了季节周期、性别角色和职业。北美、欧洲、东亚、南亚、澳大利亚及其他地区的游客,在9月和11月之间景色最漂亮的时候涌入国家公园,4月和5月人流量较小(Spoon, 2013)。虽然一年当中的不同时间里者有登山者来这一地区(17%),攀登世界上最高的一些山峰,但大多是在春季。大多数游客都是徒步者(并不是登山者),他们从一个营地走到另一个营地,并住在当地的旅馆(83%)(Spoon, 2010)。这块土地现在既是游客消费的商品,也是夏尔巴人维持生计的依靠。

如今,许多产品通过飞机、直升机以及背夫运到这里,以供夏尔巴人和游客消费。相较于加德满都,这里的通货膨胀率相当高,在2007—2009年时达到了100%,这对夏尔巴人的经济能力相当不利(Spoon, 2010、2008)。20世纪90年代,非本土产品也慢慢进入坤布地区(Stevens, 1993; Fisher, 1990),且发展势头越来越强。许多产品现在都是夏尔巴人和游客购买的主要商品,包括从尼泊尔、印度、中国、泰国或更远的地方运来的包装食品及酒类产品。一些家庭的生活水平,尤其是物质生活水平提高了,职业转变也重置了性别角色。举个例子,居住在旅游路线上拥有旅馆和茶馆的女性,活动减少了。这标志着她们此前农牧生活方式中扮演的牧民角色发生了改变,与物质产品关联的社会声望提高和夏尔巴人文化中的标准角色接受了像手机、DVD和网吧等一系列产品。年轻一代的夏尔巴人现在看印度电影,听嘻哈音乐。北面(North Face)、巴塔哥尼亚(Patagonia)和哈德威尔(Mountain Hardware)等户外品牌也是当地时尚。冰箱和洗衣机也比较常见。越来越多的少数民族青年开始与非夏尔巴人通婚(尽管佛教徒和印度教徒的跨宗教婚姻是禁忌,但我访问的一些家庭中还是有好几个通婚了)。一年之中,许多人会花一部分时间在加德满都城里工作,剩下的时间待在从公路或机场走上好

几天的坤布农村。据一位 20 多岁的夏尔巴男人说,加德满都有许多坤布所没有的便利设施:

> 这里(坤布)在淡季几乎没有人,有点无聊,干完活后,什么好玩的都没有。然而,如果我在加德满都,早上我可以去大学,中午可以去游泳,然后晚上 4 点到 5 点,我可以去上电脑课。另外,我的父亲(旅馆老板)有很多日本朋友,因为之前,这些日本朋友来到坤布时,我不知道如何沟通,所以我开始学习了一点日语。

截至 2010 年,游客连接了城市和农村的不同生活方式,这根植于当地,也融入了全球经济。除了可见的社会经济变迁之外,随着经济和文化的影响,自然地境在近几十年也发生了显著的变化。特别是,冰川湖突发洪水(GLOF)和雪崩的风险越来越大。很可能是人为因素造成的反复无常气候变化,也使得当地环境变得不可预测。这些变化以复杂的方式影响了保护区内的日常宗教实践和自然资源支配。

国家公园、自然资源和旅游经济

国家公园和后来包括其他区域的缓冲区建立,使夏尔巴人与土地之间的关系发生了变化。日复一日的实践变化无疑影响了夏尔巴人对自然资源的观念,它又反过来影响当地的环境知识和相应的行为。在此之前,当地的机构(包括寺院)和通过税务官与国家建立的松散联系来进行环境治理。而现在,国家公园和野生动物保护部支配国家公园中薪柴、木料、牧场和其他资源使用,至少是缓冲区定居点附近的社区森林资源。这些权力主要集中在首席行政官和工作人员手里,他们有警察和军队的支持(通常是来处尼泊尔其他地区的非夏尔巴人)。① 当地的缓冲区管理委员会(Buffer Zone Management Committee),有 5 名成员和 3 名当地代表。这些领导人都是从各自代表的缓冲区使用者委员会选举产生(两个来自坤布,一个来自帕拉克)。这些委员在国家

---

① 在人民战争期间(1996—2006)有超过 1 万尼泊尔人丧生,军队阻止毛派干部进入公园和缓冲区。在战争期间,军队集体部署[军队已经驻扎在萨加玛塔国家公园和缓冲区(SNPBZ),并且始终贯穿着公园的历史],保护这个全球性的旅游地,防止被毛派占领。在战争期间,部署在公园的士兵大量增加。除了公园外的旅游路线沿途上,毛派代表偶尔"收税"之外,游客相对来说没有受到冲突的影响,他们通常会得到一个收据,以确定已经收税(Spoon, 2008)。

公园的治理里没有法律授权。然而，夏尔巴人社区可以自治地方森林，也可以经常就国家公园资源管理提出建议（Stevens, 1993、1997）。① 在夏尔巴人的缓冲区定居点之外，来其他土著群体的许多少数民族在旅游季过来工作，或是在淡季时期协助建设旅游基础设施。有一些人租用夏尔巴人的房屋来做各种各样的生意。

旅游业支配着坤布和周边地区的生活。许多坤布人一生都生活在这种主客关系情境中。自从1960年第一批登山者和徒步者造访之后，游客数量不断增长，现在每年约有超过3万名游客来到此处。（Spoon, 2013）（图2）多年以来，夏尔巴人承担着不同的角色，从最初的向导和背夫，到后来的专业登山向导、旅馆老板和茶馆老板。一直以来他们在一定程度上保持着对旅游业的控制，夏尔巴人的人均收入较全国平均水平高出近10倍，然而收益却不是平等分配。

旅游路线上的家庭有较高的经济能力，拥有沿珠峰大本营及相关目的地途中的多数旅馆和茶馆。而不在旅游路线上的人们则从事农牧业，或者在当地旅游点工作：比如当登山向导。（Stevens, 1993; Brower, 1991; Fisher, 1990; Spoon, 2011a、2011b、2013）举个例子，从2007年开始，坤布大约有180家旅馆，其中166人属于本地人（146个在旅游线路上，只有34个不在旅游线路上）。用一个女性旅馆老板的话说："有钱的人在办公室工作，穷人走进森林。"不在旅游线路上的人们致富的原因有很多，比如通过接收在海外务工的汇款，或协助登山探险等。然而，大部分致富的家庭是在旅游线路，在当地的旅游经济中扮演着更重要角色。②

所有夏尔巴家庭都有农田，但只有少数人继续养牲畜，这些牲畜传统上大多数是杂交的犏牛（牦牛与黄牛杂交的后代），叫作佐犏（zopkio）或珠木（zhum）。如今，特别是旅游路线路上的家庭以及从旅游和汇款中获得较多收入的其他家庭，将大部分农牧活动外包给非夏尔巴劳力，这种外包行为造成

---

① 随着时间的推移，与国家公园的关系也发生了变化。公园最初建立时，当地夏尔巴人担心他们会被剥夺使用权或迁移（Brower, 1991; Stevens, 1993、1997; Fisher, 1990），因为他们曾听到一个传言，尼泊尔的第一个国家公园，奇特旺国家公园中的土著塔鲁人（Tharu）被禁止进入公园。结果，许多树木被砍伐留待将来使用。自那时起，公园在夏尔巴人眼中的形象很复杂，有时是自然资源保护者（如阻止偷猎，支持森林复种），而有时候又是地方习俗权利的抑制者（如伐木和非木材森林产品的监管）和腐败者（如接受贿赂执法不严）。特别是对于夏尔巴人没有参与公园的治理和管理这个事情，一些家庭一直怨恨不满。其他人则看到公园积极的一面。

② 运用家庭经济能力指数分析随机选取的100个家庭（见方法部分），我发现在2006—2007年间，旅游路线和非旅游路线上家庭之间的平均经济能力差异的统计学结果显著（$P<0.001$）。

图2 珠峰大本营旅游线路上的洛子峰（Lhotse，世界第四高峰）和圣骨塔（纪念一位著名的佛教徒）。2004年10月作者摄

了代际差异（Spoon，2013）。用一个20多岁的夏尔巴女性的话说："我的父母只想着家畜，我只想着如何挣钱。"这些日常实践的变化，已经对部分夏尔巴人的环境知识和相应的行为产生了深刻影响。

方　法

为了更好地了解夏尔巴人的宗教和环境行为之间的关系，我在2004年和2007年之间（19个月）进行了民族志田野调查，并在之后的2008年和2011年（3个月）追踪调查，更新数据。所有定量数据都来源于当地电子档案和人口普查数据中分层随机抽取的100个人。① 此外，根据他们的声望抽样，选择了6个不同年龄组（共12人）的夏尔巴僧侣，约占样本比例的15%（Schensuland LeCompte，2013）。另外，我通过翻译与尼泊尔人和夏尔巴人中

---

① 样本包括永久性（非季节性）居住在纳帕（Nangpa）、杜科斯（Dudh Kosi）和伊姆扎山谷（Imja Valleys）的所有家庭。除了福特色（phortse）、旁布彻（pangbuche）和盯布彻（dingbuche）之外，我用当地所有定居点的人口普查电子档案抽样。

的僧侣、喇嘛以及其他知识分子等重要受访人进行面谈,据此归纳出理解他们对环境可持续发展相关的地方宗教观念的基线。

大多数访谈问题是结构化和半结构化的,部分会有自然圣境、物种或神灵的照片供识别。① 基于文献以及主要受访人的建议,我选择了7种宗教观念进行调查:域拉(Yul Lha,山的保护神或山神)和其他的拉增(lha tzen,土地神)②、贝域(Beyul,神圣的秘谷),对动物的仁慈和怜悯的准则,鲁(Lhu,生活在树上,岩石下和水源中的精灵),咖佑〔Gokyo Tsho,高海拔的寡营养(low nutrient,低营养)湖,有一只鲁在里面〕,寺院林和其他受保护的森林,这包括了对生境和物种的禁忌,以及选择性地砍伐木材和在不可砍伐的森林中采集产品,还有禁止采石和污染水源等有益于环境的宗教观念。此外,我补充了递增年龄组中24个人的人生史,这些人此前在其他方法中调查过。

为了确认更广泛的趋势,比如,哪个年龄组和家庭对环境相关的宗教观念更熟悉。我在定量数据中运用了描述分析、线性分析、多元回归分析、T检验和单因子方差分析等方法。我也对定性数据进行了归纳分析,以观察新现的主题和因使用定量数据的演绎方法而可能被忽视的信息。我比较了各数据组的结果,以便发现相似之处和差异。我也使用了定性的发现,来辅助解释在定量结果中所观察到的趋势。这些发现多数已在其他已发表的文章中详细讨论(Spoon,2010、2011a、2011b、2013)。在这篇论文中,我根据这些结果只是为确定更广泛的趋势,特别是关于贫富家庭和代际之间选择基于地方宗教观念的知识和实践上的差异。我还重点关注僧侣和普通信徒之间的差异。

夏尔巴人中宁玛派佛教徒与自然圣境的观念

夏尔巴人是藏传佛教的宁玛派信徒。咕噜仁波切是宁玛派的祖师,也被称为莲花生大师,在公元8世纪时他把佛教带到了西藏。根据这一信仰体系,

---

① 这产生了定量和定性信息。我通过设定0—2分范围(不了解:0分;部分了解:1分;很了解-:2分)的分值,从参与者样本中获得定量信息,以此测量7个"核心"或"基本的"地方宗教观念的知识和实践。每个宗教观念都附带多个组合和赋值(0—2分,7个宗教观念总共14分)的问题。

② 在研究完成后,山神的选择类别在后面将缩小到分别代表域拉和拉增,尽管相关的术语指向很多山神。

人类生存在不断的轮回中，通过积累娑娜姆（sunam，藏语意面为"永得福份"）或功德能在来生有希望获得更高地位，最终在轮回中获得个体自由。（Ortner，1989）。实践涉及取悦家中和寺院中的各种神灵，保佑夏尔巴人免受从环境灾害到飞机失事的苦难。这里的坤布僧侣团体比较小，在2007年时只有80个坤布夏尔巴人僧侣，此外，还有100多位被认为是西藏迁移来的僧侣（他们在1959年后来到这里），使人数得以增加。如今，夏尔巴人家庭把排行在中间的男孩，送到寺院的频率比过去少得多。僧侣以某种方式也参与到旅游业，不过不是很典型。① 这里的女尼几乎全是藏族人。

夏尔巴佛教徒认为世界充满了许多恶魔或其他邪恶生物形式的消极力量。神灵是保佑人类的，但必须通过仪式祈求和延续。这些基本的仪式包括，为安抚取悦诸神向其献祭，安抚和祈求他们继续保护人类免受邪恶力量侵扰。普通人只能向自己的神祈祷，在合适的时候神灵会在他们面前显现。然而，宗教传统的实施，通常掌握在受过专门训练的专业人员喇嘛们手里，夏尔巴人称他们为村落祭司。（Ortner，1989：42-43）

祭祀活动可以在家里进行，也可以在寺院里。寺院被称为贡巴（gompa），它在17世纪晚期才建立。（Ortner，1978）经济能力较强且地位较高的家庭，通过回馈资源给僧侣及在家中举行祈福仪式，来展示他们的财富。从前，所有坤布夏尔巴人在同一时刻或是其他时间举办年祭。比如杜姆祭仪式（Dumji celebration，祭山神面具仪式舞蹈），通常在家里、寺院、靠近村庄的公共土地或在定居点神山的山坡祭祀神灵。一些家庭从积极的方面看待这些仪式，将之视为展示他们财富的好机会；而其他人感到厌恶，认为这是一种经济负担，需要大力改革，更关注祭祀的精神层面。

夏尔巴佛教徒认为，如果土地保持了宜人的人类生境，就应该敬畏。这种信仰也包括使人精神愉悦的地境特征，比如山脉、森林、树木、岩石和水源。土地神和精灵或是拉增就存在于这些环境中。（Füer-Haimandorf，1964；Skog，2010）这种认知可按等级划分，较大地境里的神（如山神）比小地境中的神（住在树中和树下的精灵）能力更大。拉增多种多样，但只有一个处于等级分层中最高层的坤布神或域拉，比如著名的坤布域拉。敬畏神灵和精灵包括了攀登坤布域拉，砍伐树木，采石以及关于污染河岸和其他水生生态系统等方面的禁忌。

---

① 这种实践也减轻了分财产给另一个儿子的负担（然后，就按遗产份额划分家产）。（Füer-Haimandorf，1964）

先前的研究发现，僧侣群体和信徒群体之间的宗教价值观念存在差异。（Ortner，1989、1995；Skog n. d.）过去，人们的日常知识和行为通常集中于多神信仰和地境中的精灵（Ortner，1989），然而僧侣叙述强调对域拉或山神的敬畏，在更很小的程度上说，就是敬畏贝域或神圣的秘谷。（Steven，1993；Brower，1991）随着时间的推移，僧侣通过吸取了地方知识和实践，创造了一个基于地方的独特宁玛派佛教，它也将继续适应和改变。

对山神（域拉）和秘谷（贝域）的敬畏

我确定了两个主要的宗教观念：域拉和贝域，它们将夏尔巴人和坤布地区的地境广泛地联系在一起，在传统中引导人们的部分环境可持续发展决策。域拉或称为山的保护神，被佛教人士描述为恶魔，曾被藏传佛教的创始人咕噜仁波切所收服，并心甘情愿的重塑成为信徒者的保护神。关于域拉山神的信仰可能在公元8世纪佛教传入西藏康巴或其他地区之前就已经存在。（Studley，2010；Karmay，2005；Pommaret，2004）有可能是佛教之前就存在的山神信仰融合苯教，佛教，民间宗教后，重塑成为宁玛派佛教信徒的保护神。（Tucci，1988；Skog，2010，n. d.）他们现在是咕噜仁波切的地方代表，履行神指派的具体地域管理。人们认为这些神灵通常居住在定居点附近或视野范围内的山顶上。坤布地区的神是坤布域拉（Khumbu Yul Lha，缩写作：Khumbila）[1]，他住在昆德（khunde）和昆琼（Khumjung）等定居点侧面附近的山上。当地人通过参加杜姆祭（Dumji）的年度祭仪活动来表达对域拉和其它神的敬畏。在这个特别的日子里，人们在房子上插上白旗子和焚香，特别是杜松树［Tree Juniper，喜马拉雅杜松（Juniperus recurva）］（图3）。人们认为，有益的生态环境与对坤布域拉的敬畏有关，包括攀爬神山的禁忌、禁止杀害牲畜以及其他野生动物。

来自非旅游路线上的年长者和不太富裕的家庭代表们认为，群山中都有不同神力的山神住在上面。他们认为坤布域拉的力量最强大，其次是住在山上的土地神，如附近另一个山峰的塔卧彻（Tawoche）。这些山是很流行的登山目的地，还是许多从事徒步旅行社，登山向导，旅馆以及其他领域的夏尔

---

[1] 译者注：Khumbu Yul Lha（坤布域拉）缩写为 Khumbila，译作贡比拉山。坤布域拉与贡比拉山均指向同一座神山。在本文翻译中，考虑到译名的宗教性和地理特征，它既是神山的名字，也是神灵的名字，因此统一用坤布域拉，夏尔巴语意为"坤布之神"。

图3　一年一度的杜姆祭祭祀活动中，人们将旗子插在山坡形成一个平台，这是坤布域拉（山神）的家。2011年7月作者摄

巴人的财富来源。定量数据的分析表明，年轻一代和一些以旅游业为中心的家庭，更了解坤布域拉，但他们对其他山上的土地神了解的相对少一些。这些人认为，坤布域拉所居住的山上充满了宗教力量，但他们并不像年长者和不太富裕家庭中的同龄人一样认为其他山和相关资源具有同样的宗教力量。①

整个群体对域拉的认知是相似的（Spoon，2011b）。截至2007年，占总人口91%的人，以及100%的寺院僧侣都很熟悉坤布域拉，而且实践着某种崇拜行为。但这两个群体都不太熟悉居住在山上的拉增和其他土地神。不管怎样，有占总人口数83%的人熟悉所有山上的土地神，8%只熟悉当中部分神。而僧团中有91.7%的人熟悉所有山上的土地神，8.3%只熟悉其中的部分神灵。旁布彻（Pangbuche）或被称为盯布彻（Dingbuche）的移民不仅熟悉塔卧彻，也了解坤布域拉，还经常参加这个神灵的相关仪式（见表一）。对土地神认知度下降会使更多的土地资源被攫取式开发。总的来说这至少表明，土

---

① 域拉还包括许多朋友，叫霍尔（khor），它协助监督信徒的行为。坤布域拉的霍尔是牦牛、山羊、绵羊和雪人。在一些地区，夏尔巴被访者对坤布域拉霍尔的反应很复杂。有人认为他们是家养的牦牛、山羊和绵羊。其他人说，山羊特指喜马拉雅塔尔羊（Himalayan Thar）。对山羊认知的模糊性可能是在他们被国家公园搬迁到这里之后家养山羊知识在世代变化中的结果（Stevens，1993）。也有人提到，雪人是坤布域拉的霍尔，这个说法在文学中被强化（Brower，1991），但是雪人的神性形象有时候只是被描述出来。

地在人们心中的神圣性降低了。

表一 对贝域和域拉的认识和相关实践（2006—2007）

基于地方的宗教观念	了解/或遵循实践		备注
	信徒	僧侣	
域拉或坤布域拉（山神）	91.00%	100%	许多受访人说：爬山会导致死亡、疾病和厄运
贝域（秘谷）	67.00%	100%	18—19岁年龄组的1个受访人和2个僧侣有一定的认识。许多受访人认为遵循贝域的规则，可以获得丰富的食物、平静、幸福、安全、金钱以及会免受飞机坠毁之险。
昌布（Chambu）和宁节（Nyingje）（通常指对待动物等有情众生的仁慈和同情原则）	100%	100%	许多受访人说，杀害有情众生是一种罪恶
拉增（Lha Tzen）（只是土地神或山中精灵）	83.0%（所有）8.0%（部分）	91.7%（所有），8.3%（部分）	大多数受访人表示：夏尔巴人为了金钱和名誉而带着神登山。

个体（N=100）；僧侣（N=12）
样本采集时间在2006年6月1日和2007年3月31日之间

　　人们创造并制定新仪式表达对域拉的崇敬，这仪式增加了社会凝聚力，也是展示财富和积累功德的机会。举个例子，从2005开始，昆德和昆琼的居民开始举行一种对坤布域拉的祈福仪式（仁波切推荐），来确保旅游业收入和其他来源收入的兴旺。为了这个仪式新建了一个平台，并在神灵的年度杜姆祭典礼上使用。通过2005—2007年参与观察，我发现相比对土地神和树上、石头下和水源中的精灵的敬畏减少，不同社会经济背景及依年龄确定仪式位置的个体重新强化了群体信仰这个特别神灵的持久性。总之，夏尔巴人将继续他们的宗教实践，这可以支撑或对其进行调整以适应旅游经济。其他的宗教实践似乎都在下降。

　　贝域或秘谷，人们相信它是咕噜仁波切为他的信徒们在喜马拉雅一带选定的物质和精神庇护所。当糟糕的事情（比如，冲突、腐败的统治者）在当地发生，佛陀的信徒需要逃离时，"伏藏"的掘藏人用钥匙打开秘谷。当秘谷被"伏藏"的掘藏人打开，那些寻找庇护所的人们就从腐败之处迁移至贝域。那里通常是一个四面环山的谷地，只要贝域的居民不做出争吵、暴力或杀戮等负面行为，那里所有的人都受到保护。（Sherpa，2005、2008）一些当地的受访者说，贝域的力量取决于村民，这需要村民遵守一个理想的行为准则，就是禁止伤害和杀害有情众生（人和动物），某种情况下也包括植物。很显然，这些约束能带来环境可持续的结果，并保护了动物的种群及某些树种和树林。也有人说贝域的居民不会挨饿，社会世界中普遍充满了和平和谐之感。一些夏尔巴受访人说，打破这个行为准则，将导致贝域保护居民的力量和能力减弱。人们认为，贝域能够提供庇护所，使人在冰川湖溃坝的洪水、雪崩、地震、飞机坠毁、冲突以及影响到农业和放牧周期的重大气候变化等大灾难中得到保护。

夏尔巴人在历史上多大程度接受了贝域观念的情况并不清楚。不过，截至2007年，占总人口67%的人和100%的僧侣熟悉贝域这个观念（表一）。在整个群体中，了解贝域的群组多种多样，主要集中在老年人，一些不富裕的家庭和僧侣，也有少数例外（Spoon，2011b）。贝域的观念在NGO（非政府组织）的各种项目里得到一些复兴。我和寺院僧团也参与了某些NGO项目，包括了纪录片，记录了贝域和相关的地方宗教观念及其在时间流逝中的改变。一个年长的受访人说，冰湖溃决洪水的风险是证明贝域不再保护夏尔巴人的迹象；他将此归因于年轻人没有遵循贝域的行为准则。

我的研究显示，只有老人、僧侣、不富裕和更多处于温饱线的家庭知道贝域和拉增的观念，相比而言，域拉和塔卧彻在某些区域与日常生活整合度更高，存在于整个人群的传统精神中。换句话说，几乎所有夏尔巴人都保留了传统信仰和实践着只对一个圣山的敬畏，这样的敬畏对环境可持续发展的益处很少。然而，那些受旅游业经济转型影响较小的人和老辈人依然保持在传统上促进环境可持续发展的信仰。一个合理的解释是，对自然资源的依赖和经验，要求人们很熟悉这些观念。而相反，年轻一代受过更高教育的，更多参与到了旅游业中，农业畜牧业的经验很少，只熟悉域拉，因为这也是现在年轻一代对畜牧业、农业和采集森林产品等中所需具体土地资源的依赖程度较低。通常，年长的佛教徒随着年龄的增长也变得更加虔诚，这意味着他们在晚年的时候，已经从僧侣那里了解到了有关于贝域的观念。而另一个解释是，贝域的构建需要更多严格的德行实践。而通过祈福，献祭和举办仪式活动等物质财富支出可以获得域拉的保护。因此，随着旅游业带动的经济财富增长，对域拉的敬畏会变得更加普遍，但遵守贝域行为准则的情况可能会减少。

不管怎样，很明显，夏尔巴人对特定山神和精灵的敬畏是多种多样的。坤布域拉和塔卧彻是人们广泛尊崇的神灵；其他不同的宗教信仰和实践取决于生活经验。这使得人们对于贝域观念或居住在地境中的精灵和神灵的熟悉度下降。这个情况要引起注意，因为在传统上这些信仰与环境可持续发展的行为有关。

人类与非人类之间连接的认知

如同代际变化影响了基于地境的宗教信仰，夏尔巴人对人类与非人类之间连接的认知似乎也正在发生变化，尤其是在代际间。在过去，夏尔巴人认为树木、岩石和水源等地境特征，就是神灵与人类和他们的生活直接连接的血管。这些信仰限制在社区和寺院林中伐木和收集薪柴，有助于防止过度攫取自然资源。①（Stevens，1993）他们还设立了一些禁忌，如不能伤害和杀害动物，不能污染水源，要保护岩层和严禁攀爬坤布域拉。特别是在夏尔巴年轻人和从事旅游业的家庭中，这些信仰在减弱。他们倾向于将土地看得不那么神圣或只是由一个神保护（坤布域拉和塔卧彻）。他们不像过去那样认为，土地上住着多种神灵和精灵。较多年轻群体和富裕家庭非常不熟悉这些观念，有时还会说这是迷信。

正如研究世界上其他地区土著人的学者指出，土著知识不再是只基于当地生态系统的经验，而是来自世界各地的地方性知识和知识系统的组合。（Dove et al., 2009）因此，作为宗教成员和影响决策行动的准则之间的关系很不明确。（Devine and Deneulin，2011）在目前情况下，这意味着夏尔巴人的宗教实践，不再需要遵循坚持某些环境可持续的禁忌和管理实践。与此同时，在许多年轻的夏尔巴人中，传统信仰没有传承或已经被世俗的西方科学教育所取代。在当代背景下，夏尔巴人关于植物、动物、水、山脉和气候的环境知识，包含连接人类和非人类的地方宗教观念以及区分人类与自然的信息，这些信息通常将他们放置于生态系统之外或独立于自然资源。大多数50

---

① 防止砍伐寺院林和受保护林的禁忌，取决于社会背景而灵活多变。斯坦·史蒂夫（Stevens，1993）说，为了建设和重建腾波切寺院，可以在不同的时间点砍伐木材。依据季节性和草的可用性情况，这些区域允许放牧。

岁以下的夏尔巴人曾在西式教育的学校上学，他们一生都居住生活在西方构架的国家公园里。事实上，当地教授国家统一课程的教师，一般都不是夏尔巴人。从20世纪90年代开始，及随后的几十年里，一些较富裕的家庭把他们的孩子送到加德满都和其他地方的寄宿学校接受世俗教育或（在一些案例中）佛教教育（Fisher，1990）。例如，截至2006年，占总人口17.4%（大部分40岁以下）的夏尔巴人，都在加德满都或其他地方接受过寄宿学校教育。① 到目前为止，坤布和加德满都的所有课程还没有地方化，教学中从未使用过夏尔巴语。

　　在现代性中的年轻一代和许多富裕家庭，常常把西方科学作为主要课程。那些相同的个体将地方宗教性（特别是家族神的敬畏）和了解世界并与之互动的传统或"野蛮"的方式相结合。外部知识通常与经济发展密切相关，由此被人们认为是好东西。各种非政府组织、政府环境保护和民生改善项目你来我往。旅游者向夏尔巴旅游从业者分享知识，这个与旅游财富观念有关的新知识是有价值的。② 很显然，夏尔巴人把他们宗教价值与其他认知和理解方式融合在一起。

　　同一家庭中多代人对关于人类和非人类连接方式的认知不同，这种情况很常见。那些同一老年组中的人对地境中一般宗教特征有更多认识，特别是贝域观念的意识和与之相关的行为准则，以及存在于树中、岩石下和水源中的精灵。相比之下，年轻的几代人不熟悉这些信仰。这个似乎与两组人员与自然环境的不同互动方式有关。年长一代和不富裕的家庭将他们的时间都用在或高或低的牧场，农田里种植、施肥和收割以及采集森林产品等方面。年轻一代和许多富裕家庭为了生存从事需要木材和其他自然资源的旅游业。因此，两代人都在利用当地的资源，方式上各有不同。旅游业使用大量建房木材、薪材、干牛粪和电力资源，这样的资源使用水平远远超过了开发旅游之前的生存需要。旅游业也产生了大量不可生物降解垃圾和人类粪秽，建造旅馆和茶馆的石料需求量与日俱增。由于夏尔巴家庭如今受到了一些区域的夏

---

① 截至2006年，夏尔巴人的教育程度如下：35.1%（没有受过教育），13.8%（幼儿园至二年级），20.3%（三至五年级），18.6%（六至九年级），6.9%（有毕业证书），3.6%［十一至十二年级，也被称为"加二"（plus 2）］，1.4%（受过一些大学教育或完成了大学学位）和0.4%（硕士或博士）。

② 旅游业给夏尔巴人的身份带来了变化。维肯尼·亚当斯（Vincanne Adams，1996）认为，夏尔巴人身份已经被游客的观念深深地塑造了。谢瑞·奥特纳（Sherry Ortner，1999），不同意亚当斯的说法，他认为夏尔巴只是为了自己的收益而策略性地迎合游客的需求而已。

尔巴人纳瓦（nawa，护林员）、缓冲区用户组成员、公园工作人员及其他方面（如军队）的监控，非夏尔巴劳工为夏尔巴人砍伐了许多木材。严密巡逻当地森林、引入煤油、高效炉、垃圾焚烧、人类粪秽处理、垃圾治理项目等减缓了过度砍伐和人类粪秽相关问题。然而，旅游业对地区的环境系统带来了巨大的压力，并产生了大量垃圾，这就是从一开始就实施新禁令、技术和管理措施的原因。

当我访谈受过不同程度教育并从事旅游业的年轻人时，他们通常以西方科学视角，来讨论植物和动物的起源。当地学校的环境教育项目、国家公园和非政府组织资助的复种项目关注上层林冠树种，来防止侵蚀，固碳，并为动物提供生境。年轻人确实认为伤害或杀死动物的禁忌有约束力，但是，除了坤布域拉和寺院林之外，他们与作为一个整体的地貌（特别是植物、岩石和水源）之间的连接似乎变弱了。长辈鼓励年轻人接受西方教育，在旅游业工作或跨国务工从国外汇款回家。然而，他们也对变化感到遗憾，特别是语言的流失，他们认为这样神灵会很不高兴。事实上，如果不更多关注信仰知识在代际间的传承，特别是居住区内互动的减少，以环境可持续发展方式连接人类和非人类的宗教观念也许会消失。

神灵力量的认知

以旅游为基础的经济转型，人对地方神灵和精灵力量的认知也在改变。以对土地神为例来说，这导致了有利于环境可持续发展的决策减少。对山神力量的信仰是很实际的，它混合了地方的实际需求，如企业成功或人们攀登险峰时的安全等。这些认知反映了旅游业塑造了夏尔巴人宗教虔诚度的力量，在研究期间，宗教实践更多与特定土地和生命形式关联（比如：山神），而不是其他（比如：岩石下、树木和水源里的精灵）。一些夏尔巴人说，登山需要敬畏神灵，有证据表明从事旅游业（尤其是在登山活动中）的年轻一代夏尔巴人减少大本营周边垃圾处理重要性的意识和行动在提升，人们认为神灵需要愉悦，不能惹神生气，以确保攀爬的安全。请看我和明玛（Mingma）之间的谈话，他曾是一名僧侣，多次登顶过珠穆朗玛峰：

  Jeremy：你爬山前做祈祷（puja）吗？
  明玛：是的，我做祈祷，不然的话，会有人死去。
  Jeremy：为什么？

明玛：因为如果你不做祈祷，神灵（珠峰上的女神）会生气。

Jeremy：跟我说说这个女神吧。

明玛：女神非常富有。

Jeremy：她会帮助人们吗？

明玛：如果你给她上香，她会帮助的。

然而，鲜活的个体认知各不相同，宗教信仰也会不同。很多时候，很多个体将旅游业成功归因于这种宗教实践及其预期的结果。举个例子，有一个住在喜马拉雅山上名叫札喜策仁玛（Jomo Miyo Sangma）的女神[①]，她会给夏尔巴人带来财富（norbu，藏语：罗布）。在过去，女神提供了富饶的牧场，丰硕的收成和成功的贸易商队。现在，她带来游客支持当地旅游业。有人甚至说，为了帮助当地人，她"拔高了自己"成为最高的山。请看下面我和明玛之间的谈话：

Jeremy：你觉得这个女神给坤布人提供了什么呢？

明玛：女神给人们财富。比如说，给这个地区带来了游客，这就是间接带来了繁荣。

Jeremy：当人们爬上她时，她会生气吗？

明玛：我们在爬之前会向她祈祷，所以她不生气。

坤布域拉是最受崇拜的神，他是咕噜仁波切的化身，在藏传佛教的分层体系中仅次于佛陀释迦牟尼佛。就像在旁布彻和盯布彻定居点视野内的山巅上居住的拉增塔卧彻的力量一样，他的力量也在持续增强。一些受访者说，攀登神山是不对的，需要向神灵献祭和祈祷来安抚他们。但也有人持有不同的看法，在过去许多山峰是否有不能攀登的禁忌，那么贡拉比山就是例子。我的研究发现神灵的力量是被设定为保护危险攀登中的夏尔巴登山者。2014年的4月，珠穆朗玛峰上发生的一场雪崩，导致了16人丧生（其中有8名坤布夏尔巴人）。一位了解这场灾难的受访者说，一些僧侣认为这次雪崩是因为游客人数太多，扔垃圾，在大本营打架，直升机振动和天气变化等触怒了

[①] 译注：祥寿仙女（札喜策仁玛，也作扎西次仁玛），长寿五天女（tshe-ring mched lnga，珠穆朗玛五仙女）之一。其他四位分别是翠颜仙女（廷及协桑玛）、贞慧仙女（米尧罗桑玛）、冠咏仙女（决班珍桑玛）和施仁仙女（代嘎尔卓桑玛）等。

女神。

年轻一代和地位较高的家庭，除了某些定居点敬畏塔卧彻之外，通常不敬畏其他山上的土地神。富裕的人会花费大量物质财富向神灵和社区献祭，以提升自己在域拉和至少是拉增眼中的功德。除了坤布域拉和塔卧彻，夏尔巴人对地境宗教特征的认知变得越来越简单了。此外，随着对神圣自然地域的敬畏越来越少，越来越多的自然资源可能会被攫取式开发。

事实上，夏尔巴人对住在树里，岩石下和水源里的各种精灵力量的认知在下降。某些土地精灵（land spirits，与特殊的地方资源关联的那些精灵）崇拜一般只在定居点和家庭层面上。有一种特殊的拉增叫作鲁（lhu），人们相信这种神有能力对他的"主人"产生好或坏的结果，这取决于是否取悦了他们。鲁会有人的特征，如聪明或愚蠢，富有或贫穷。虽然只有女性负责为他们提供祭品，但是男人和女人都信仰他们。鲁在世代中传承，一些与特定的家庭有关，而其他的更多是基于地域性。（Stevens，1993）一个巫师通过源于鲁精灵（lhu spirits）本身，或人类设置的咒语，或其他来源治疗疾病，相比过去的口述和民族志报告，这几乎没有记录。和其他拉增一样，年轻一代通常认为，信仰鲁是一种迷信，只有教育程度较低或未开化老年人才相信。（Fisher，1990；Ortner，1995）现在人们对西医的重视，超过了曾治愈过他们祖先的巫师。（Füer-Haimandorf，1964；Ortner，1978、1989、1995）在老年人依然信仰鲁的同时，年轻人中对鲁的信仰程度的确是在下降。他们认为对坤布域拉和塔卧彻的敬畏不是一种过去的遗存，然而，对居住在树上，岩石和水源处土地神的信仰却是过时的。这较之前几代人确实发生了转变，据记载，那个时候的僧团信仰域拉，信徒团体也崇拜多种拉增或土地神和精灵等。（Ortner，1989）

环境禁忌的实施

此外，由于旅游业与当地森林、岩层和水源等环境禁忌实施方面的因素，使得夏尔巴人的宗教改变了。国家公园、学校、非政府组织之间的合作交流形成新的资源保护系统，混合或替代了先前的禁忌。传统上自然资源管理依靠禁忌，包括生境保护、砍伐木材和采集森林产品的季节性限制，以及禁止伤害或杀害动物、采石和污染水源等。1976年公园建立，在国家公园和缓冲区内限制砍伐木材和采集薪柴，超越了夏尔巴人的管理实践。夏尔巴人的其他管理措施与公园的政策并行不悖，比如对杀害动物的禁忌，对寺院林砍伐的限制，以及缓冲区定居点附近森林里的护林员巡逻。从1976年至今，旅游发展都未被管控（Stevens，1993）。在这段时间内，旅游经济使得资源需求日益增长，而导致一些传统的禁忌受到破坏。2002年，园区进一步控制了木材砍伐和薪柴收集以应对滥砍滥伐，（Stevens，2003）并在2007年完成新的管理规划，以应对旅游基础设施的发展。

旅游业对一个地区的环境可持续发展影响很难说是好是坏。一方面，相比较前旅游业开发时期的农牧生活方式，旅游业需要更多的木材、薪材、水和石材等。另一方面，参与这个行业的人，也能够买得起替代燃料和能源。然而，总体上看来，旅游业是在鼓励人们无视资源开发的传统禁忌，并且威胁到了此区域环境的可持续发展。例如在研究期间，不同社会经济地位的夏尔巴人控诉说，各种旅馆和茶馆老板暗地里雇佣工人来滥砍滥伐原木，也有一些伐木工在一段时间内把一棵树慢慢弄死，然后在晚些时候很轻松地把它砍掉。特别是旅游经济圈底层的经营者为了跟上不断扩大的产业购买非法木材。比如，史蒂文斯（Stevens，2003）指出，在2002年规定未出台之前，北帕拉克地区的一些社区森林减少了，其中一些木材被用于保护区内的旅游业。旅游业对资源需求的规模，挑战了与森林资源管理相关的地方环境禁忌。因此，新的混合解决方案出现了，比如国家公园规定和重构社区森林中的地方森林保护系统。在坤布地区传统上，有7种森林保护方式，各自规则不同。有些是防止天怒和恶魔侵扰以保护村庄的安全，其他的是为确保资源的可持续利用。[①] 史蒂文斯（Stevens，1993）描述了限制森林使用的宗教原因，包括村庄管理较大的喇嘛森林，叫拉米纳庭（lami nating），由寺院和私人（僧侣管委会）管理围绕在寺院周边的神树林。很明显，寺院林是在寺院建立之后才有神圣性，在此之前没有。在1900年以前，坤布地区的7种森林保护方式，只保护了两个寺院林和喇嘛森林。（Stevens，1993）虽然砍伐上层林冠树木在森林保护中是禁忌，但在除了雨季封闭并把牲畜迁到更高的牧场之外，那里一直允许放牧。最古老和最著名的寺院林是旁布彻寺院林，那有古老的杜松。根据当地的口述历史传说，这些树是300多年前桑围多吉（Lama Sangwe Dorje）喇嘛将自己的头发撒出后，飞到了寺院原址上生长出来的。（Stevens，1993）

---

① 史蒂文斯（Stevens，1993：209）描述了7个森林管理系统，分别是纳瓦和辛吉纳瓦（nawa and shinngi nawa，护林员）的地方村庄管理，纳瓦和辛吉纳瓦税收制度或任命，寺院管理和私人管理（比如，僧侣管委会）。

虽然与寺院和其他保护森林相关的禁忌非常强大，但确实有证据显示年轻群体中的力量在下降。2006年7月，占总人口82%的人和83%的僧侣说，他们实践着寺院林中的生境禁忌（比如，禁止砍伐树木），100%的旁布彻人都熟悉这种保护森林的类型，这反映了他们与最古老寺院林的亲近度，也反映了那个地区禁忌的力量（表二）。

表二 对圣林、岩石、水源的知识及相关实践情况（2006—2007）

地方的宗教观念	了解/或遵循实践		备注
	信徒	僧侣	
鲁（Lhu）（在树上、岩石下和水源中的精灵）	89.0%	83.3%	很多受访者认为污染鲁的区域会导致疾病、厄运和短命。许多年轻人和富裕家庭认为信仰鲁精灵是一种迷信。
贡巴（Gompa）（寺院林）	82.0%	83.3%	很多受访者认为砍伐树木会给个人和家庭带来疾病和厄运
拉米纳庭（Lami Nating，喇嘛森林）和其他受保护森林	77.0%	66.7%	很多受访者说，这是当地夏尔巴护林员在保护，而不是公园。（公园支持当地管理）有很多原因，包括宗教传统和提供资源
咖佑（Gokyo Tsho）（湖）	68.0%	67.7%	很多受访者认为污染湖水会导致死亡、疾病和厄运

个人（N=100）；僧侣（N=12）
样本采集时间在2006年6月1日至2007年3月31日之间

普通信徒和僧侣对于喇嘛森林和其他受保护森林及其相关的环境可持续的相关禁忌所知甚少。有趣的是，有77%的信徒说，他们在这些森林里实践生境禁忌，然而67%的僧侣在实践。当人们尤其是特定氏族和定居点中的老一辈，更熟悉整个地境中的神灵和精灵时，这些森林可能基于地方宗教传统。由于自然资源使用的转型，特别是雇佣非本地劳动力干活，外来教育，非政府组织和国家公园项目及游客等影响因素，年轻一代和更富裕的家庭也不太熟悉这些受保护的森林。这也可能证明信徒与当地资源的互动增强，而寺院僧侣与当地资源的互动较之更少。

人们认为鲁精灵会由于环境污染而生气。在过去，污染源只是可降解的垃圾和人类粪秽。现在由于旅游业出现，大量外来商品流入这一区域，情形已经改变了。一些鲁精灵的主人已经适应了这一变化。例如，一个昆琼的家庭在鲁居住的树根建一个"房子"或防护性结构。这个房子是一个防护屏障以避开垃圾或是人类粪便。2011年，减排项目倡导者（比如，青年俱乐部主席和缓冲区用户委员会成员）对森林和水源附近不可生物降解垃圾的认知进行了研究，发现这些人不相信塑料、玻璃以及人类粪秽的出现会触怒鲁精灵。当然了，为了促进旅游消费而美化村庄以及自然保护等理由，需要减少不可生物降解的垃圾（Steven, 2013）。旅游经济，国家公园政策，非政府组织项目，游客，非地方教育以及我的出现，都毫无疑问影响了这些视角。塑料和玻璃等都不是产自坤布，也没有深入地了解它们会对土地产生何种影响。垃圾场、垃圾桶、垃圾焚烧、回收再利用等似乎就成为主要的新解决方案。我还没有看到把新技术与鲁或拉增的力量以及环境污染等相关禁忌结合的综合性解决方案（图4）。

图4 从鲁精灵的家园开采石块，作为旅游基础设施建筑材料。小屋下面斜坡上的断崖也源于采石。2011年7月作者摄

一些普通的信徒和僧侣说鲁也住在岩石下，所以需要保护以免受侵扰。然而，采石的相关禁忌的执行似乎不起作用或者是不存在。在淡季，越来越

多的夏尔巴旅馆老板雇佣非夏尔巴劳工去鲁的居所附近采石。这些岩石被用来建新旅馆和其他基础设施。在贡拉（Gangla）的努埃（Nuaie）之上的采石场就是例子，以发展的名义去侵扰鲁的圣地。在那里，周边岩石已被开采，而岩石之下就是鲁的居所（图5）。这个地方对一些人来说特别的重要，他们认为贡拉是掘藏人打开坤布贝域（秘谷）的钥匙。随着遵守环境禁忌的人越来越少，土壤侵蚀越加严重，植物和动物的生境被不断的侵扰，其他的负面后果随之而来。

图5　国际非政府组织援建的地方垃圾场与不可生物降解垃圾和吃草的牦牛。2007年3月作者摄

关于人类的粪秽，夏尔巴家庭在几个世纪以来一直用它堆制肥料。把人类粪秽与森林中收集来的枯叶混合在一起。每年制成的肥料用于施肥。他们还收集尿液作为肥料。然而，在过去的几十年里，有专门化肥池的冲水马桶已经成为重要的日常用品，这既迎合游客，又使生活达到西方标准。遗憾的是，除了努埃的废弃物处理厂为几家大旅馆服务之外，当化粪池满了之后，人们会把它倒入当地的冰川河中。为了迎合游客要求，而放弃污染鲁精灵居住水源的禁忌。现在，特别是旅游路线沿途的许多家庭，基本都有一个连接化粪池的马桶。2011年，在一些地方旅馆中，冲水马桶开始附加到浴室中，这相比公用的旧式冲水马桶和制肥厕所，可以向游客收取更高费用（2006—2007年，带制肥厕所的房间价格：2.86美元；带浴室的房间价格：25—40美元）。因为这些是游客的首选设施，所以冲水马桶与财富成就联系到一起。因

此，制肥厕所和尿液收集与贫困相联系，有时以代际来区分使用。

尽管也有报告指出，不同人将夏尔巴人，非夏尔巴劳工和旅游者的垃圾扔到湖里，但是污染旅游目的地咖佑（湖）的禁忌已为人们了解，并且付诸实践（68%的人口和僧侣）。一个夏尔巴旅馆的女主人说，曾有两个游客污染了湖水，之后在登山事故中死掉了。她认为游客的死亡是因为触怒了住在湖里的鲁精灵。

很显然，环境禁忌的遵守处于变化中，会因为是否兼容于旅游经济和外在因素而受到强烈影响。限制砍伐薪材的宗教力量正在屈从，以迎合外来旅游的经济规模；公园管理规定和当地内部巡逻又强化了这些变化。我的受访者似乎并没有用宗教禁忌来解释减少非生物降解垃圾的努力和人类粪秽管理的理由。每到淡季，采石依然继续。对于一些环境问题，比如过度砍伐木材和薪材，垃圾，过量采石，水污染，基于地方宗教观念产生的影响正在减少，这反过来可能导致不可持续的环境决策。

结　　论

夏尔巴人的日常佛教知识和实践都在不断适应当代需求。旅游业与旅游者、国家公园政策与项目、外来教育、城市经历以及其他因素在高海拔的极端地理背景中塑造了环境的知识和实践。在本研究进行期间，日常佛教的构成反映了影响环境决策的诸多变化。我的受访者们只敬畏少数山神，很少敬畏作为一个整体的地境或者那些生活在树上、岩石下和水源里的特定精灵。相比居住在整个地境的土地神和神灵的敬畏，对这些特定山神的敬畏相应产生的环境可持续行为较少。年轻一代和较富裕的居民对人类和非人类之间相互关系的看法，似乎和比他们的长辈不同。夏尔巴人根据旅馆经济，旅游者，登山的安全以及其他需求，来定义神灵和精灵的力量特征。虽然动物仍然被严格地保护，但是动物生境和雨林采伐禁忌的宗教原因似乎鲜为人知。其他如水源污染和采石等环境禁忌的实施取决于是否兼容于旅游业需求。

有些知识来源，特别是与现代性、增长的社会经济流动相关的知识来源被赋予较高价值。很明显，依赖土地的生存方式转变时，其他的知识则越来越不被重视。曾经支撑保护环境的宗教观念似乎在侵蚀，而新知识也许会融合或替换这些知识。由于短期经济利益的驱使，尤其是较富裕和年轻一代的夏尔巴人，可能会做出不利的环境决策。另外一些人，特别是了解自然科学的那些，会继续实践他们的传统，或者把传统与新知识相融合，用不同的方式来继续支持可持续发展。这些变化毫无无疑将继续下去，开启了将来对于引导可持续性的神灵和精灵信仰力量的思考。

致　谢

　　设于夏威夷大学［马诺阿分校（Manoa）］的美国国家科学基金会研究生奖学金和波特兰州立大学文理学院资助了这项研究。我要感谢整个坤布夏尔巴社区、坤布比句力（bijuli）公司、美国山区研究所（TMI）、萨加玛塔国家公园和缓冲区，以及尼泊尔国家公园与野生动物保护部。我还要特别感谢拉帕·诺布·夏帕（Lhakpa Norbu Sherpa）博士，他为我和研究助理打开了坤布贝域，还要感谢本巴·策林·夏帕（Pemba Tshering Sherpa）、金玛·努如·夏帕（Ngima Nuru Sherpa）、乔治娜·德鲁（Georgina Drew）、托马斯·马修（Thomas Mathew）、琳赛·斯科（Lindsay Skog）、萨拉·卓凡（Sarah Jovan）、罗宾·哥罗布斯·维德曼（Robin Globus Veldman），以及参与讨论和评论的两位匿名评审。文责自负。

参考文献

　　Adams, Vincanne. 1996. Tigers of the Snow and other Virtual Sherpas. Princeton: Princeton University Press.
　　Brower, Barbara. 1991. Sherpa of Khumbu: People, Livestock, and Landscape. Delhi: Oxford University Press.
　　Devine, Joe, and Severine Deneulin. 2011. Negotiating Religion in Everyday Life: ACritical Exploration of the Relationship between Religion, Choices and Behavior, Culture and Religion 12.1: 59－76. Doi: http://dx.doi.org/10.1080/14755610.2011.557014.
　　Dove, Michael R., Daniel S. Smith, Marina T. Campos, Andrew S. Mathews, AnneRademacher, Suk B. Rhee, and Laura M. S. Yoder. 2009. Globalisation and the Construction of Western and Non-Western Knowledge, in P. Sillitoe (ed.), Local Science vs. Global Science: Approaches to Indigenous Knowledge in International Development. Oxford: Berghahn Books: 129-54.
　　Dowie, Mark. 2009. Conservation Refugees: The Hundred-Year Conflict between Global Conservation and Native Peoples. Boston: Massachusetts Institute of Technology Press.

Fisher, James F. 1990. Sherpas: Reflections on Change in Himalayan Nepal. Berkeley, CA: University of California Press.

Fisher, James F. 2004. Sherpa Culture and the Tourist Torrent, in S. B. Gmelch (ed.), Tourists and Tourism: A Reader. Long Grove, IL: Waveland Press: 373-388.

Füer-Haimendorf, Christoph V. 1964. The Sherpas of Nepal. Berkeley: University of California Press.

Füer-Haimendorf, 1984. The Sherpas Transformed. Berkeley: University of California Press.

Haberman, David. 2006. River of Love in an Age of Pollution: The Yamuna River of Northern India. Berkeley: University of California Press.

Karmay, S. 2005. The Arrow and the Spindle: Studies in History, Myths, Rituals, and Beliefs in Tibet, Vol. 2. Kathmandu, Nepal: Mandala Publications.

Kent, Eliza F. 2010. A Road Runs Through It: Changing Meanings in a Sacred Grove in Tiruvannamali, Tamil Nadu, Journal for the Study of Religion, Nature, and Culture 4. 2: 213-231.

Moran, Emilio. 2008. Human Adaptability. Boulder: Westview Press.

Ortner, Sherry B. 1978. Sherpas through their Rituals. Cambridge: Cambridge University Press. Doi: http://dx.doi.org/10.1017/CBO9780511621796.

Ortner, Sherry B. 1989. High Religion: A Cultural and Political History of Sherpa Buddhism. Princeton, NJ: Princeton University Press.

Ortner, Sherry B. 1995. The Case of the Disappearing Shamans, or No Individualism, NoRelationalism', Ethos 23. 3: 355 - 390. Doi: http://dx. doi. org/10. 1525/eth. 1995. 23. 3. 02a00040.

Ortner, Sherry B. 1999. Life and Death on Mt. Everest: Sherpas and Himalayan Mountaineering. New Delhi: Oxford University Press.

Ostrom, Elinor. 1990. Governing the Commons: The Evolutions of Institutions for Collective Action. Cambridge: Cambridge University Press. Doi: http://dx.doi.org/10. 1017/CBO9780511807763.

Pommaret, F. 2004. Yul and Yul Lha: The Territory and its Deity in Bhutan, Bulletinof Tibetology 40. 1: 39-67.

Schensul, Jean J., and Margaret D. Le Compte. 2013. Essential Ethnographic Methods. Lanham, MD: Alta Mira.

Sherpa, Lhakpa. 2005. Sacred Hidden Valley and Ecosystem Conservation in the Himalayas. Paper presented at the International Symposium on Conserving Cultural and Biological Diversity: The Role of Sacred Natural Sites and Cultural Landscapes, Tokyo, Japan.

Sherpa, Lhakpa. 2008. Through a Sherpa Window: Illustrated Guide to Traditional Sherpa Culture. Kathmandu, NP: Vajra Publications.

Skog, Lindsay. 2010. Beyul Khumbu: Sherpa Constructions of a Sacred Landscape. MA thesis, Portland State University.

Skog, Lindsay. n. d. Producing the Sacred: A Spatial Analysis of Articulations between Global Discourses and the Sacred Territory of Khumbu, Nepal. PhD diss., University of Colorado at Boulder.

Spoon, Jeremy. 2008. Tourism in a Sacred Landscape: Political Economy and Sherpa Ecological Knowledge in Beyul Khumbu/Sagarmatha National Park, Nepal. PhD diss., University of Hawaii at Manoa.

Spoon, Jeremy. 2010. Tourism Meets the Sacred: Khumbu Sherpa Place-Based Spiritual Values in Sagarmatha (Mount Everest) National Park and Buffer Zone, Nepal, in Verschuuren et al. 2010: 87.97.

Spoon, Jeremy. 2011a. The Heterogeneity of Khumbu Sherpa Ecological Knowledge andUnderstanding in Sagarmatha (Mount Everest) National Park and Buffer Zone, Nepal, Human Ecology 39.5: 657 – 672. Doi: http://dx.doi.org/10.1007/s10745-011-9424-9.

Spoon, Jeremy. 2011b. Tourism, Persistence and Change: Khumbu Sherpa Spirituality in Sagarmatha (Mount Everest) National Park and Buffer Zone, Nepal, Journal of Ecological Anthropology 15.1: 41 – 57. Doi: http://dx.doi.org/10.5038/2162-4593.15.1.3.

Spoon, Jeremy. 2013. From Yaks to Tourists: Sherpa Livelihood Adaptations in Sagarmatha (Mount Everest) National Park and Buffer Zone Nepal, in L. Lozney (ed.), Continuity and Change in Cultural Adaptations to Mountain Environments. New York: Springer: 319 – 339. Doi: http://dx.doi.org/10.1007/978-1-4614-57-02-2_13.

Stevens, Stanley F. 1993. Claiming the High Ground: Sherpas, Subsistence, and Environ-mental Change in the Highest Himalaya. Berkeley: University of California Press.

Stevens, Stan. 1997. Consultation, Co-management, and Conflict in Sagarmatha (Mount Everest) National Park, Nepal, in S. Stevens (ed.), Conservation through Cultural Survival. Washington, DC: Island Press: 63-98.

Stevens, Stan. 2003. Tourism and Deforestation in the Mt. Everest Region of Nepal, The Geographical Journal 169.3: 255 - 277. Doi: http://dx.doi.org/10.1111/1475-4959.00089.

Studley, John. 2010. Uncovering the Intangible Values of Earth Care: Using Cognition to Reveal Ecospiritual Domains and Sacred Values of the Peoples of Eastern Kham, in Verschuuren et al. 2010: 107-118.

Tucci, Giuseppe. 1988. The Religions of Tibet. London: Routledge & Kegan Paul.

Verschuuren, Bas, Robert Wild, Jeffrey A. McNeely, and Gonzalo Oviedo (eds.) .2010. Sacred Natural Sites: Preserving Nature and Culture. London: Earthscan.

Watson, Elizabeth E., and Hassan Hussein Kochore. 2012. Religion and ClimateChange in Northern Kenya: New Moral Frameworks for New Environmental Challenges?, Journal for the Study of Religion, Nature, and Culture 6.3: 310-343.

West, Paige, James Igoe and Dan Brockington. 2006. Parks and Peoples: The Social Impact of Protected Areas, Annual Review of Anthropology 35: 251-277. Doi: http://dx.doi.org/10.1146/annurev.anthro.35.081705.123308.

消失的女神?①

关于对根戈德里-高穆克冰川附近生态变化矛盾的感知

美国纽约新学院印度-中国研究所　Georgina Drew　著

爱丁堡内皮尔大学　李　璐

云南大学　璀　璨　译

摘　要：作为印度喜马拉雅的一座重要冰山，根戈德里—高穆克冰川（The Gangotri-Gaumukh glacier）的消退会引起生态危机，影响生计，甚至还会威胁到与圣河恒河及其径流所流经地区的文化宗教习俗的延续性。虽然有理由担心恒河的寿命，但就其潜在的衰退问题上仍然存在着模糊性、不确定性和论争性。在此文中，我从科学的角度以及冰川退化和其他相关的生态转变的民族志文献对冰川融化及其不断发展的趋势进行阐述。我同时详述对恒河女神信仰的持久性如何影响对环境变化的解释。不管是气候变化科学，还是在印度教语义中对恒河的无常性的理解，在某种程度上都会影响环境保护工作。我做这些工作是为了提供多样性视野，这将扩大对气候变化的原因和连锁反应的讨论。

关键词：喜马拉雅冰川　恒河　气候变化的认知　印度教

广泛的生态变化正在全球范围内进行着，同时，对于人类活动应当为此负责的意识也在大大增强。除了气候科学的贡献外，许多公开的辩论也对此话题在不同范围的理解和未来的挑战方面做出了贡献。强调来自基督教、犹太教、伊斯兰教、佛教和印度教以及其他宗教实践者对气候变化的关心和正义感，显示了这其中宗教信仰影响了人们对环境问题的感知。但是在某些情况下，对宇宙的认识也是人们用来理解生态变化的来源，虽然这一认识既无法支持已有的科学，也对积极参与环保无济于事。本文着重讨论我在2008—2009年间观察印度喜马拉雅山气候变化现象获得的不同论述和观点。通过探讨一个具体的案例，即人们对恒河（Ganges River）的潜在威胁的理解和反

---

① 原文出处 Drew, Georgina. A Retreating Goddess? Conflicting Perceptions ofEcological Change near the Gangotri-Gaumukh Glacier. *Journal for the Study of Religion, Nature and Culture*. 6.3 (2012) 344-362.

应。我将分析一些具有争议性的说法。我着重观察了喜马拉雅冰川消退的科学阐释构架如何受到在区域内循环的多个认知体系（如对知识的获取、表达和分享）和印度教认知框架对现有变化解读的影响的抵触。

为了突出不同看法和认识论之间的张力，预示人们对恒河流域变化的不同反应，我将在3个场域中探讨流通的观点：首先，我将讨论国际气候科学和冰山消退的争议性预言的影响。其次，我将涉及的范围位于冰川源头之下85英里（约合137千米）处，一个信徒们献祭恒河的空间。我将分享关于恒河有无限的力量和自愈能力这一观点，因为我在**乌塔尔卡希**（Uttarkashi）的玛尼卡尼卡河坛（Manikarnika ghat）和一些恒河的信徒们交谈过程中深有体会。第3个场域是贯穿在印度教文本和宇宙观中，人们对恒河潜在无常性的理解。

我对这3个场域的研究和探索证明了环境变化的意义和不同看法对于行为的影响。这些研究和日益增长的文献关系密切，都集中于社会问题和气候变化现象的影响。学界认为人类和环境密不可分的联系由生态人类学、历史生态学和政治生态学及其交叉学科所证实。从这些领域衍生出来的大量文献致力于讨论人们归属自我和环境的价值，以及二者之间的关系。

更重要的是，一些特定领域受到如人类学等学科的更多关注。气候变化可以改变人的主观性，宇宙观和文化实践。（Crate，2008；Crate and Nuttal，2009；Orlove，Wlegandt and Luckman，2008）对大多数学者而言，宗教所扮演的角色，或者说宗教本该有的作用是帮助人们更好地理解气候变化的现象。这一复杂的领域强调宗教的观点和实践源自和影响人类社会嵌入的生态背景。这些观点对于研究恒河流域至关重要。恒河，被成千上万人视为圣河，是印度教神圣地理和文化习俗不可分割的部分（Eck，1996），也是人类对于大自然宗教般敬畏的标志性符号。然而，恒河所赋予人们的物质、灵性以及宗教的荣耀，很有可能受到和气候变化关联的生态变化的威胁。为了开始探索这些威胁和由恒河潜在流失的论断所激发的争论，我首先要探讨国际上对于喜马拉雅山冰川的关注。

冰山范围和一条危机中的河流？语境和争议

作为诸多由于全球气温上升所引起的不良后果之一，冰川融化和气候变化紧密相连。诸多学术圈和媒体人士对冰川融化的推测已经对很多地方的水利变化起到了预警作用，如喜马拉雅山冰川的径流流经的水域养活了南亚和中国的15亿人口。通常情况下，人们脑海中所浮现出的画面都是正在消退的资源和偶发的洪水，以及由于夏季气温升高所导致的大量冰川流失。（WWF，2005）更糟糕的是，河流下游地区的食品安全得不到保障，这样的情况在印度等国尤其令人担忧。在极端、多变的气候条件下以及面对每年的季风周期，印度难以达到生产目标。虽然长期的食品和用水问题值得采取积极主动的措施，尤其是对于那些生活在底层的人们来说，喜马拉雅冰川将会如何变化和这些变化会对居住在附近的人们的生活产生哪些影响还是个未知数。

喜马拉雅山冰川移动的长期数据不足一直在困扰着气候科学家们。而在某些地区，比如说北美、欧洲和北极对于冰川数据的记录可以追溯到数百年前，但是喜马拉雅冰川的地面数据却仅存于过去的几十年间。在像印度的南亚国家，很多早期的研究都依赖于有限的田野调查和航空摄影。

在众多被研究的冰川中，根戈德里-高穆克冰川（the Gangotri-Gaumukh glacier）是其中数据比较全面的一个。它的冰体注入位于印度北安恰尔邦（Uttarkhand）的恒河上游。它的位置靠近印度西北部和中国西藏自治区的边界。除了区区几张草图和自1937年以来拍摄的照片外，直到1971年印度地质调查局接手这个任务，根戈德里高穆克冰川才得到定期的监测。（Dobhal，2009：72）20世纪90年代印度引进了卫星图像和遥感技术。数据显示根戈德里-高穆克冰川在2001年前的200年间消退了1.25英里（约合2千米）。在这其中的大约最后25年间，根戈德里-高穆克冰川消退了半英里多（约合850米），这意味着它消退的速度明显上升了。（Naithani et al.，2001：94）

不容乐观的是，根戈德里-高穆克冰川所在的冰川范围（山脉）缺乏地面数据。其次，匮乏的资金和难以进入高海拔冰川等问题也令人困扰。除了从卫星图像那里获取的信息外，其他历史信息严重不足，所以在像印度这样的地方，喜马拉雅冰川的移动只能依赖于人们的推测。基于此原因，对于冰川流失在数量和质量上的假定也只能局限于有限的几座冰川上，如根戈德里-高穆克冰川，而非该地区冰川的整体而言。而且，根据几个终点相对稳定的走势，一些印度冰川学家甚至已经解除了对喜马拉雅冰川消退的担忧（Raina，2009）。

另外的一种学者却已经预测了喜马拉雅冰川消失在即。这种看法受到了一份来自2007年关于政府间气候变化专门委员会（IPCC）报告的影响，此报告称2035年喜马拉雅冰川很有可能会消失。（Cruz et al.，2007：493）自2007年到2009年，"2035年"这个日期已经被诸多环保界所引用。基于此预言，大量的报告都描绘了一幅即将到来的末日图景。其中的一个例子还提醒人们冰川的潜在流失意味着一次环境大灾难，这将预示着我们对所知的星球不可想象的未来①。这种论断一直持续到2009年的年中和年末，在一系列对2035年灾难预测的批评和声讨声中，政府间气候变化专门委员会（IPCC）才承认所谓的"2035大灾难"来自于缺乏严谨科学态度的报告。但是，政府间气候变化专门委员会（IPCC）的代表们同时也指出，喜马拉雅冰川依然受到生态转变和全球气温变暖的威胁。这些代表们和其他人呼吁完善喜马拉雅冰川的数据收集，并告诫人们即使面临潜在的风险也不能轻易放弃。（UNEP，2009）

此外，冰川消退的速度和范围的观察值也因不同案例而有所差异。一篇由亦莫慈尔（Immerzeel）、范比克（van Beek）和拜尔肯（Bierkens）研究的文章指出，注入恒河的冰川水和雪融水的作用也许仅仅只是冰川流域的一小部分，因为上游降水稀少，处于那个环境下的冰川体积相对小一些，再加上由季风带来的水量补给主要发生在下游。（2010：1383）与此相反，布拉马普特拉河（雅鲁藏布江下游）和印度河更加依赖于冰川融化。考虑到不同地区冰川的融化速度和河流系统会受到的不同影响，类似的研究推断说当亚洲的"水塔"受到气候变化的威胁时，不同地区所受到的水资源的可用量和食品安全的影响也不同，所以在分析的时候不能一概而论。（Immerzeel, van Beek and Bierkens, 2010; Rees and Collins, 2006）这个想法缓和了人们对所谓的即将到来的末日景象的恐惧感，同时也鼓励我们面对不同的影响要做出恰当的反应。

除了需要更仔细的研究外，这些争论进一步印证了我们对气候变化过程和结果的理解是一条非静止的、充满无限可能性的漫漫长路。除了科学家和生态学家的不同看法之外，还有其他一些反对所谓生态大灾难的观点。在喜马拉雅山有诸多充满争议的关于环境变化和其影响的看法，尤其是环境变化和恒河寿命之间的联系。这种观念，是受到日常印度教的习俗和地方宇宙观的影响，揭示了人们和多元能动的水资源和冰体资源的缔结关系的不同。这些观念都充满了各种各样的宗教意义，并为其他行为发挥着多重作用。在下文中，我将探讨沿恒河上游的印度喜马拉雅的居民们给我提供的关于他们对生态变化和冰川融化的理解。

评估乌塔尔卡希地区的玛尼卡尼卡河坛的生态变化

2008年和2009年，我在民族地区的北阿坎德邦（Uttarakhand State）的

---

① Online：'On Thin Ice.' http://video.pbs.org/video/1146684618/

加瓦尔（Garhwal）做了一项民族志研究，同时我也到城市的中心例如新德里去获悉人们在依赖恒河生存的过程中所产生的宗教和环境之间的冲突。那时，我试图弄清楚关于恒河新水电大坝建设的不同观点。一个相关联并且相重合和兴趣点是人为因素所造成的气候变化对恒河寿命的影响。目前的讨论集中在人类活动对气候变化的影响，这个看法是基于来自加瓦尔的一个地方首府乌塔尔卡希的恒河的居民提供给我的评论和看法。

乌塔尔卡希海拔高3800英尺（约合1.2千米），位于新德里东北部约230英里（约合370千米）、根戈德里-高穆克冰川的下游约85英里（约合137千米）处。乌塔尔卡希之所以名声不好，其中一个原因便是这里被看作是毁灭之神湿婆（Lord Shiva）的居所，或者说是"Kashi"。在梵文（Sanskrit）中，"Uttar"指的是"在上面的；地位较高的"，所以，乌塔尔卡希被译作"上面的居所"（Upper Kashi）。在古文中，"Uttar"也指Saumyakashi。与神圣的往世书（Puranas）密切相关的《韦驮往世书》（*Skanda Purana*）（Nautiyal，1994）详细解读了这一重要居所"Kashi"的重要性。《韦驮往世书》（*Skanda Purana*）的诗歌称赞乌塔尔卡希（Uttarkashi）为一个"提塔"（tirtha）即朝圣的圣地，因为里面居住着众多印度教的神。这里也是给朝圣者和旅行者在通往根戈德里（Gangotri）这个季节性小镇（依赖朝圣和旅游）的一个歇息点，这个小镇同时也是恒河女神从天堂降临到人间作为对凡人巴吉拉特国王（King Bhagirath）的恩赐。根戈德里是一座闻名遐迩的寺庙的所在地，这座寺庙以恒河女神的化身而出名，通过其中的一条狭窄的小径，走15英里（约合24千米）就能到冰川。

考虑到乌塔尔卡希非常靠近根戈德里-高穆克冰川，我本来料想我可能会听到很多关于冰川融化和气候变化这些在国际上讨论得非常热的现象。但始料不及的是，在我抵达乌塔尔卡希后没多久，就惊讶地发现对冰川消退的预测和气候变化的科学论断对于这里的人来说却非常的陌生，丝毫不像和我之前交谈过的人们对于此话题的熟知程度。在与玛尼卡尼卡河坛（Manikarnika ghat）当地人的交谈中，他们明确地表示很少有人注意到气候在变化，至少他们未曾感觉到气候在变化，也不像我那样担心气候变化所带来的后果。

玛尼卡尼卡河坛在乌塔尔卡希是一处非常重要的敬拜恒河的地方。石梯（ghat），或一系列的石梯，位于恒河绕城一周的一个点，一直延伸到河岸边。作为一个意义非凡的场所，人们会在印度日历的吉日里聚集在玛尼卡尼卡河坛，向恒河女神祈祷，并且在圣水中沐浴。与玛尼卡尼卡河坛相邻的是一个大型市场，这对很多人来说非常的方便。

我做田野期间常常造访玛尼卡尼卡河坛。也就是在那时，我坐在通往恒河的台阶上，仔细地观察人们对恒河的崇敬和虔诚。他们有着自己独特的节奏和天赋，不同于其他那些来自声名狼藉的地方的人，例如位于印度平原上的赫尔德瓦尔（Haridwar）和瓦拉纳西（Varanasi 或 Benares）人的敬拜方式。对于大型的宗教仪式，男人、妇女和儿童来到河坛，还有很多由男人肩扛长木棍支撑起来的轿子，架起地方神灵的这些轿子是由红色和金色面料装饰而成的。不论在何种情况下，作为诸多社会经济背景的象征，停留时间最长的女性，将带着满是香料、鲜花和食物的编织篮，向恒河女神献礼。

在即将到达河水之际，妇女们会将双手的手掌放在一起，呈致敬式。她们在低声念完祈祷词或者说是梵文咒语（Sanskrit mantra）后，会从篮子里取出一只铜壶，然后把铜壶侵入到恒河水中。在把这些水倒回恒河之前，信徒们举着盛有恒河水的铜壶向太阳和它的神苏利亚（Surya）致敬。她们重复这个动作大约三次，并经常边顺时针转边让水流入她们脚下的水流中。然后信徒们会继续从他们的篮子里取出贡品不停地祭奠，如一把姜黄，一点儿檀香，还有已婚妇女涂在头发上或头发周围的朱红色的染料（sindoor）。她们还会在水中撒一点儿米和奶糖。当被问到为何这样做的时候，被我逗乐的信徒就会耐心地给我这个白人（外国人）解释道：恒河女神和其他的女人一样，喜欢这些食物和装饰。

除了观察他们对恒河崇拜的习俗，我在玛尼卡尼卡河坛也目睹了恒河女神附身的几个例子。这些被恒河女神附身的时刻往往短暂而欢愉。那些被附身的人们有从乡下来的妇女，还有那些住在乌塔尔卡希的看上去像中产的妇女们。无人知晓谁会在特定的时候被附身。这些妇女们只是靠近恒河，进行她们的仪式，然后沉浸在其中。当恒河女神在她们沐浴的时候到来，她们便会突然尖叫，并且不由自主地颤抖起来。倘若河流很湍急的话，周围的信徒们会抓住被附身的妇女，以免她被卷入更深的河水中。这些被附身的过程持续在 30 秒至 90 秒之间，之后很快便停止了，就像开始的时候那样快。有时，妇女们站在她们相信被真实附身[①]的人的旁边，接受她们摸摸自己的脚、肩膀或者头部，以一种具有象征意义的动作把恒河女神的力量（shakti）传递给她

[①] 我所采访的一些人告诉我她们能分辨出被"真实"附身和假装被附身的人。谈到为何有人要假装被恒河女神附身，其中的一位受访者说，被女神附身会得到大家的关注，也会赢得大家的尊重，因为她们认为女神特意选择了"她"作为媒介。这种解释和女神附身会提高人的象征资本，这种"象征资本"的概念由 Bourdier（1977）提出的说法不谋而合。

们。在某个特定的吉日为庆祝恒河女神的生日（Ganga Dussehra），也是女神的子民们从天而降的大日子，仅仅在半小时内，我就目睹了7个恒河女神附身的例子。

起初，我以为也许恒河女神确实附身于那些妇女的身体。但是，当我询问其中一些被附身的妇女时，她们却解释说附身她们的并非恒河女神，而是她们在家里敬拜和保护她们的家庭女神（ghar ki devi）。我所咨询的这些妇女对于她们的家庭女神为何在她们沐浴于恒河里附身她们并不是很清楚。不过其中一位妇女解释道："当我们接近恒河的时候，我们的家庭女神就会很开心，所以她就会通过附身于我们向恒河表达敬意。"这种诠释体现了当地人对恒河的敬意不仅构成了人类社会生活的一个部分，同时也体现出地方神灵和女神们的社会性。

玛尼卡尼卡河（Manikarnika ghat）曾是恒河水流比较湍急的一部分，同时，也是乌塔尔卡希人们敬拜恒河的主要场所。在夏季雨量充沛和上游冰川融化高峰之际，恒河的河水上涨很快。但是秋季和冬季来临的时候，恒河的水位会很低。信徒们要么在流经玛尼卡尼卡的一条细流中沐浴，要么穿过一条干涸的堤岸去沐浴。也因为流经玛尼卡尼卡地区的河流流量的差异性促使我选择在这里咨询人们对该地区变化的一些看法。

在拜访了玛尼卡尼卡河坛大约10次左右，与大约30位妇女交谈之后，我终于意识到她们几乎不大关心她们在河床所见到的变化。例如，她们之中没有任何一位对恒河将来也许会停止流动表示担忧。当我提醒她们秋冬季恒河水位低下的时候，她们跟我讲述关于恒河河水的流动和它变幻莫测的天性的故事，其中包括几百年前恒河曾经流经城市中不同地方的逸事。她们回忆道：即便是没有多少水，恒河也曾经流经玛尼卡尼卡河坛附近。在过去的几十年间，恒河却更改了流向，目前一年中的大部分时间她流向玛尼卡尼卡河坛对面的河床。

和我交谈的那些妇女虽然对恒河的情况不是那么的关心，但是并不代表她们没有留意到或者不担心生态的转变。事实上，她们中的很多人对缺水情况的日益严重和不可预测的天气做出了评论。她们解释说这些现象阻碍了庄稼的正常收割期，还破坏了农业循环。缺水——即那些源自地下和天然的泉水，成了她们中的许多人借助很多缺水案例来详细谈论的一个话题。

所以，从我和玛尼卡尼卡的人的谈话中可以看出虽然人们已经留意到环境的变化，但是他们认为那些变化不会导致恒河水位的下降。这就意味着很多人视恒河为一个特殊存在的实体，独立于她所流经的水循环。也正是因为这一认识，这些信徒们不相信恒河已经受到了威胁。

为了进一步研究这种对恒河命运的成见，我曾尝试着提出关于恒河流失的假设性问题。比方说，我问玛尼卡尼卡的人们这样的问题："你有没有想过如果哪天河坛附近的恒河不流动了？"大多数人斩钉截铁地回答："不会。"也有人回答说如果真的到了那一天，也就意味着世界末日了。想象生命中没有恒河的日子绝非易事，这也表明人们非常重视恒河。

和人们讨论恒河潜在流失的不易也许和玛尼卡尼卡河坛的重要性有密切的联系。例如，上文提到过的韦驮布拉纳（Skanda Purana），湿婆和他的信徒们沟通，并告诉他们即使在河水干涸的情况下，信徒们依然可以在乌塔尔卡希找到他，并说信徒们应当在玛尼卡尼卡河坛敬拜恒河，从而得以拯救。湿婆还进一步断言信徒们在玛尼卡尼卡进行的宗教仪式会比在其他地方更加有利，因为玛尼卡尼卡将保有它的神圣性不受肉体和道德腐败的侵犯，这标志着目前宇宙学中四个周期中最衰退的时代——印度教 Kaliyug 的时代①。对于那些恒河的信徒来说，湿婆的这些话使得他们认为乌塔尔卡希非常重要，同时也向他们保证即使在衰败的时代，恒河也会流经玛尼卡尼卡，给人们带来希望。

在最初几次拜访玛尼卡尼卡河坛的时候，我会问人们他们对气候变化了解多少。和我交谈的大多数人都对"气候变化"这个词或者是印度语中的同义词感到陌生。在讲同一种语言的时候，我会跟他们分享我对气候变化的理解，有时我也有会涉及我所了解到的关于冰川消退的预言，那些让我既担心又失望的对喜马拉雅山水资源未来的预言。

关于冰川融化的紧迫性，他们的反应和我所想的截然不同。比方说当我向他们解释冰川消退的时候，他们露出一副困惑的表情。许多人甚至直接驳斥这一说法。其他人对此表示怀疑，耸耸肩，不愿做出让步。还有人甚至建议我找附近的印度教神殿和祭司聊聊，因为他们认为这些宗教部门应该对此问题有一个确切的看法。

当我向他们打听冰川上游的状况时，其中的一些人告诉我说，他们在朝圣的途中注意到冰川确实有变化，他们也听朋友和其他朝圣者说起冰体正在

---

① "yug"标志着时间从公正到退化的周期。第一个周期是 Satyayug，即一个纯粹美好善良的阶段。Tretayug 作为第二周期，被认为是罪恶的滋生期。第三个周期是 Dvaparayug，即善与恶并存于世的时期。第四个周期是 Kaliyug，即堕落和混乱的时期，此时，世上几乎没有善。每一个周期都有各自内在的阶段，并且持续上千年。当第四个周期 Kaliyug 结束之时，整个周期周而复始。

经历转变。从这些消息不难看出，他们知道根戈德里—高穆克冰川的形状已经不那么像牛的嘴巴，也就是冰川的别名"Gaumukh"（牛鼻子）。

这些就是冰川上游冰体变化的一些原因。一些受访人还指出世界上的污染越来越严重，这也是造成区域环境变化的一大因素。污染，这一概念，绝不仅指塑料、二氧化碳排放或笼罩在世界上多个城市的棕色云团。污染，还包括人性的腐败，或者说"内在污染"。这种道德的退化和之前提过的Kaliyug周期相联系，是由于不可避免的罪恶（paap）的滋生。为了强调这一观点，一些在玛尼卡尼卡河坛的受访人指着沿河的垃圾和污水说，现在的人"已经变坏了"，他们已经不懂得如何尊敬圣河恒河了。此外，大部分信徒辩论到恒河女神因为这些罪恶的行为感到失望，从高穆克（Gaumukh）已经更改的冰体的形状上就能看出恒河女神的不满。也就是说，虽然恒河女神和源于冰川的水源相关联，但是从另一个层面来说，恒河并非从冰川流出，大部分受访者表明恒河女神是掌管整座冰体的女神。

由于恒河女神掌管着她的河流情况，她作为自身和冰川间强有力的媒介，由此，很多人断言，如果人类愿意为自身的道德进行改善的话，恒河女神很有可能会恢复她的原貌。为了强调这一观点，一位曾经召唤到一位本地女神的算命师声称，冰川不一定会消退，它们会增长。她指出如果人类坚持更高的行为准则，那么恒河女神很有可能会挽回冰川消退的局面。她的这一观点得到了在座孩子们的认同。这也表明只要人类和其他生物共同努力，冰川消退也是潜在可逆的。冰体的状态与人类行为的连接让人联想到如阿拉斯加那样遥远的地方，在那里阿它帕斯坦（Athapaskan）和特林基特（Tlingit）原住民们认为冰川的移动和人类的活动息息相关，因为冰川可以从大地上听到、嗅到和对其不赞同的人类行为做出反应（Cruikshank, 2005）。这些了解冰川的方式不仅仅是关于"自然"的叙述，也是分享多种历史、文化和社会价值的方式，这些方式对实证论（positivism）和现代科学参照范畴具有挑战性。

印度教阐释变化：经文与宇宙观的影响

2009年的夏天，在乌塔尔卡希（Uttarkashi），许多公共与私人的话语都紧密围绕"气候变化"，并与日俱增。在无意听到或有意涉及气候的相关讨论中，我发现乌塔尔卡希的教师、商人和一些中产阶级的专业人士对此话题十分地擅长，而且很快就精通于此领域。他们通过报纸披露这些问题，有线电视铺天盖地的讨论这些话题，还有一些孩子参加了学校更新的环境研究的课程。

　　当我和一些人交谈时，问及具体什么是气候变化以及其究竟意味着什么的时候，他们都会联想到诸如全球性的气温升高，喜马拉雅的冬天缺乏降雪以及雨季模式的变化。同时，他们也了解气候变化的全球不公平现象。显然，媒体铺天盖地的关于哥本哈根气候峰会的报道极具影响力。这教化了人们关于"发达国家"排放了世界上大部分的碳排放物，但发展中国家则维护他们经济发展的权力，即使这意味着增加排放量的紧张关系。随之而来的是对那些最大污染者（如美国和中国）的敌意，不过印度经济快速增长的脚步可以放慢，由于住房资源紧张，农产业的下降，以及其他各式各样全球生态平衡被破坏的后果。

　　即使人们开始更多地谈论气候变化，但当问到恒河的未来时，他们的关注通常会出现短暂的断片。是的，我的一些精于媒体的采访对象承认，由于全球变暖而导致了根戈德里-高穆克冰川融化，恒河的河流受到危及。然而，即使是基于根戈德里-高穆克冰川滋养了恒河，同时又让人担心缺乏降雪与融雪的看法，许多人也都驳斥了那种认为这条河——尤其是河水里的女神——会完全从这个地球上消失的观点。一些采访对象指出，气候变化是充满争议的，冰川融化也缺乏科学的认定来支撑这种观点。另外一些采访者则认为，恒河不仅仅是它表面水流和冰川流入的总和。这种观点出自于气候变化的现象最终无法割裂人们与居栖于圣水之域那种神圣之间的密切联系。例如，在一次采访中，一名教师从印度教的认知体系解释恒河的神灵是永远不会离开地球的，因为她同时流向3个层面：天堂，河床以及地表之下。已知的地下区域在印度语中有诸如帕塔（patal）。这位老师用萨拉瓦斯蒂河（Saraswati）举例说明一条河从地表消失了，却继续流淌于地表之下。她和其他人都提醒了我，哪怕萨拉瓦斯蒂河在几个世纪前就已经枯竭干涸了，但印度教徒们仍然崇拜着这条河。对于这位老师来说，这意味着只要人们祈祷，将恒河置于心中，那么这条帕塔（patal）的恒河就会继续保佑着人们。按照这种说法，冰川也许会融化而最终消失，但这里的神灵在信徒们的心中却永不褪去。

　　一些人认为，恒河将继续存在于天堂、地下以及她信徒的心中的这种观念，就是不论恒河之水发生了什么，在印度教的实践中恒河永远都有一个重要本体。认真思索了冰川的消融以及它和恒河的一部分——一位印度教的先知认为即便河水量大大减少，但恒河的神灵却不会丧失她的"神圣"。最终他说道："这是存在于思想意识中的。"然而，他忧郁的提到，作为一条大河来说，如果恒河的河水消失了，那她的波澜壮阔也将不复存在。这位独特的印度教圣人积极致力于提升人们关于恒河潜在变化的意识，并不断倡导人们保护恒河。然而，他又是个例外。虽然乌塔尔卡希有成千上万的印度教领袖和他们的修行处，抑或是精神灵魂静修的中心地带，他们之中也仅仅只有12人左右致力于宣讲关于环境与发展的挑战对恒河影响的课程。

最初令我感到困惑的是，当我在乌塔尔卡希和印度教的苦行僧、祭司和先知们谈话时，他们明显缺乏对恒河未来的认识与关注。而这个喜马拉雅城市主要的圣地就是恒河自身。此外，其文化的重要性就是恒河的玄思静观是一种相信越来越专注以及精神性的一种过程。我想象着那些灵性追寻者，或是修行者，将会受到激发而从事环境运动来捍卫他们能以此无限接近恒河的权利。但至少在我的研究期间，证明我的想法错了。我想知道，什么能解释我似乎变成了一个异类？起初我想象着，也许其中一些灵性追寻者和宗教领袖采用一种哲学的立场，宁愿玄思静观现实中那虚无缥缈的本质，作为以前不二论吠檀多派的宗教领袖，诸如商羯罗查尔雅的拥戴者。然而，这被证明是一个不恰当的解释，因为我的许多受访者的日常生活与恒河的河流，以及他们对现存物质状况和神圣生活体验的认知相互交织在一起。

久而久之，我意识到那些古典经文预测说恒河最终会消失的说法是极富影响力的。当我与博学的祭司和先知交谈时，他们通常解释说，从古老的经文诸如《往世书》(*Puranas*)（关于这些他们通常只是命名归类而没有提供更多的详述）或者是《圣典博伽瓦谭》(*Srimad Bhagavatum*) 中得知，他们觉得恒河水位下降是不可避免的。许多受访者引用了这些一千年前组成的原始资料来证实恒河总有一天会离开地球。然而，一些采访对象说恒河被预言会在 Kaliyug 时代的第三或第四阶段消失。接着，他们说我们仅仅处于这个时期的第一阶段，根据计算这一时期能持续 43 万年[①]。

一些和我聊天的印度宗教领袖确信恒河将会继续流淌许多年，尽管生态变化和危情信号已很明显，这种观点有利于与政府有关的控制河流行为，也支持了那些致力于扩建公路、水电站和其他发展项目。在采访时一位印度教圣者与我分享了这个观点。他列举一些不成功的努力，他和另外一些人在过去的十年里叫停现存于恒河的大坝以及阻止根戈德里（Gangtori）这个小镇的旅游开发。现在，这些运动已经过去很长时间了，他相信一些新的发展项目将得到允许。他首先承认与政府抗衡是无效的。第二，他认为在一个经济高

---

① 根据圣典博伽瓦谭（Srimad Bhagavatum），Kaliyug 也许会持续 1200 个天年（第 3 章，第 11 段，19 页）。一个天年大约等于人类的 360 年，按照这个算法就是 432000 年。

速增长并有极富潜力的国家里,"一点点牺牲"应该让恒河的信徒们承担并支持国家的进程。第三,他反驳道,现在已有的发展项目对宗教实践的影响微乎其微。虽然河水有了一些变化,但是人们依旧如往常那样与恒河保持互动。他强调他们的信仰依旧,即便是现存的项目被征税了,但他们依然会继续崇拜恒河。"所以什么影响了文化?"他反问了我,然后回答说:"微乎其微。"

印度教与生态可持续性:一些局限

因此,我突出强调了不同的场域中人们是否相信恒河受到威胁,以及在讨论缓解气候变化话题的方式中,人们从自己的角度理解恒河,以及在恒河与女神的关系中预测冰川融化。我也讨论了印度教在试图对恒河的阐释上有时缺乏大量的令人信服的实证材料。这些复杂状况表明,宗教对自然的敬畏并不总会产生生态健康的行为,尤其当多种在流通中的认知结构被缠绕在区域政策和政治中的时候。

这个研究使一些设想崇敬自然世界能促进生态可持续的学术思想变得复杂。比如,斯庞塞尔(Sponsel)认为宗教的律法崇敬那些非人类的东西能够促进环境的管理。因为"宗教是表征自然的另类方式;为自然提供了精神,道德以及文化的含义和价值;同时也规定着人类在自然界中的位置,包括他们如何对待非人类物种和其他自然界的现象"(2001:185)。根据这一观点我突出强调,他所介绍的"精神生态"(spiritual ecology)也许是对宗教在我们的生态相互影响中所扮演角色的过度乐观。在一卷宗教与环境和气候变化的文集中,沃格特(Vogt)同样也认为世界上的宗教在促进可持续方面扮演着重要的角色,因为"所有宗教认为自身是远见的体现"(2011:76)。然而,我的讨论展现了在多个时间周期中长远观点也能抑制积极主动的环保行为。

有些学者在具体评论到印度教的"传统"时,他们认为宗教习俗,通过提醒我们与自然在身体和精神上的互联性,可以帮助我们对可持续性的追求。(Gosling,2001)例如,瓦达娜·湿维纳(Vandana Shiva,1988)认为印度教敬畏自然是一种对分离人类、生态和神界观念的平衡力,这些分隔型观念由后启蒙期现代性(post-enlightenment modernity)辅助产生,同时也赋予人类对自然资源开采和破坏行为的动力。

虽然与自然的交流凸显了许多宗教和精神实践,这个喜马拉雅研究关于恒河生态变化的案例则说明,对大自然本质的忧虑能被无数的因素和看法所影响,这些因素和看法有着截然不同的历史,文化和政治。为了支持这个观点，娜加瑞简（Nagaranjan，1998）认为仪式式地对一个地方、物件或自然体的关怀直接导致"生态行为"和保护的想法是有疑问的。在评论上文提到的湿维纳（Shiva）的论著时，她认为那种崇拜自然也许是印度社会文化系统中的一部分但并非是导致环境保护的基础，原因是即使"非西方宗教"可能会敬畏自然景观并包含了无数的"嵌入式生态"（embedded ecologies），这些信仰并非导致生态实践，类似西方已经有所认可的环境保护主义。（Nagaranjan，1998：284）

艾莉（Alley，2000）的研究与上述的的观点相一致。她从民族志的田野书写中解释了90年代瓦拉纳西恒河（the Ganga in Varanasi）污染的情况。艾莉的一些研究细节论证了即使恒河河流的形状已经出现消退的迹象，但如何坚定不移地相信女神的永恒，这是可以缓解一些环境运动者的当务之急。她也展现了如何着眼于个人崇敬恒河而进行赎清的那些时刻，是能够限制河水的毒性与高排泄物的。这意味着，"宗教仪式不能和公民的道德混淆在一起"，因此我们也不能断定敬畏自然就会激发起对自然的保护，而孤立于其他相关的重要因素和影响。(2000：377)

这并不意味着宗教，特别是由宗教激起的对像恒河那样的自然体的情感，能动员其对环保的努力。哈伯曼（Haberman's，2006）在亚穆纳（Yamuna）的民族志中记叙了以宗教信仰为动力的环保运动去拯救恒河的污染。我的恒河反坝研究德鲁（Drew，2011）则显示了许多运动是由能保证一种资源能源源而来的愿望所驱动，人们相信这种资源对他们在文化上和精神上都会致富，并且他们的山地居民认同和虔诚的印度教徒身份是联结在一起的。这种恒河在平日里的特殊意义激发了人们反水电工程对恒河的阻碍。虽然大坝代表着一个对人们日常生活的短期而显著的威胁，气候变化则是长期且很难想象的一种影响，但是一类对恒河关怀话语（a discourse of care）在这些运动中扩展，并开始进入到怎样对待冰川的多种问题里。

例如，在我研究的后期，当新德里和其他地方的一连串的反坝运动见效时，一些乌塔尔卡希的居民变得对冰川融化敏感起来。受到许多环保报道的影响，有些反坝运动人员开始从事冰川保护运动。尽管已经有规定每日游客上限为150人，一位半文盲女性坚决要求完全禁止从根戈德里的寺镇至高穆克冰川前端的行走。她反对冰川旅游是多方面因素的综合：即从环保主义者和宗教领袖那里学到的相关知识信息，以及她自己关于造成生态变化的理解。她认为越来越多的人来到高穆克探险或乞求心灵解脱，他们留下的垃圾和诸如酒肉消费之类的"不纯洁"的行为污染了接壤冰川的地方。她接着说，旅游者接近冰川使冰体升温，从而增加了冰川的恶化。这位妇女尤其愤恨的是这些行为玷污了女神的大地之源。基于这些原因，她宣称旅游业在宗教上和生态上都是不健康的，使那些靠朝圣者收入为生的居民和店主感到愤怒。她不为所动地拿一些宗教责任和正道相关的概念，或有时被称为宗教法（dharma）的概念，来提倡人们应该把愉悦神灵和庇护包含自身栖居生态环境作为自己的行为准则。

一些其他的运动也发生在同一时期（好像已经越来越多），创造出了一个偶然相互交叠的努力来净化恒河，提倡有责任感的旅游，促使恒河河岸更少的人为生态痕迹，并且提升该区域人们对气候变化对日常生活长期影响的意识。结果是增多了意见交换过程、多样视角的磋商和多种阐释问题的新话语的出现。

结　　论

通过考察循环话语、观点、生态变化的认识论，以及从根戈德里-高穆克附近的冰川融化到恒河的河流、详细审阅相关的科学讨论、宗教的阐释以及印度教的认知框架，我阐明了在这种情景下人们所产生的环境变迁意义。尽管有了对其他地方生态变化的很多观察，我这样做的同时强调了玛尼卡尼卡河坛的一群人对恒河永恒性的信仰。我也展示了我的一些采访对象相信污染和环境恶化是我们道德沦丧的一个标志。他们说，我们对世界和栖息于此的神灵们失去了尊敬，这些神灵对我们相当愤怒。为了纠正这些过错，有些采访对象提出的建议超越了只是减少二氧化碳排放量的倡议。或许，正如一位妇女所说的，如果我们能克服我们的道德缺陷，也许冰川面积会激增。

除了我在玛尼卡尼卡（Manikarnika）的采访对象以外，乌塔尔卡希段恒河居民承认，诸如根戈德里-高穆克的冰川是有可能融化的，原因是我们的全球废气排放和环境问题上的自大。然而，同时他们也认为这种变化也许不会导致恒河彻底消失，因为恒河会继续存在于帕塔（Patal）的天堂和地下，在这里恒河总是会有水流的。采访对象的这些看法以及宗教人物也表明了，印度教经文和宇宙观是如何支持了这样的自鸣得意、无动于衷或维持发展现状，因为他们认为恒河的命运（忽略人类的行为）有一天会在我们的视线里消失。即使是这样，一部分人认为临近冰川或在恒河岸边的人类活动对恒河的衰退负有部分责任，他们开始引用印度教中的正道概念来敦促人们为了保护恒河女神栖居的生态环境纠正自己的行为。

这些观点显示了人们在了解和表达冰川问题、他们的嵌入式生态系统，以及与他们相结合的神灵体系。虽然这些讨论强调了有些对生态变化的感知和解释如何抑制了环境保护的积极努力，但是也表明人类对于自然和神圣体的责任感意识的不断提升，比如恒河。这是非常有希望的，发出了有关气候变化现象认知结构的演变及其潜在的综合的信号，促使人们开始行动。

参考文献

Alley, Kelly. 2000. Separate Domains: Hinduism, Politics, and Environmental Pollution, in Christopher Key Chapple and Mary Evelyn Tucker (eds.), *Hinduism and Ecology: The Intersection of Earth, Sky, and Water*. Cambridge, MA: Harvard University Press: 355-388.

Bourdieu, Pierre. 1977. *Outline of a Theory of Practice*. New York: Cambridge University Press.

Crate, Susan A. 2008. Gone the Bull of Winter: Grappling with the Cultural Implications of and Anthropology. Role (s) in Global Climate Change.' *Current Anthropology* 49.4: 569-595.

Crate, Susan A., and Mark Nuttall (eds.) .2009. *Anthropology and Climate Change: From Encounters to Actions*. Walnut Creek, CA: Left Coast Press. Doi: http://dx.doi.org/10.1086/529543.

Cruikshank, Julie. 2005. *Do Glaciers Listen? Local Knowledge, Colonial Encounters, and Social Imagination*. Vancouver: University of British Columbia Press.

Cruz, Rex V. et al. 2007. Asia., in M. L. Parry, O. F. Canziani, J. P. Palutikof, P. J. van der Linden, and C. E. Hanson (eds.), *Climate Change 2007: Impacts, Adaptation andVulnerability. —Contribution of Working Group II to the Fourth Assessment Report of The Intergovernmental Panel on Climate Change*. Cambridge: Cambridge University Press: 469-506.

Dobhal, D. P. 2009. Climate Change and Glacier Retreat in the Indian Himalaya: An Overview, in *Climate Change at the Third Pole: The Impact of Climate Change Instability on Himalayan Ecosystems and Himalayan Communities*. New Delhi: Navdanya/Research Foundation for Science, Technology, and Ecology: 67-76.

Drew, Georgina. 2011. Ganga is. "Disappearing.": Women, Development, and Contentious Practice on the Ganges River. PhD diss., University of North Carolina at Chapel Hill.

Eck, Diana L. 1996. Ganga: The Goddess Ganges in Hindu Sacred Geography., in John S. Hawley and Donna M. Wulff (eds.), *Devi: Goddesses of India*. Berkeley: University of California Press: 137-153.

Gosling, David L. 2001. *Religion and Ecology in India and Southeast Asia*. New York: Verso.

Haberman, David L. 2006. *River of Love in an Age of Pollution: The Yamuna River of Northern India*. Berkeley: University of California Press.

Immerzeel, Walter W., P. H. Ludovicus van Beek, and Marc F. P. Bierkens. 2010. Climate Change Will Affect the Asian Water Towers, *Science* 328: 1382-1385. Doi: http://dx.doi.org/10.1126/science.1183188.

Nagaranjan, Vijaya Rettakudi. 1998. The Earth as Goddess Bhu Devi: Towards a Theory of Embedded Ecologies in Folk Hinduism, in Lance E. Nelson (ed.), *Purifying the Earthly Body of God: Religion and Ecology in Hindu India*. Albany: State University of New York Press: 269-96.

Naithani, Ajay K., H. C. Nainwal, K. K. Sati, and C. Prasad. 2001. GeomorphologicalEvidences of Retreat of the Gangotri glacier and its Characteristics., *Current Science* 80.1: 87-94.

Nautiyal, Shivanand (trans.). 1994. Skandapura natargata Kedarakhandam (Hindi anuvad sahit). Allahabad: Hindi Sahitya Sammelan.

Orlove, Ben, Ellen Wlegandt, and Brian H. Luckman (eds.). 2008. *Darkening Peaks: Glacier Retreat, Science, and Society*. Berkeley: University of California Press.

Raina, Vijay. K. 2009. Himalayan Glaciers: A State-of-Art Review of Glacial Studies, Glacial Retreat and Climate Change, Government of India, Ministry ofEnvironment and Forests Discussion Paper. Online: http://moef.nic.in/downloads/public.../MoEF%20Discussion%20Paper%20_him.pdf

Rees, Gwyn H., and David N. Collins. 2006. Regional Differences in Response of Flow in Glacial Fed Himalayan Rivers to Climatic Warming, *Hydrological Processes* 20: 2157-69. Doi: http://dx.doi.org/10.1002/hyp.6209

Shiva, Vananda. 1988. *Staying Alive: Women, Ecology, and Development*. London: Zed Books.

Sponsel, Leslie E. 2001. Do Anthropologists Need Religion and Vice Versa?

Adventuresand Dangers in Spiritual Ecology, in Carole L. Crumley (ed.) with A. Elizabeth van Deventer and Joseph J. Fletcher, *New Directions in Anthropology and Environment*. Walnut Creek, CA: Altamira Press: 177-198.

United Nations Environment Programme (UNEP). 2009. *Recent Trends in Melting Glaciers, Tropospheric Temperatures over the Himalayas and Summer Monsoon Rainfall over India*. Online: www.unep.org/dewa/Portals/67/pdf/Himalayas.pdf

Vogt, Markus. 2011. Climate Justice from a Christian Point of View: Challenges for a New Definition of Wealth, in Dieter Gerten and Sigurd Bergmann (eds.), *Religion in Environmental and Climate Change*. New York: Continuum International: 69-84.

WWF. 2005. *An Overview of Glaciers, Glacier Retreat, and Subsequent Impacts in Nepal, India, and China*. Katmandu, Nepal: World Wildlife Fund, Nepal Program.

发展的修辞学路径：尼泊尔的一项道路工程[①]

英国杜伦大学（Durham University） Ben Campbell[②] 著
青海西宁贤达教育咨询有限公司 段 平
昆明理工大学城市学院讲师 唐小茜 译

摘　要：本文采用"修辞"（rhetoric）一词来审视在尼泊尔一个以"偏远"（remoteness）以及欠发展（underdevelopment）为特征的地区，一项筑路工程所做出的诸多断言（claims）。拟建路线沿线不同村庄的村民们讨论着连接中国边境一侧基础设施的道路将会改善尼泊尔方面穷人生计的看法。借由贫困与全球化的当地方言表述（vernacular articulations），本文认为具备修辞敏感度（rhetorical sensibility）的方法比起话语（discourse）概念，在理解与社会生活相纠葛的发展（development）议题上，具有更为巨大的民族志价值（ethnographic value）。

关键词：尼泊尔　道路　修辞　发展　塔芒族（Tamang）　贫困

前　言

在尼泊尔毛派武装叛乱之时，亚洲开发银行于 2004 年提出了一项"连通"工程（a "connectivity" project），建立一个跨越火线的利益联盟，想要以扶贫的名义在尼泊尔北部地区修筑一系列道路。这些道路中的一条将会把尼泊尔拉苏瓦县（Rasuwa District）那些可供汽车行驶的山间崎岖小道与中国的

[①] 原文 Rhetorical routs for development: a road project in Nepal，载于 2010 年 9 月出版的《当代南亚》第 18 卷第 3 期，第 267－279 页。（Contemporary South Asia，Vol. 18：No. 3，September 2010，267－279）。

[②] 本・坎贝尔（Ben Campbell, ben.cambell@durham.ac.uk）现就职于英国杜伦大学（Durham University）人类学系。其研究兴趣包括生物技术与后农耕农村经济、保护与社会正义、环境人类学、文化与可持续性、本土知识与发展，尼泊尔与喜马拉雅，以及南亚与社会理论等。详见 https://www.dur.ac.uk/anthropology/staff/academic/?id=4492

公路网连接起来。在本文中，我思考的是一种修辞学的方法（a rhetorical approach）如何能够从道路工程的各方就共同目标（the converging objectives）提出问题。① 道路要求一种具有说服力、能动员出共同政策理想（policy ambitions）的技术（Mosse，2005a），然而其修筑却冒着偏离其预期受益人价值标准的风险。本文主要聚焦于诘问"自下"（from bellow）而起，事关道路工程经济利益的官方措辞。这一事项上的修辞学问题（a rhetorical problematic）考虑的是，山区边境的连接拓扑结构（topologies of connection）以及边境山区的过渡地带是如何被相关人群以言语表达的。本文提出的问题是，当地谚语如何在时空中理解"连通性"与现代性的关联，以及处于公路目的地之间的那些群体是如何思考变迁的。该地区持塔芒语的群体所定义的集体位置性（collective positionality），是一种介于公路目的地之间的归属感，属于中间地带（Campbell，1997），并且被从上到下的主流社会以各种贬损词语所议论（尼泊尔语称作 Bhote，藏语称作 rong-pa）②。

修辞学问题的讨论在看待发展时，能超越现有的常规"话语"框架（conventional "discourse" framing）（Gardner and Lewis，1996），这是十分有用的。由于发展必须有所竞争且以断裂为特征（van Ufford 引用 Mosse，2005b），而资助机构现在注意到了"穷人的声音"，因此倾听发展的修辞学反思能够有助于表达穷人积极的当代性（the active contemporaneity of the poor）。他们的生活就需要诸如道路之类的发展来改善。在本项研究的案例中，说塔芒语的村民们是以将要被动卷入贯穿喜马拉雅地带的全球化张力中的商业大潮的形象呈现的。通过分析记录道路修筑影响的电影中的那些对话，可以发现，显然该地区的人口已经发生了全球化。面对摄像机侃侃而谈的男人、女人们，有意以修辞学意义上的方式，谈论着将从道路连通中获益的种种可能性。他们讲述了尼泊尔北部地区发展的脱节（the disconnects of development），边境贸易以及侨汇经济（remittance economy）带动的山地社区的当代再生产

---

① 在我的影视田野工作（film-fieldwork）中，我并没时间与当地的毛派干部们会面并讨论筑路工程。在毛派的阶级分析中，尼泊尔许多农村地区道路建设的缺乏成为一项用来控诉统治阶级的理由。对于此类道路汇合的分析，可参见 Karki（2003）的文章。值得注意的是，暴动期间毛派在拉苏瓦县的活动基地之一就是耶萨村（Yersa village）。该村在 2009 年（即毛派总理期间），曾信心十足地期待着不久就有一条支路接至其地。

② 意思分别为"藏人"，以及"低地人"。

所涉及的相互关系层面（relational interfaces）。①

理解人们邂逅全球经济时的生活场景，可由修辞学的关注而赋予额外的微妙之处：

> 由于情景的不确定，以及沟通交流的不稳定，我们的表达和展示长久来说需要一道修辞边际（a rhetorical edge），一种宣讲技能，即便有时边际与技能可能有失效之处或者有时显得太明了而不为人注意（Carrithers，本期第256页）。

修辞学支路

在文学传统中，尼泊尔是一个以步行小时数或天数，而不是拿行进公里数来衡量距离的国家。与前工业化的徒步（preindustrial pedestrianism）相较，尤其自从20世纪中期以来，在加德满都开始与印度边境的交通连接起来之后，道路网的延伸已经成为理解、追踪发展，或由于其缺席而受到关注方式的关键。

尼泊尔作为次大陆公路系统尽头的状况从20世纪60年代才开始被打破，即通往中国边境的阿尼哥（Arniko）公路。早在1904年荣赫鹏（Young husband）探险队开拓加尔各答与拉萨之间道路之前，加德满都曾作为北印度与中亚沟通的主干道。在19世纪早期，东印度公司觉得贸易利润并不足以弥补对加德满都进行拓殖的成本（Stiller, 1973: 28），因此那种不干涉的缓冲状态（为廓尔喀兵团以及茶叶种植有着可征召劳动力）的情况持续存在了一个半世纪。尼泊尔总贸易额的80%是通过跨越印度边境实现的，这一事实强调了尼泊尔对其南边邻居的依赖感到不安，而印度也在偶尔的争端中用关闭贸易和运输来影响与尼泊尔（如在1989年，此类做法就推动了来年的人民民主运动）。部分出于为了矫正过度失衡的南方基础设施发展导向，亚洲开发银行已经在酝酿往北延伸道路的计划——也就是"连通领域工程"（Connectivity Sector Project）。在沿北部边境分布的不少县，即便是土路都能对改变当地的

---

① 关于尼泊尔的全球化及其与叛乱之间关系的解释，参见Acharya（2003）。由我和我弟弟Cosmo Campbell合作拍摄的电影《道路之路》（"The Way of the Road"）的预告片可以在线观看：http://digitalhimalaya.com/collections/films/wayroad/

贫困水平发挥极其重要的影响，促进市场一体化以及推动跨境旅游的发展。尼泊尔有 14 个县的首府至今仍无道路相连。（Asian Development Bank，2006）

在尼泊尔农村，问候徒步来村的陌生人的传统习语是："你带啥来了？"（What have you brought?）言外之意，这样的跋涉背后表达的是贸易交换目的。它使得在两个人之间进行明晰计算的交换可能性得以表达。当满载的背篮从运送者身上随绷紧的头带卸载下来时，很快货品就被放置在最近的石板或者小草坪上。背篮打开，里面的货品就显露于人前：有成捆的衣服、干面饼、草药，甚至还有活鸡。小孩会被叫去弄壶水或其他饮品过来，但不论最终生意成交与否，一套可供选用的标准修辞学表述（rhetorical options）会运作起来。从而使得尼泊尔农村得以互动，评估共同利益，达成协议，或者建议上山或下山去更远的地方找个更好的机会，以议定的价格最终完成交易。

协商发生的二元相互作用（dyadic interplay）将尼泊尔农民通过双方明确表达相互需求生计策略以及极其多样但依情况而定、由其位置所标定的地理价值（geography of value）缝到了一块儿。这会基于来源点距离、财富分化或各族群的消费文化而产生不同的贸易条件。徒步者的贸易节奏，为达到交换价值均衡中心点的精心谈判，以及跨越不同母语、种姓和种族的饮食习惯方面诸多差异之后的认可，全都归属于一个从修辞学上精心构建却备受筑路威胁的世界。这会对塔芒族在上下各方价值流动里扮演的介质角色，以及通过说服策略影响贸易条件的可能性等有限机会造成影响。而对非当地人来说，他们身处的是一个经常让他们从经验上对所遭遇到的贫困感到难堪的环境。

前 景 之 路

关注筑路工程的修辞回应（rhetorical echoes）（以及他们在实际地方的再发声），正是本文的一次运用。这可作为一种民族志式思考发展的方法，从而超越发展作为一种"话语"的处理方式。在此，采取修辞学方法有三个重要的方面：

（1）通过使更多的事物与人加速移动，道路传达了发展的一种**总体**[①]前景（a *general* prospect），因此他们能够将不同的地方带入时间的一致性和价值对等性。他们把经济的发展和市场关系延伸到"偏远"（remote）的地区。亚洲开发银行的支持性文件推动了一种非常积极的筑路观：

[①] 译注：原文作者以斜体写出表示强调或引用，故翻译时特地以黑体显示。

基础设施的投资不仅加快了增长，还对其他的互补性输入，诸如人力资本、融资渠道以及新技术的采用等带来了有力的关联效果。伴随着"连通性"的改善，例如，经济和社会的发展就可以实实在在进入到相互连通了的地区。①

《技术援助说明》（The Technical Assistance Note）规定了连通区域工程支持政府，为冲突影响地区弱势群体的利益而优先重建基础设施："通过支线以及进出道路的连通，希望能够有更多的当地人参与到发展进程中来，并且能够改善资源的获取渠道。"②

（2）亚洲开发银行的尼泊尔连通工程，旨在将喜马拉雅山区地带更加紧密地联系起来，以方便开发地区之间以及跨境层面的市场潜能。开放贸易地理（geography of trade）的计划，以及预测对谁而言更可能累积优势，都是保持距离以比较视角来看待实际上事情会作何改变的一些过程。一条线路上的投资必需与其他线路上的投资进行权衡比较。这就要求必须看到具体的地方差异和跨境的国家经济特征，而且要明确路线造成最大不同之所在。

（3）那么这两种视角随后是如何在拉苏瓦县（Rasuwa District）人民的想法以及谈话中表现出来的呢？筑路计划的各种因素，以及地区变革的规划，都被提起、彻底忽略，或者受到审慎地质疑。这些为改变而做的计划，是如何与伴随预期受益人的观点而来的修辞性参与（rhetorical engagement）偶然相遇的？筑路的转化价值被加载到比较成本-收益的说服中，但是当地人如何理解"连通性"，以及他们从更多的连通当中可能会获得和失去什么？

前两方面强调的是全球化以及大都市中一般的（generic）和特定目标的说服原理关联的连接逻辑（logics of connection）。比较和评估这些修建的项目工程，他们能用来展示传达扶贫信息：比起在其他地方花钱修筑公路，沿建议路线修路的花费可以减少更多的贫困，并且更有效率。在这点上，"钱说了算"（money talks）。发展规划中的修辞学力量（rhetorical power）否认自身的"修辞学"特性。道路计划将会（will）作用于扶贫，以最低成本计算经济

---

① 详见 http://www.adb.org/Documents/Evaluation/SES/SES-Rural-Roads/ses-ruralroads.pdf（2010年3月29日）

② 详见 http://www.adb.org/Documents/Evaluation/SES/SES-Rural-Roads/ses-ruralroads.pdf（2007年10月12日）

内部收益率（the Economic Internal Rate of Return）为 23.4%。① 支持选择而影响变化的证据取决于程序，这依赖于汇集图表、地图、表格、设计与监控框架、参与式咨询（包括认为是当地人、与当地人相关的，以及毛派）、影响评估，以及多标准分析等抽象和技术性手段。

本文修辞学的第三方面关注田野工作中的种种际遇。在这里发现的是，各种话语（discourses）和中央规划的连接道路与扶贫的预期后果是背道而驰的。抛开经济学家对道路工程的计算来看该区域里的人民如何应对规划的连通性，可以看到各种生命史、关于流动的各种比喻、一再重复的例子和贫困形象，以及与"在路上"（on the road）生计相关的诸多流传故事。此外还有许多跨境的连通性历史，它使不同地区和人群联系在一起，以去情境化的经济稀缺语言和地理拓扑结构（geographical topology）之外的方式表达出来。

影片摄制的语境

下文讨论的质性访谈（qualitative interviews）和对话，是在 2007 年 11 月的两个星期里，影片《道路之路》（"The Way of the Road"）拍摄期间，用摄像机进行录制的。这些谈话发生在受访者店铺的柜台后面，在他们的旅馆里，在正式的家庭场合下招待来访者之时，还有在小路上偶遇，在公共汽车上的颠簸之时，在喧闹的集市上，以及在晾衣绳旁捕捉清爽晨光的美好时刻。

我很努力地想要尽我所能，从尽可能多的采访不同人看待道路的视角。不过在这个主题焦点之外，影片还捕捉到了其他同步发生进程的插曲。这些插曲间接说明了道路的变革性潜力。这也给质疑道路建设作为该区未来变迁的主要叙事（the prime narrative of change）提供了理由。

首先，影片的摄制中，来自外面世界偶尔打到村里小店的电话（在马来西亚以及海湾地区工作的人打来）打断我对店主的采访。这些关于亲戚、汇款，以及仪式的长距离情感交换，与道路工程文件中发现的那些有组织、有计划，以及毫无人情味的贸易和雇佣条件预测，形成了强烈的对比。一次电话对话就尤其能揭示导致该区往外移民务工的贫困情况，并且可能会侵蚀筑路作为一种扶贫手段的假定信心。村里那位主导对话的妇女使用了非凡的修辞学才智（rhetorical resources）来表达她缺钱的窘况，以及在她丈夫家族的

---

① 详见《亚洲开发基金拨款及技术援助拨款提议的经济内部收益率》，尼泊尔王国：道路连通领域项目一。项目编号：37266。2006.7：55。

那些姐妹前来过神灯节（tihar）时，她不得不代替她丈夫分发庆典礼物。

其次，在电影中我精心设计了道路与一场仪式之间的主题冲突。在这之后，我就被邀请到巴尔库（Bharku）拍摄塔芒人村子的历史戏剧。表演呈现了这一边境地带相邻喜马拉雅国家之间关系的张力，并且带来惊险越过这些国家合作与冲突的种种修辞。塔芒族人过去历史的众多名人中，尤以两位先祖领衔。这两位祖先喜欢取笑外面显要人物的诸般自负，以及这条南北小道上的过往旅人。尼泊尔与西藏之间一再发生战事时，村民穿着打扮就如交战双方的士兵，他们相互愤慨威胁辱骂对方。尼泊尔军队轻蔑地将藏兵称作"找面吃的叫花子"，而面对对方的挑衅，藏军则警告尼泊尔人他们会表现得像"北边令人畏惧的游牧民"那样。通过把这部戏剧拍摄记入影片，一种历史的逆流（a historical counter-current）添加到跨越边境发展道路网的未来导向视角之中（而亚洲开发银行的文件对道路的跨境战略意义不置一词）。在尼泊尔关于贫困的刻板印象中，对于食物方面的缺乏，尼泊尔人将其归咎于藏人附和对拉苏瓦县本身特性的描述，由于地处偏远山区，缺乏喂养人口的耕种土地，并且从历史上来讲居住人口来自于西藏。那场戏剧触碰到了塔芒族的敏感神经，他们与国家政权的历史关系是以边缘化为特征的（Holmberg，2006）。

修辞性参与

在影片里提木尔（Timure）村一位店主尤为清晰地道出了喜马拉雅山谷里道路运输的纯粹经济影响。该村位于山谷的延伸地带，连一条土路都没有。因此，那位店主必须付钱给那些搬运工，让他们从夏布鲁贝斯（Shyabru Besi）路头那里开始把货物搬运到村中店里。等道路修好，这类运输成本就会减少。

> 主要是，现在我们雇佣搬运工太花钱了。这就是将会造福我们的差异之处……把配给物资从夏布鲁那里运过来，50公里要花350卢比，也就是每公里花7卢比。而如果用卡车运输的话，每公里最多花50派萨①到1卢比……

---

① 译注：派萨（paisa）是印度、巴基斯坦、卡塔尔、马斯喀特和阿曼的货币单位，1派萨等于0.01卢比（rupee）。

带着一个灿烂的笑容，他道出了主要的优势所在：

> 会很便宜，这样我们就更能买得起食品了。意思也就是说，我们就不用跑到翠苏里（Trisuli）或加德满都去……卡车能直接开到这里，这样我们就可以吃得更便宜了。

他并不是该县土生土长的本地人，此前他参军服役的大多时候就驻扎在拉苏瓦县，从尼泊尔军队退役之后才最终定居于此。该县做小生意的人，以及像他一样迁入该地的人，都期待能与其他最直接的获益者一道从道路扩展中受益。

我采访了塔惹（Thare）的一位妇女，她的开店生涯已使她到了阿萨姆以及加德满都谷地的不同地方。她已经能够衣锦还乡了，不过在加德满都的一次意外中失去了儿子之后，她才返回了家乡。这是在河谷延伸地带北部土路上第一家全年营业的商店，该地每年季风雨季时节都会遭受山体滑坡侵袭之苦。因此，她就跟道路工程师和承包商、巴士卡车驾驶员，以及来自县府多切①（Dhunche）的政府官员做季节性的交易。

和她交谈时，我原以为她会对边境公路连接带来的生意前景充满热情。但令我惊讶的是，她几乎没怎么考虑把要自己融入新公路的未来导向中去。相反，她完全就是以务实的现实情况谈及现有资源和货物运转，对预想中道路项目所带来的市场机会没感到高兴。

> 采访者：等到路对北开放了，一直到吉隆（Kyirong），你会从那里进货吗？你会从北方那里进货来卖么？
>
> 女店主：我们不会从北方进货的。北边那儿能有啥玩意儿？达善节（dasain festival）时候，就有藏绵羊、山羊、一些衣服、热水瓶、毛巾，不然最多就是绵羊和山羊而已。

我不能鼓励她为交通的转向而考虑她的生意。她对当下货物供应地的认知并未像一套从假设上来说可以再组织的安排那样进行运作。转换市场潜力的修辞并不能妨碍她在实践中以及在此地此时的情境知识里实现价值的敏锐

---

① 译注：Dhunche 为尼泊尔拉苏瓦县的一个地名，在现有文献中译为东车、冬切、唐奇、多切等，尚无统一译名，本文译作多切。

感知。她现在已经回到了家中，经营一个村级水平交易的最大零售店。在为过往贸易提供一个茶馆场所之时，她用符合民族社交礼仪的漂亮海报装饰了山间小木屋，那些海报上有植物生长繁茂的农庄，有骑乘老虎的迦梨女神（Kali），还有伦敦大桥。由于店里有村子唯一的一部电话，她成了所有那些有家人在国外工作的家庭以及过路人的联系保障枢纽（a guaranteed hub of connection）。她创造并占据了一个村子与外部世界的连接所在。

官方说辞

影片中道路的主要发言人是拉玛·卡普（Lama Karpu），他是夏布鲁村发展委员会分区主席。他可谓是对道路工程表达当地审议与赞同的一个主要组织者，并且他几乎字字知晓尼泊尔政府与亚洲开发银行签署的协议文件。现有的土路会拓宽并以碎石铺面，从而能提供更好的道路条件。道路的全部正式协议都已充分审视过了，这条道路就是计划用来让穷人得到最大化的益处。中方已经同意往下从拉苏瓦嘎蒂（Rasuwagadhi）边境沿着波特科西山谷（Bhote Kosi valley）把路延伸修建至现有的夏布鲁贝斯路口。

两天后，我们在他姐姐和姐夫的店里采访了这对夫妇，并谈论了将要修建的道路。他们说那条路根本不会从现在的村子里穿过。路将会从村子下方、沿着河道修筑。中国人可没兴趣为一条每年都要遭受滑坡封堵的道路进行连通工程设计。他们想要的是一条往下低一些的线路。

我问村民是否将从道路的连通里获益，他们不确信地回应说："不好说，不好说。"于是我再问："要是路修在下面那里，你会有损失吧？"他们喃喃低语道："是的，低一些的线路是会给我们造成损失的。"

一个受过教育的20多岁的年轻男子说道：

如果村子里的人能够多关注加德满都或者吉隆方向并到那里……更努力工作的话，他们就可以赚到钱了。

但如果他们就站在路上只是看着上下来往的卡车，那他们可得不到啥好处。

这个年轻人有个叔叔在夏布鲁贝斯开了一家很大的旅游宾馆。夏布鲁贝斯是现有道路的起始之处，徒步旅行团队从加德满都乘一天巴士才能抵达该地。这位年轻人对道路连接改善村庄农民生活的各个方面持非常怀疑的态度。

采访者：看起来好像年轻人没留在村里，他们都出去了（去国外工作）。

年轻男子：马来西亚，阿拉伯国家……任何地方……他们去其他国家了……老人，妇女和小孩留了下来。

采访者：现在，如果路修好了，或许人们就会说还是值得待村子里的，就可以找到工作……这条路会带来好处的。

年轻男子：村里的年轻人，有2/3都出国了，剩下的1/3不得不面对国内的冲突。一直都有麻烦……国内的叛乱。

有人（村民们）说，看看（有了路之后）有人带着钱来这里开店，他们建起了大房子开宾馆。来这里赚到钱的，都是从南方过来的人。

他一直说着，都没考虑到路会有助于扶贫：

这里的人，他们都干什么呀？当爹的就会说："放牛去。""砍点柴去。"

一两个人去徒步（向导）的话，他们会说："等等，我干吗不也出国呀？""我们干什么才能创收呢？"

"我们都没其他收入。在这里，其他什么的我们都赚不到。"

"去找个政府里的工作？你根本找不到的。那怎么办？你看，马来西亚已经为我们打开了工作的大门。"

所以就这样，现在每个人都走了。他们都看到可以那样赚钱，所以都去了。

县府集市去中心化

位于河谷底部的夏布鲁贝斯最近几年发生了大幅度的增长。原来，最主要的集市就在该县县府多切，在河的上方一直上去。我们和一位搬到多切的妇女进行了交谈，她和一位移民而来的夏尔巴男子定居在多切，经营着一个小店。她补充说道："道路的路线不会跟着原来说好的旧土路一样，穿过翠苏里河谷东翼的那些主要村落。结果就是，在县府生活的人们，未来的日子就不会好过了。"

在房背后，以蓝塘（Langtang）山峰和远处中国边境那边闪耀的希夏邦马峰（Shisa Pangma）作为背景，我们摄制了整个采访。我试探她说："等路从吉隆修过来，多切开店的男男女女就有好日子过了。"她回应道：

不会好的。路从河谷底部穿过，这地方从今以后就要变穷啦。都不适合做生意了。来自于上面的会直接运到下面，而来自于下面的会直接运到上面。

以后可以直接到吉隆，加德满都也一样可以直接抵达。以后都不会有什么贸易了，路会让我们变穷的。

马上就要从下面发生了。我们将来吃什么？我们会变穷，吃的都不够了。以后我们的孩子怎么接受教育？

我问道："如果路从下方走，你会往下搬么？"对此，她回答说：

我们怎么搬？我们都没钱。没钱你怎么搬？如果有钱，我们可能会搬。这些家庭都会破产的，或者他们会搬走？这地方都被毁了。下面的路已经被中国使用了。

20 世纪 80 年代土路修到多切时，这儿成了一切活动的中心，开办有商店、县政府、宾馆和银行。道路的新路线会减缓这里的增长，而且加上劳动力向外转移，在人们应当寻找生计之时，这里有了一种颠沛流离的感觉（a sense of dislocation）。那位妇女接着说：

我们来多切开店，但现在都没有什么利润可言了。
等多切这里的孩子们长大了，他们会呆这里还是离开呢？
等路从吉隆那里修过来，我们去哪里呀？那些游客根本不会来我们这儿，他们就只待在大饭店里。

她一位女性朋友接过话说道：

如果路修在下面，年轻人就会因为担心贫穷而离开到其他任何地方-无论何处①。这里都不会有什么吃的了。

我问道："那些年轻的男人女人现在都从多切跑哪儿去啦？他们都到什么

---

① 译注：原文为 Anywhere-wherever，是文中被采访妇女生造出来的表达，后文会有进一步的解释。

国家了？"她回答道：

> 他们会去了又回来。他们挣不到什么，两手空空地回来。他们根本去不了"大国家"（big countries），只能去"小国家"（small countries），然后空着手回来。不过还是会让他们花费不少，要10万、20万卢比呢。多切这里的人都很穷。

在此，应当注意到当地的民间贫困理论（folk theory of poverty）。这强调了塔芒族人可以去任何环境条件下工作的意愿，并且承担着非常巨大的金融和个人风险。他们的贫困是努力工作供养家庭的美好信念和动机呈现出来的副产品。但在寻找被雇佣的工作机会时，他们会遭遇不幸（dukha），并且非常弱势而容易遭到羞辱，被外界剥削、虐待。她用了一个短语来表达工作地的遥远和分散，即"任何地方-无论何处"（Kana-tang-tang）。这真是一个聪明绝顶的塔芒语发明。它表达了一个貌似合理的地名，由"哪里"（where）以及重复成对使用的"平原"（plain）或"平谷"（flat valley）等要素构成，表明了一个一般的定居之处。它指向了一种漂泊的无穷可能性，遥远而带有未知的回归机遇。一种带修辞学意味的暗示性弥散进入到当前全球生计未充分发展的蜿蜒曲流中。

第一个妇女又加入说道：

> 他们不会读也不会写。他们生来就是去扛运重铁，搬运木材的。他们是山民（hill people）。
>
> 如果他们去了城市，会害怕。他们就待一年、两年，然后背着欠朋友的债回来。他们不会挣钱。要是他们有过教育的话他们就能挣钱。有的还被（雇主）打。他们不懂那里的语言，结果就被打。这就是很多回来的人的情况。

"能聊聊真好"

回到前文提到的村里那位女店主，在这全球化了的农村底层中间，我们对亲属关系经济学中的问题觉察到一种修辞学的强烈洞见。从一位老公在国外的女人的视角，一场电话对话告诉了我们这些人的贫困经验。在点提卡①（tika）那天，家族分支的姐妹需要用钱购买给家里的男性成员（在不在家都需要）分发互换的礼物，这个女人没收到老公寄来的钱，就不能在社区里维持一副体面人该有的样子。这场对话展开时，观众除了一位近亲，还有成群围在电话机旁的各种旁观者。他们把店面区域变成一个用电话展开家庭内部对决（domestic showdown）的公共舞台。

你应该在达善节的时候就把钱汇来……
你说你会寄钱给我，我才不相信你。
……都是谎话！谎话！
我在这收到什么钱没有？连一分钱都没收到。
点提卡的时候我拿什么给他们？
明天我拿什么给你家族的那些姐妹？明天我会羞愧地躲在紧闭的门后。

丈夫建议她去跟他父亲要点钱，她接着说：

我去跟你爹要啥？我去跟你死去的祖先要啥？
如果你要回家的话，那就回来吧。如果你想待在那，那就待在那儿吧。
什么鬼话，全都是骗人的鬼话。
你的钱在哪个国家乱用，睡完了？
你那些屁钱丢在哪个国家啦？

在这之后，她开始杜撰她另外一个县的一位朋友的故事，她那位朋友将会带一些钱回尼泊尔。这让她再次激动了起来。不想再听到更多的故事也不想再单纯希望将来可能会发生什么事，只想听到实话。

如果你不能寄钱来，那就直说！你说"我能寄来的"，你压根不能，那就别说你能寄来。

---

① 译注：提卡（Tika）是用朱砂、糯米、玫瑰花瓣和成的红色糊状物，在印度教中代表信仰和食物，点在额头上是一种祝福，也象征着消灾避邪。

打电话的这位年轻妇女的修辞能力（rhetorical competencies）带着关系上的浓郁道德情景（moral scenarios）精彩地施展了出来，而这些道德情景正是她借由丈夫未能按时寄钱所致后果，明确而有力地表达出来的。神灯节（Tihar）之际，她丈夫的家族姐妹们过来的时候，其丈夫在村里作为一位尽责的家族弟兄的名声是她必须要去加以维护的。她的确拥有那种暗示的力量（the force of her implying）去以逝去的祖先来讨价还价，向她在马来西亚的丈夫表达出其丈夫家族的亲属并没能帮她解决日常或是庆典方面的现金需要。在这点上，我们看到了在和当下的这个世界打交道时，修辞的地方方言价值（vernacular value of rhetoric），因为在关系、实体还有过程（relationships, entities and processes）中的个体是自然发生的，而不是以依赖路径建构的。随着家庭生活延伸至千里之外，并且受限于瞬时可能性（transient possibilities）那未充分发展的不确定后果，有必要把事情都拉到一块儿，这引发一系列唤起响应、修辞性地表达（rhetorically delivered）的社会行动。

讨论：修辞类型

修辞学问题帮助质疑了筑路工程的目标，并且把我们带入了那些想要通过道路来改善生活条件的人们富有表现力的世界。

筑路带来发展的修辞既是虚饰也是现实。不管怎么研究和计划，路都会带来意想不到的后果（Blaikie, Cameron, Seddon, 1980）。假如在本文案例中，选了一条完全不同于业已设计好并能给穷人带来最多益处的线路，那讽刺的是穷人将承担主要的代价。即使假如道路最终沿计划线路修筑，现代化的旧式修辞会认为仅仅通过提供基础设施的连接，农村以及族群的边缘人口就能被带入到现代的经济方式和机会中去。影片中的对话告诉我们，该县的劳动力人口已经搬走，在国外寻找更好的薪资了。

夏布鲁的那位旅馆老板明确表达了可能成为道路获益者的深深怀疑。他没考虑到道路会改变农民们的生存机遇。不过他陷入了一个常见的陷阱，一种从历史上就形成的地方观念，混合着中心对"落后"（backwardness）的不屑，亦即倘若某一地区能获益的话，那么受益者就是最靠近尼泊尔和西藏都市社会的那些城镇中的人，而不是处于中间的塔芒族人。[①] 在这里，本土版的

[①] Raithelhuber（2003）对面向农村尼泊尔人市场活动的总体不利条款，做了很好的讨论。

依附理论准确地指出了骗人而贪婪的高等种姓使得诚实、坦率，辛勤工作的塔茫族人缺少财富。

经济预测之外，道路给塔茫族人的地理和社会邻里关系的集体感知提出了一个巨大挑战。塔茫人的中介性（in-betweenness），从文化上受到藏人以及高种姓尼泊尔人的歧视，即便如此却也成了一个不同文化间的中介空间，以及在历史上中央权力很少关注的生计追求。道路呈现了"被路过的风险"（risks of being by-passed），这已经由多切的那位女店主清晰表达过：

> 来自于上的会直接运到下面，而来自于下的会直接送到上面。以后可以直接到吉隆，加德满都也一样可以直接抵达。以后都不会有什么贸易了，路会让我们变穷。

不过跨境连接能使边境地带聪明的居民跨过边境、做掮客、跨越尼泊尔和中国西藏自治区的民族差异进行贸易，成为再次被动员起来的中亚连接的积极使用者。这就是一种"连接性"，是一种以国际线两侧"边境公民"（border citizens）身份参与的世界主义能力的象征资本，带着处理来自上下各方事宜的习得性习俗——而这并不是亚洲开发银行规划的重点所在。[①]

换句话说，这条道路会对人们在与其他群体发生关联时的身份认同，以及他们怎样能够道出自身作为一个依靠建立联系（经济的、宗教的和语言的）并为南与北、尼泊尔与西藏之间的连续性步骤（steps of continuity）提供共同参照点（common points of reference）等方面产生影响。如果这一角色，以及他们自我诉说的可能性被道路的时空加速度（space-time accelerations）抹除的话，除了真实的贸易损失之外，这还会有一种特定的损失。

本文将道路视作具有物质能动性（material agency）的修辞对象（rhetorical object），作为一种争辩现象和想象的后果——为寻求亚洲新公路的其他人提供路线之时，也会使一些民族陷入困境。修辞性的主题落在说服和评估的实践之上，而这种评估依赖于专家的计算判断技术，比如路该修在哪里。诸如此类的实践，或许会否决他们的修辞学特征，但其他人的感知确保了修辞手法会让他人所关注。工程目标的声言被认为是脆弱而不真实的。比

[①] 这非常有效地指向了亚洲高地可塑性极强的文化多样性。van Schendel（2002）和 James Scott（2009）将其看作是"佐米亚"人民（"Zomia" peoples）族群-环境（ethnic-environmental）"分散"地带（"scatter" zone）的特征。历史上，"佐米亚"人民一直在回避高地的国家制度秩序。

起将发展看作是一种潜在而条理清晰的话语形式，从民族志目的的方法论上来说，修辞学的相互影响在此更胜一筹。对山区而言，道路的总体前景并不存在争议，可是在面对绕路情况时——这会使倾向扶贫道路（pro-poor）的联盟在修辞性上陷入困境，因此目标受益人变得焦虑不安。

说实话，当地的全球性现实与附着于筑路计划之上的全球连通性的宏大叙事是相冲突的（Harvey and Knox，2008）。联系当地筑路的修辞描述表明，总体道路有前景，但并不能保证带来发展。当地劳动力人口已经去国外赚钱了。这条路，对预定收益者来说尤其成问题，因为只要倾向北方的地方合伙人的权力占了上风，道路就会改向，从而真正地变成只是从小贸易商居住的社区旁边经过。① 最后，当贸易规模扩大到运输网络时，自给自足的生计实践其实不利于贸易利润。

修辞学问题从全球之非都市的本土化（non-metropolitan localization）描述的群体构成看待当代世界，而不是"欺骗的坏人和发展的受害者"。（Mosse，2005b：19）就像费尔南迪斯（Fernandez n. d.）断言的那样，人类学与口头表达以及面对面的社会世界结合，揭示了从修辞中形成种种社会关系的视角。本文并非提示全球化的另一道路，而是关乎从全球落脚点（global locatedness）的民族志世界（ethnographic worlds）出发，全球化普遍连接性在修辞上变得不确定的记录。

参考文献

Acharya, M. 2003. Monarchy, democracy, donors, and the CPN-Maoist movement in Nepal: A lesson for infant democracies. Himalaya, the Journal of the Association for Nepal and Himalayan Studies 23（2）: article 7. http://digitalcommons.macalester.edu/himalaya/ vol23/iss2/7.

Asian Development Bank. 2006. Environmental assessment of Nepal. Kathmandu: ICIMOD.

Blaikie, P., J. Cameron, and D. Seddon. 1980. Nepal in crisis. Delhi: OUP.

Campbell, B. 1997. The heavy loads of Tamang identity. *In* Nationalism and ethnicity in a Hindu state. Gellner, J. Pfaff-Czarnecka, and J. Whelpton, eds.

---

① 截至写作本文之时，预计2012年竣工的道路修筑计划，还没修到最容易被山体滑坡影响的问题路段。

pp. 205-235. Chur: Harwood Academic Publishers.

Fernandez, J. n. d. Exchange with Karin Barber. Presented at the Rhetorics of Personhood Conference, March, in Durham, UK.

Gardner, K., and D. Lewis. 1996. Anthropology, development and the post-modern challenge. London: Pluto Press.

Harvey, P., and H. Knox. 2008. Otherwise engaged: Culture, deviance and the quest for connectivity through road construction. Journal of Cultural Economy 1 (1): 79-92.

Holmberg, D. 2006. Violence, non-violence, sacrifice, rebellion, and the state. Studies in Nepali Society and History 11 (1): 31-65.

Karki, A. 2003. A radical reform agenda for conflict resolution in Nepal. *In* The people's war in Nepal: Left perspectives. A. Karki and D. Seddon, eds. pp. 438-482. Delhi: Adroit Publishers.

Mosse, D. 2005a. Cultivating development. London: Pluto Press.

Mosse, D. 2005b. Global governance and the ethnography of international aid. *In* The AID effect: Giving and governing in international development. D. Mosse and D. Lewis, eds. pp. 1-36. London: Pluto Press.

Raithelhuber, M. 2003. The significance of towns for rural livelihoods in Nepal. *In* Translating development: the case of Nepal. Manfred Domroes, ed. pp. 195-206. Delhi: Social Science Press.

Scott, J. 2009. The art of not being governed: An anarchist history of upland southeast Asia. New Haven, CT: Yale University Press.

Stiller, L. 1973. The rise of the house of Gorkha. Kathmandu: Ratna Pustak Bhandar.

Van Schendel, W. 2002. Geographies of knowing, geographies of ignorance: Jumping scale in Southeast Asia. Environment and Planning D: Society and Space 20: 647-668.

急剧恶化？喜马拉雅环境变迁叙述的审视[①]

美国北肯塔基大学　John J. Metz　著
云南民族大学　马斌斌　译

引　言

20世纪70年代，人类在喜马拉雅地区的活动引发环境危机的观点，成为整个学术界和发展共同体公认的话语。最有影响力的观点莫过于埃里克·艾克霍姆（Eric Eckholm）在《科学》杂志上的文章（Eckholm，1975）和专著（Eckholm，1976）中的阐述。他的观点概述如下：

> （尼泊尔）王国以珠穆朗玛峰摄影天堂、异域的香格里拉而闻名，隐藏在喜马拉雅山峦中的佛塔和古色古香的村庄散落其间。浪漫和美丽的外表被完整的保留着，但在外表之下却酝酿着巨大的人类悲剧。在传统农业生产技术背景下，急剧增长的人口迫使农民到更陡峭的斜坡上开垦种植，即使在那里形成了神奇的精心耕作的梯田，却不适宜于可持续的耕种。与此同时，村民们必须到离他们的房屋越来越远的地方获取食物和薪柴，因此……保持水土的树林正很快消失……山体滑坡摧毁了生命、房屋和农作物……表层土壤……（农作物）现在是尼泊尔最重要的出口商品，但农民的损失得不到补偿。（Eckholm，1975：189-90）

艾克霍姆和其他研究者断言这一过程将是一系列连锁的恶性循环。第二

[①] 译注：《急剧恶化？喜马拉雅环境变迁叙述的审视》（Downward Spiral? Interrogating narratives of environment change in the Himalaya）载于阿尔让·冈尔阿特恩主编（Arjun Guneratne, ed.）《喜马拉雅的文化与环境》（Culture and the Environment in the Himalaya），New York：Routledge，pp.17-40.

次世界大战后，存活下来的农村人口得到急剧增长，迫使每个家庭都尽可能去砍伐和清理森林，以此来（开垦土地种植）抚养家庭新成员。随着森林的减少，所以薪柴也变得极其匮乏，这就使得妇女们不得不投入大量的时间去收集薪柴。与此同时，薪柴的短缺致使人们去焚烧动物的粪便而不是将其用来给他们的田地施肥，这就加剧了食物的短缺，促使绝望的农民在更陡峭的斜坡上砍伐森林。在雨季里，猛烈的季风雨从被砍伐了树木的斜坡上迅猛流下，（携带了大量泥土）产生了洪水，加剧了对高地的侵蚀，同时也枯竭了干季的泉源。随着径流和沉淀物从山上倾泻到河水、平原和印度三角洲以及孟加拉低地中，而生存在此的数以亿计的生物的生命与生计将会受到威胁。（如Sterling, 1976; Ives, 1980; Boeonder, 1982; Claiborne, 1983; WRI, 1985; Myers, 1986）

尽管艾克霍姆清楚描绘的场景已经被环保人士及林业官员争论了一个世纪，他的表述也是如此的直观明确，书写也是如此的恰当，直到在对环境的关注普遍增长的20世纪80年代，他的观点才得到研究者、外国援助者和国家规划者的普遍认可。在意识形态上对立阵营的作者同样都接受了这样的观点，显示了他叙述的力量：这种观点成了克莱尔·斯特林（Clair Sterling, 1976）在《哈珀斯》（*Harpers*）杂志上所写文章的基本原则，斯特林曾宣传美国军事在全球各地的介入（Sterling, 1981），而布莱吉、卡麦伦和塞登（Blaikie, Cameron, Seddon, 1980）对尼泊尔发展的新马克思主义批判也以他的观点为基础。

在20世纪70年代后期到20世纪80年代，大量的援助计划相继在尼泊尔展开，都开始包括应对环境危机方面的内容，其中有一些项目（例如，美国国际开发署的"资源利用与保护项目""尼泊尔-澳大利亚社区林业项目"）聚焦于森林和环境。此外，一些基金和研究机构专门寻找研究人员来研究环境恶化的过程。在学术研究者们承担了社区共同体是如何使用他们的森林、农田和荒地的研究的同时（Donovan, 1981; Wallace, 1981; Johnson et al., 1982; Bajracharya, 1983a、1983b; Fox, 1984; Mahat et al., 1986a、1986b、1987a、1987b; Byers, 1987a、1987b; Metz, 1990; Zurick, 1990; Brower, 1991; Stevens, 1993），一些发展项目工作者确实将研究带入到对所假定的问题的不同方面中去（如Levenson, 1979; Wyatt-Smith, 1982; Carson, 1985; Nield, 1985; Glimour et al., 1987; Glimour, 1988）。作为学术研究者，杰克·艾夫斯（Jack Ives）和布鲁诺·梅瑟琳（Bruno Messerli）接手了一项由联合国大学资助的高地-低地互动研究的项目，该基金项目包括一系列有关高地（Byers, 1987a、1987b）和中海拔地点（Johnson et al., 1982）的研究。1981年，艾夫斯创办了名为《山地研究和开发》（*Mountain Research and Development*）的杂志，该杂志随之成为该领域研究的重要刊物。

然而，许多研究都发现危机叙述的假设是不正确的。随着这些研究成果的累积，艾夫斯（Ives）和相关人员于1986年4月在纽约莫霍克举办了一次研讨会，来加以回顾和述评这些问题，会议邀请了许多研究人员和参与者，让他们分享自己的观点。参会的许多论文对危机形成论——艾夫斯（Ives, 1987）将其标签为"喜马拉雅环境恶化论"（Theory of Himalayan Environmental Degradation, THED）——提出了挑战，大多数参会者拒绝THED，认为THED过于简化了整个情况，还可能是完全错误的。《山地开发和研究》（Ives et al., 1987）刊发了莫霍克会议上的许多论文和总结文件，与此同时，一个新的挑战过往的危机话语的学术共识开始出现。艾夫斯（Ives）和布鲁诺·梅瑟琳（Bruno Messerli）在1989年合编来了《喜马拉雅的困境：和谐发展和保护》一书，概述了喜马拉雅环境恶化论及许多反对观点。艾夫斯最近总结并完成了1989年以来的研究，并进一步确定了修正的立场。（Ives, 2000）尽管如此，在莫霍克（Mohonk）研讨会上，来自印度的研究者仍坚持危机是真实和严重的。同时，来自印度、中国和泰国的研究者和政策制定者们仍然继续忽视国际共识，并继续推崇危机论叙述（Tiwari, 2000），促使艾夫斯（2004）、布莱吉和马尔达温（Blaikie and Muldawin, 2004）去调查研究为什么会有这种分歧存在。

在本文中，我的主要目的并不是去评价这些断言是真实的还是不可靠的，许多证据显示毁坏森林确实正在发生，但恶化的程度随地区而不同，如同拉塞尔（Russell）和苏巴布（Subba）所阐述的。然而，我希望通过这些对人类与环境互动的论述发生变化的考察，探究意识形态、公共机构、政治、经济和心理等因素如何给予这些不同的论述以力量。这些话语构成了一种文化中的一部分，这种文化由资助国及接受国的科学家、发展专家共同构成。正如冈尔阿特恩（Guneratne）所认为的那样，尽管文化是一个群体中的人们所共同分享的社会经验的动态的共识，但这个共识的轮廓会随着次群体的不同而变化。因此，我想去探究发展主义的子群文化有或没有审视及拒绝喜马拉雅环境恶化论。此外，我亦想思考使得我们可以对相互矛盾的论断的有效性做出评判的认识论和本体论的基础。从而最后，我想对学者及实践者能提升我们对喜马拉雅地区的人与环境的互动的理解的方法做出评论。

本文第一部分概括了有关人类对喜马拉雅地区环境影响的相关论述。第二部分检验了从类似的非洲环境危机叙述分析中借用的未经证实的危机叙述假设。第三部分回顾了研究者和政策制定者信奉危机叙述的多种因素。文章第四部分回顾并建议研究者和参与者如何更有效的概念化、探究和解决人与环境的互动问题。第五部分确定了本章用来审视喜马拉雅及之外世界的文化及认识论视角。结论部分总结了这篇文章。

喜马拉雅环境恶化论及其危机

喜马拉雅环境危机叙述在20世纪70年代被普遍接受，其经过了一个漫长的历史过程。印度的林务官清楚表达这一论述是在1960年（Kaith，1960），比联合国林务官整整晚了6年（Robbe，1954），但是这一观念早在19世纪就被英国殖民林务官接受，用来解释"保护"森林供殖民政府使用的正当性，从而排除了当地的森林使用者对草料、木材、食物、药材的获取权，他们过去从森林中采集这些来维持生存（Gadgil and Guha，1992；Hobley，1996；Saberwal，2000）。事实上，对森林的使用成为殖民地土地财政部门及林业部门之间的斗争，土地财政部门如同前殖民的当地国王（Rangan，2000a）一样想将森林转化为可征税的农业用地，而林业部门则想将木材用于铁路及其他基础设施的建设。在此竞争中，森林管理部门获胜，随后他们把环境恶化论从印度转移到他们在非洲的殖民地。（Leach and Mearns，1996b）

20世纪70年代环境恶化论成为主导，1974年在联合国教科文组织（UNESCO）、德国发展署（German Development Agency，GTZ）的资助下召开了山地环境研讨会。当时任《纽约时报》（*New York Times*）科学编辑的艾克霍姆被组织者邀请参加会议（Ives，2004：2-3和212-213）。艾克霍姆在《科学》上发表的文章（Eckholm，1975）和他的一本书（Eckholm，1976），助长了他的理论的普遍流行，但显然还有其他的力量提升了这种论断的地位。

20世纪80年代早期出现了对该理论的第一个挑战。艾夫斯和梅瑟琳研究项目（Johnson et al.，1982）中的学生意识到，山地农民可以熟练的改变和操作他们的地形，他们勤劳地保养耕种梯田，当梯田不可避免地坍塌的时候，他们用灌溉系统去重塑坡地以修复梯田。约翰·怀亚特·史密斯（John Wyatt-Smith，1982）以一个林务官的身份在亚洲热带地区完成了他漫长的职业生涯，他整理了一些关于森林使用的优秀研究，通过研究他认为在尼泊尔牲畜供应对森林需求最大，超过了薪柴和农业用地产出。在一年国外项目中的本科生狄安娜·多诺万（Deanna Donovan，1981）收集了49份薪柴消费的评估表，其中可发现最大的是最小的67倍，从而她指出这归咎于贫困的或缺失研究方法。弗克斯（Fox, 1984）、维阿尔特（Wiart, 1983）和梅斯（Metz, 1990）总结出了有效测量森林产品使用情况的方法，以一户家庭居住一年和实际使用森林产品重量的作为代表标本。艾夫斯的另一个学生拜尔斯（Byers, 1987a）指出，喜马拉雅山附近的侵蚀明显低于假设，事实上从1952年以来昆布地区（Khumbu，属尼泊尔）的森林尚有轻微的增多（Byers, 1987b），而不像其他人所声称的急剧缩减（Furer-Haimendorf, 1985）。卡森（Carson, 1985）和拉姆塞（Ramsay, 1986）认为是物质坡移而非地表径流造成了大部分巨大的侵蚀和沉淀，而这种山地的不断隆起已经延续了千年，因此物质坡移几乎是必然的。汉密尔顿（Hamilton, 1987）在森林转变为其他类型的植被和森林恶化做了区分，而在危机叙述中缺乏这种区分。但他更长远地注意到，以往的研究中缺少对山地侵蚀物多长时间才能到达低地的研究，并指出今天被视为物质坡移的沉淀物可能在几十年后会到达印度。吉尔摩（Gilmour, 1978）等人测量多种植物覆盖地区土地渗透量，并且发现即使在环境最恶化的地区，降雨量也很少超过渗透量。此外，吉尔摩（Gilmour, 1988）发现在森林被砍伐的低海拔山区的私有土地上有大规模种植的树木。尼尔德（Nield, 1985）对比了德赖平原（Tarai）1964（1965）年到1978（1979）年之间的航空图片发现，尽管有许多森林被毁坏，德赖平原低地和平原中部的森林将被迅速砍伐，但在该区域高地中的森林依旧保持常量。马哈特（Mahat, 1986a、1986b）等人运用了马赫什·雷格米（Mahesh Regmi, 1971、1978）的综合历史研究和马哈特自己的调查方法得出，在18世纪到19世纪，本地的国王或许通过税务政策加倍了森林向农耕用地的转化，因而对有关森林转化的问题并不能简单的归因于自耕农的生存需要（Rangan, 2000 a）。梅瑟琳和霍弗（Messerli Hofer, 1995）的研究认为，低地的洪水是由降雨量引起的，低地中的土地使用活动高于山区（Alford, 1992）。以上这些和随后（Ives, 2004，一个综合性评论）的研究挑战了危机叙述，并且引发了许多国际研究者对过分夸大和简单虚假论述的摒弃。现在的共识是，尽管在有些地方人类的活动造成了环境恶化并侵蚀了生存基础，但喜马拉雅是如此的多样，以至于将其一般化的做法是成问题的。（Blaikie and Muldavin, 2004）

危机叙述背后无依据的或错误的假设

喜马拉雅和世界上其他地区的危机叙述（Leach and Mearns, 1996a、

1996b）是基于对社会、科学和环境的一种假设，这种假设是无依据的、简化的或是错误的。该假设可以分成四个部分。

第一，虽然土著是能动者和利用环境的受害者，但是他们没有能力适时调整他们的生产实践，去适应他们的活动所产生的社会和环境变化。毫无疑问的是，这种信念还认为土著对他们所处环境的相关知识并不能为他们创造可持续的系统提供帮助。（Gilmour and Fisher，1991；Gilmour and Nurse，1991）新马尔萨斯主义[①]的假设接受了这种贬低当地人能力观点，认为当地人的生殖行为并非关联于人们的经济、社会及个人目标的变量，而是超越了意识决定控制的独立变量。（Nag et al.，1978；Cain，1978；Fricke，1986；Guha，1990；Leach and Mearns，1996b；Hoben，1996）

第二，认为从当下对同时代的土地使用实践的"快照"感知可以对更大的历史和空间范围进行推论。因此，危机叙述在对人口增长或减少的历史空间模式、土地利用模式、土著和殖民国家的行动、地质过程等的检验中都以完全失败而告终。（Leach and Mearns，1996a；Mahat et al.，1986a、1986b）

第三，反映了西方科学和西方发展机构对客观确认并解决不可持续的土地使用实践问题的能力的自信。这包括采伐森林的过程，土地侵蚀和原住民对他们环境利用的假设。例如，斯托金（Stocking，1996）提供了一个很有说服力的例子，他对侵蚀的"科学"研究中固有的错误和偏见进行了讨论：（1）冲沟并不是原因，而是冲沟上部的集水区出现退化的一种症状，试图让冲沟稳固是一种错误的解决方案；（2）石块暴露的地表与并不必然代表着严重的侵蚀，而可能是由于泥土的收缩与膨胀造成了石块被带到了表面，再者石块通过吸收雨水可能会保护土壤；（3）大体上而言，植物并不能阻止侵蚀，因为其效果依赖于植物的种类，即植物在地面上的高度，植物的叶子能否将小雨集成大水滴，降水能否沿着茎干流下；（4）根据侵蚀速率推算，用水土流失标准小区（在3—20米的范围内的底部放置一个槽用来收集表面径流和侵蚀泥沙）干预堵水输沙的"自然"进程，没有对水土流失和底部沉淀进行记录，以及黏土和淤塞的采样过密，以至于小范围内的记录相对于大规模范围来说水土流失更多，因此大集水区的侵蚀系数被夸大了100倍；（5）侵蚀

[①] 译注：新马尔萨斯主义，也称为普莱斯主义、卡莱尔主义、德莱斯代尔主义，是近代西方流行的一种主张用避孕方法来限制人口增长的人口理论。基本观点与马尔萨斯相同，认为人口增长比生活资料增长更快。工人的失业和贫困是人口增长不可避免的结果。19世纪上半期，马尔萨斯人口论的拥护者不赞成马尔萨斯的禁欲主义的道德抑制，提倡用避孕方法来节育。

土和营养物质在山谷沉积，促成了低地和漫滩地区的农业生产，因而低地农民或许并不认为高地的侵蚀是一件"坏事"。我之所以如此详尽的讨论这些，是因为其是一个极具说服力的例子，即如此"科学"的田野方法是如何给政策制定者提供歪曲的信息的。

　　第四，源于地质学家和生态学家在传统意义上对环境变迁的认识。地质学的一个基本原则假设是均变论，低量级、高频率的事件与过程或掩盖高量级、低频率的事件与过程。物质坡移带来喜马拉雅地区的地形演化，是由扩展的热带气旋产生降雨和（或）地震所引起的（Starkel，1972；Carson，1985；Bruijnzeel and Bremmer，1989；Gerrard and Gardner，2000、2000a），挑战了均变论的假设。在生态学中，他们坚信生态系统通常是"平衡"的，当他们所处的气候被扰乱后会迅速恢复至平衡，这点在克莱门茨的"气候顶级群落"概念（Clements，1976）得到阐述，并且深入到对生态系统的分析运用中（Odum，1969），长期以来主导着生态学的思路，而且一直在喜马拉雅的研究中运用，但是最近的研究彻底推翻了这种思路，最近的研究显示干扰是常态而不是例外。（Oliver，1981；Pickett and White，1985；Christiansen，1989；Botkin，1990）因为大多数生态系统都频繁遭受着非人类和人类力量的干扰，所以从来都不能达到一个稳定状态，而且从干扰中"恢复"，会基于干扰的不同类型而产生出不同类型的物种；例如，森林在大火之后会生长出许多不同的物种，在暴风雨毁坏后也会如此。（Henry and Swan，1974）尽管如此，平衡假说仍继续主导着关于喜马拉雅地形的思考，因此只要任何改变被假定是人类生存活动带来的那就是"非自然"的从而是灾难性的。

喜马拉雅环境恶化论作为一种叙述的认识论挑战

　　之前的讨论仅仅是对喜马拉雅地区人与环境互动关系的一种解释，一种"叙述"。这也是过去50年里一种普遍认知的例子，所有知识都是社会建构的。这与另外一种信念形成对比，即知识是发现什么是对的或什么是真实的过程，这个必要的过程使概念具体化，并假定这些概念对应着并精确的认同于存在于我们意识之外的实体。我们意识到人类的知识源于社会性的创造，从而对我们理解并有效的改变人类对喜马拉雅环境的影响的能力构成了一个根本性的认识论挑战。

　　在最简单的层面上来说，显而易见的是知识存在于人类的头脑中并从一个人传播给另一个人,所以知识是人创造的。这种意识构成了冈尔阿特恩在介绍这本书时对文化的理解的基础。正如他所解释的,文化(包括话语在内)是符号的网,生活群体中的人彼此间从事着不断结网的过程,在这一过程中人们规范了自身并形成了他们的社会。困难出现在——这也是哲学最核心的认识论与本体论的问题——人类的知识和外在的世界二者之间的关系:我们怎样去精确地认识独立于我们的意识而存在的一个世界,事实上,我们有能力精确的认识独立于我们的意识而存在的世界吗?最极端的一种形式,知识是社会创造的这种信念被解释为知识仅仅存在于个人的头脑或意识范畴之内,因此我们并不能理解真实的外部世界。然而,人类能够也确实依靠环境谋生却表明,知识是与外部世界密切相关的,因而这种唯心主义的假设是站不住脚的。

  尽管如此,人类知识是不完美的社会建构,挑战着现实主义的立场,即我们可以认识一个真实的外部世界。甚至在自然科学中,库恩(Kuhn, 1962)关于物理学历史的研究表明,物理理论是物理学家们的社会创造。库恩认为科学的发展并不是连续性的小规模的增加,而是突发的革命性变化,正如科学家们放弃一种范式去接受另一种范式一样。

  根据库恩的论述,在成熟的科学中有一种占主导地位的范式,并且几乎被所有的权威的科学家们所接受,并用于精确地解释一些有意义的问题,以及可接受的方法类型和预期的结果。牛顿物理学就是这种范式中的第一个。中世纪的经院哲学假说认为,天堂是一块完美无瑕的领域,其完全不同于不完美的地球。哥白尼提出一个日心说的世界,开普勒揭示了这个世界的数学规律,并预测了行星的运动。他们挑战了托勒密地球中心说的宇宙观,地球中心说的假设认为只有圆形的运动才是完美的,是与天空的存在相吻合的,一系列水晶般的圈层围绕着地球旋转,创造出了恒星和行星的运动轨迹。尽管托勒密的天文学说也可以预测出哪个行星会在什么时候出现,但其在计算上具有复杂性而且准确度低于开普勒的预测。与此同时,伽利略探究出了地球上物体运动的规律,其在很大程度上取决于他探索炮弹轨迹的兴趣。牛顿则把开普勒定律和伽利略的研究进行了结合,从中得出了一系列关于地球上和天空中物体重力问题的牛顿定律。最近200年以来,牛顿的综合被科学家共同体接受为物理学基本定义。

  一种范式被接受后会产生出极大的意义,库恩称其为"常规科学"时期,在此时期,占主导地位的范式所提出的假设被科学家们所探究。然而,实验的结果有时候与研究者的期望以及范式所给出的假定是相矛盾的。当科学家们假定他犯了一个错误时，他必须要重新再实验一次。如果这种结果继续存在，那么他或她要拒绝这种结果是不可能的，而应该找寻错误。当这些异常结果累积时，科学家们是困惑的，但他们通常通过辩解来消除困扰。最后，一些天才，似乎总是年轻人，他们认真的分析那些异常结果，认为占主导地位的范式所提出的假设是无事实根据的，并基于新的、广泛的假设提出一种新范式，作为一种专门的新模式，用来解释那些不恰当的结果，与此同时也将旧的范式纳入其中。科学进入"革命-创新"时期，科学的基础性假设发生变化。在物理学中，相对论和量子力学是这种范式革命的实例。

在其他的学科中，如生物学中的进化论和地质学中的板块构造论，最初的范式的定义是在相对较近的时期才被接受并仍在被详细展开。一种单一的范式被科学家接受之前，相互矛盾的理论的支持者要为被接纳而努力竞争。前范式时期，在定义的方法，搜集数据的类型，原则问题等方面做出了相当大的努力和贡献。社会科学中仍处在这种前范式的境况中。因此，即使是在最发达的科学中，对于知识是人类社会建构的理解也将人类置于认识论困境中，挑战着我们对所处世界的理解和管理的能力。在本文的第五部分中，我将继续回到这种挑战中来。

喜马拉雅环境恶化论在发展话语中的力量与持久性解释

有些学者把喜马拉雅危机叙述视为社会建构物和话语事业，并试图去解释它的起源、再生产和持存（Guthman, 1997; Foreyth, 1998; Blaikle and Muldavin, 2004）问题。这与学者们在非洲致力于发展和人类环境互动研究的努力是相类似的，并且这些非洲研究适当地补充了喜马拉雅研究。（Roe, 1991; Thomas and Middleton, 1994; Leach and Mearns, 1996a、1996b）在下文中，我将运用这些材料来加以说明，为什么喜马拉雅环境恶化论能够继续被用于描述人类对喜马拉雅环境影响的解释。

为解决问题，发展规划者做出了简化的假设

关于喜马拉雅环境危机叙述，罗（Roe, 1991）关于发展规划的讨论可以帮助解释它的力量，即发展规划者需要"赋能的假设"，而这种假设的叙述可以告知他们将会发生什么，因而他们就能克服围绕在他们所需解决问题周围的最基本的不确定性。

许多不确定性的事情似乎在微观层面上，但在宏观层面上依旧可以看到大量的不确定性，其是如此之巨大，以至于需要广泛的解释性说明、可操作的和广泛应用的标准方法。那些源于发展叙述的项目蓝图的尚未解决的失败，往往只是强化而不是削弱了对某种类型的叙述的可感知的需要，而这种叙述会导致活动中的增长。(ibid.[①]：288)

霍本（Hoben，1996）认为，当这些叙述在"具体的发展计划、项目、数据收集和分析的整个过程和方法论"上运作时，它们将会成为与叙述相关的"文化范式"，并且这种范式会作为发展机构的主导。

发展规划者基于政治而非理性的决策

尽管危机叙述被许多国际研究者和参与者所摒弃，但其仍毫无疑问的作为资助金和土地使用政策的基础在印度和中国存在，这就引起了布莱吉和马尔达温（2004）的注意，他们探究了为什么这种现状会存在。他们极其肯定地认为发展政策制定者们并没有按照"理性模式"（ibid.：525）进行决策，换言之，他们认为独立客观的科学家应以经验为主（实证的）去分析存在的问题，提出解决方案，而决策者们则通过这个科学分析来设计一个方案，借此来修复确定的"问题"，但事实上制定决策的过程是"话语性的"，政治性的（图1）。

科学家们同样也受他们所接受的学科偏见和假设、目标、资助基金机构指令的影响，因而导致在浮现的"问题"上出现了相互矛盾的科学事实。制定政策者平衡了许多利益相关群体的要求和压力，在他们有利益冲突时，进行政策的选择。这些争论发生在相关问题的矛盾论述上，而这些都是基于不同的团体相信他们将从特定政策的期待产物中受益或受损。这些利益相关者团体包括生活在该区域内并受影响的经济团体，如政府和公民社会中具有权力的个人；各种政府机构；各种规模的国际非政府组织；捐助国政府和发展机构；多边捐助者和大量的媒体。制定政策者随之通过选择政策来平衡这些利益相关者群体，在政府的相关文件中都清楚地表达了这些政策。

[①] 译注：此处为罗（Roe）关于发展规划的讨论 Roe's discussion of development planning（1991），下文中的"出处同上"（ibid.），也是指该作品。

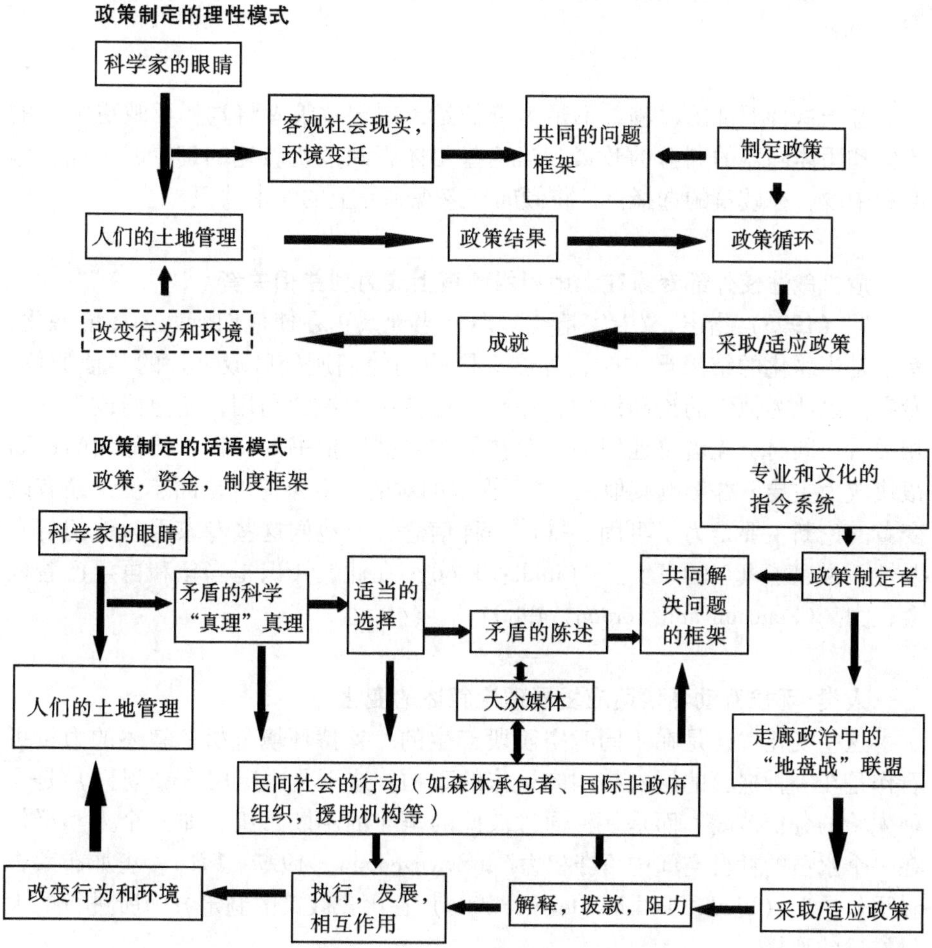

政策制定的理性模式

政策制定的话语模式
政策，资金，制度框架

（图1 政策制定的模型）

这些政策最后到了最底层，通常是不被宣传和不受欢迎的，并且在地方层面上人们会将"政策"能做到的转化为他们可以获取的。例如，当地森林保护者或其他政府人员，如村庄中的领导者，在日常生活和特定政策的"制定层面"上，他们和当地村庄里的人互相影响……然而就当时的政策来看，正如最后偶然汇成的沙滩一般，

通常很难辨认作为最初是以公众利益为名义的意图的结果。（ibid.：526）

鉴于这种混乱的过程，不足为奇的是，制定政策者将选择反映更强大的团体和团体同盟的利益的政策，当这些团体青睐危机叙述的理论时，如在印度和中国，在政策的选择上，将倾向于忽视国际上的学术共识。

危机叙述使外部专家在土地利用政策上成为利益相关者

罗（1995）指出，"专家精英"声称当地人正在使他们所处的环境恶化，特别是当恶化的结果严重时，可能会影响到他们所处区域之外的其他群体，专家们以此为他们的论断辩护，并努力地控制土地的利用，使他们成为利益相关者。同时，凭借着他们的专业技能和被授以证书的知识，使他们的论断很快成为主导，并影响其他人。"不管错的对的，专家们的论断、反论还有改变着的论断主要是为了巩固、推广一种信念，即他们这些专家因为他们的专业性而说出了真正的事实。"（ibid.：1066）在此，知识正当化和再生产着社会权力。（Foucault and Gordon，1980）

人类-环境互动话语适应发展理论叙述的变化

这些变化叙述是在不同时空阶段产生的。支持环境危机的叙述的力量可看作是在一种嵌套的层次结构内运作的事物。这不是假定层次（规模）是一种先验的分析范畴，而是一种通过彼此的争斗的不断重组，即"个人和群体在一个永恒的社会空间中争夺权力"（Swyngedouw，1997：141），正如布莱吉和马尔达温（Blaikie and Muldavin，2004）在国家政策的制定方面所进行的大量描述的那样。

基于在不同空间层级的行动者都在影响喜马拉雅环境使用模式这一认识，我认为以下这几个层次在分析中是有用的，即国际层面，国家层面，区域层面，地方和个人层面。应用的实际层次将由每一个具体的案例来加以说明。

（1）国际层面

在殖民时期，占领当局宣称环境恶化，借此从当地使用者手中夺取对当地土地资源的控制。在印度，英国殖民国的林务官员以"森林砍伐导致侵蚀"的论调为借口，来"保留"森林以提供木材生产，将土著使用者排除在外。（Gadgil and Guha，1992；Saberwal，2000）这种叙述在非洲的殖民者林务官员也在使用，只不过将其修改为人口过剩，森林砍伐，过度放牧和沙漠化等论调，这些论调甚至持续至 21 世纪。(Leach and Mearns, 1996b) 殖民国家的高压政策严重伤害到了当地人，引发当地人各种方式进行强烈的反抗。(如 Scott, 1985; Guha, 1989; Gururani, 2000) 1816 年，东印度公司战胜了尼泊尔的军队，之后英国和尼泊尔之间长期休战，直到 1846 年，忠格·巴哈杜尔·拉纳 (Jang Bahadur Rana)① 从沙阿王朝 (Shah dynasty)② 那里夺取了权力，而沙阿王朝是在 18 世纪的后半叶建立了尼泊尔。1857 年印度士兵兵变，忠格·巴哈杜尔援助东印度公司镇压了叛乱，借此进一步巩固了统治 (Raj) 和拉纳政权之间的共生关系，英殖民政府借此机会通过孤立尼泊尔免受任何现代化影响使拉纳政府长期保持专制统治，作为交换的是该地区的和平及廓尔喀族士兵的参军机会。(Regmi, 1978)

在后殖民世界里，一些获得独立的国家通常会继续推行殖民国家的相关政策。在国际层面上，外国援助者通常有能力把他们的发展理论强加给接受援助者，尼泊尔的境况可以清晰的说明。如同霍布利和马拉 (Hobley, Malla, 1996) 所叙述的那样，朱利·格斯曼 (Julie Guthman, 1997) 将 1950 年后喜马拉雅地区环境话语的变化与第二次世界大战后的发展理论的模式变化，以及尼泊尔的森林政策的变化联系起来。

格斯曼 (Guthman) 认为，在尼泊尔有过三个阶段的援助体制，即现代化阶段 (1950—1973)、基本需求阶段 (1974—1984) 和新自由主义阶段 (1985—现在)。每一种体制都有特定的捐助者群体、经济部门重点及补助与借贷的比例。每一种体制都通过主导观念得到巩固，这些主导观念通过发展的目标与策略对环境管理有着明显的影响。(ibid.: 47)

20 世纪 50 年代，拉纳家族的专制统治政权被推翻，现代化开始。新政府把"发展"作为目标，在 20 世纪 50 年代早期开展了一系列的五年计划。现代化主张以工业发展为主导，并借此鼓励当地工业进行发展，走向繁荣。依发展规律来看，基础设施可以促进发展的进程，所以几乎所有的援助者都会有各种形式的基金将其投入到基础设施的建设中，尤其是修路和发电。许多援助国都开始了项目，但只有印度和中国做了大量的工作。尽管有一位联合国林务官调用了英国殖民地林务官员在印度创造的恶化话语，这几乎没有激

---

① 译注：忠格·巴哈杜尔·拉纳 (Jang Bahadur Rana, 1817—1877)，1846—1877 年间任尼泊尔首相，沙阿王朝百年世袭首相拉纳家族的建立者。

② 译注：沙阿王朝 (Shah Dynasty, 1768—2008) 是尼泊尔历史上最后一个君主制王朝，由尼泊尔西北部的廓尔喀公国第十代王公普里特维·纳拉扬·沙阿 (Prithvi Narayan Shah) 于 1768 年建立。

起对环境的兴趣。(Robbe, 1954)

第二个阶段被称为"基本需求"阶段,通过干预的方式来弥补现代化阶段的就业和财富分配问题,使其更有效的造福穷人,同时保持经济的增长。这一时期也就是危机叙述被提出的时期。

到20世纪80年代,许多双边的、多边的和国际非政府组织的在尼泊尔开展的项目开始有了对环境的考量。为了应对政治分权舆论、发展活动的大众参与和资源集中管理等基本需求承诺的压力,尼泊尔林业部在1976年颁布了《国家林业规划》(*National Forestry Plan*),并在1980年颁布了《社区林业法》(*Community Forestry Act*)。这些法律承认森林对村民生存系统的重要性,在一些森林的管理上,给予当地政治单元和村务委员会①(Panchayats)有限的权力。

在这些年的学术和捐助者研究认识到,当地人已经在不同程度的对森林进行着管理,而政府的介入却扰乱了这种管理。(Molnar, 1981; Campbell and Bhattarai, 1984; Gilmour and Fisher, 1989)民粹派认为,当地人塑造了他们的地境,并且可以参与到与基本需求的修辞相符合的发展活动中来。社区林业又被视为加强对森林和荒地利用上至关重要的因素。双边和多边的捐助者给予的压力迫使政府遵守,尽管官僚阶层因怕失去权力而产生的阻力延缓了这个进程。

在第三阶段,也就是新自由主义阶段,这时正值里根(Reagen)当选美国总统,全球发生了次贷危机,同时,基本需求阶段在解决农业问题时遭遇失败。新自由主义思想体系坚持市场自由和世界贸易自由,反对政府对经济任何形式的干预。在这一时期,社区林业的构想成了现实,随之林业部门把森林管理权移交给当地的森林使用者小组(FGUs)(Gilmour et al., 1989; Gilmour and Fisher, 1991)。到2002年,在尼泊尔,11000个合法的森林使用者小组管理着847000顷(约合5.6万平方千米)或23%潜在的森林用地(Lachapelle et al., 2004: 2),虽然上层集团控制着绝大多数的森林使用者小组,且穷困的成员依然没有权力。(Mahapahtra, 2001; Malla, 2001; Malla et al., 2003; Lachapelle, 2004)

格斯曼(Guthmann, 1997)认为新自由主义思想体系支持了社区林业,并使其得以扩大,她还注意到人们更普遍的意识到人类与环境的话语性解释,

---

① 译注:潘查亚特制度(Panchayats),为南亚地区特别是印度、巴基斯坦和尼泊尔等国的政治制度,即"乡村五人长老会"之意,通过定期举行的乡村辩论会竞争产生。

尽管危机叙述仍然内嵌在一些环境和发展机构的叙述中（WRI，1995；Overseas Development Agency，1997），以及许多喜马拉雅周边国家的政策中。（Blaikie and Muldavin，2004）她也提出了一种发人深省的思考，但是其失败之处在于没能强调政府的技术专家和村森林用户根据个体及制度目标而调整、改变，以及将捐助政策随个体及制度目标而转移、塑造，而这些正如布莱吉和马尔达温所说明的那样。再者，因为社区林业法把对森林的控制权交给了当地的森林使用者小组，而非国家的官僚体系，所以它符合新自由主义的哲学观。但是，控制权实际上是被授予了被认为能够高效的管理森林资源的**特定群体**。整个"共同财产资源"的话语体系与新自由主义转变私有财产的解决方法是相对立的，是存有争论的。我的结论也就是格斯曼的说法，即国际力量形塑了发展叙述及政策是有见地的，但在小范围内解决方案中，必须辅以必要的因果要素。

（2）国家层面

将国家层级上的行动者包括进来考虑增加了我们对危机话语的力量及持久性的理解。首先，危机叙述拓展了在土地和资源利用上的官僚体系的权力，超过了以前他们的控制范围。第二，在采用、推广和制定政策即从事危机叙述时，为国家部委带来了外部资金，官僚体系从中增加了他们个人和机构的力量，并从中抽取资金装入私囊。格斯曼指出在捐助者的要求下，水土保护部门得以建立，这就意味着国外主导发展进程例子，但这也可以被看作是官僚体系进行扩大的机遇。当然，在这里假设所有的国家官僚及机构为了扩大他们自己和机构权力会把他们自身的独立和完整让渡给外国支配，但并非所有个体都会以这样的方式回应。

从另一个角度来看，在国家层面有影响的是那些捐助者。为什么他们会提供援助？所有捐助国大部分的目标是去帮扶贫困国，正如他们所宣称的那样，但此目标的重要性和国家在世界政治经济格局中的重要性之间有可能存在一种逆反关系。强国为政治目的而实施援助，即在国际舞台上获得支持；预防不稳定因素所引发的革命运动和敌对新政府的产生；促进国内企业经济扩张的同时，进行政策的输出；弱化接受国的独立性并使其更加依赖捐助国。综合国力强大的国家在接受援助的同时，它们可以自由的规划自己的路径，这也部分的解释了为什么印度和中国能够抵抗环境叙述的变化。

（3）区域和地方层面

在区域和地方层面上，个人和团体对政策有不同的态度，有时支持，有时反对，有时甚至是破坏。随着旨在缓解环境危机的政策出现，当地人在运用时，只采用对他们自身有利的政策，关于这点，南丁格尔（Nightingale）和雷德曼彻尔（Rademacher）在他们的章节①中都有过大量的描述。在19世纪80年代早期的苗圃和种植园时期，当建立的用于浇灌种子的水利系统中的水能够为家庭所用时，当地的领导者和团体则支持苗圃的发展。（Gilmour pers. comm., 1990）当他们被付钱时他们也会种树，但他们保护仅仅保护那些确信能从中获得一些森林产品的种植园。随着社区林业的变迁，在他们管理的森林中，扩大了用户组的权力，所以森林使用者小组和林业部门一起协作来完成官僚体系的要求。然而，这些社区凭借种姓和财富有着高度的阶级分层，因而社区森林使用者小组中，地位高和权力大的成员往往拥有决策权，他们有可能获得比他们应得份额更多的森林产品。（Malla, 2001; Lachapelle et al., 2004）在地方和区域层面上的财富和权力分层的反对潮流中的一个例子是在尼泊尔出现并蔓延的毛派叛乱。

（4）个人层面

个人会对能够提高他们地位的机遇做出反应，并借以增加他们的个人财富和权力。国际发展人员可以获得高薪金，可以比他们在家中生活的更好，住大房子，使用佣人，而且可以让自己的孩子上私立学校。如果美国公民身居国外1年以上就可以不缴纳美国个人所得税，这是在原有工资上的25%额外收入。不稀罕的是，他们不了解东道国的体制会阻碍他们去实现他们自己的发展目标，如腐败和裙带关系。至此，他们才意识到，他们并不能像自己所想象的那般成功，因而他们可能在相对较短的时间里放下原则，所以他们开始敷衍了事，或者开始相信，他们必须"现实"地面对他们的处境，并在"体制内工作"。

同样的，作为东道主国的官僚体系和地方领导者也会利用他们手中的权力，为他们自身和家庭获得更多的金钱和权力。"腐败"是普遍存在的现实，其是由结构性根源和个人的虚伪所造就（IDS, 1983; Kondos, 1987; Metz, 1995），因为个人从机构资金中中饱私囊是常态而不是例外。因此，不同级别的工作者都推崇给他们提供薪水及提供照顾亲友机会的那种话语。

然而，一些外籍专家和东道国的官员们却能够克服障碍并带来显著的改

---

① 译注：指安德烈·南丁格尔（Andera Nightingale）的文章《森林社区或社区森林：尼泊尔西北部的信仰、意义和复兴》（A forest community or community forest? Beliefs, meanings and nature in North-western Nepal）和圣安妮·M·雷德曼彻尔（Anne M Redemacher）的文章《恢复与复兴：记忆巴格马提文明》（Restoration and revival: remembering the Bagmati Civilization），均载于阿尔让·冈尔阿特恩主编（Arjun Guneratne, ed.）《喜马拉雅的文化与生态》（Culture and the Environment in the Himalaya）。

变。尼泊尔社区林业源于一位澳大利亚籍林务官和尼泊尔一位地区林业官员的共同工作，他们冒着风险改变官僚体系的规则，给予当地森林使用者小组一些管理森林的权力，因为他们都意识到，没有当地人的合作，（森林）管理是不可能的。（Mhat per. comm., 1985）尼泊尔-澳大利亚社区林业项目从该次合作中产生，并成为社区林业的试验项目，且一直持续培育着优秀的成功人才。

"结构-机构连续体"因果关系的确定

以上论述说明影响喜玛拉雅人与环境相互作用的思想，政策和方案的原因是社会结构和个人机利奇（Leach）和莫恩斯（Mearns, 1996b）指出，在后结构主义时代，他们所写的关于叙述非洲环境的书籍（Leach and Mearns, 1996a）做出了贡献，在结构和个人机构这个问题上，他们负有不同的责任（Zimmerer, 1994; Harréand Bhaskar, 2005; Chowdhury and Turner, 2006）。乔杜里（Chowdhury）和特纳（Turner）从"后实证主义"方面，简述了当地土地管理者规模下的结构与代理之间的动态，但认识论地现实主义立场与我以下所描述的内容相似，然而他们的论证逻辑可以适用于任何规模的代理人：

> 代理人不会做出独立于其存在的政治经济条件的决策以及引起相关约束的文化和历史经验。这些条件和经验塑造了家庭行为的本质，并结合生物特性考虑，调整了所做的决定。同样，这些条件并不是不可变的，而由与其自身相反的组成的家庭解释和重塑这种情况，需要注意相对于观察者的家庭决策的逻辑。在某些情况下，外部力量似乎压垮了家庭，且提高结构在理解耦合系统结果方面的作用。在其他方面，家庭在决策中显示出相当大的自由度，结果不能被理解为不注重家庭行为。根据这一要求，要全面了解，需要考虑到代理结构二进制（agent-structure binary）。（Chowdhury and Turner, 2006: 303）

通过将代理结构关系描述为二进制，乔杜里（Chowdhury）和特纳（Turner）似乎忽略了结构所体现的不同规模。我建议我们将结构看作是以不同规模力量作用的嵌套层次结构。一些结构是由物理, 地理锚定的基础设施（如建筑物和道路）以及人们使用的环境的生物物体特性（如土壤特性和能源资源）创建的。然而，大多数结构是由社会创造的，对个人或团体或其他学习实体施加权力的机构，团体和个人。

克服喜马拉雅环境话语的局限性

在喜马拉雅地带使用根据了解社会状况而定的知识，能够产生更复杂的话语并提高干预措施，就这类问题的实现，学者有不同的想法。就最基础的层面而言，学者及相关从业人员更多关注的是他们提出的假设以及能使他们变得更认真严谨的反身性思维。罗（Roe，1991）认为发展规划者应该经常叙述来克服所遇到的不可避免的不确定性事件。因此学者要参与其中，通过呈现，使用可转化，可修改的叙述方式来推动实践，这些叙述方式能克服主流叙述方式中低效，过简和错误的部分。

利奇（Leach）和莫恩斯（Mearns，1996b：31-3）旨在改善罗（Roe）通过将专业知识大众化而提供改进叙述的有限目标，即将研究与决策结合起来，并且使所有利益相关者融入确定问题和设计解决方案的过程中。他们提到的利益相关者是科学家、政府和捐助机构的决策者、地方行政人员、非政府组织以及当地居民和大众媒体。这些行动者可能会以减少重蹈覆辙的方式来挑战有关人类环境关系的主要叙述。利奇（Leach）和莫恩斯（Mearns）回答了三个可能的批评他们的建议：（1）传统的科学解释仍将是重要的，但也将包括新的观点，将引导参与者更加批判地观察科学的过程；（2）利益相关者的权力和无意识偏差的不同程度将使大众的相互作用难以实现，但如果这些差异可以被确定、面对和适应，这个过程将有助于以扩大所有参与者意识的方式来发现偏见；（3）更有效地满足替代叙述的实际需要，需要通过吸引所有利益相关者参与过程，而不仅仅依靠西方科学家和决策者的解释。

福赛斯（Forsyth）对喜马拉雅危机叙事（1998）的评论认为，西方科学家和发展从业者必须将生物物理自然科学与社会科学相结合，"提供社会环境建设的意识，同时伪造不符合环境管理或发展的不准确的声明"（ibid.：108）。福赛斯（Forsyth）试图避免实证主义和后现代相对主义的陷阱，"假设生态环境独立于人类的观念而存在，但所有认识过程的尝试都将反映社会或政治议程"（ibid.：109）。他所提倡的这种方法是将批评现实主义，文化理论和"新生态"作为理论方法。福赛斯（Forsyth）主要强调的是通过促进生物物理学和社会科学家之间的协作来优化发展质量，同时也扩大了他们所支持的社会立场的基础。他似乎并不关心在发展过程中提出发展"科目"的声音，即研究和决策民主化。

我认为，福赛斯（Forsyth）最重要的贡献是他对批判现实主义的讨论和对社会构建知识认识论的影响。后现代思想的特点是：

> 专注于话语和语言，怀疑真理和虚伪的概念以及经验检验，对诸如哲学系统或马克思主义的"元叙事"的怀疑，对知识逐渐发展的观念的不信任，……以及开放的差异和倡导"地方知识"。(Sayer, 1993: 320)

所有的这些都破坏了对真理的理解，可以很容易地理解为所有知识都是相对的，且存在于个人的头脑中。对知识与外部现实之间的关系的关注不断再现，并引起了人们的注意，而哲学家的辩论向我表明，这种关系是没有明确的"答案"的。对社会上有意义的知识本质的认知进一步加剧了歧义，所以我认为我们必须选择我们的本体论和认识论。

"批判现实主义"是哲学的立场，其认为在我们的感知之外存在着现实，而且我们可以认知这个现实。相反，理想主义认为我们只知道观念；其中一些说法，如柏拉图（Plato），他认为只有观念是真实的，一个理想的世界存在于我们的观念之外，我们只是不完全地认识到这些独立的存在，是一种非物质的观念。其他的说法，如伯克利（Berkeley）认为我们只知道自己心中的想法，而不知道现实存在的外部世界，即使它是现实存在的。在这些立场之间已经呈现出了许多的变化和篡改。

福塞斯（Forsyth）并不只是谴责话语分析在意识形态层面的影响。塞尔（Sayer, 1993），巴斯卡尔（Bhaskar, 1986），洛佩兹（Lopez）和波特（Potter, 2005）以及拉图（Latour, 2004）等都在争论现实主义认识论和本体论。塞尔（Sayer, 1993）认为后现代主义者在绝对之间建立了虚假的二分法，他称之为"泼墨翻转"（pomo flips），拒绝承认中间职位。第一个"翻转"是为了限制在"基础主义"之间的选择，即有知识的绝对基础，其允许人们了解真理和绝对相对论，这使得谈论一个真相或假相变得荒谬。塞尔（Sayer）指出这种相对主义立场之间的矛盾和后现代作家在现实主义或基础主义立场上的行为（在一个完全确定话语的世界中），基础主义和相对主义都同样有效。

相比之下，批评现实主义者认为没有绝对的真理，但是声称我们可以拥有部分或相对的真理，而独立的世界则会干预我们不正确的想法。人类的理论和话语可以具有不同程度的实际适应性，因为"话语的结构与作为其指示物的物质行为和物体的结构之间存在某种关系"（Sayer, 1993: 326-327）。

如果没有这种联系，我们可以通过想象一个新的话语来改变世界。

塞尔（Sayer）的第二个虚假的二分法是在"元叙事"之间或在总结马克思主义的话语时，其构建了一个解释所有社会现象的中心（生产力与社会关系），以及一个完全由无中心的异构网络决定的世界，除了本地以外，本地的话语不能在任何地方应用。（ibid.：332-333）塞尔（Sayer）指出，现实主义者认为存在着一种导致地域结果并被广泛复制的模式和结构，但是多个这样的因果力量是相互作用的，这使"激活他们的因果关系不太可能产生稳定的规律或秩序……它确实支持了这样的观点即一些结构（机制，对象或任何我们关心的称为它们）在形成特定结果时比其他结构更重要。"（ibid.：333-4）元叙事只能提供部分的或些许的解释，但他们确实是一种解释方式。洛佩兹（Lopez）和波特（Potter）持相同的观点：

> 我们在实验过程中利用了实证观察和人的因果关系。但解释并不直接由此产生。必须用思维推理过程来尝试辨别现实的根本特征，这就是真正的因果机制不能抵达的领域。我们的观察和推论可能是错误的，同样重要的是，我们的观察和推断也是有限的。我们从特定的角度来看事物，其中包括时间和文化的限制。因此，随着知识的发展，希望我们能提供越来越真实的现实。但这种"积累"的知识，并不能保证能使这个进度提前……现实主义本体论在科学上给予了实证观察强大的地位，但也坚持认为事物本身的真相通常不在于表面，更侧重于底层结构。（Lopez and Potter，2005：12）

塞尔（Sayer）的第三个虚假的二分法是给予西方文化与科学之间的唯一基础以特权，并且是绝对的文化相对主义，它将"真理"完全视为话语功能的一部分的。如果没有标准可以对世界的不同解释进行判断，那么强权就可以把对被压迫者的批评视为只是他们话语的功能而已。同样，如果话语是完全相对的，那么种族主义者的话语将被视为与维权活动家的话语一样有效。莫兹莉（Mawdsley）试图利用在加瓦尔（Garwhal）的特里水坝（Tehri Dam）争取更多政治意图的例子来对印度教权利进行批判性讨论，体现了道德标准必须指导人们的解释。可以含蓄地说，她的文章实际上是这本书的所有文章的总括，如果其不是明确地，那么就可以假定一个批判性的现实主义认识论：作者认为他们正在描述独立于他们感知的事件和过程，同时试图找出叙事和话语，来审视自己的经验和他们研究的个人和团体。

本文的文化和认识论背景

由于这本书是探讨喜马拉雅环境文化之间的关系,所以我想给出明确的假设,即我相信这种研究会有效的促进西方教育发展从业者。本文明确地把西方科学作为文化的基础,但我所试图使用的科学是以批判现实主义为主的。我认为科学与所有的人类知识基本相似,即将正式的假设、概念和逻辑系统与我们的经验世界相结合,尽管如此,但科学是一种更加严谨、具有自我意识的一种知识。

首先,科学在其严谨性上是独一无二的。它只考虑人类经验的那些方面是可以毫不含糊地传达的,这通常意味着可以被操作界定,这也就意味着我们可以通过我们用来测量它的过程来定义"范围"。同时也意味着我们排除了无法界定的广泛而丰富的人类经验。第二,科学家试图确定和明确他们的假设和定义,他们试图"反思"。然而,本文的大部分内容都阐述了叙事和其他解释模式是如何不自觉地成为科学界社会思维的一部分的,以及这些叙述是如何扭曲了这种思维的。第三,科学采用非常严谨的逻辑,尤其是数学,所以科学家提出的观点的逻辑可能没有缺陷。这些问题源于假设和论据所依据的数据或"事实":本文提供了丰富的证据,来证明这些数据和事实通常是由科学家所做的假设决定的。第四,科学实验从来都不是一个理论,但不能伪造它。当科学家探讨一个理论时,他或她将运用理论的数学表达式来预测执行实验 A 将导致可观察的现象 B。如果科学家确实观察到现象 B,那就不能证明这个理论,甚至更精确地说,可能有其他更好的理论,也可以预测现象 B。爱因斯坦(Einstein)的相对论就是物理学的一个明显的例子。事实上,根据最近的历史,科学家应该期望当前的理论在将来的某个时候被替代。

除此之外,本章将会揭示个体是如何运用假设和心理模式去决定自己的行为,来处理与其相关的环境问题,并且来讨论他们的文化是如何反应和再造这些假设的。这些假设和模式往往倾向于把人们推向天真的现实主义或理想主义的"旋涡"。而我倾向于更成熟和更细微的批判现实主义的方法,那些令人难以置信的基于科学的方法操纵着我们的环境,使那些外行人和许多研究者放弃了科学的关键本质,从而天真的用假设的模式代替了真实的世界。同样的,发展从业者对"科学"几乎很少存在批判性的解释,而是在寻求对他们计划有利的解释。但批判现实主义者承认所有知识的不确定性和模糊性,并且以科学为己任去探讨更深层次的东西。

尽管我们的知识具有不确定性,文化偏见和相对性,但我相信我们需要选择一个现实主义的立场：尽管存在于我们头脑之外的世界并不完美，但我们可以探索学习。此外，我们的实际生活和我们的环境息息相关，这恰巧证明我们能够对我们的现实行动有较为准确的了解。我发现自己找到了哲学史中的两个轶事，破坏者塞缪尔·约翰逊（Samuel Johnson）通过踢岩石声称自己驳斥了伯克利（Berkeley）的理想主义；基尔凯戈尔（Kierkegaard）用他精心设计的理想主义者——建立一座宏伟宫殿的王者，而现实中确生活在一边的棚屋里——与黑格尔（Hegel）哲学作比较。

我们在我们的日常生活中都是现实主义者：我们可以而且经常性的犯错误，并且保持着我们未经考虑的假设，但是至少部分成功的活动表明，尽管不完美，但我们知道"现实"。

世界往往比我们想象的更复杂，所以我们永远都不会完全了解世界。这种体认削弱了对现实主义的要求，但正是由于这种不确定性的存在我才主张我们必须选择现实主义者。毕竟，人类存在本身就是一种不确定性，所以我们才不断地选择如何赋予其意义。库恩（Kuhn）和福柯（Foucault）确定并给出了答案，即我们的思维方式受到了我们的社会团体用来解释世界的方式和命名的影响。通过对一个话语或范例的命名，我们能够意识到我们社会建构意义和假设是如何影响我们的思维和行动的。在此福赛斯（Forsyth）所强调的反思性得到了加强。

结　　论

在本文中，我试图解释接受和拒绝喜马拉雅环境急剧恶化叙事的原因。以下是一些总结：

第一，关于人类对喜马拉雅环境的影响的观念是基于叙述或话语的，其简化的介绍了即将发生的灾难故事，并指出了减轻和扭转灾难的行动。试图通过反复实践来确定灾难情景产生的过程，并从这些叙述中找出失败的原因，从而对问题进行更精确和更细致的重新评估，并改进相关政策，比如社区林业等。

第二，人为因素导致的环境退化，例如生物多样性的丧失和生存资源的稀缺，但这些过程的强度在当地有所不同；此外，这些进程正受到诸如国家森林政策和国际援助等力量的影响，并且超出了村庄的地理范围。

第三，当地村民能够通过建设露台，种植树木，建立社会机构管理森林和其他资源，积极地改善环境，实现生活需要。喜马拉雅环境恶化论中关于他们的行为只会降低他们的环境的假设是错误的。

第四，危机叙事的力量来自于利益，这种利益能为运作的多个机构和个体行动者在国际，国家，地区，地方和个人层面上带来好处。

第五，例如，在后殖民时期，美国和她的盟友通过提倡波动的发展话语，以及为自己的双边机构和多边机构提供资金，来指导喜马拉雅的发展，创造和管理符合他们发展话语的方案。在全国范围内，政府机构采取危机叙述，以确保国际援助的流通或确保国家控制资源的合理性。

第六，在区域和地方层面上，"大人物"通过选举途径，通过创建非政府组织，以及通过当前的环境话语来证明他们对发展资金的要求。国际和国家层面的发展规划者和政策制定者使用这种叙述来指导规划，因为他们获得的解决问题的准确信息很少，而这种叙述告诉他们需要做些什么。他们的学术训练给了他们专业的知识，并使得他们声称自己也成了当地土地使用决策的利益相关者。

第七，决策过程是一个政治过程而不是理性的过程，其中最终实施的政策是由许多"利益相关者"所施加的所有压力之间权衡的结果。

第八，在学术研究和发展实践中所扮演研究环境危机角色的学者认为，如果学者和发展从业者能够更加意识到发展叙事和其他形式的话语所产生的扭曲，那么他们的研究和发展将更加有效。

第九，此外，承认知识的社会应变，将使规划者和决策者更愿意考虑并赋予其他对人与环境的相互作用和其他问题的解释的权力。这种努力的关键在于结构互动，使所有参与者都有权力增进他们的兴趣，但创造和维持这样的结构是一个持续的挑战。

第十，批评现实主义者挑战了知识在社会建构中所隐含的认识论问题，这些批评现实主义者认为我们可以认识一个外部世界，但只能部分和不完全地认识；当我们的知识极度不准确时，实际事件就会导致我们的解释无效，并且迫使我们修正它们。

十一，通过更长远的观点，我们可以将超级危机叙事的出现和拒绝的整个过程作为理想化科学工作的一个例子来解释：提出模型，评估其准确性，原始"理论"被修正或改进。

参考书目

Alford, D. K. 1992. Hydrological Aspects of the Himalayan Region, ICIMOD Occasional Paper 18, Kathmandu: International Centre for Integrated Mountain Development.

Bajracharya, D. 1983a. Deforestation in the Food/Fuel Context: Historical and Political Perspectives from Nepal, Mountain Research and Development, 3 (3): 227-40. 1983b. Fuel, Food or Forest? Dilemmas in a Nepal Village, World Development, 11 (12): 1057-1074.

Bhaskar, R. 1986. Scientific Realism and Human Emancipation, London: Macmillan and Co.

Blaikie, P. and Muldavin, J. 2004. Upstream, Downstream, China, India: The Politics of Environment in the Himalayan Region, Annals of the Association of American Geographers, 94 (3): 520-548.

Botkin, D. B. 1990. Discordant Harmonies: A New Ecology for the Twenty-First Century, New York: Oxford University Press.

Bowonder, B. 1982. Deforestation in India, International Journal of Environmental Studies, 18: 223-236.

Brower, B. 1991. Sherpa of Khumbu: People, Livestock and Landscape, Delhi: Oxford University Press.

Bruijnzeel, L. A. and Bremmer, C. N. 1989. Highland-Lowland Interactions in the Ganges-Brahmaputra River Basin: A Review of Published Literature, ICIMOD Occasional Paper No. 11, Kathmandu: International Centre for Integrated Mountain Development.

Byers, A. 1987a. An Assessment of Landscape Change in the Khumbu Region of Nepal Using Repeat Photography, Mountain Research and Development, 7 (1): 77-81. 1987b. Landscape Change and Man-Accelerated Soil Loss: The Case of the Sagarmatha (Mt. Everest) National Park, Khumbu, Nepal, Mountain Research and Development, 7 (3): 209-216.

Cain, M. 1978. The Household Life Cycle and Economic Mobility in a Village in Bangladesh, Population and Development Review, 4: 421-438.

Campbell, J. G. and Bhattarai, T. N. 1984. People and Forests in Hill Nepal: Preliminary Presentation of Findings of Community Forestry Household and Ward Leader Survey, Community Forestry Development Project Paper 10, Kathmandu: HMG/UNDP/FAO.

Carson, B. 1985. Erosion and Sedimentation Processes in the Nepalese Himalaya, ICIMOD Occasional Paper 1, Kathmandu: International Centre for Integrated Mountain Development.

Christiansen, N. L. 1989. Landscape History and Ecological Change, Journal of Forest History, 33 (3): 116-125.

Chowdhury, R. R. and Turner, B. L. 2006. Reconciling Agency and Structure in Empirical Analysis: Smallholder Land Use in the Southern Yucatan, Mexico, Annals of the Association of American Geographers, 96 (2): 302-322.

Claiborne, W. 1983. Erosion is Laying Waste to Life in Shadow of the Himalaya, The Washington Post, 18 July A15.

Clements, F. E. 1936. The Nature and Structure of the Climax, Journal of Ecology, 24 (1): 252-284.

Donovan, D. G. 1981. Fuelwood: How Much do We Need?

Eckholm, E. 1975. The Deterioration of Mountain Environments, Science, 189: 764-770. 1976. Losing Ground: Environmental Stress and World Food Prospects, New York: W. W. Norton and Company.

Fricke, T. E. 1986). Himalayan Households: Tamang Demography and Domestic Processes, Ann Arbor, MI: UMI Research Press.

Forsyth, T. 1998. Mountain Myths Revisited: Integrating Natural and Social Environmental Science, Mountain Research and Development, 18 (2): 107-116.

Foucault, M. and Gordon, C. 1980. Power/Knowledge: Selected Interviews and Other Writings 1972-1977, New York: Pantheon Books.

Fox, J. M. 1984. Firewood Consumption in a Nepali Village, Environmental Management, 8 (3): 243-249. 1993. Forest Resources in a Nepali Village in 1980 and 1990: The Positive Influence of Population Growth, Mountain Research and Development, 13 (1): 89-98.

Fürer-Haimendorf von, C. 1975. Himalayan Traders: Life in Highland Nepal, London: John Murray.

Gadgil, M. and Guha, R. 1992. This Fissured Land: An Ecological History of India, New Delhi: Oxford University Press. 1995. Ecology and Equity: The Use and Abuse of Nature in Contemporary India, London and New York: Routledge.

Gerrard, A. J. and Gardner, R. 2000. Relationships between Rainfall and Landsliding in the Middle Hills of Nepal, Norsk Geografisk Tidsskrift, 54: 74-81. 2002. Relationships Between Landsliding and Land Use in the Likhu Khola Drainage Basin, Middle Hills, Nepal, Mountain Research and Development, 22 (1): 48-55.

Gilmour, D. A. 1988. Not Seeing the Trees for the Forest: A Reappraisal of the Deforestation Crisis in Two Hill Districts of Nepal, Mountain Research and Development, 8 (4): 343-50. 1990. Resource Availability and Indigenous Forest Management Systems in Nepal, Society and Natural Resources, 3: 145-158.

Gilmour, D. A., Bonell, M. and Cassells, D. S. 1987. The Effects of Forestation on Soil Hydraulic Properties in the Middle Hills of Nepal: A Preliminary Assessment, Mountain Research and Development, 7 (3): 239-249.

Gilmour, D. A. and Fisher, R. J. 1991. Villagers, Forests and Foresters: The Philosophy, Processes and Practice of Community Forestry in Nepal, Kathmandu: Sahayogi Press.

Gilmour, D. A., King, G. C., and Hobley, M. 1989. Management of Forests for Local Use in the Hills of Nepal. 1: Changing Forest Management Paradigms, Journal of World Forests Resource Management, 4 (2): 93-110.

Gilmour, D. A. and Nurse, M. C. 1991. Farmer Initiatives in Increasing Tree Cover in Central Nepal, Mountain Research and Development, 11 (4): 329-337.

Guha, R. 1989. The Unquiet Woods: Ecological Change and Peasant Resistance in the Himalaya, Berkeley: University of California Press.

Gururani, S. 2000. Regimes of Control, Strategies of Access: Politics of Forest Use in the Uttrakhand Himalaya, India, in A. Agrawal and K. Sivaramakrishnan (eds.) Agrarian Environments: Resources, Representation, and Rule in India, Durham, NC: Duke University Press.

Guthman, J. 1997. Representing Crisis: The Theory of Himalayan Environmental Degradation and the Project of Development in Post-Rana Nepal, Development and Change, 28: 45-68.

Harré, R. and Bhaskar, R. 2005. How to Change Reality: Story v. Structure. A Debate between (Rom Harré and Roy Bhaskar), in J. Lopez and G. Potter (eds.) After Postmodernism: An Introduction to Critical Realism, New York: Continuum International Publishing Group.

Hamilton, L. S. 1987. What Are the Impacts of Himalayan Deforestation on the Ganges-Brahmaputra Lowlands and Delta? Mountain Research and Development, 7 (2): 256-263.

Henry, J. D. and Swan, J. M. 1974. Reconstructing Forest History from Live and Dead Plant Material—An Approach to the Study of Forest Succession in Southwest New Hampshire, Ecology, 55 (4): 772-783.

Hoben, A. 1996. The Cultural Construction of Environmental Policy: Paradigms and Politics in Ethopia, in M. Leach and R. Mearns (eds.) The Lie of the Land: Challenging Received Wisdom on the African Environment, Oxford: International African Institute.

Hobley, M. and Malla, Y. B. 1996. From Forests to Forestry—The Three Ages of Forestry in Nepal: Privatization, Nationalization, and Populism, in M. Hobley (ed.) Participatory Forestry: The Process of Change in India and Nepal, London: Rural Development Forestry Network, Overseas Development Institute.

IDS 1983. Foreign Aid and Development in Nepal, Kathmandu: Integrated Development Systems.

Ives, J. D. 1980. Crisis in the Himalaya, Development Forum, 9 (7): 9-10. 1987. The Theory of Himalayan Environmental Degradation: Its Validity and Application Challenged by Recent Research, Mountain Research and Development, 7 (3): 189-199. 2004. Himalayan Perceptions, New York: Routledge.

Ives, J. D. and Messerli, B. 1989. The Himalayan Dilemma: Reconciling Development and Conservation, Tokyo: The United Nations University and London and New York: Routledge.

Ives, J. D., Messerli, B. and Thompson, M. 1987. Research Strategy for the Himalayan Region: Conference Conclusions and Overview, Mountain Research and Development, 7 (3): 332-344.

Johnson, K., Olson, E. A. and Manandhar, S. 1982. Environmental Knowledge and Response to Natural Hazards in Mountainous Nepal, Mountain Research and Development, 2 (2): 175-188.

Kaith, D. C. 1960. Forest Practices in Control of Avalanches, Floods, and Soil Erosion in the Himalayan Front, Vol. III: Fifth World Forestry Congress Proceedings, Seattle.

Kondos, A. 1987. The Question of 'Corruption' in Nepal, Mankind, 17 (1): 15-29.

Kuhn, T. 1962. The Structure of Scientific Revolutions, 2nd edn., Chicago: University of Chicago Press.

Lachapelle, P., Smith, P. D. and McCool, S. F. 2004. Access to Power or

Genuine Empowerment? An Analysis of Three Community Forest Groups in Nepal, Human Ecology Review, 11 (1): 1-12.

Latour, B. 1997. Constructing Actor-Network Theory, in M. Michael (ed.) Constructing Identities, London: Sage. 2004. Why Has Critique Run Out of Steam? From Matters of Fact to Matters of Concern, Critical Inquiry, 30: 225-248.

Leach, M. and Mearns, R. 1996a. The Lie of the Land: Challenging Received Wisdom on the African Environment, Oxford: International African Institute. 1996b. Environmental Change and Policy: Challenging Received Wisdom in Africa, in M. Leach and R. Mearns (eds.) The Lie of the Land, Oxford: International African Institute.

Levenson, B. 1979. Fuelwood Utilization: A Study of the Demand and Availability of Fuelwood Resources at Six Selected Villages, Kathmandu: Integrated Water Management Project (IWM/PTR/9) Ministry of Forest, Department of Soil and Water Conservation, HMG Nepal.

Lopez, J. and Potter, G. 2005. After Postmodernism: The New Millennium, in J. Lopez and G. Potter (eds.) After Postmodernism: An Introduction to Critical Realism, New York: Continuum International Publishing Group.

Mahapatra, R. 2001. Betrayed: Nepal's Forest Bureaucracy Prepares for the Funeral of the Much Hailed Community Forest Management Programme, Down To Earth, 9 (22): 20.

Mahat, T. B. S., Griffin, D. M. and Shepherd, K. R. 1986a. Human Impact on Some Forests of the Middle Hills of Nepal Part 1. Forestry in the Context of the Traditional Resources of the State, Mountain Research and Development, 6 (3): 223-232. 1986b. Human Impact on Some Forests of the Middle Hills of Nepal Part 2. Some Major Impacts Before 1950 on the Forests of Sindhu Palchok and Kabhre Palanchok, Mountain Research and Development, 6 (4): 325-3341987a. Human Impact on Some Forests of the Middle Hills of Nepal Part 3. Forest in the Subsistence Economy of Sindhu Palchok and Kabhre Palanchok, Mountain Research and Development, 7 (1): 53-70. 1987b. Human Impact on Some Forests of the Middle Hills of Nepal Part 4. A Detailed Study in Southeast Sindhu Palchok and Northeast Kabhre Palanchok, Mountain Research and Development, 7 (2): 111-133.

Malla, Y. B. 2001. Changing Policies and the Persistence of Patron-Client

Relations in Nepal: Stakeholders' Responses to Changes in Forest Policies, Environmental History, 6 (2): 287-307.

Malla, Y. B., Neupane, H. R. and Branney, P. J. 2003. Why Aren't Poor People Benefiting More from Community Forestry? Journal of Forest and Livelihood, 3 (1): 78-92.

Messerli, B. and Hofer, T. 1995. Assessing the Impact of Anthropogenic Land Use Change in the Himalayas, in G. P. Chapman and M. Thompson (eds.) Water and the Quest for Sustainable Development in the Ganges Valley, London: Mansell.

Metz, J. J. 1990. Forest Product Use in Upland Nepal, Geographical Review, 80 (3): 279-287. 1991. A Reassessment of the Causes and Severity of Nepal's Environmental Crisis, World Development, 19 (7): 805-20. 1995. Development in Nepal: Investment in the Status-Quo, GeoJournal, 35 (2): 175-184.

Molnar, A. 1981. Nepal: The Dynamics of Traditional Systems of Forest Management: Implications for Community Forestry Development Policy, Washington, DC: The World Bank.

Myers, N. 1986. Environmental Repercussions of Deforestation in the Himalayas, Journal of World Forest Resource Management, 2 (11): 63-72.

Nag, M., White, B. N. F. and Peet, R. C. 1978. An Anthropological Approach to the Study of the Economic Value of Children: Java and Nepal, Current Anthropology, 19 (2): 293-306.

Nield, R. S. 1985. Fuelwood and Fodder: Problems and Policy, Working Paper, Water and Energy Commission Secretariat. Kathmandu, Nepal.

Odum, E. P. 1969. The Strategy of Ecosystem Development, Science, 164: 262-270.

Oliver, C. D. 1981. Forest Development in North America Following Major Disturbances, Forest Ecology and Management, 3 (3): 153-168.

Ostrom, E. 1990. Governing the Commons: The Evolution of Institutions for Collective Action, Cambridge: Cambridge University Press.

Overseas Development Agency 1997. Natural Resources Research: Working for Development, Third Report on ODA's Renewable Research Strategy, London: ODA Natural Resources Development Department.

Pickett, S. T. and White, P. S. 1985. The Ecology of Natural Disturbance and Patch Dynamics, Orlando, FL: Academic Press.

Rangan, H. 2000a. State Economic Policies and Changing Regional Landscapes in the Uttarakhand Himalaya, 1818-1947, in A. Agrawal and K. Sivaramakrishnan (eds.) Agrarian Environments, Durham, NC: Duke University Press.

Ramsay, W. J. H. 1986. Erosion Problems in the Nepal Himalaya: An Overview, in S. C. Joshi et al. (eds.) Nepal Himalaya Geo-ecological Perspectives, Naini Tal, India: Himalayan Research Group.

Regmi, M. C. 1971. A Study in Nepali Economic History, 1768-1846 Bibliotheca Himalayica, ser. 1, v. 14. New Delhi: Manjur Publishing House. 1978. Thatched Huts and Stucco Palaces: Peasants and Landlords in 19th-Century Nepal, New Delhi: Vikas.

Robbe, E. 1954. Report to the Government of Nepal on Forestry, ETAP Report No. 209, Rome: Food and Agricultural Organization of the United Nations.

Roe, E. M. 1991. Development Narratives, or Making the Best of Blueprint Development, World Development, 19 (4): 287 - 300. 1995. Except Africa: Postscript to a Special Section on Development Narratives, World Development, 23 (6): 1065-1069.

Saberwal, V. 2000. Environmental Alarm and Institutionalized Conservation in Himachal Pradesh, 1865-1994, in A. Agrawal and K. Sivaramakrishnan (eds.) Agrarian Environments, Durham, NC: Duke University Press.

Sayer, A. 1993. Postmodernist Thought in Geography: A Realist View, Antipode, 25 (4): 320-344.

Scott, J. C. 1985. Weapons of the Weak: Everyday Forms of Peasant Resistance, New Haven, CT: Yale University Press.

Seddon, D. 1987. Nepal: A State of Poverty, New Delhi: Vikas Publishing House.

Starkel, L. 1972. The Role of Catastrophic Rainfall in the Shaping of the Relief of the Lower Himalaya (Darjeeling Hills), Geographica Polonica, 21: 103-147.

Sterling, C. 1976. Nepal, The Atlantic Monthly, 238 (4): 14 - 25. 1981. The Terror Network: The Secret War of International Terrorism, New York: Henry Holt and Co.

Stevens, S. F. 1993. Claiming the High Ground: Sherpas, Subsistence, and Environmental Change in the Highest Himalaya, Berkeley: University of California Press.

Stocking, M. 1996. Soil Erosion: Breaking New Ground, in M. Leach and

R. Mearns (eds.) The Lie of the Land, Oxford: International African Institute.

Swyngedouw, E. 1997. Neither Global nor Local: 'Glocalization' and the Politics of Scale, in K. Cox (ed.) Spaces of Globalization: Reasserting the Power of the Local, New York: The Guilford Press.

Thomas, D. and Middleton, N. 1994. Desertification: Exploding the Myth, Chichester: John Wiley and Sons.

Tiwari, P. C. 2000. Land-Use Changes in Himalaya and Their Impact on the Plains Ecosystem: Need for Sustainable Land Use, Land Use Policy, 17 (2): 101-111.

WRI 1995. Tropical Forests: A Call for Action. Report of an International Task Force Convened by the World Resources Institute, the World Bank, and the United Nations Development Programme, Washington, DC: World Resources Institute.

Wallace, M. 1981. Solving Common Property Resource Problems: Deforestation in Nepal, PhD thesis, Harvard University.

Wiart, J. 1983. Ecosystème Villageois Traditionnel en Himalaya Népalais: La Production Forestière Suffit-Elle aux Besoins de la Population? PhD thesis, Université Joseph Fourier, Grenoble, France.

Wyatt-Smith, J. 1982. The Agricultural System in the Hills of Nepal: Ratio of Agricultural to Forest Land and the Problem of Animal Fodder, Occasional Paper No. 1, Kathmandu: Agricultural Projects Services Centre (APROSC).

Zimmerer, K. 1994. Human Geography and the 'New Ecologies': The Prospect and

Zurick, D. N. 1990. Traditional Knowledge and Conservation as a Basis for Development in a West Nepal Village, Mountain Research and Development, 10 (1): 23-33.

水电国公民：尼泊尔水利发展前沿中的地域性与能动性[①]

康奈尔大学人类学系　Austin Lord　著
西藏大学旅游与外语学院　次仁德吉　译

摘　要：本文研讨尼泊尔持续加剧的，想成为"水电国"的尝试，以民族志为出发点，主要关注尼泊尔中部特耳苏里河上游和塔芒科氏河上游水域水电发展前沿出现的新型主体性、认同和能动性。通过13个月的田野调查和民族志观察，本文提出一系列论点。这些论点是有关一个想象的未来水电国与生活和工作在持续扩展的水电前沿的尼泊尔公民之间同步演化的关系。根据本文主题，我的分析聚焦一下几个方面：（1）尼泊尔水电发展的规模和速度；（2）水电领域在尼泊尔近代史上的政治动荡和政府在真空状态中的多元角色；（3）基于"项目影响"的身份认同而不断复杂化的认可政治；（4）由利益共享的股份制模式剧增所激发的金融化和可动化及其影响到了风险分担和股权的公共话语趋势。基于现有对喜马拉雅水电发展的其他重要学术研究，本文通过民族志叙述塑造生活经历的水电发展微观政治和实践来解析被抽象化的尼泊尔水电技术和话语。

关键词：能源政治　金融　企业的社会责任　国家建设　喜马拉雅研究

在一个泥土路面的停车场内，拉苏瓦伽迪（Rasuwaghadi）水电站项目（111兆瓦）现场工作人员面前，响起了大喇叭，断断续续地念着一连串的名字，当地妇女身着传统塔芒服饰、头戴厨师白帽一个接着一个走到拿着话筒的项目官员面前领取培训结业证。这些妇女被划定为"项目影响人群"（ayojanale prabhabt manchhe）。这些证书代表她们已经完成了由水电工程项目赞助的为期13天的烹饪培训课程。这些课程作为关注民生所履行的部分企业社会责任项目。地区政府官员、尼泊尔警察和军队成员、中方项目承包方

[①] 原文在《经济人类学》上发表，经作者同意用中文再版。原出处为 Lord, A.（2016），Citizens of a Hydlropower Nation: Territory and Agency at the Frontiers of Hydropower Development in Nepal. *Economic Anthropology*, 3: 145-160. Doi: 10.1002/sea2.12051

水电国公民：尼泊尔水利发展前沿中的地域性与能动性

CW&E 公司的总工程师，当地项目关注委员会官员，以及其他水电项目官员等齐聚一堂，每个人胸前都别着一枚徽章表明他们参加此次仪式的正式性。大约有 150 名来自提木里（Timure）、达佩帝（Dalphedi）、卡迪（Khaidi）和噶特郭拉（Gattekhola）等周边村子的村民参加了此次仪式，他们互相之间说着自己的深受藏语影响的方言塔芒语。一小群年轻的 CW&E 工作人员（或者可称为国有跨国中国水利水电第七工程局，世界上规模最大的水电企业），一半是中国人一半是尼泊尔人正站在停车场的边缘看着证书颁发仪式的进行，他们都在抽着中国香烟，他们都是从遥远的家乡来到这个偏远水电前线的流动工人。在一系列的简短讲话和一些当地项目关注小组递交了一连串的要求之后，整个仪式以受训人员主厨为大家做好的一顿饭菜和由六位当地妇女表演一首塔芒民歌的"文化节目"结束。我们所处的位置离中国西藏自治区边境仅有四公里的路程，而以上提及的大型水电项目的施工起始地离中国刚开放不久、在拉苏瓦伽迪交界的拱形中国界碑的岗哨还不到 500 米的距离。

设计该培训项目的用意是为了响应当地项目关注委员会在期盼最近吉隆公路竣工后带来的旅游业过程中希望促进技能发展和当地人学习烹饪中国菜和大陆菜系。吉隆公路直接穿过以上提及的两个村落且是贯穿喜马拉雅中部第二条可通机动车的主要公路，即将成为连接尼泊尔和中国内地及青藏高原的主要商业动脉。这条路、桥和待建的主要陆港设施都反映了近期中国在尼泊尔的投资模式和"跨越喜马拉雅的握手"（handshake over the Himalaya）（Murton et al., 2017）即跨界基础设施建设的项目。① 这些村落里的居民对于自己周围环境变化的速度感到既兴奋又担心。同时这些住在中尼边境的尼泊尔居民中的大部分人都持有中尼边民证，他们可以持此证跨境去中国西藏进行区域贸易或探亲（Shneiderman, 2013）：这也正是喜马拉雅边境地区之间流通的历史模式的一种当代演绎。

这一地区的很多家庭都拥有齐莱姆（Chilime）水电公司公开交易的股份反映了这一时代变化，这是齐莱姆水电公司在离下游 20 千米的地区修建水电项目（22.1 MW）时作为利益分享项目卖给当地被项目影响的人（详情如下）。② 与此同时，这个区域内的大部分人很期望在项目结束时能从齐莱姆水

---

① 关于尼泊尔北部边陲的基础设施建设和中方在此投资的更多详情请看 Murton, Lord & Beazley 2017（新闻报道）。

② 齐莱姆水力发电项目于 2003 年完工；2010 年在本地发行了股票。

159

电公司的子公司拉苏瓦伽迪水电公司获得更多的像之前的"股东权益模式"那样的股份。值得关注的是,在拉苏瓦(Rasuwa)地区,2010年间被项目影响的人当中购买齐莱姆水电公司股份的人数远远超出2013年11月进行国家选举时参与投票的人数。① 这些是水电发展前沿权利和领土的几何式转变,体现了想象的"水电国"公民地位和主体性的改变。②

尼泊尔处于当代复苏的喜马拉雅水电发展的中心地带③:即一个正在挣扎的国家,它虽然拥有丰富的水资源但是正经历能源严重不足的情况,通常它又被纳入全球气候变化对"亚洲水塔"带来影响的范围内④,在上游和下游两个超级大国竞争投资的形势下被卷入了能源安全和区域经济连通性的特殊地理政治环境中。因此,尼泊尔成为水电国的雄心壮志将喜马拉雅地区水文学⑤的不确定性和复杂性与以下几个方面紧紧联系在一起:近3000万尼泊尔人民的消费模式和供电需求的改变,使电力出口到南亚电网的可能性变得极大,及中国跨国水电公司⑥在喜马拉雅地区实施工程的柔性外交,喜马拉雅多重维护超过10亿人的生命、生机和多样生态系统的"水-能源-食物链"。(Rasul,2014)

陷入这一更高层面的紧迫感和不确定性中,尼泊尔继续成为上演一系列"规模制造项目(scale-making projects)(cf. Tsing, 2000)的舞台,竞争者在变化的联盟中形成自己独有的配置规模发起了无数的运动"(Tsing, 2000:327)——动员了一系列超出尼泊尔国境的惊人的政治、经济、环境资源,并形成了一个动荡的互动带。在国家规模上,尼泊尔的民众和成千上万的人得被划分为项目影响人被卷进了一场具有尼泊尔特点的

---

① 总共有31123人购买了齐姆莱公开发行的股票(2011年齐莱姆水力发电公司),与之相比2013年在拉苏瓦地区的第二轮选民集中选举中有23533人参与投票(2014年尼泊尔选举委员会)。

② 2013年电力峰会的中心主题:加快水力发电发展的脚步(加德满都,2013年8月26-27日),召集了来自水力发电行业的代表们、发展专家、政府官员、大使们和外国投资者召开的一个国家级会议。

③ 详看Dixit 和 Gyawali(2010),Baghel 和 Nusser(2010),Rest(2012),Baruah(2012),Huber 和 Joshi(2013),Nusser(2014) and Butler(新闻报道)。

④ 详看Eriksson et al.(2009)和Bandyopadhyay(2013)。

⑤ 详看Gyawali 和 Dixit(2001)和Thompson et al.(1983)。

⑥ 详看International Rivers(2012)和McDonald et al.(2009)关于中国水力发电部门的快速全球化发展。

水电空间（hydroscape）①的创造中，即关于资源缺乏、能源主权、政治稳定、区域合作、扶贫、社会公正及其国家的进步等方面互相重叠的叙述。文中我实证式地描述多种地域化和资本化过程的演变，这些演变伴随着对水电前沿中的流动疆界具有成型作用的务实影响政治（politics of affectedness）。

通过13个多月，从2012年9月至2015年4月，对上特耳苏里和上塔芒科氏水域②的研究点为主的田野调查后，我提出一种对尼泊尔水电发展基于实证、具有选择性的叙述，包括以下几个方面：（1）一系列不同的力量和期望形成了当前尼泊尔水电发展前沿维度；（2）由于近期政治动荡形成的尼泊尔水电领域的特殊地位；（3）基于受项目影响的身份认同而涌现的认可政治，在其持续变化的权利话语中引导出多个新的能动性；（4）金融化利益粉红模式的扩散，在其重造风险和机遇的景观里想象的水电国公民们必须自己把握方向。统筹考虑，互相贯通的这四个方面不仅是指向塑造尼泊尔水电未来转型的关键，而且也是尼泊尔公民如何组织他们自己面对发展的多尺度叙述的重要转折点。

当水电项目以分型式（fractal patterns）覆盖尼泊尔多样自然和人文地理的同时，各类不同的尼泊尔人受到影响并被定义如下：作为集体造就聚合式需求的用电户；作为影响经济增长的有需求、有期望和追求目标的消费者；作为金融化、带有地域权提出受用水电发展利益的分股者；作为受项目影响和负担其代价的不同类别的人；作为有强烈的发展、希望有机会成为发达（bikasit）社会一员的公民。③

在2015年干燥的冬季，尼泊尔全国人民都在争论塔芒科氏上游水电项目（456兆瓦）的情况，不仅是因为此水电项目的实施预示着即将结束加德满都每天停电16小时的情况，而且是因为他们未能给予公平地购买此电力项目未

---

① 通过一波聚焦水资源管理和构建具争议的进步、甲方和改善这些观念之上的"社会自然调解（socionatural intervention）"概念，埃里克·史温吉道构造了很流行的水景观（waterscape）这个词来讨论可能性地境（landscape of possibility）（Swygeduw, 1999：499）。但是，在尼泊尔，大部分的水景观都主要是朝向有可能开发水电的地方——迪帕克·吉亚瓦利（Dipak Gyawali）已经说过（2001），尼泊尔政府只看到了"往下流的水"。Nusser（2014）也使用了技术性水力风景（technological hydroscape）这个专业术语来讨论喜马拉雅地区的大型水坝。

② 特里苏耳河上游拥有15个发电量达1188兆瓦的水力发电项目，而在塔芒科氏河上游发电量达1617兆瓦的项目有9个，包括有456兆瓦的UTKHP，是目前尼泊尔在建的最大项目。在写本书的时候，已经安装好的为尼泊尔全国输送的电量大约有735兆瓦。这些数据来自NEA（国家水利局），Doed（电力发展部门）以及能源部。

③ 详看 Rest（2012）从水力发电发展看 bikas（发展）的渴望。Rest也引用了Pigg（1992）在发展过程中，bikas（发展）的观念严重影响身份和社会标识物差异的形成。

来开发股份即将在尼泊尔股票交易市场首次公开发售（IPO）塔芒科氏上游水电项目股份的机会。正如我所解释的，发展到这一刻并不是一种直线型的资本积累，而是反映了一个独特的基于权力的动员、政治经济转型、社会空间的转变——纵横交错的塑造未来的项目仍然在不断变化中。

通过使用民族志研究方法，本文通过突出变化中的公民社会摆位，反思性地和经验性地解析"水电国"的构建过程——使用对形成尼泊尔水电发展经历的微观政治和实践的民族志叙述方式来解构尼泊尔水电景观的技术和话语抽象概念。

成为一个水电国

自从第二次世界大战结束后，尼泊尔的政治自明之理是这个国家的问题是贫穷，而它最大的资本在于其巨大水力发电潜能，估计有83000兆瓦。这个数字，任何一个学童都知道，作为尼泊尔的脱贫之道不断地被媒体重复。同样众所周知的是尼泊尔政府各部门大半个世纪的努力，及其尼泊尔两个强大的邻国和国际援助机构都还没有制造出想象的富饶之地。

尼泊尔的水电发展长久以来都受制于一系列地理环境、官僚和地缘政治问题。[①] 众多不同的执行者和公共机构已经花费了数十年时间尝试让国际发展团体的施工企业和金融家们简单明了地获取尼泊尔天赐的水力发电资源。在历经了数十年的政治动荡后——即在10多年的毛派"人民战争"[②] 明确了这段持续的民主转型时期，印度教王朝的瓦解，几次公布宪法的失败尝试，还有就国家重组进行不断的辩论[③]——设想一个势不可当的水电未来和可持续发展，因为电网是有可能统一一个破碎政体的国家重要技术。由于电力中断运行，物质缺乏的情况加剧，逐渐上升的电力危机这个想法产生了数量惊人的分层冲力，赋予了政府和水力发电部门道德和社会权利尽快行动，实现水力发电的未来"避免整整一代人在黑暗中成长"[④]。

就在过去几年，有数目惊人的资本和政治意愿已经开始注入到尼泊尔水电前沿中——像印度总理纳伦德拉莫迪支持的经济化现实政治和水电未来的

---

① 详看 Pandey（1995），Forbes（1999），Gyawali（2001），Dixit 和 Gyawali（2010），Rest（2012），和 Butler（新闻报道）水力发电部门有关发展失败具体历史和争辩。
② 详看 Gellner（2007），Thapa 和 Sijapati（2004），Hutt（2004），其他更多详情请看毛派冲突。
③ 详看 Von Einsiedel et al.（2012）和 Lawoti 和 Hangen（2013），对冲突后重建辩论的总结。
④ 2013年电力峰会上发表的一个政治讲话。

设想，像中国水利水电建设集团和长江三峡集团公司那样的跨国公司建造成功进入新领域的合营公司，因为全球碳金融的图谋，水力发电作为"可持续（绿色）"技术重新构造①，在2000年世界水坝委员会②短暂的停顿后，像世界银行那样的公共机构重申承诺参与大型水力发电发展。尼泊尔作为喜马拉雅水电发展前沿（再度）进入积极的建设中。

为什么喜马拉雅跨境水力发电现在那么仓促呢？那是因为在尼泊尔这些项目一度被当地政治毁灭，一场10年的内战，印度的怀疑以及缺乏规章制度，因此推延了投资注资。慢慢地，这些问题都解决了，战争也于2006年结束。这些项目条款看起来对东主国很慷慨，这也是有利的。［2014年《经济学家》（*Economist*）］

对比和强化这类的叙述，尼泊尔投资委员会首席执行官（CEO）③在捐赠人集会时继续反复申明"尼泊尔对商业是开放的"。

由于尼泊尔水电生产有很大的飞速持续发展空间，源源不断的水力项目许可证、调查许可证、建设许可证、环境影响评估、项目合作备忘录，和项目发展协议都是通过加德满都这个充满希望的分水岭撒播全国的，加德满都已经成为一个水电的中心。国家的新闻报纸充斥着能源缺乏对政治和社会影响的评论，酒店的会议室里则讨论着转换政治框架，金融和技术模式，还有社会和环境影响的开发商、投资商、立法者和学者们。从输电网瓶颈、货币风险、单一购买的国家通用模式到腐败和政治化等"水电高速发展的屏障"在能源部电力法草案中均被强调。在加德满都周边地区，水电政策则被物质化成一种不规则碎片模式的资本化和基础设施扩张存在——在创建多产的水文地区景观的基础上被划分为项目选址、项目影响区域、传送地役权、输电网变电所、优先项目、民族自豪感项目和电力走廊水文地域风景等生产性景观。

构建水电国和水电未来都需要明确的集合体，受空间条件限制的逻辑，还有一个国家-工业-捐赠人互相贯穿的复合体。④需要有全球化产业生产知

---

① 详看 Ahlers et al.（2015）和 Erlewein（2014）对水力发电如何受清洁发展机制影响的分析以及边境可持续发展的叙述。

② 关于 WCD 合理召开的更多详情请看世界大坝协定（2000）的官方报道。

③ 有关尼泊尔投资委员会以及它的托管工作为尼泊尔创造良好的外国投资环境的更多信息，请看网站：http://www.investmentboard.gov.np

④ 详看 Briscoe（1996）、Bakker（1999）、Mitchell（2002）、Goldman（2004）、Klingensmith（2007）、Molle et al.（2009）、McDonald et al.（2009）和 Rest（2012）。

识支持的工程师、卡车、混凝土、水力学的专业知识，以及"文字倾泻"（cascades of inscription）（cf. Latour，1987），就是说把水流转变成水文资料、银行贷款、卡车、混凝土、水力压头、电力以及使用者关税。还需要新的官僚机构和权利的流动（Molle et al.，2009；Briscoe，1996）以及推动国家空间化的区域重建和基础设施发展的多尺度过程（Ferguson and Gupta，2002）。在这特别的背景下，这个转变要求具体对尼泊尔的社会和政治发展的合理性再定位。（Gyawali，2001；Pigg，1992）归域化和资本化从前是外围接壤地区，现在却是更大一片计划目标的中心地区（Campbell，2014），并尝对持续产生"喜马拉雅规模不确定性"的水文、地震和气候险情的试缓和或管理。（cf. Thomson et al.，1986）

有几个学者已经记录下了"发展活动结构渗透了尼泊尔社会经历"（Pigg，1993：46），对水电发展的社会想象方面，官方和民众的期望值很相似。（Rest，2012；Gyawali，2001）地方就业不足造就了仅能维持生存的经济，水电意味着资本和行动的集中爆发，对雇佣当地劳动力和注入现金带来了活力，但是当地人不知道将来等待他们的又是什么。就如住在该河下游另一个水力发电项目①旁边建设工地的一个人这样评论：

> 就在5年前这里只有8间房子，也没有路。现在韩国人已经说了他们在这里需要1200个工人。但是有多少人从拉苏瓦过来的？又有多少人是从外面来的？而当这个项目完工的时候我们可以做什么？大部分工人会回马来西亚工作。这个村子又会成为一个空壳。

水电发展过程包围涵盖很多地方，使其成为新空间逻辑的内在部分和成为受项目影响地区的生命周期的一部分。卡车来了一波又一波，机器把江河风景变成一个工地群。成百上千来自尼泊尔穷困地区的工人到了这里在集中箱改造的办公室和薄板金属的营地里展开临时的生活。有一些在隧道里工作，有一些值夜班。关注委员会成立起来了，新脚印顽固地在建筑工地上穿行，孩子们玩弄新的碎石。考虑到他们的地区位于发展设想的轨道线范围内，人们在等待信息，希望他们的地盘在想象的发展视野范畴里，渴望有选择脱离频繁的流动和负债的生活周期及为了孩子们的教育——细心关注进展模式，

---

① 由国际金融公司共同出资、韩国发展商联合开发，上特里苏耳的第一个水力发电项目（216兆瓦）目前正在建。

既激动又紧张，观察来来往往的发展（bikas）。

单是上特耳苏里河流域上游就有16个不同的，处于不同阶段的水电项目，作为有1188兆瓦电力发电容量的代表——比目前尼泊尔国内供电量还要多，虽然还不足以让加德满都的灯全部都亮起来①。到2015年5月为止，已有521个水电项目正式在电力发展部注册，他们承诺将要发送总达23000兆瓦的电力供应量。② 重要的是，这些项目区别很大——从规模和选址、时间轴和资本构造上、他们对本地和区域政治集成方面，公共关系和劳动管理惯例等方面，环境缓和项目，股份持有人管理模式以及利益分红模式等方面都很不同。每一项目的执行路径由不同的突发事件，不确定性和生产张力塑造而成。

但是，电力发电项目并非在真空中操作，而是被环绕在其他多种制造未来的项目中。例如，在反思热苏瓦基础设施发展的正当性的时候，坎贝尔（Campbell）指出："这个从贫困转向未来区域连接的预测是非历史性的……此中它想象这个偏远地区人们的能量将按照项目的设计被导入尼泊尔的劳力循环中去。它忽视了现存的跨境劳务流动状况已经把很多劳动力带出了这个地区和国家。"（Campbell，2014：282-283）

劳务流动和水电发展之间的关系既高度复杂同时说明了大范围经历的社会经济压力③。例如在拉苏瓦，人们通常会这样来回应有关劳务输出的问题"每户人家有一个人在国外工作"（harek ghaar bata ek janna bidesh janne）——讲述劳务流动规模的一个表达方式，外加的营生策略日益增长的趋势以及身份的变化规律，分处两地和缺席④。顺着水电发展前沿，当地的人们通常这样描述，他们要么选择留在这里为项目工作要么就外出就业（bahira）。一个受项目影响的塔芒人，他感到很受挫的是他和他的家人必须不停地到尼泊尔境外去找工作，他抱怨道："在我们村子里就有一个好项目，但是我们很弱势。因此还是非常难找到工作，我们还得付一二十万卢比到迪拜去工作。"从这大现象可见一斑，这样奇怪的事情展示了这些受项目影响地区全球化流动已经密切影响他们自己做决定的过程，成为他们备选的主要方式之一了。

劳务流动实践和结果极度多变，但是劳务流动提供的多种经济收入可能

---

① 目前尼泊尔已经安装好的发电量总计达到755兆瓦，最高需求大约是1250兆瓦。
② 来自教育部（DoEd），能源部。
③ 详情看Lord（2014）劳务输出和水力发电发展之间复杂关系的详细分析。
④ 详看Adhlkari和Hobley（2011）尼泊尔移民带来的社会和经济影响的深入研究。

性和希望，通过影响劳务、资本和信息流，直接地和间接地动摇对可预测的、臣服于发展项目的群体的构造。水电发展的过程给水电前沿各种不同人的经济、环境和社会原因带来推力和拉力。虽然从尼泊尔所谓自上而下发展的集权说法看，劳务流动常常被缩减或简化（给出的可笑的事实是汇款经济数量达到国内生产总值的25%）①，但是越来越明显，普遍存在的、高密度的劳务流动规律和海外就业情况已经从根本上改变了社会和经济形态，水电发展正在进入、扩展受项目影响地区，所想象的水电国范围远远超出了尼泊尔国境。

水电是我们当下的政府

不能有任何一滴水在没创造财富之前白白地流出尼泊尔。②（2013年加德满都电力峰会上的一位发言者）

在2012年5月27日至2014年1月21日期间，尼泊尔几乎是处于一种无人执政国家政府状态。鉴于此，我大部分田野调查时期是在由未经选举的执政人士管理下的国家里进行的，同时水电领域出于全速发展中。重要的是，虽然尼泊尔在2006年人民运动后试着恢复民主，接着在2008年君主制被废除并选举产生了第一届国民代表大会，在2013年末又选举产生了第二届国民代表大会③，但是尼泊尔仍然未能出台一套宪法。最后也是最为重要的是，在尼泊尔自2002年以来从未选举产生过任何形式的地方政府［也就是自贾南德拉国王禁止在尼共（毛派）引起的冲突期间进行新的地方政府选举］，而且自1997年以来根本就没有进行过地方选举。在这种"真空治理"下，水电领域在自己的权利范围内不论是国家一级还是地方一级都变成了一个极为重要的政治力量，投资水电领域被视为政治稳定的领头羊。随着水电领域政治经济的发展，尼泊尔也在进行改革。水电生产将确保政府经济和政治的凝聚力，反之亦然。

---

① 亚洲发展银行报告说在2013—2014财政年度间，尼泊尔移民的汇款额达到5.433亿尼币（大约540万美元）——但是实际数字还应包括非正常渠道的汇款，所以可能更多。

② 回应一个著名的民族主义者描述需要发展水资源和避免"浪费"没使用过或无主的水。那些"一滴都不"的华丽辞藻已经被政治领导们在全世界改头换面使用多次了，换句话说，在斯里兰卡、印度、西班牙、巴西、俄罗斯和古巴（详看Briscoe, 1996）。

③ 在2012年5月27日，在首个尼泊尔国民代表大会四次推迟出台宪法草案后被解散了；新的选举又被推迟到2014年11月19日，第二次国民代表大会直到2014年1月21日才就位。

自 100 多年前，即 1911 年加德满都河谷南端建成帕冰（Pharping）水电站（500kW）以来，水电领域一直都掌控在上层精英和尼泊尔政府手中，成为权力操纵、政治斗争和总体规划的舞台。水电领域一直都是由政府精心策划的，他们公开宣布对水力资源的占有权并通过电力发展部门（DoED）来销售项目许可证，并通过一个称为国家电力局（NEA）的国家公共事业单位以一种"自然垄断"的方式购买、推销、和分配电力资源。迪派克·嘎瓦利的一句经典描述就是"铁三角"来形容控制尼泊尔水电的部门即"薪资甚少却位高权重能够决定几百万卢比使用权的尼泊尔官僚；以快捷方式放贷为主，以成功实施项目为次的员工激励机制下的资助机构，将国际生产商和服务公司与本地决策者相连的中间人即'中介'"（Gyawali，2001：73）。由于私营部门的加入，这个三角形已经变成一种四边形，而且自 1992 年出台的电力法以来私营部门已在此四边形中占主导地位。但是总的"水效能"模式在很大程度上仍然是国家认可的共谋即寻求租金和投机买卖——也是这流水线上的软肋。

政府和水电部门的关系很模糊，很多地方选举出来的政客同时也以顾问或承包商的身份效力于水电和基础设施项目。同时，尼泊尔大部分的水电开发许可证都在政治精英的手里———种人为形成的状态，在 1992 年放开水权和电力市场时，不出所料都被精英们和大人物（thulo manchhe）所占有。因此很多人的抱怨对于在一种"水黑手党"将所有水相关许可证合并拥有并控制电力不让公众拥有，对这种政治收益，民间称为"把袋子放在河里"（kholamaa jholaa matrai）这个通俗说法来释义水电带来的政治收入。水力发电中有政治，政治中有水电。

然而近几年，很大一部分政治官员、政治野心家、自由市场的支持者都多次强调水电开发大于政治问题。在 2013 年的竞选活动中，所有主要政党的官方声明都承诺实现快速的水电发展。在多拉卡地区，上塔芒科氏项目（很明智地）进行了一场公开的仪式，邀请很多高官将自己的手伸入河中并发誓在这个"国家重点工程"破土动工之前不会以各种形式的政治手段进行阻碍。

同时，政府也采取了一些特殊的干预政策来保障水电发展的未来：通过政治稳定来为预期的生产时间提供保障；在水电领域"消除投资障碍"以吸引和适应跨国资本的利益；为国外直接投资提供税收鼓励政策；基本上避免或使水电发展免受当前尼泊尔政治动荡这个特殊历史时刻的影响。水电发展似乎正不断地以王爱华（Aiwa Ong）所谓的"新自由主义空间异常"一样运行，即为了推进尼泊尔水电资源资本化建立了新的权力机构、分界线、程序及其规章制度。例外法则用的是特殊的逻辑和权力来优先化某些项目加快时间框架：创造一个类似于经济特区的空间；建立一系列高度自治的不同的"绿洲机构"①（cf. Butler in press）；人为造成的政治紧迫性如国家电力危机管理方案为某些参与者和利益体授权，有偏向地限制和扩展权力。

从比较实际的方面来讲，紧随着 2012 年第一届宪政国民代表大会的解散后，尼泊尔投资局被授权代表尼泊尔政府与外国投资商就国家优先项目方面进行协商。从比较荒唐的方面来讲，针对前能源部官员哈里拉姆·科拉拉（Hariram koirala）宣布进入"水电紧急状态即政府有权直接逮捕和拘留阻碍项目运行的人"，在小范围内引起了一些争议。（Nagarik Daily，2012：4）加德满都的报纸满是反对水电发展中背叛国家行为的辩论，暗示着尼泊尔水电发展既被盲目崇拜同时也稳如泰山。

我收集到的数据显示，大部分当地人赞同水电对国家发展的重要性，但同时他们也认为政府是水电发展的障碍。比如说多拉克地区的一位在塔芒科氏 600 兆瓦水电工程第三期项目中房子因施工需求被淹没的妇女对我说："搬迁问题和当地人民提出的要求并不是致使项目停工的因素，我们都已达成协议。项目无法推进的主要因素是毛派引起的政治因素，因为尼泊尔没有宪法，他们就乘机向挪威，即项目投资方索取 50 kharod（500 万美元）。"

尽管在搬迁和拆迁方面存在一定的问题，但是有很多尼泊尔社区积极地动员起来希望获得认可：他们希望被划定为被项目影响的人，希望有人能表达他们的意愿，设计自身社区时希望被当作顾问咨询相关事宜，希望被相关项目雇佣，希望有人聆听他们的声音。这些社区里的很多人都希望通过了解更多项目相关的信息、参与到当地项目关注委员会的公开听证会和会议"成为发展（bikas）的推动者而不是项目发展的对象"（Pigg，1992：511）。确实，在阿伦三期引起的争议②期间，尼泊尔政府立法改善了知情权、加强了利益相关者的参与过程、风险评估，赔偿标准也被正式确定下来从而改善了被迫流离失所的人们的实际生活。因此，在阿伦三期项目开展以来的几十年里很多承诺实现的发展目标都未能实现，针对这种情况一名来自阿伦山谷的当地人指出："一些外国政府应该得到尼泊尔并发展它。"（Rest，2012：113）

---

① 在易变和不确定中创造出来的独特的宪法支持水力电力投资，例如尼泊尔投资委员会和水力发电投资发展公司。

② 1995 年，为了回应由尼泊尔社会活动家提出对项目发展的质疑和法治请愿信息的披露，尼泊尔最高法院颁布了律例确立了尼泊尔全体公民对阿伦三期水力发电项目有知情权，为尼泊尔的股份持有人管理立下了先例。（Forbes，1999：334）

总而言之，水电发展说出了之前尼泊尔政府未能兑现的承诺。在地区一级国家权力的真空，人民普遍不信任国家和政府——几十年里，在索取无度、腐败无能、玩忽职守及其持续内部争斗的政府的驱动下——相比之下，水电发展领域的机构和政策被人们认为比当地政府更稳定持久、有效。的确，在尼泊尔很多偏远地区，在为社区提供社会服务方面水电开发公司所做的远远超出当地政府。因此，对很多人来讲，被划定为被项目影响的人是一种获得社会服务权利的途径，也是一种更有希望和更直接获得认可的方式，这正是尼泊尔政府没能为民众提供的。

事实上，在尼泊尔为水电开发项目区域工作的承包商、管理人员、项目官员等都说当地人民把他们视为政府一样看待和对待。所以水电部门经常抱怨在受项目影响区域内他们无法公平地处理所有社会和政治问题，对于那些他们认为无理的要求和索取行为，他们感到很无奈，很沮丧。在一次因37-兆瓦特耳苏里3B项目被联合抵制①召开的公共听证会时，国家水利局也表示"对这些民众来说我们就是政府，他们向我们提出他们所有的要求"。在加德满都举办的一次公开演讲中，一位尼泊尔当地发展者指出："人们相信当一个水电项目在自己的区域内实施时，不仅会给自己的儿女辈，孙辈，甚至是随后的三代都能靠河为生（Kholaa kanchha）……他们认为水电开发商都是资金雄厚，所以从他们项目中索取多少资金都合情合理。从村子角度看，村民们的想法是水电项目是应该被开发利用的。不论是1兆瓦的项目还是100兆瓦的项目，他们提出的要求都是一样的。"事实上一些当地民众可能会误解任何一个水电开发公司的能力，但是考虑到以下方面即当地向水电开发公司提出的大部分要求的规模与水电方面投入的预算相关，水电景观不可避免的中心-边缘动态（Pandey，1995），及其众所周知的腐败问题，裙带关系，尼泊尔被政治化的水电开发内部贪污景观等，这些当前形势的讽刺意味是显而易见的。

无论如何，在整个尼泊尔有一个非常清楚而务实的信念就是政府的败局已定，而受制于投资方标准和国际惯例的水电开发产业是一个更有效的载体——尼泊尔本地对水电发展构想论证的变化就是人们相信水电业超越了政治的约束。在尼泊尔出现的抗议活动中，斗争委员会（sangaarsha samiti）不

---

① 特里苏耳河3B项目是有争议的特里苏耳河3A项目（60兆瓦）的二期工程，施工方葛洲坝集团公司已经卷入了当地有关泥石流和赔偿问题以及和政府部门有关经费超支、日程安排和许可的矛盾中。

断地重复"我们不反对发展"的主张来证明他们的行为合法化———一个历史和发展理念文化函化的标本，其作用是把发展（bikas）描述为一件极其崇高的事情。（Pigg, 1992）当人们确实行动起来反对发展项目时，他们这样典型的做法是为了保证他们被认可为发展的对象而不被忽略，为了支持认可他们自身对发展的权益，为了务实地与政府协商。① 当一位塔芒科氏上游水电项目的项目经理叙述他们所收到的当地居民的各种要求时，他告诉我："就因为我们在这里，我们就成了科氏地方政府。来自拉布吉和其他村子的村民们会到我们这里来阻止我们的工作，因为他们认为我们就是政府。"

考虑到水电发展在偏远地区扮演重要的角色及其水利政治、合同和承包商、政治家、政权之间的复杂关系，我认为当地人民对政府管理的误解有一定的真实性。同时，与韦斯特（West, 2006）关于非政府环保组织在帕布瓦新几内亚治理中扮演的重要角色的发现相呼应，我也发现很多受项目影响的尼泊尔人正在接受"水电是我们当下的政府"这种务实的态度。②

成为被项目影响的人群

2014年3月8日，在拉玛巴嘎（多拉卡 Dolakha）举行的关于160兆瓦拉布吉阔拉水利电力项目的公共听证会被三架直升机的降临所中断了。这些飞机带来了8名来自华盛顿特区世界银行的主管，旋风之旅一样到达尼泊尔水电开拓前沿，反映出世界银行在一个能源和气候政治的新时代，水电发展作为一个可持续性发展形式的新承诺。在参观完另外两个国家重点项目之后（一个是在蓝均地区的中玛萨雅蒂项目和在拉苏瓦的特耳苏里上游项目），直升机来到并视察当天的最后一站，456兆瓦的塔芒科氏上游水利电力项目（UTKHP）的进展情况，这是目前尼泊尔正在建设的最大项目。这些世界银行的官员并没有留意到拉布吉阔拉项目，拉布吉地区的人民，或者这次公共听证会，但是那些聚集起来的受项目影响的股东们是相当关注他们的。

当直升机降落的时候，来自拉布吉村的社区成员代表礼貌地退出了会议，他们来到直升机旁对来自世界银行的人员和来自能源部、财政部的陪同者递交了一系列的声明。他们通过和目前正在运作的塔芒科氏项目的股东交叉接

---

① "人们认为发展已经成为政府应该提供的服务的同义词了。"（Pigg, 1993：49）
② 从 Paige West（2006）的书《环境保护就是我们目前的政府》的题目释义：巴布亚新几内亚的生态政治。

触和共同承担社会责任的经历后,他们对政治和水电发展进程有所了解,因此他们想要让别人知道他们的想法和忧虑。随后,拉布吉阔拉项目承包方的代表、国家水利局的官员、请来实施必需的社会和环境影响评估的顾问公司人员在看见当地村民代表接近他们时,暂停了内部的演讲和讨论。"我们等了一会,他们(地方社区成员)在30分钟后回来了,他们非常有效率。"这次会面表明了尼泊尔水利电力的开拓前沿,高水平的政策决定和大量的资金流正在进入新的空间和地方,过去被认为偏僻的、无知的、和落后的地区,现在发现他们根本不是那样的地方。

弗格森(Ferguson,2005)和古普塔(Gupta,2002)提出选择性的领域化跨国投资,经常会创造飞地(enclaves)或可使用的空间,并以和国家权力完全不同的方式运作。同样的,发展项目用新的方式提出领土要求,这些不仅会削弱权利,而且为那些能够操控新的争论竞技场的活跃分子竞争领域平台创造新的异位空间。因此,新的转变连接形式正在不断地使当地的参与者以出乎意料的方式挑战国家已建立完善的环绕的和垂直的优势。(Ferguson,Gupta,2002:988)

同样地,数个世纪以来被尼泊尔内部的殖民统治、劳工剥削、土地剥夺所奴役的生活在边远地区的尼泊尔人民也逐渐了解了作为项目影响人的地位,并开始了新的"政治实践"(cf. Li,2007)。他们正在不断意识到水电金融的规模,以及他们在合法法律咨询和认可程序内的角色和权利及其作为被项目影响人的权利。根据相关的水电发展国际建筑会议和协议,如今他们可以尝试提出要求和索赔。这种在多标量的统治政权内突然形成的、复杂的、讨价还价过程,使尼泊尔公民处于由企业、企业责任、和新出台的权利所定义的行业特殊要求下确立的纵横交错的区域建设中。因此,一位带头联合抵制特里苏耳3B水电项目(37兆瓦)公共听证会的男士告诉我:"我们既没有读过其他项目的受影响人的请愿书,也没有人告诉我们怎样写这些材料。这些是我们基于上一次项目所出现的问题而提出来的要求。我们看见这些问题正在再次发生,并且意识到这是一次维护我们权利的机会。"这些人,就像上游和下游的人们一样,他们发现了他们所处环境的特别优势,并且正在动员起来,以便参与到所预期的水电发展的未来发展中。

在尼泊尔通过新发现的符合当地优势条件来维护特殊身份和能动性的方法是一种承认的边境政治新的迭代。举例来说,施奈德曼描述了多尔卡地区的塔米人在与政府长期保持了一种战略地位,这对"塔米人在寻求政治上和事务上得到政府认可其到了一定的作用,同时也使他们在其他时期和地点保持了不被同化的能力"。(Shneiderman, 2010: 307) 当前, 在富有公共-私人合作关系和枚举过程特色的水电前沿背景下, 很多塔米人继续实践作为被项目影响的人所拥有的资源间的平衡, 而其使用的方式方法与拉布吉人民所使用的策略相似且更完善。由于 456 兆瓦塔芒科氏上游项目在塔芒科氏河的实施, 增进了这两个沿岸社区在物质上和政治上的互动, 加强了两者之间的联系。

在 2015 年 2 月和 3 月, 塔芒科氏上游水电项目在多尔卡地区做了一次民调以确定符合购买即将开售的公开发行的股份的家庭。此次民调收集了每户具体的经济和生活方面的数据。这些数据可能比政府的民调数据更新、更具体。为了实现在更大范围内被承认, 并提出获得更大比例的股权分配要求, 基于未决定切入的项目传输线, 几个塔米社区引用前期将他们归类为项目受影响人 (prabhabit) 的文件, 与一些多尔卡社区积极地联合起来。同时他们迫使地区协调委员会提高他们被划定为项目受影响人的级别。他们共同阻碍了 68 公里长的项目必经之路的维修, 使塔芒科氏上游水电项目的建设停工, 并且引起了国家一级对此事件的关注。

这些抵制活动代表一种通过使用协调谈判的体系达到策略型的抵抗。重要的是提出的索赔合乎项目内部的逻辑。倍受侵害的当地人期望发展和权力, 并不希望完全阻挡项目进程, 因此使用了类似于米歇尔 (Mitchell, 2011) 所提出的"瓶颈效应","策略性干预"煤矿工人和工会, 利用空间策略巧妙地阻断了煤矿业的供应链, 用杠杆作用调节生产过程而非破坏生产。发展商和当地的获利者对尼泊尔水电资源规模之大和价值都心知肚明, 因为这正是当前时期和时间价值的政治紧迫性。

因此, 我认为这些行为代表了某种形式的反实施, 与戴斯描述的政府化的抗议活动相似 (Death, 2010), 也就是说这些斗争代表了"不愿被统治, 因此, 这些人以这样的形式和这样的代价"。(Foucault, 2007: 75) 就像我在下一个部分中列出的, 通过新的利益分红模式实现水电前沿迅速金融化带来了一系列关于受项目影响人在权利和执行方面的新的问题, 使之形成强烈对比。

公平和金融化

现在, 在街上和社交网络上的任何人甚至每一个人好像都在谈论本地股——从直接被水坝影响的村民和他们的邻居, 以及城市居民都在寻找能够

收益和赚钱的风险投资，从商人到政客，还有离乡背井从远方过来工作的民工兄弟姐妹们。（Tamot，2014）

位于特里苏尔分水岭上游河段 22.1 兆瓦齐莱姆水利电力工程项目，是一个不起眼但在尼泊尔水利电力历史上非常著名的项目。它被称为"开拓者"，因为在尼泊尔的水电工业基本上是完全依靠外国专业技术和资金的时期，它是"当地自主设计，本地自建和尼泊尔人自己投资的项目"（Nepali Times 2003）。齐莱姆水利电力公司（CHC）根据公司的所有权分别由 NEA（国家水利局），金融机构投资者，和在公司拥有公开交易股权的尼泊尔个人共有的事实，把自己公司形容成"人民-公众-私人-合作关系"。最重要的是，在 2010 年，CHC 公司令人非常满意地把 96 万份股票（公司 10%的股份）分配下拨给了 31123 名住在拉苏瓦地区受项目影响的人民。

据民众所说，当地人对齐莱姆公司股票的需求势不可挡。一名项目官员的报告声称，拉苏瓦地区 2.5 亿尼泊尔卢比（相当于 250 万美元）的"本土资金"被调动了起来，一名社会活动家声称："人们甚至挖出埋在地下的钱来买公司（CHC 公司）的股票，有些甚至是数十年来一直埋在地下未流通的货币。"如我之前提到的一样，被划定为受项目影响的人中，齐莱姆公司股票持有人数比拉苏瓦地区活跃的选民人数多。在这次成功的股票发行后，股票的价格也得到了显著的增值，而且使拉苏瓦地区的人们也得到了股息和红利，轻而易举地偿还了所有初期的贷款。

无疑，齐莱姆项目为拉苏瓦地区长期以来在粮食缺乏和就业不足中挣扎的家庭创造了显著和重要的新财富来源。公司的官员还声称："对当地人的股票发行帮助减少了移民现象，甚至在当时出生的儿童也因为股票获得了社会保障。"（库曼格辛，CHC 公司前行政总裁，私人对话，2014 年 10 月。）如此，这次利润分享计划的成功，为齐莱姆公司创造了显著的本地信誉。在本地社区的强力支持下，另外 3 个由齐莱姆公司赞助的水电建设项目正在特里苏耳分水岭的上游河段进行施工。

为了响应这些成就，水电工程的许多人士将齐莱姆项目作为黄金标准，提出这种股东权益利润分配模式为双赢方案：保证本地人口的财政利益，解决以权力为基础的公共关系矛盾及社会和环境公正问题争论的后勤灵丹妙药。在过去几年，另外几家公司也采用了股东权益模式并推行了相似的股票发行。但是新的问题依然存在："这种项目的成功可以完全被复制吗？"

走上相同道路的最新水利电力公司是在多尔卡地区的塔芒科氏上游水利电力项目有限公司（UTKHPL），这个项目已经完成了 456 兆瓦项目 70%的承建工作，而且目前正在实行尼泊尔股票交易（NEPSE）历史上最大的 IPO（首次公开募股）之中。因为 UTKHPL 公司将对多尔卡地区的居民们发行价值 15 亿尼泊尔卢比（1050 万美元）股票新闻，导致该地区已登记的居民人数暴增至实际人数的两倍之多。这使该水电公司着手开始大量的数据收集工作，来确定这些不同声音的有效性——这也成了一次有效更新的人口普查，因为从家庭收入、家畜、出生情况、死亡信息等所有的数据都被收集并转交给了地区级别的政府机构。这个过程造就了一系列关于有效性标准定义的冲突：住处（年限）需要由出生、居住时间的长短还是拥有土地的情况来决定？接受什么样的证明文件？那些劳务输出人员和嫁出去的妇女又如何决定？哪些多尔卡居民能够投身这样的赚钱机会呢？

当项目受到对受影响不同索赔的两次罢工阻碍时，争议在 2015 年 3 月开始了。一群来自当地农村的政客严厉谴责他们被未来的电力传输线建设所影响，因此要求获得更多的股份。他们利用环境影响评估断定，引证他们为受项目影响区域居民的正式地位。这些当地农村的代表们也觉察到在最佳的分配结构中他们被忽略了，其中的一位罢工领导人解释他的挫折感：

> 作为我们在水源、土地和森林的优先权利，我们应该得到股份，由此我们可以拥有塔芒科氏。我们把这些土地贡献给了项目，我们的森林也因为建设塔芒科氏上游变电站和传输线而被砍伐了，调查结束的时候他们已经建立了不少电力塔台。我们面临着许多的不公，我们不仅在和塔芒科氏项目抗争，也在和政党领导进行抗争。我们在为这个问题做斗争。但是我们仍然相信我们不能阻碍这个项目的进程，因为它是尼泊尔国家为之骄傲的工程。从项目开始到现在已经 8 到 10 年了，在过去从没有进行过这样的抗议活动。（Singati VDC 的罢工领袖，个人交流，多尔卡，2015 年 3 月。）

然后，由项目承包商中国水利水电（中国国家控股的跨国和世界上最大的水利电力发展商）公司的尼泊尔员工发起了工人罢工，他们说："我们在项目的隧道里投入了血汗甚至生命。我们才是最受项目影响的人员，为什么我们不能投资自己的钱呢？"（UTKHP/中国水利水电工人罢工领袖，个人交流，2015 年 3 月。）

为了响应这些罢工活动，在水利电力工业中，对索取行为的指控再次浮出水面，与此同时其他领域受项目影响的人们和水电工人们也在密切关注着事情的发展动态。返回到加德满都，政策决定者、机构投资者和潜在的股票持有人都在谴责这些抗议活动。他们不断地声称没有任何公民有权利去阻碍国家的发展，项目延迟将会导致预算增长和股票价值下跌，这些罢工还会持续危害尼泊尔的投资环境——在目前散乱的国情环境下大致等同于叛国罪。加德满都的投资者期待一切计划顺利进行——他们期待另一个齐莱姆项目的成功。

按照惯例，齐莱姆成功故事被略去，然而，重要和带点讽刺意味的事实是如今著名的齐莱姆模式（Chilime model），它本身来自于多样规模的斗争和争议：一系列的地方罢工和正式的抗议活动，还有紧接着的请愿及一系列高水平的政治讨论，向前总理和毛派领导人巴普兰·巴塔拉伊（Bhaburam Bhattarai）进行的咨询，以及向尼泊尔最高法院提交正式讨论的案例。一名过去的项目关注委员会成员描述了下列事件的顺序：

> 政府领导层缺乏能力，他们以项目承包商的身份从项目获取利益，同时他们还计划着将项目股份给自己的亲朋好友，然而与此同时公众被剥夺了享受许多设施的权利。因此我们这些本地人联合起来组织抗议活动：我们提出了解决就业、饮用水及所有相关的要求。来自3个VDC（村发展委员会）的所有成员，及3个政党（尼泊尔国家代表大会，尼共联合马列主义，尼共毛主义组成了委员会）共同组建了委员会，并向尼泊尔最高法院提起了获得10%股票的诉讼请求。最高法院颁布了暂行法令，因此在两年的诉讼期内他们不得不停止股票发行，最终我们赢得了这场诉讼。法院不仅裁决将项目10%的股票分给我们，还给尼泊尔政府颁布指令要求政府立法将所有公开交易的水电项目10%的股份提供给项目涉及区域内的老百姓。

这篇文章里被反复引用的齐莱姆项目的特殊历史反映了典型动员社会的模式。在尼泊尔水利电力发展的周期里，社会政治的争论是不可避免的，而且无法通过金融财政来解决这个问题。在这一规则中塔芒科氏项目或是齐莱姆项目都无一例外被影响了。相反，我认为股东权益模式实际上是尼泊尔两大不同意识形态项目融合的证明。（1）来自尼泊尔边缘农村地区、毛派主义运动或人民战争有密切联系的、对齐莱姆和塔芒科氏上游项目有巨大本地影响力的民间权力话语。（2）以尼泊尔国家的名义寻求迅速资本化水电前沿的金融化市场本位意识形态。这两股相对立的力量产生的紧张关系导致的妥协和奇怪的人为产物为尼泊尔动态水利电力前沿的形成提供了说明。简单来讲，就是"本地人的重要性"（cf. Forbes, 1999），以及所有本地化这一概念所固有的矛盾正在被利用。

被热情所包围，大家很容易忘记这些股票实际上正在被卖给当地人（其中很多人通过贷款来购买股票）。值得强调的是这种形式的利益分担，同样也有成本分担和风险分担的意义。利益分担的概念很明显为本地机构提供了一个平台，但是基于发展金融化的规划，像股东权益模式，也许可以提供一个工具主义功能的服务。支持在当地人口中获得同意而提供工具，否则有可能产生更多的诉讼和花费巨大的事件。比如说国际劳工组织169国际会议和联合国土著民族权利宣言（JONES，2012）中所描述的"自由优先权和知会同意"的权利，或者是对累积影响评估和长期项目监督的需求。这些新股票的经济规模如何扭曲本地的激励制度、水源管理支配、股东参与的正当法定程序和本地政治呢？水电部门内部和外部的一些评论把当地索求股票的抗议活动称为是一种病毒和故障的证据，指出这些将对未来尼泊尔水电发展的轨迹产生巨大和不确定的影响。（Tamot，2014）简单来说，股东权益模式是否正在帮助去除水电发展的障碍或者仅仅是制造新的障碍，这些都是不确定的。

在曾经是尼泊尔的边缘地区人们熟悉了多个世纪的社会空间排斥和带开发性的中心-边缘关系，也知道现在通过水电发展对本地拥有权承诺和"获得发展"（getting bikas）的理念的含义。然而，水电发展是否总是一个"好的投资"，或者相关的风险是否被完全理解，这是不确定的。针对提高股份意识的沟通和外展项目包括具体类型的金融教育是必需的，也是在不断改进的。然而，通过简化复杂社会环境对于水源管理决策变成纯粹金融叙述，这种宣传也有克制其他类型的知识、决策制定和权力索取的风险。尼泊尔农村人口为未来的水电发展筹措资金到底指的是什么？什么是未来的股东积极主义？股东权益模式是利益分担、解决发展争论的恰当工具还是制造金融泡沫和新风险的危险促进剂？无论在哪种情况下，这种股东权益模式标志着在想象的水电之国和它公民之间进一步激烈化的关系。

结　　论

在本文中我提出了一系列关于水电前沿的产生和受项目影响人员的身份转变之间共同进化关系的论点，同时也是在叙述尼泊尔在不平衡的、不确定的进程中尝试着成为水电之国。此外，我还讲述了通过很多种方式水电发展产生的领土的转变与社会政治转型的主观性新模式和在不同情况下存在的水电之国公民的力量及其他们寻求的新权益和服务。重要的是，我的分析重点突出了递归和重组过程中出现的动荡、摩擦、紧张关系为发展中出现的分歧产生了解决办法并为所有的参与者提供了学习的过程。

尼泊尔当代水电发展是一个很典型的传统资源前沿，主要注重两个基本的概念：紧迫性和投资回报率。根据尼泊尔资源缺乏、政治不稳定、政府管理失败等背景条件，水电发展将毫无疑问地在政治失败期间出现突破性进展的模式继续其进程。面对长期性不发达，需要加快进程的压力将是不可避免的，但是将金融货币流通速度附加到系统风险上将会加深政治动荡，放大已存在的结构性不平等。近期出现的一些趋势是让人期待的，但是也有一些是让人担忧的——很多都存在着两面性。在这种形势下，我认为当前对股东模式的争论为"尼泊尔建水坝方面的建设性对话"的下一个阶段提供了重要的机遇（cf. Dixit and Gyawali，2010），而且全面地考虑这种在社会和政治方面的金融化趋势能够最终改善长期水电发展的状态。同塔莫特（Tamot）一样我也相信当前围绕"股份问题"产生的紧张形势和冲突更像是一个小虫而不是病毒，而且如果给予正确的治疗方案和足够的耐心，将会使系统更加强大——通过必要性的说明即预防性药物（比如说增加金融意识为目的的交流和外展项目）总是会比处方药（如控制环境和金融损失和灾害的政治改革）便宜许多。

在尼泊尔，建立水电国及它的未来是一个模糊且充满抱负的项目———一个分离的、能够回应各种关注者和工作目的的框架——而不是一个杂乱的整体目标。这种多元性是一个非常重要的资源，而且有必要记录这种尼泊尔和跨喜马拉雅水电前沿发展轨迹的重要民族志研究。同样地，本文也试着展示和描述尼泊尔能够成为水电国的途径及其不能成为水电国的方式方法，以此来明确是为谁带来了改变，怎样改变和为什么改变——为"降低警惕性，或者加入自然地理背景或是心理地图的理想主义"提供支持。（Chari and Gidwani，2005：270）尼泊尔近期的发展标志着其水电发展背景的重要转折点，但是需要意识到的是假想的水电之国和它的公民之间的关系是处在不断变化中的。然而，最重要的问题还存在即到底是什么样的水电发展未来，是为了谁？

致　谢

为本文提供支持和贡献的以下人员，作者表示衷心的感谢：来自耶鲁大学的迈克尔·道夫（Michael Dove）、萨拉·施耐德曼（Sara Shneiderman）、马克·特瑞恩（Mark Turin）、卡洛儿·卡本特（Carol Carpenter）和来自康奈尔大学的凯瑟琳·马克尔（Kathryn March）和大卫·郝木贝格（David Holmberg），感谢你们在写作过程中的引导和提供的咨询；感谢比克热姆·卡尔基（Bikram Karki）、热杰特·苏贝蒂（Rajat Subedi）、苏丹·巴特莱（Sudan Bhattarai）、格达尔·巴特莱（Kedar Bhattarai）、莱姆·提瓦利（Ram Tiwari）、斯娃恰·吉米日（Swechha Ghimire）作为研究助理投入的精力和提供的启发；我也很感谢我的同事们特别是玛特乌斯·莱斯特（Matthaüs Rest）、克里斯特福·巴特勒（Christopher Butler）、盖伦·摩顿（Galen Murton）、鲍勃·毕兹利（Bob Beazley），感谢你们在作者研究过程中提供的反馈；同时也感谢作者的妻子斯奈哈·莫科谭（Sneha Moktan），感谢她对整个研究项目的支持和爱。作者还希望向以下机构对本项目的无私支持表示感谢：耶鲁大学森林与环境学院、耶鲁喜马拉雅组织、耶鲁南亚研究理事会、康奈尔大学南亚研究部、美国外语和地区研究项目及其美国富布赖特项目。

参考文献

Adhikari, J., and M. Hobley. 2011. Everyone Is Leaving, Who Will Sow Our Fields? The Effects of Migration from Khotang District to the Gulf and Malaysia. Kathmandu: Swiss Agency for Development and Cooperation.

Ahlers, R., J. Budds, D. Joshi, V. Merme, and M. Zwarteveen. 2015. Framing Hydropower as Green Energy: Assessing Drivers, Risks and Tensions in the Eastern Himalayas. Earth System Dynamics 6: 195–204.

Baghel, R., and M. Nüsser. 2010. Discussing Large Dams in Asia after the World Commission on Dams: Is a Political Ecology Approach the Way Forward? Water. Alternatives 3 (2): 231–248.

Bakker, K. 1999. The Politics of Hydropower: Developing the Mekong. Political Geography 18 (2): 209–232.

Bandyopadhyay, J. 2013. Securing the Himalayas as the Water Tower of Asia: An Environmental Perspective. Asia Policy 16: 45–50.

Baruah, S. 2012. Whose River Is It Anyway? The Political Ecology of Hydropower in the Eastern Himalayas. Economic and Political Weekly 47 (29): 41–52.

Briscoe, J. 1996. The Changing Face of Water Infrastructure Financing in Developing Countries. International Journal of Water Resources Development. 15 (3): 301–308.

Butler, C. In press Knowledge, Nature and Nationalism: The Upper Karnali

Dam in Nepal. Ph. D. dissertation, University of California, Santa Cruz.

Campbell, B. 2014. From Remote Area to Thoroughfare of Globalisation: Shifting Territorialisations of Development and Border Peasantry in Nepal. In TerritorialChanges and Territorial Restructuring in the Himalayas. J. Smadja, ed. pp. 335-352. Paris: Centre for Himalayan Studies/Adroit.

Chari, S., and V. Gidwani. 2005. Grounds for a Spatial Ethnography of Labor. Ethnography 6 (3): 267-281.

Chilime Hydropower Company. 2011. Chilime Hydropower Company Annual Report: 2009/2010. http://www.chilime.com.np/accessed May 2014.

Death, C. 2010. Counter-conducts: A Foucauldian Analytics of Protest. Social Movement Studies 9 (3): 235-251.

Dixit, A., and D. Gyawali. 2010. Nepal's Constructive Dialogue on Dams and Development. Water Alternatives 3 (2): 106-123. The Economist. 2014. South Asia's Hydro-politics: Water in Them Hills. November 29.

Election Commission of Nepal. 2014. ECN Online Document: Voter List by Constituency. http://www.election.gov.np, accessed May 2014.

Eriksson, M., X. Jianchu, A. B. Shrestha, R. A. Vaidya, S. Nepal, and K. Sandström. 2009. The Changing Himalayas: Impact of Climate Change on Water. Resources and Livelihoods in the Greater Himalayas. Kathmandu: International Centre for Integrated Mountain Development.

Erlewein, A. 2014. The Promotion of Dams through the Clean Development Mechanism: Between Sustainable Climate Protection and Carbon Colonialism. In Large Dams in Asia: Contested Environments between Technological Hydroscapes and Social Resistance. M. Nüsser, ed. pp. 149-168. Amsterdam: Springer.

Ferguson, J. 2005. Seeing Like an Oil Company: Space, Security, and Global Capital in Neoliberal Africa. American Anthropologist 107 (3): 377-382.

Ferguson, J., and A. Gupta. 2002. Spatializing States: Toward an Ethnography of Neoliberal Governmentality. American Ethnologist 29 (4): 981-1002.

Forbes, A. A. 1999. The Importance of Being Local: Villagers, NGOs, and the World Bank in the Arun Valley, Nepal. Identities Global Studies in Culture andPower 6 (2-3): 319-344.

Foucault, M. 2007. Security, Territory, Population: Lectures at the College de France 1977 – 1978. M. Senellart, F. Ewald, and A. Fontana, eds. New York: St. Martins Press.

Gellner, D., ed. 2007. Resistance and the State: Nepalese Experiences. New Delhi: Berghahn Books.

Goldman, M. 2004. Constructing an Environmental State: Eco-governmentality and Other Transnational Practices of a "Green" World Bank. Social Problems 48 (4): 499–523.

Gyawali, D. 2001. Water in Nepal. Kathmandu: Himal Books. Reprinted as Rivers Technology and Society. 2003.

Gyawali, D., and A. Dixit. 2001. Water and Science: Hydrological Uncertainties, Developmental Aspirations and Uningrained Scientific Culture. Futures 33 (8): 689–708.

Hirsch, P. 2001. Globalisation, Regionalisation and Local Voices: The Asian Development Bank and Rescaled Politics of Environment in the Mekong Region. Singapore Journal of Tropical Geography 22 (3): 237–251.

Huber, A., and D. Joshi. 2013. Hydropower in Sikkim: Coercion and Emergent Socio-environmental Justice. In Hydropower Development in Northeast India: Conflicts, Issues and Way Forward. P. Das et al., pp. 102 – 110. Delhi: India Water Portal.

Hutt, M., ed. 2004. Himalayan People's War: Nepal's Maoist Rebellion. Bloomington: Indiana University Press.

International Rivers. 2012. The New Great Walls: A Guide to China's Overseas Dam Industry. Berkeley, CA: International Rivers.

Investment Board of Nepal 2013. Press Releases and Web Content. http://www.investmentboard.gov.np, accessed March 2014.

Jones, P. S. 2012. Powering Up the People? The Politics of Indigenous Rights Implementation: International Labour Convention 169 and Hydroelectric Power in Nepal. International Journal of Human Rights 16 (4): 624–627.

Klingensmith, D. 2007. One Valley and a Thousand: Dams, Nationalism, and Development. New York: Oxford University Press.

Latour, B. 1987. Science in Action: How to Follow Scientists and Engineers through Society. Cambridge, MA: Harvard University Press.

Lawoti, M., and S. Hangen, eds. 2013. Nationalism and Ethnic Conflict in

Nepal: Identities and Mobilization after 1990. London: Routledge.

Li, T. M. 2007. The Will to Improve: Governmentality, Development, and the Practice of Politics. Durham, NC: Duke University Press.

Lord, A. 2014. Making a "Hydropower Nation": Subjectivity, Mobility, and Work in the Nepalese Hydroscape. Himalaya: Journal of the Association for Nepaland Himalayan Studies 34 (2): 111-121.

McDonald, K., P. Bosshard, and N. Brewer. 2009. Exporting Dams: China's Hydropower Industry Goes Global. Journal of Environmental Management 90: S294-S302.

Mitchell, T. 2002. Rule of Experts: Egypt, Techno-politics, Modernity. Los Angeles: University of California Press.

Mitchell, T. 2011. Carbon Democracy: Political Power in the Age of Oil. New York: Verso Books.

Molle, F., P. P. Mollinga, and P. Wester. 2009. Hydraulic Bureaucracies and the Hydraulic Mission: Flows of Water, Flows of Power. Water Alternatives. 2 (3): 328-349.

Murton, G., A. Lord and R. Beazley. 2017. A Handshake Across the Himalaya: Chirese Invesfmenf, Hydropower Development, and state Formation in Nepal. Eurasian Geography and Economics SF (3): 403-432.

Nagarik Daily. 2012. State of Emergency in Hydropower (republished in English in Republica). November 5: 4.

Nepali Times. 2003. Yes, the Nepali Can: An Interview with Damber Nepali. October 17: 5-6.

Nüsser, M. 2014. Technological Hydroscapes in Asia: The Large Dams Debate Reconsidered. In Large Dams in Asia. pp. 1-14. Amsterdam: Springer.

Ong, A. 2006. Neoliberalism as Exception: Mutations in Citizenship and Sovereignty. Durham, NC: Duke University Press.

Pandey, B. 1995. Because It Is There: Foreign Money, Foreign Advice and Arun III. Himal South Asia 8: 29-35.

Pigg, S. L. 1992. Inventing Social Categories through Place: Social Representations and Development in Nepal. Comparative Studies in Society and History 34 (3): 491-513.

Pigg, S. L. 1993. Unintended Consequences: The Ideological Impact of Development in Nepal. Comparative Studies of South Asia, Africa, and the Middle East13 (1/2): 45-58.

Rasul, G. 2014. Food, Water, and Energy Security in South Asia: A Nexus Perspective from the Hindu Kush Himalayan Region. Environmental Science and Policy 39 (1): 35-48.

Rest, M. 2012. Generating Power: Debates on Development around the Nepalese Arun-3 Hydropower Project. Contemporary South Asia 20 (1): 105-111.

Shneiderman, S. 2010 Are the Central Himalayas in Zomia? Some Scholarly and Political Considerations across Time and Space. Journal of Global History 5 (2): 289-312.

Shneiderman, S. 2013. Himalayan Border Citizens: Sovereignty and Mobility in the Nepal-Tibetan Autonomous Region of China Border Zone. Political Geography 35: 25-36.

Swyngedouw, E. 1999. Modernity and Hybridity: Nature, Regeneracionismo, and the Production of the Spanish Waterscape, 1890-1930. Annals of the Association of American Geographers 89 (3): 443-465.

Tamot, S. 2014. A Bug's Life. Kathmandu Post, December 29: 4.

Thapa, D., and B. Sijapati. 2004. A Kingdom under Siege: Nepal's Maoist Insurgency, 1996 to 2004. London: Zed Books.

Thompson, M., M. Warburton, and T. Hatley. 1983. Uncertainty on a Himalayan Scale: An Institutional Theory of Environmental Perception and a Strategic Framework for the Sustainable Development of the Himalaya. London: Ethnographica.

Tsing, A. L. 2000. Inside the Economy of Appearances. Public Culture 12 (1): 115-144.

Von Einsiedel, S., D. M. Malone, and S. Pradhan, eds. 2012. Nepal in Transition: From People's War to Fragile Peace. New York: Cambridge University Press.

West, P. 2006. Conservation Is Our Government Now: The Politics of Ecology in Papua New Guinea. Durham, NC: Duke University Press.

World Commission on Dams, ed. 2000. Dams and Development: A New Framework for Decision-Making: The Report of the World Commission on Dams. November. London: Earthscan.

交互空间：边界、非法流动和领土国家如何相扣[①]

阿姆斯特丹大学社会与行为科学学院
Willem van Schendel 著
云南民族大学社会学系 李云霞 译

二三十年前，艾瑞克·沃夫（Eric Wolf）劝告他的社会科学家同僚们不要把这个世界当作"在全球台球桌上滑动的社会文化台球"那样研究世界[②]。如今，更多的学者承认这是我们研究社会、文化和经济的一个关键性问题。这个历史背景是不言而喻的。社会科学伴随着现代领土国家[③]在世界范围前所未有的崛起而形成。难怪社会科学家们对国家充满敬畏：在他们眼中，几乎所有人类和地球表面都受制于它。在历史上基于领土权和主权的独特国家体系曾给社会科学家们提供了对社会、文化、国家、历史和经济进行概念化的框架。确实，现代国家之间的领土结构开始广泛被接受为一种社会空间组织的**普遍**[④]模式，而且大部分社会学家们在分析社会生活时把它视为在一个自我封闭的地理单元里发生。在他们的研究里，他们把国家领土看作是一个理所当然的起点。这样一来，我们都以法国文化、马来西亚经济、玻利维亚历史或者加拿大政治等概念来进行思考。

[①] 原文来自：Spaces of Engagement: How Borders, Illegal Flows, and Territorial States Interlock. In Willem van Schendel and Itty Abraham eds. *Illicit Flows and Criminal Things: States, Borders, and the other Side of Globalization*. Bloomington: Indiana University Press, 2005, pp. 38–68.

[②] Wolf, R. Eric. 1982. *Europe and the People Without History*. Berkeley: University of California Press. p. 17. 沃夫批评与常规的国际关系以及国际法模式有着密切关联的研究社会与文化的方法，例如，"这个世界……被看作一个无政府环境的独角，在对保持和权力扩张的追逐中做出一些或多或少的理性选择。" Jürgen Habermas. *The Postnational Constellation: Political Essays*. Cambridge: Polity Press. 2001: 69.

[③] 译注：虽然英语中的 country、nation、state 分别代表地理、民族文化和政治意义上的国家这一概念，但是按照中文习惯在本文中均译为国家。

[④] 译注：原文正文中用于强调的英文斜体在本文中均用黑体代替。

这种"方法论的地域主义"倾向如今受到了前所未有的挑战。(Brenner, 1999)渐渐地我们认识到我们让自己的社会想象被"嵌入的国家主义"所扼杀从而都陷入了"领土的樊篱"。(Taylor, 1996; Agnew, 1994)随着新形式的国际联结出现,国家不再被看作是世界景象中唯一的主角,我们越来越认识到领土国家并不"包"着社会——社会、文化和经济就像自我封闭的单元,并与国家领土从空间上重合的理念已经变得站不住脚。

有人预言,由于"全球化"进程所引起的经济、政治和文化联系的去疆域化,国家终将消失。其他人则否定这种情况的发生但是承认由领土国家主导政治和经济力量的时代将结束;这个世界正在被再疆域化、再调控,国家长期享有的对权利的独有的集中正在被"松绑"。无论结果如何,我们应该重新思考社会科学里的很多核心概念和方法:我们怎么来克服方法论的地域主义倾向?我们如何研究21世纪的社会进程?"全球化"的无际想象和它"地理终结"的预言,以及无国界、相连的同质化世界似乎并不能提供一个现成的解决方案。反之,我们不得不寻找更适当和更有洞察力的途径来分析"跨界但不是世界性的,构成远程网络和社会领域但不是星体规模的进程"(Cooper, 2001: 189)。

非法[①]流动与边界

正是在这样的背景下,关于"非法流动"的研究——被一个或多个国家定义为非法的"商品、个人和理念"流动——显得特别有意义。依靠地域主义方法论或者以国家为中心的概念则不足以研究这些跨越领土国家国界的商品、个人和理念以及其流动。常常有人断言我们对于非法流动知之甚少是因为局内人不向外泄露,这毋庸置疑是真的。此外,我们的无知也是因为我们缺乏研究这些流动的工具、概念,以及描述和分析方法的缺失。

我们都有些什么工具呢?应对这些在地理上无法固定的人和物体的流动的一般方法是运用流动性图景:移民流,投资涓流,充斥市场的商品,枯竭的劳动力供应。在讨论国家限制的物体和人员的跨界流动时,这一想象更具解释力。在这里,流动性和危险关联起来:就像可以摧毁一幢建筑物的洪水,使其坍塌,因此无法控制的不利的商品或者人员的流入可能会颠覆国家。"非

[①] 译注:原文中的 illegal 与 illicit 在这里分别翻译为与成文法律意义上的"非法"和与社会、文化、道德等价值判断相关的"违禁"。

法流动"（我们在序言里已经解释过，这个词事实上是个误称①）已经变得非常普遍，特别是对于轻武器和毒品贸易，还有未经批准的劳务移民来说。

"非法"或"违禁"这样的比喻并不天真。它形成一种控制流动的障碍的比喻，垒起水坝以阻挡流水，挡住不良事物的栅栏。这个障碍无疑等同于国家的边界，它被看作是防御外部进攻的基线。在非法流动的话语中，边界是它的反义词。如果流动代表着液态的，空间上难以捕捉的、入侵性的地下组织，那么边界就象征着固态、领土的、有序的法令。在要求国家"关闭防洪闸以免外面的狂澜涌入"的防御和保护主义的辞令，一种同样指向"威胁到内部安全的武器走私贩和毒贩因为它逆袭信息潮，外资或者劳动移民或者据说摧毁本土文化和生活水平的移民之波"的辞令中，② 边界变成了关键。边界在国家的合法主权与或多或少具有组织性犯罪、鲜为人知的外部世界之间摇摆不定。（Andreas，2000）因此，边界总是易受攻击的，需要被保护和加强，不但是抵御军事入侵者，而且不断地防控避法者。在充满着跨国流动景象的一个全球化、再地域化的世界里，边界没有消失，它们是延续的国家控制的关键措施。

迥异的流动与边界

关于非法流动的话语是建立在建构多重的流动和边界的对比之上。其一是**可见**和**不可见**的对比。非法流动滋长在对于间接牵涉的人不可见的基础上。意识到不合法的商品和人行踪的局外人越多，受到干涉和惩罚的风险性更大。在边界这个案例中，从另外的角度来讲，可见却是极其重要的。在边界，国家不遗余力地强调其领土主权。通过柱子、旗帜、围墙和公告牌这些突出的符号来进行立界是普遍的做法。对于众人不可见的边界是没有达到既定目标的边界。

另外的一个对比介于**固定与动态之间**。边界被呈现为根植于空间的、坚固和持久的实体，琢刻在地景上不容否认的线条，只是在鲜有或战争或国家解体的例外情形下才被移动。非法流动从另外一个方面来讲，被呈现为高度

---

① 我们在序言里强调了"非法"与"违禁"的概念区别很少在跨界流动的话语中出现。大部分跨界流动都是违法的，因为它们违抗正式的政治权威，但是如果它们仅仅违抗非正式社会权威的情况下就是"违禁"的。

② Habermas, The Postnational Constellation, p. 8.

活动性，多变和难以预料的，伴随它们在空间的移动而临时寻求新渠道。固定和动态的对比可以在非法流动的标准地图上图像化。它图示了地球表面被切割为世人所知，并用粗线标识的边界的国家领土，而横切这些边界的是代表着移动物体或者人的一列箭头。与其说是边界还不如说是箭头意在传达新信息①。

第三个对比在于**刺激**和**反应**之间。在非法流动的话语中，能动性来自于流动。它们被描述为对边界的渗透，动摇边界控制，穿越国家领土，寻找市场和找寻顾客。边界从另外一方面来讲，被呈现为被动的，易受攻击的和应激性的。国界上的任何改变都是对主动的，实际上是进攻性的，非法流动的支持者的侵犯进攻的反应。这些改变是防御性的，是对恢复处于危机边缘的国家安全所做出的调整。

最后一个对比为**中转站**与**目标**。当非法流越过边界，据说，它们的目标不是边界本身而是远处的中心地区。边界只是一个不可避免的中转站，它竭力把与边界无关的产品或者劳工和同样与边界毫无联系的顾客或者雇主连接起来。这个非法流动的话语的关注点在于终点的（非法）效果而无暇顾及各个中转站，包括边界在内潜在的效应，引起我们关注的是箭头之端而不是箭身。

箭头之灾

非法流动的制图法依赖于箭头极具说服力这一价值。对于那些试图将非法流动以一种威胁性的方式呈现的人来说，箭头是天赐之物，因为它是一种能传递动态，刺激，目标信息而其他图解代码所不及的话语工具。箭头意在让本来不可见的变成可见的。它完美地展示了物体或者人员的非法流动速率，对主权领土的侵略性的穿透，对边界的不屑以及它们对国家中心地带的涉足。描绘非法跨界流动的地图通常倾向说服而不是准确地、不偏不倚地呈现信息。这种说服性的制图法在视觉上的诱导很有效果：箭头越能引起担忧，越具有威胁性，就越具效应，它引起政策制定者的警觉和关注。很多所谓经过标度，

---

① 这并不像预计的那样运作。很多当代的边界稳定性的缺失可能会产生注意力从箭头上转移的制图法奇特效应。比如，一些观察者可能会发现很难说出巴基斯坦和中国之间的小国家的名字。实际上，这完全不是一个国家，而是中国和印度都所声称的克什米尔的一部分，并且边界从未确定过。

充斥着醒目箭头的地图被用作认识未经国家批准的空间移动宣传。①

然而作为社会分析的工具，这样的地图通常是模棱两可的。当遇到要理解非法流动时，上面的箭头所隐藏的多过所揭示的。它们通常是应急替代，从而隐藏了我们对于具体知识的匮乏，戏剧化和简单化了我们至多能简要了解的进程，强势地回避需要深入商榷的解释。它们往往终止了还没来得及开始的讨论，舍阐述见解而求指示，有时候它们指向了错误的方向。很显然，要调查关于非法流动的地缘政治威胁的制图话语，箭头是非常相关的。然而，对于旨趣为探寻实际的人员和物品的移动的人来说，呈现非法流动的地图往往为箭头的过剩或者"箭头之灾"所累及。

箭头，特别在边界这一情形下无用。箭头的使用来源于一种误解：即非法流动的越界对它们没有影响或者不被它们所影响。只要我们从根本上以领土国家的视角看待边界，就像其表皮需要防止异类和违禁物质渗入一样，我们终将被箭头之灾和边界和流动两者为反义这种论调所俘获。

边境社会

长期以来，边界和边境的研究被打上社会科学方法论的地域主义的印记。边境不被独立地视为实体，而是国家，社会，民族，经济和文化的边缘。国家领土是引力的绝对中心，参照点，而且边境是与领土的相关而被看待的。

---

① 杰瑞米·布莱克告诫虽然主观性当然对于所有地图的制作是核心的，但是我们不应该草率地断定地图是"权势的阴谋手段。有些地图可能确实符合了这种目的，但是地图是种媒介而不是信息"。Jeremy Black. 1997. Maps and Politics, Chicago: University of Chicago Press. p. 168. 对于宣传地图的总述查看 Pickles, John. 1992. Texts, Hermeneutics and Propaganda Map. In Writing Worlds: Discourse, Text and Metaphor in the Representation of Landscape. Trevor J. Barnes and James S. Duncan eds. pp. 193-230. London and New York: Routledge. "说服性制图法"这个术语是由 A. Tyner 创造并引用在 Dario Lopreno 与 Yvan Pasteur 主编 1995 年由 Géopolitique et histoire. Lausanne: Éditions Payot 出版的 *Writing Worlds: Discourse, Text and Metaphor in the Representation of Landscape* 里的章节 The theme is developed with particular regard to historical maps and geopolitics Claude Raffestin, p. 197. 最相关章节的英文翻译查阅 Raffestin, Claude. 2001. From Text to Image. *In* From Geopolitics to Global Politics: A French Connection. Jacques Lévy ed., pp. 7-34. London and Portland, Ore: Frank Cass. 关于欧洲地图制作、欧洲殖民主义和空间的制图理性化的历史交叉查阅 Padrón, Ricardo. 2002. Mapping Plus Ultra: Cartography, Space and Hispanic Modernity. Representation 79: 28-20.

正因如此，我们了解国家如何对待边境多过于边境如何应对国家。① 然而，部分地通过阐释"边境"这一概念，边界研究逐渐从国家中心主义中解放出来。我们可以把**边境**描述成国界所处的一种地带或者地区，把边境社会描绘为横跨于边界的社会文化体系。新兴的边境研究把国界两边作为分析单位，从而削弱了国家与社会，国家与民族，或者国家和治理为同义或者地域上毗邻这样的"惰性假定"。（Anderson and O'Dowd，1999：602-603）边界不但含有不同，而且分离相似的事物。（Wendl and Rösler，1999：2）

最终，边界研究重新发现社会空间的历史性。边界往往被看作空间的定格、地貌上的线条、社会的分离装置以及事件所发生的被动的和既定的基础。（Smith，1992）但是如果我们把空间性看作是不断地被重整的社会关系的一方面，边界就变得尤为重要。正是在这里，国家领土性策略被戏剧化和夸大化。正是于此，很多与国家领土性相对立的抗衡力量聚集。这些策略之间的角逐不断地再生，重建或者削弱边界。换句话说，边界并不被动，在边境，社会关系的空间性永远以新的面貌出现。

此刻，对于社会科学家们来说把世界看作正在经历着重大的再疆域化进程尤为重要。国界成为研究全球重组如何影响地域性的关键地点。每当人员，商品，资本和理念跨越边界的时候，它们以及边界会遭遇什么？边境参与者（包括国家）对当前一轮的全球重组，以及由此生发的边境社会关系重整所做出的影响，始终不为人所知。"全球化"这种辞令意味着原动力被定在生产和消费中心，两者之间有流动。但是这些流动并不是凭空而来，况且并不缺乏实体；我们需要将运输和分配的社会关系，以及它们的空间性纳入到全球重整的分析中。况且，在生产和消费方面，边界**或许**是重要地点，在运输和分配方面，它们**总是**重要地点，这是在全球重整的研究中需要重视的另外一个原因。简而言之，边界必须被理解为跨国重整的动态之地。

不足为奇的是，先前对地域性和全球重构感兴趣的社会科学家现在开始研究边界。② 地域性的空间策略——国家索取特定地域上的全部权威和对社会生活的控制的尝试——制造出边界，并把它们成为那种衡量策略成功和局限

---

① 更为充分的论述参见 Baud, Michiel and Van Schendel, Willem. 1997. Toward a Comparative History of Borderland. *Journal of World History*, 8 (2): 211 - 242.; Van Schendel, Willem. 2005. The Bengal Borderland: Beyond State and Nation in South Asia. London: Anthem Press.

② 在道南和威尔逊对边界研究的精彩概述中，他们提到了"新兴的边界文献"。Donnan, Hastings and Wilson, M. Thomas. Borders: Frontiers of Identity, Nation and State. Xiii. Oxford and New York: Berg.; 参见 Rösler and Wendl, eds. Frontiers and Borderlands.

的关键标识。① 边界需要不断地维护，并依靠特殊的实践和强调"他者"的话语进行社会性再生产。在当今世界的范围内国际边界是各国为此投入努力的见证：最近的一项调查计算出全球有 226000 千米的陆地边界。② 但是边界也是被跨国参与者社会性再生产的产物。随着全球化的研究者把他们的注意力从全球财经流动的"虚拟"世界转到跨境联结的"真实"世界以及洲际间的经济，边界就以全球化研究的核心对象而出现。③

如果我们承认边界和边境社会不断地被一系列包括跨国的参与者再生产，很显然关于交界的争议与争夺催生出多元化——在边境之间，在边境的分块，在边境不同的参与群体之间，久而久之一直持续。从而引出了一些关于非法流的疑问。什么状况让某些物体和人引向某些边境（的分段）？非法流是如何，从哪种程度塑造和再生产边境？以及不断变化的边境状况再产生非法流？

在边境研究流动

几乎无一例外，关于非法流动的文献并且总体看来，关于边境的文献之重点不在于此。我的观点是它们应该让局外人理解非法流动总是很难的，因为局内人很少让局外人知晓这些流动和泄露那些终究会被国家定罪和惩治的交易细节。招供发生的罕见情形（比如，在狱中里或者作为自我宣扬的回忆录）通常使这种信息的可靠性成为问题。④ 能接触到愿意交流的局内人的社会科学家很大程度上把注意力放在高层商人——策略者或者零售商，所以我们

---

① 在富歇对世界上的国际边界的调查中，他论及了世界的切割是由于"行星大地测量学"进程所引起的。Foucher, Michel. 1991. Fronts et frontières: Un tour du monde géopolitique (Fronts and Borders: A Tour of the Geopolitical World). Paris: Fayard.

② 如果富歇计算的这个数据准确的话，而且如果把每一边的深度算为任意 10 公里，这个世界的边境面积为 4500 万平方公里。Foucher, Fronts et frontières, p. 15.

③ Anderson and O'Dowd, "Borders, Border Regions", p. 600. 这给最近的关注城市，甚至是大都市，中心的全球化文章提供了一种良好的平衡并为地球城而舍弃了地球村的形象，复苏了看上去与全球联结与地理的终结断言不一致的从城市传散到乡间的社会变迁的现代形象。

④ 例如：Chaktow: het verhaal van een drugsdealer (Chaktow: A Drug Dealer's Story). Utrecht: Het Spectrum. 1995; Seymour, Christopher. 1996. Yakuza Diary: Doing Time in the Japanese Underworld. New York: Atlantic Monthly Press; Middelburg, Bart. 2000. De Godmother: De criminele carrière van Thea Moear, medeoprichter van de Bruinsmagroep (The Godmother: The Criminal Career of Thea Moear, Co-Founder of the Bruinsma Group) Amsterdam/Antwerpen: L. J. Veen.

的了解仅限于这些"未批准商品链"参与者①。

边境提供了非法流动的研究场地并保证了通常被忽视的一系列信息和一些视角。就信息而言，比起其他传统的观察场所来说，未批准流动会在边境地区更为可见。实际上，在一些边境地区，几乎不可能不存在着关于未批准的过境。② 但是，边境能够提供的不仅仅是可见性；它们同样提供了一系列能够提高我们对于非法流动的分析视角。

首先，研究边境地区的流动使我们翔实地探索未批准**商品运送者**的视角。现有文献关注商人，生产者，零售商和消费者但是对于运送者的认知却寥寥无几。边境提供了从偶尔从事按日取酬的儿童，到职业货车司机和规律地造访边境施工的监工各级层面同步接触渠道。这使得边境变成了探寻根本上使物体和人员的流动成为可能的机制和网络。在偷渡这样的例子里，运送者或者跨境向导在各地有不同的称呼：在摩洛哥-西班牙边境上的非洲移民把他们称为狼，中国非法移民叫蛇头，在美国-墨西哥边境他们以郊狼这个叫法而众所周知。③ 边境研究可以揭示哪些人能承担这些角色，他们如何与更大的组织联系起来，在什么程度上他们的作用可以与整个边界或者边界之间相比较。比如，根据大众想象，蛇头紧密地纳入了远程网络，然而郊狼是相当独立给来者提供专门的跨境旅行服务的商人。(Liang and Ye, 2001；2003—2004) 比较研究能做出这样的证实吗？

其次，边境为研究**各类合法与非法的流动的重叠和交织**提供了最佳场地。大部分流动的研究是以物体为导向的：它们针对一种特定的商品（钻石、武器、大麻）或者特定人群（被拐卖的加纳女性，中国移民劳工）。虽然这些流动有可能会覆盖或者相互促成的事实已被提及，但是这种关系已经被证实是

---

① 例如：Adler, A. Patricia. 1985. Wheeling and Dealing: An Ethnography of an Upper-Level Drug Dealing and Smuggling Community. New York: Columbia University Press; Bovenkerk, Frank. 1995. La Bella Bettien. Amsterdam: J. M. Meulenhoff.; Van der Torre, Edwin. 1996. Drugstoeristen en koplieden: onderzoek naar Franse drugstoeristen, Marokkaanse drugsrunners en het beheer van dealpanden in Rotterdam (Drug Tourists and Traders: A Study of French Drug Tourists, Moroccan Drug Runners and the Management of Safe Houses in Rotterdam). Deventer: Kluwer.; Zaitch, Damián. 2001. Traquetos: Colombians Involved in the Cocaine Business in the Netherlands. Ph. D. diss., University of Amsterdam, Amsterdam School of Social Science Research.

② 当我在研究另外一个专题时恰好发现位于印度-孟加拉边境的乡村产业的历史。跨恒河相望的两小村子的人们很热切地讨论和表达非法贸易的重要性。Van Schendel, Willem. 1993. Easy Come, Easy Go: Smugglers on the Ganges. Journal of Contemporary Asia. 23 (2): 189-213.

③ "蛇头"这个称呼更为广泛，而且也可以指从事偷渡的商家。关于对走私贩和偷渡客的动物范畴的使用，参阅 Driessen, Henk. 1996. The 'New Immigration' and the Transformation of the European-African Frontier. In Border Identities: Nation and State at International Frontier. Thomas M. Wilson and Hastings Donnan. Cambridge: Cambridge University Press. p. 96; Donnan and Wilson, Borders, pp. 134-136.

难以研究的。当然，在任何点上都可能发生重叠，比如在消费这个点上——当一个持有巴西手枪的荷兰毒贩购买利比亚钻石，或者当被拐的尼泊尔和孟加拉性工作者在（印度）加尔各答的妓院里相遇。然而，这种发生在边境地区的重叠，作为合法和非合法商品混合的结果可能会异常复杂，会向特定的边境位置转移，短时间或者长时间存放，然后再越境。在边界发生的重叠复杂性也是这种非常不同规模和程度的跨国流动相汇的事实功能。因此，载着藏有一把以色列突击步枪的一车西红柿跨过安哥拉和刚果边界的妇女不但涉入了合法和非法贸易，而且是短距离和长距离的贸易流动①。

在边境地区研究未批准流动所开启的第三个视角是：当流动遇到边界时边界的网络是不可避免的。某一边境的特殊性容许了特定地点的方式来结合（非法）商品，劳动力以及资本，从两个领土系统的管控的优势中获益同时避免其劣势。在泰缅边境的赌场和海洛因提炼厂，德国与捷克边境步行卖淫，巴基斯坦与印度交界的轻武器工厂，墨西哥-美国边界上的**马奎拉多拉**生产单元，以及孟加拉-印度边界的电子产品组装工厂都是只有在边境地区才可能发生的经济行为的例子，而且仅仅因为其中的一些投入（资本，劳动力，原材料）以及有些市场被所牵涉的其中一个国家定义为违法。

其四，边境是研究非法流动的**参与视角研究**的绝佳场地。是什么在驱使边境走私贩，边境地区的其他人怎么看待他们？哪些人参与其中，哪些人却没有呢？在这些个人的生活里，非法贸易有多重要，就他们所投入的时间，所获得的收入，他们为之所塑造的身份，以及他们所附加的一些意义而言？他们是否把自己看作自由贸易的英雄，作为所处境况的受害者，国家的叛徒，作为他们世界的空间截断的反抗者？他们什么时候把被禁止的贸易看作是正当（licit）的行为，又为了什么？参与者的感知范围或许很宽泛。由不同的欧洲国民所组成在印度东部进行非法武器运送的空勤人员把自己看作是冒险专业人员而其任务纯粹是一桩生意。② 在缅甸，印度和孟加拉3个国家交界的地

---

① Carolyn Nordstrom 的例子给予了我对这一场景的想象。

② 这个案例所涉及的武器交易公司之一（以普鲁利耶武器降落案而出名）贴切地命名为边界科技和创新有限公司。在这里例子里的一些国际气息在下列引文中可窥："一个体格健美金发碧眼的丹麦人并有持枪抢劫的逮捕令雇用了一位有着丰富简历的英国军火商。在拉脱维亚，他们购买了一架运输飞机之后请人航驶到保加利亚装载了77箱武器，其中包括300支冲锋枪，弹药，手枪，手榴弹和火箭炮。然后飞机向东飞到印度。当它飞过接近加尔各答的普鲁利耶村，这些武器被购于南非的降落伞传动装置所载落。这项交易由香港出资。预期的收货方是一个具有暴力性质的宗教教派。"Bonner, Raymond. 1998. Murky Life of an International Gun Dealer. The New York Times. July 14. 参见 Chattopadhyay, Sankar Suhrid. 2001. Waiting to Go Home. Frontline. 18 (10): May 10, 12-25.

方的非法武器市场的买者把自己看作自由战士，为了领土独立之争而为跨境少数民族进行武装。在比利时-荷兰边境的居民为走私贩树立一个"纪念址"（lieu de mémoire）来庆祝历史上的非法流动参与①。

鲜有走私贩变为众人敬仰的英雄。在这里我们却见证了这一刻。在比利时和荷兰边界两位前走私贩和一位已退休的边界卫兵供同为一座名为"走私贩"的纪念碑揭幕。20世纪60年代之前，巴勒，一个跨界的小镇的许多居民从事香烟、黄油、汽油、盐、骆驼、货币和香水的非法跨界贸易。他们当中的一部分独立运作，其他人则是从欧洲城市为起点运营的组织员工，或者是美国，如在香烟走私的例子。其走私方式包括肩背麻袋（如纪念牌所示）到开装甲车越过路障。在巴勒和比利时-荷兰边境的其他地方根深蒂固地存在着一种跨界贸易和智胜国家在道德上的正确感。走私贩和当地边界卫兵共享着一种允许一定程度的非法贸易同时又减少暴力使用的行动准则。

在20世纪60年代，欧洲的整合减少了这两个国家之间的价格差别，并废除了大部分贸易限制。非法边界贸易不再有利可图，而且前走私贩年事已高，巴勒的店主们决定委托当地的一位雕塑师来制作一个纪念碑以纪念社区的走私历史。此座纪念碑为"非法流动的正当性"和"巴勒人"的边界凝聚力而赠②。

最后，在边境研究非法流动提供了**领土性**与**跨国性**是如何在日常实践中协调以及人们如何"度量"他们所处的世界之独特视角。③ 与"中心居民"

---

① Pierre Nora和他的合作者们强调了优先研究"记忆场地"的必要，例如支撑国家概念的纪念碑，博物馆，档案，事件，文本，想法等。这些都是国家的提示物：研究它们或许会帮助我们理解个体和公众记忆，以及这些和权力之间的关系。但是记忆场地也是其它尺度的提示物，如这个骄傲地支持与非法跨境流动相系的边境身份的概念例子。这些庆典在边境文化中并不少见，但是不许的或者是被国家所压制的。比如，随着美国毒品阻断运动而来，在墨西哥-美国边境西北部追捧毒贩的毒品民谣。参见：Nora, Pierre. ed., 1997. Les lieux de mémoire（Sites of Memory）, 3vols. Paris：Éditions Gallimard.；Wald, Elijah. 2001. Narcocorrido：A Journey into the Music of Drugs, Guns, and Guerrillas. New York：Rayo/Harper Collins.

② Ragas, Ed. 1999. Baarle op de grens van twee eeuwen：Enclavedorpen in beeld（Baarle on the Brink of Two Centuries：Images of Enclave Villages）. Baarle：Bruna. p. 54. 这张图片显示了一名比利时边境卫兵和两个前走私贩（一位是比利时人，一位是荷兰人）。

③ 尺度是空间上的表达，我们对空间现实概念进行构想的方式。有着不同空间现实概念的人们可能因为这些（"尺度政治"）而挣扎，而这些挣扎产生了关系网络和其它物质结果。关于这个概念的解释，见Smith, "Contours"；Swyngedouw, Erik. 1997. "Excluding the Other：The Production of Scale and Scaled Politics", In Geographies of Economics. Lee, Roger and Wills, Jane. Eds. London：Arnold, p. 169；Howitt, Richard. 1998. Scale as Relation：Musical Metaphors of Geographical Space. Area 30（1）：49-58. Jones, T. Katherine. Scale as Epistemology. Political Geography. 17（1）：25-28.；Brenner, "Beyond State-Centrism？"；Marston, A. Sallie. 2000. The Social Construction of Scale. Progress in Human Geography. 24（2）：219-242.

（和大多数社会理论家）不同，边境居民通常不把国家这个尺度看作为全球（或者跨国）与地方的中介物。对于边境居民，国家尺度并不是首要的，而且不包括更为"地方"尺度的社区，家庭，家户或者团体。与之相反，对于他们来说在很多方面，国家正是代表着地方与禁锢，并限制边境居民日常关系的空间性。大多数中心居民所体验到的作为整洁地与国家尺度相嵌套-面对面的关系生产，营销网络，或者社区身份与边境居民所体验到的大有不同。在这些情况中，比起国家，这些尺度往往更不"地方"；他们违反了那个尺度的限制，溢出了其界限，逃离了调控的主张，从而为特定的边境政治尺度做出了准备。① 不可避免地，边境实践在触及边界线和越界之间就被悬置，不断地探寻和挑战两个国家的领土主张。其结果就是即便不是纯粹非法的实践，也会被国家视为嫌疑的形式各样的日常跨国性。② 难怪非法流动轻易地切入到更为广阔的情形中：即它们与边境居民的很多日常惯例相契合。

上述这些原因使得在边境研究非法流动非常有意义。在世界各地，边境社会深深地卷入到未批准流动的进程中，而且这些互动如此的强烈以至于可以公平地说就像任何一个领土国家的一部分一样，边界同样是这些流动的一部分。

边界流动的组织

人们如何组织使物体和人员在空间里穿行的相关文献有很多，即便这种行动是被其他群体所禁止的（即国家工作人员）。这些文献中有很多强调大规模和持久的犯罪组织，由此世界不同地方产生了不同的术语：黑手党、卡特尔、辛迪加、帮会、兄弟会、三合会、秘密社会等。有些文章甚至臆造出帕克斯黑手党幻觉以及犯罪辛迪加对全球的控制。③ 但是很多证据显示，比起"组织性的跨国犯罪"的文献所引导我们相信的来说，这些团体对于非法流动

---

① 关于尺度的政治，见 Smith, "Contours" and Swyngedouw, "Excluding the Other". 在更近期的文稿中，Brenner 提出了两个术语："尺度的政治"和"度量结构化政治"。Brenner, Neil. 2001. The Limits to Scale? Methodological Reflections on Scalar Structuration. Progress in Human Geography. 25（4）：591-614.

② 这种日常跨国性的极端例子参看 Van Schendel. 2002. Stateless in South Asia: The Making of the India-Bangladesh Enclaves. The Journal of Asian Studies. 61（1）：115-147.

③ 例如：Sterling, Claire. 1994. Crime without Frontiers: the Worldwide Expansion of Organised Crime and the Pax Mafiosa. London: Little, Brown and Co.

的控制并不是完全的。近期集中在包括个人的、小型、灵活和不太长久的结盟的研究则认为持久的犯罪团体实际上是少有的，所以我们需要不太常规化的方法去认识非法跨国流动是如何越界①。

关于非法流动的组织的文章大多数集中在他们的领导力、生产点、批发包装、分发和零售。非法流的组织性研究很少提供人们如何通力合作来把人或商品送达边境，越境直到消费者手中（或者通常情况下是另外的边界）。可是，非法的组织为人所知是在边境以特别的形式呈现而且适应于那里地方的与不断变化的情况。

组织模式

给边界的两种组织模式做出个初步的区分可能会有用。首先是阿德勒所称的**双重漏斗式**，其特点是大量人聚集在（种植/采矿/制造和包装）始发点和支付（零售和消费）点，但是在狭窄和危险的输入口却相对较少。② 在边境，这样的组织还是最微弱的，只有几个行动者偷偷地、仓促地通过边界。人们建议这种双重漏斗或者沙漏模式可能特别会与大型犯罪辛迪加以及昂贵的长途运输的小体积商品有关，比如钻石和高级别毒品。戈克尔·巴曼的拘捕也许就是个明证。2001年8月，印度边境机关惊奇地发现在孟加拉边界一个小村庄里，一个名为戈克尔的人藏有225克高品位铀。这些于1984年在苏联制造的铀，很显然是从孟加拉走私到印度的，并据猜测，这些铀会被送至克什米尔的分裂组织。（The Times of India August, 2001）

第二个模式可以称作毛细管模式，包括处于边界但是又可能分散到包括无数边境居民在内的组织在内，在始发点和支付点都有很多人。一般人认为这种模式是与更为分散的贸易组织，和比如农业产品和盐这些更廉价，体积更大的商品有关。比如，1976年当泰国军事集团宣布在临近的老挝实施经济封锁和跨境河即湄公河上的贸易为非法活动，当地商贩却继续买卖，"在夜里淌水穿过湄公河的大量阿司匹林，鱼露和糖以高价被老挝商人或者官员购

---

① 比如：Bovenkerk, Frank. 2001. Misdaadprofielen (Profiles of Crime). Amsterdam: J. M. Meulenhoff. 这篇文献强调了更持久的跨国犯罪组织形式，但是并没有提供了（例如一个比利时妇女用她的行李箱把库尔德恋人偷运到意大利），或者自行以"自我走私"这种方式溜过边界。Kurdish lover sent packing. Kurdistan Observer. July 13, 2002. http://home.cogeco.ca/-kurdistanobserver/14-7-02-reu-kurdish-lover-packed.html.

② Adler, Wheeling and Dealing, p. 33.

买……但是几个人被河岸上方巡逻的士兵击毙之后,他们的冒险兴趣就减弱了"(Walker,1999:58)。

边界多元化

非法流动在边境的穿行不仅仅由组织的类型或者交易物件所决定。在很多情况下,正是边境本身的特征发挥了很大的影响。比如,由于物理特质(当边界的一段穿过水域,沙漠,山脉或者城市),边界的硬度或者抗渗性可能会沿其长度而不同,在某分段密集度不一的监控就如"守门人行动"[1]一样。当地跨境协定(如在边界各区或者邻国半独立区域之间),在任意一边的边民不同程度的体质或者语言上的差异,或两者的结合。在不同点的未准许越界流动必须将其组织模式与这些当地特征相适应,甚至选择避免某些分段[2]。

除了沿着整条边界的这些当地差异外,边界或多或少是不同群体的障碍。处于一边的公民可能会发现比起另外一边的人更容易跨界。比起其他人,有着特殊文化、经济或者政治特征的人可能会觉得边界是更为生畏的屏障。年龄和性别也可能起着作用。[3] 为了成功,非法流动的执行者需要利用这些差异,而这意味着使他们的组织与之相适[4]。

除了这些相对稳定的特征,边界的渗透性是永远变化着的。邻国力量时盛时衰,它们之间的关系往往也是不断变化的。在边界,日新月异的国际间

---

[1] 这个移民阻断攻势局限于墨西哥-美国边境的加利福尼亚段。Nevins, Joseph. 2000. Operation Gatekeeper. The Rise of the "Illegal Alien" and the Making of the U. S. -Mexico Boundary. New York: Routledge Press.

[2] 在 Audrey Singer 和 Douglas S. Massey 的文章里这种空间多样化被用于分析跨墨西哥与美国边界的非法移民。1998. The Social Process of Undocumented Border Crossing among Mexican Migrants. International Migration Review. 32 (3): 581.

[3] 参阅,如 Cheater, A. P. 1998. Transcending the State? Gender and Borderline Constructions of Citizenship in Zimbabwe. In Border Identities. Wilson and Donnan eds. pp.191-214.; Jelin, Elizabeth. 2000. Epílogo II: Fronteras, naciones, género: Un comentario (Epilogue II: Borders, Nations and Gender: A Comment). In Fronteras, naciones e identidades, ed. Alejandro Grimson (Buenos Aires: Ediciones Ciccus, 2000), pp. 333-342.

[4] 边境适应性技巧的例子来自一位经墨西哥走私到美国的福州女性。"几个墨西哥人是向导。他们对女性比较友善。他们给我们很多食物。他们用汉语叫我们'安静',用福州方言叫我们'现在躺下'和'跪下'。"引自 Chin, Ko-lin. 1999. Smuggled Chinese: Clandestine Immigration to the United States. Philadelphia: Temple University Press. p. 79.

关系与不同的跨境劳动力和商品市场，以及贸易和移民政策相结合，产生了参与非法流动的人员需要调适的复合（杂）模式。

国家的调控尝试

当国家决定升级边界监视以干扰非法流动的时候，这一点就特别明了。一个研究比较透彻的例子是在20世纪80年代美国对从南佛罗里达涌入的哥伦比亚可卡因的大规模攻势。这场招募美军来进行毒品封锁并把毒品归类为"国家安全威胁"的攻势有着意想不到的结果。

>在佛罗里达南部马其诺防线形式的战略并没有显著地阻止毒品输入，但是它的确有力地影响了毒品走私的地点，方法和组织。最为重要的影响是把很多毒品运输推向了西南部，使得科伦比亚的走私犯逐渐地依赖于墨西哥走私网络。①

直到那时，科伦比亚可卡因出口商和他们的美国方已经选择用轻型飞机把产品运送到美国边界。如今，"空中阻击"的基础设施建设迫使他们离开天空。其直接的结果是，墨西哥陆路运输者变成了可卡因贸易的不可缺的组成部分，而墨西哥和美国边境变成了一种新型的与国际衔接毒品走私犯的狩猎场。②相似地，为阻止违禁流入美国的移民而采取的对墨西哥与美国边界控制的升级干扰了传统路线，即"自我走私或者有限的使用本地'郊狼'（人员走私商人）秘密入境方法，给专业走私机构的出现提供了空间，这也撇开了更小型的运作"③。

在不一定能实现阻挡非法入境目标的情况下，这种国家调控把边境社会变成了控制和畏惧之地。如果措施足够严厉，他们可以停止跨境流动，至少是暂时地，但是很少有国家能够或者愿意做到那一步。虽然墨西哥-美国边界通常被描述为处于世界上最为严密和高科技的监控，通过比较会比较有启发意义，比如德国民主共和国在这个方面所取得的成就。经过长时期的渗透

---

① Andreas, Border Games, p. 44.
② Andreas, Border Games, pp. 52-53.
③ Andreas, Border Games, p. 95. 参见 Singer and Massey, "The Social Process"; Andreas, Peter. 2001. The Transformation of Migrant Smuggling across the U. S. -Mexican Border. In Global Human Smuggling. Kyle and Koslowski eds. pp. 29-57.

(1945—1952),通过异常有效措施的积累它关闭了与德意志联邦共和国的边界:成千的边界居民被驱逐,边界被一个5公里深的隔离区和500米的保护条进行保护,加之频繁的巡逻,以及10米覆沙控制条让每个脚印清晰可见。带刺铁丝网栅栏、监视塔、警犬、地雷、宵禁和检查点构成了全貌①。

当国家没有发展成为一个真正的能够实现完全关闭的"守门人国家"以实施完全的关闭,非法流动通过加强自己的组织和科技优势以保持被新的国家政策所造成对边界孔隙性的威慑,由此适应了更为严密的监视②。通常,这不但意味着更复杂,装备更精良和更为暴力的组织的出现,包括在边界另一边在边境社会的更深入的防御,还有更多的拟态:在驻守不严的边界,无过境允许的人员和商品被藏运在"合法"商品的装箱中③。因此,国家对于调控非法跨境流动的尝试可能会产生的效应:通过与边境之外相应的组织性适应,双重漏斗模式的组织代替毛细管模式组织。

边境如何驯服非法流动

边境居民与牵涉非法流动的人员共享着对于空间现实的主导概念的一种不安。他们的生活体验使得他们难以接受由国家精英所定义的、既定的、毋庸置疑的世界现行组织。④ 对于他们来说,国家所组成的世界是有问题的,同样地,优先于其他利益的"公民的国家社区"也是有问题的。他们不能把自己的想象力限制在某个单一国家的领土内,他们把这样想的人看作是被错觉所禁锢。简而言之,他们总是能敏锐地意识到社会科学家们称为"嵌入式国家主义"和"领土陷阱"的曲解。

力图尝试重新思考国家中心主义的社会科学家们因此应该做的莫过于把

---

① "Die Todesgrenze der Deutschen"(The German's Border of Death),Der Spiegel, June 24, 1991, pp. 58-83; July 1, 1991, pp. 52-71; July 8, 1991, pp. 102-116; Berdahl, Daphne. 1999. Where the World Ended: Re-unification and Identity in the German Borderland. Berkeley: University of California Press.

② 在这里我从国家可以任意开放或者关闭边界的意义上来使用"守门人国家"。比起这个术语的提出者,也是我所源用的Nevins来说,在本文的使用更为局限。对于Nevins来说,看门人国家"其任务是给国家领土为基础的资本提供域外机会(从而加剧了全球化的进程),然而,有点自相矛盾的是提供了抗击由全球化所释放的所视为社会代价的防护——特别是移民。"Nevins, Operation Gatekeeper.

③ 在墨西哥和美国边界,随着北美自由贸易协定(NAFTA)的签订,对于很多来自墨西哥的商品来说边界变得更容易渗透并让非法贸易付之于上,这逐渐变成了日益加剧的两难局面。Nevins, Operation Gatekeeper, p. 178.

④ 参见 Nevins, Operation Gatekeeper, p. 186.

边境居民作为榜样。在全球，在边界地区的居民的实践和世界观的预设中考虑到了国家，但是从来不会不把它视为延绵不断和凌驾一切的实体。在边境，国家度量结构化的两项工程相遇并相互补充和加强。通过一堆行政、军事、物流和符号实践所斡旋的物质结果把边界确立成了毋庸置疑的物质和政治现实。但是国家度量的霸权是永远没有结果的，因为国家作为"守门人国家"而失败并且无力清除未获准的跨境实践。

结果国家精英们把边界用作治国工具，以维持基于领土性的政治和经济不平等的尝试时常受到挑战。生机勃勃的边境社会，跨坐在边界的社会和文化体系变成了不同度量结构化工程的引擎。未经许可的跨境贸易，非法移民，跨境加工系统和区域自治运动——所有这些可以被看作旨在反抗由国家领土性引发的跨空间不平等。这些在某些地方是如何发展的，在某些时期决定着边境地理的变迁。其结果通常高度复杂，而且沿着边境对抗式的领土性与各异的社会实践形式同时存在①。

话又说回来，显然非法流动并不是箭一般飞过松懈的边境社会的外部力量。相反地，它们被频繁驯服并融入度量结构化的边境工程中。一种认识非法流动如何在边境地区变成了叠瓦状的路径是：观察边境人和涉及非法流动的人员标识他们所处的环境。如果我们想了解他们如何"度量"这个世界，我们必须从他们的感知地图开始——他们所组织的对于空间环境的再现以及他们在其中的位置。② 由于这些地图很少会存储在外部（以图谱的形式），研究变化中的边境地形的核心部分是获取感知的"脑海里的地图"③。

日常跨国性

虽然关于边民的度量实践的系统研究很少见，但是大量证据表明很多边民自如地运用多重认知地图。让我列举几个印度-孟加拉边境的例子。当武器

---

① 参见 Paasi, Ansi. 1999. Boundaries as Social Processes: Territoriality in the World of Flows. Geopolitics (3) 1: 669-680.

② 参见 Dons, Roger M and Stea, David. 1977. Maps in Minds: Reflections on Cognitive Mapping. New York: Harper&Row. p.6. 关于尺度和认知地图，也查阅 Orleans, Peter. 1973. Differential Cognition of Urban Residents: Effects of Social Scale on Mapping. In Image and Environment: Cognitive Mapping and Spatial Behavior. Downs, Roger M. And Stea, David. Eds. Chicago: Aldine Publishing Company. pp.115-130.

③ 这些再现以及其内容，选择性和组织的互动实质，查阅 Down and Stea, Maps in Minds, esp. pp. 99-145.

走私贩使用"我们"这个代词时不仅指代一群公民（印度人），而且是一个跨境贸易组织（武器走私贩）以及一个地区的宗教范畴［（印度）西孟加拉邦的穆斯林和孟加拉国］，他显示了一种能同时把自己置于多种"尺度"的能力，国家的仅仅是其中之一。当印度东北十几个叛乱团体发布联合声明来抵制印度的独立日并声称"东北部从来就不是印度的一部分由此也不会产生庆祝独立日的问题"的时候，他们把国家尺度完全抛弃了。① 当人们从边界两边汇聚一堂来庆祝一种户外民间曲艺表演（jatragan），一同祈祷或者在边界的集市售卖他们的所产，他们违抗了由国家尺度所强加的限制，但是持守着包括国家边界之外的世界认知地图。② 当一个印度-孟加拉边境的老派革命者追忆中国外交部长周恩来，曾经在20世纪70年代在北京宴请他，他唤起了一种革命社会主义者的跨国情谊。③ 当一个印度男人从他在政府的工作得到3个月公假去陪伴他怀孕的妻子到她在孟加拉的父母家里以迎接他们第一个孩子的出生，他们可能轻视了公民身份法规和两个国家的签证规章，但是他们肯定了连接跨境个人和家庭群体的边境亲属关系这一尺度。在边境被分割的地形里，认知地图不会完全地相互覆盖，因为个人必须以不一致的步调组织着对空间现实的构思，有些人接受边界，而其他却不是这样④。

不可避免地，边境的尺度政治聚焦于接壤的问题。通常，国家实践被与国家边界互不相应的方式来度量自己世界的边民所忽视。他们的尺度溢出了由国家领土所设定的空间界限，即便国家之间处于极度紧张局面的时期也同样如此。尽管在边境地区经历了着国家构型的很长历史，国家尺度很难以胜过认知之战。它理所当然地把自己设立为边境人中的最重要的尺度，但是却很少取得霸权。隐蔽的反抗存在于走私贩和边境警卫之间（在孟加拉是司空见惯的）的激烈冲突中，在边境骚乱（如，克什米尔）以及违禁跨境人口迁徙中是明显的（如，萨赫勒）。而且隐蔽的反抗以走私、对非法移民的援助、违禁跨界生产以及营销系统形式体现。边境度量政治所使用尺度无疑是国

---

① "Rebel Groups Call for Independence Day Boycott," The Times of India, July 31, 2001；参见"Mixed Response to 'Black Day'," The Telegraph, October 17, 2002.

② "BSF Free 13 Bangladeshis," The Daily Star, December 13, 2000; Probir Pramanik. "Tragedy on Border over Prayer," The Telegraph, December 29, 2000.

③ 索林·博斯是1967年纳萨尔巴里毛派起义的领导同时也是印度共产党（马克思-列宁）1970年派往中国的使者。萨哈尔·卡比尔与威廉·范显道对索林·博斯1999年在印度孟加拉邦西里古里的采访录像（存于阿姆斯特丹社会历史国际院）。

④ 参见 Grimson, Alejandro. "Introduction Fronteras políticas versus fronteras culturales?" (Introduction: Political Borders vs. Cultural Borders?). In Fronteras, nacionese identidades ed. Grimson, pp. 9-40.

家——当边民隐藏在边界、当国籍申请已经获准、当国定假日已经庆祝、当把边境警卫拉入地方冲突尝试已经完成，把这些提升到国际边界事件的地位——但是这种尺度的界限与边境人的其他，有时候更为强大的空间现实认知常常是不符的。

这三种尺度看起来与边境的人特别相关。第一种类型以在国家形成的冲击下变弱，但是并没有消失的**我们几乎失去的尺度，前—边界的关系网**所贯穿。第二种是国家**尺度**，伴随边界而来的限于国家领土的关系网。第三种是**由边界引发的尺度**所组成，由于边界的存在而涌现的跨境关系网。这三种类型的尺度发源于不同时期所以可以区分为前、后边界现象。虽然边境人们可以轻易地将之区分开来，他们却很少对这些尺度的历史性感兴趣。然而，正是这些尺度之间的各种互联关系为边境人的对他们的空间环境的再现和他们自己在其中的位置提供源泉。在激烈的度量和再度量的实践中，他们已经长时间地重整着这三种类型的关系网，而且其结果是形形色色的。

就如我们所看到的，边民并不把国家尺度理解为一种对更为"本地"尺度的包围或者在本地和全球（或者跨国）之间的中间物；国家反而正是代表着本地和限制，这些都试图牵制着边境人日常关系的空间性。正是这些意义深远的前—边界尺度的持续而使很多边界上的居民获得了一种稳定的感觉。他们非常积极地参与到维系跨境家族网络，宗教社群，营销区域，贸易线路，政治关系和社会性网络。① 这些尺度不但没有被国家抹杀，而且它们实际上形成了新边界——诱发尺度出现的基础。这些新的尺度也许会被国家所容忍，从而"合法"，就如在得到批准的跨境通勤，求学或者购物的情况下。② 但是它们也许会被国家所谴责因而"非法"。古代贸易路线的知识也许是以走私为基础的，一种绝妙的边界——所引发的活动。有些边境人也许以走私贩，非法移民，人贩子或者移民的汇款收款人而牵涉到非法贸易网络中。其他边境人也许并没有直接参与走私，但是他们非常清楚它如何重新度量边境，包括日常跨国性的地貌的认知地图。

在任何边界，尺度政治以地域性的对抗形式为中心并表现在多样化的社会实践中。在边境，尺度的再定义和尺度的"跳跃"通过给一些人增权和削

---

① 关于中国-泰国-缅甸边境的这种网络的顽固性查看 Prasertkul, Chiranan. 1989. Yunnan Trade in the Nineteenth Century: Southwest China's Cross-Boundaries Functional System. Bangkok: Institute of Asian Studies. Chulalongkorn University.

② 关于爱尔兰"边境购物"，查看 Donnan and Wilson, Borders, pp. 117-122.

弱一些人的权力而频繁地改变着社会力量的几何形状。① 由于这个原因，边境的政治地理从未稳定过。当国家试图强加其版本的地域性和控制更广阔的跨国尺度的时候，这些斗争变得可见。在国家精英眼里，使边境变得如此可疑和脆弱的很多反抗和暴力可以被解读为国家代理人尺度本土化政治与边境人依照不太受地域性牵绊的尺度来阻止他们的生活之间的冲突。这些冲突的结果是无法预计的因为国家代理人常常被卷入到尺度的跨境政治中，而且边民的尺度政治会导致一个有漏洞的国家结构的渗透。② 正因如此，严加防守的部分边界很容易成为边界警卫从跨境贸易获得私利最多的地方。③ 他们的制服和其他可见的领土条令的标志并不一定与他们日常关系的空间性或者他们如何度量他们的环境以及自己在其中的位置相符。如果证据可靠，正是国家的哨兵最容易会被边境的诱饵所影响并变成削弱国家领土性的度量结构化的形式的积极代理人。

国家中心主义之外

我们已经看到社会科学在竭力把自己从作为凌驾一切的尺度的、民族国家的主宰中解救出来。"大威斯特法利亚坝的后现代裂缝"已经打开，而且我们逐渐意识到在社会科学中长期当道的"地域主义认识论"的局限。④ 沿袭而来的国家所定义的社会，经济和文化看起来越来越牵强，而在调查中把国家作为概念化起始点的研究也同样如此。

随着社会科学逐渐摆脱这种以国家精英如何定义世界的组织为基础的范

---

① 关于 Swyngedouw，"Excluding the other"，p. 169，根据史密斯的原初提法，"跳跃的尺度"的意思是组织生产和日常再生产以及抵抗更高尺度的压迫和剥削。这个提法已经被考克斯加以区别，他表明这种抵抗可以在更本土的尺度中表现。但是，如我们所见在边境这个背景下，高尺度和低尺度（或者更本地和更全球的）这种建筑的比喻分解了，跳跃的尺度的方向是因人而异。查阅史密斯，"Contours" 60; Cox, Kevin. 1998. Spaces of Dependence, Spaces of Engagement and the Politics of Scale; 1998. Looking for Local Politics. Political Geography. 17 (1): 1-23。

② Van Schendel, "Easy Come, Easy Go", pp. 204-205.

③ 关于在加纳与多哥边界的"官方威胁与国家官员实际上在帮助和教唆脱节"的讨论，查阅 Nugent, Paul. Power Versus Knowledge: Smugglers and the State along Ghana's Eastern Frontier, 1920—1992. In Frontiers and Borderlands. Rösler and Wendl. eds. p. 94.

④ Relyea, Scott. 1998. Trans-State Entities: Postmodern Cracks in the Great Westphalian Dam. Geopolitics. 3 (2): 30-61. 对于 Neil Brenner 来说，领土的认知论需要一种"无论是关于政治，社会的，经济或者文化进程，现代国家间体系的历史特定的领土结构与社会空间组织的普遍模式的换位"。Brenner, "Beyond State-Centrism?" p. 62.

式，问题在于把什么放在原处。去疆域化命题（预言着流动的无边界世界和地理，领土和距离的终结）很难让人信服。它并没有充分考虑到全球流动必须总是以不同形式的空间固定以及本土化为前提的事实。① 它也对全球度量重组的政治反冲以及其所产生的感知失调留意太少；那些感受到周边滋长的失调和不安全感的人们需要他们的国家变得更强大，通过在密不可透的边界后面创建一片安全的领土来使防止具有威胁性的跨国流动。

地方与流动之间的关系显然是处于变化中的，涉及通过有效的地理空间使用来控制人们的方式也是随之改变。由于地域性和国家治理策略变得不太集中，跨国实体和监管机制正在推进，我们面临着沿袭使用的世界政治地图正在脱线并变得松散的现实。（Luke and Tuathail，1993）

国家对物体与人员跨空间流动的控制在人类历史上是一个新的进展。索取批准和调控流动的专属权利——垄断流动（Torpey，2000：6-10）的合法手段正是现代国家的特征——但是只是在最近时期才真正获得技术和行政能力来实现这种主张。跨界流动，如今被构想为在地貌上指明国家主权力量的精确范围的粗线条，成为国家主权力量的重要标尺，边界开始对我们如何看待世界，以及我们如何将人类划分为不同群体产生巨大作用。为了让自己为后威斯特伐利亚领土性的新世界做准备，我们需要质疑我们对于国家惯用的边界暴力手段的广泛认可，以及所伴随的什么（以及谁）是合法或者不合法，纳入的或者排斥的定义

对于跨界流动，穿过国际边界物体以及人员移动的研究可能会对我们打破以国家为中心之茧有所帮助。不同形式的贸易和移民是如何与空间相调适的？它们如何与边境领土性的对立模式相联系的？它们如何打破、避开、塑造调控机制、实体和联盟的？我已经论证到商品和人员的域外流动并不是简单地与域内的组织相对立，而是处于一种相互构成的关系中。例如通过把流动定义为"非法"加之干预的国家，却制造出更多障碍和暴力的边界，以及更为复杂，非法的组织来使流动持续。这样，国家干预（"封锁"）政策和监控产生了新的跨界策略，这些策略的结果有可能会给国家领土性带来更大挑战。国家之预防性的，仅仅对跨国秘密流动的增长做出回应的形象是误导的，因为它没有对国家事实上结构化，潜移默化，生产和容许秘密跨界的程

---

① Brenner, "Beyond State-Centrism?" p. 62.

度做出如实描述①。

然而，关于跨界流动研究本身往往就是国家中心的。违规的跨界流动话语的片面性通常以下列方式体现。首先，它们将注意力集中在什么进入国家领土而不是什么离境。孟加拉关于国际移民的话语就是个例子。能够公开讨论的是非法入境（如来自缅甸的罗兴迦难民）但是对更大的经过获准的从孟加拉领土出发流入印度的移民流，对于来自印度的不满却三缄其口。② 相似地，美国关于非法流动的话语强调进入美国领土（主要是毒品和移民）的流动却忽略了美国也可能是世界上最大的走私货物出口国③。

其次，这些话语忽略了正是在国家领土内的消费者需求才滋长了未经准许的跨界流动的事实。因此国家不许可（或者只在高收税的条件下允许），但是当地经济无法提供的商品和服务在国家行动的结果下变成了违禁品。在关于杜绝违禁跨界贸易的国家声明和将其叫停的国家政策之间常常存在着明显的缺口。比如，在印度和美国，活跃的关于违禁移民项目的话语中描绘了边界被无用的异类破坏的形象从而引发了对边界阻断，围栏和驱逐的国家政策。然而对于这两个国家，国家都没有有效地针对或者惩治"非法异类"的国内雇主，由此保障了对于移民廉价劳动力的需求，因此更多的非法移民的动机持续存在④。

其三，关于非法跨界流动的国家中心话语通常是单方面的，因为它们忽略了国家如何促进了这些流动而且从中获益。还是以向外移民为例，由于失业问题，国家可能开始依赖这个安全阀。向外移民让他们实施旨在增长和结构性调整的经济政策而不是创造工作机会，所以鼓励工人们到国外就业。⑤ 这些国家对于向外的非法移民并不采取任何措施，但是他们更热衷于向移民寄回家里的汇款征税。为此他们努力确保这些汇款经流官方银行渠道。孟加拉

---

① Andreas, Border Games, p. 7; De Genova, P. Nicholas. 2002. Migrant "Illegality" and Deportation in Everyday Life. Annual Review of Anthropology. 31: 419-447.

② 就数字而言，从缅甸流入的罗兴迦非法难民有成千上万，而在印度的非法居留孟加拉人预计在1200万和2000万之间，而其中的500万居住在印度的孟加拉邦。如果这些数据可靠，在孟加拉邦的非法孟加拉移民等于美国境内所有非法移民的数量。根据美国移民归化局计算，1997年500万非法移民居住在美国，其中的270万来自墨西哥。Andreas, Border Games, 4n.

③ Andreas, Border Games, pp. 16-17.

④ 关于印度，参阅 Samaddar, Ranabir. 1999. The Marginal Nation: Transborder Migration from Bangladesh to West Bengal. New Delhi: Sage Publications. pp. 120-121. 关于美国，查看 Andreas, Border Games, pp. 32-39; Nevins, Operation Gatekeeper.

⑤ 关于墨西哥，参阅 Andreas, Border Games, pp. 37-38.

是一个劳动力输出国家，而不断地却不成功地努力清除私人化的汇款（这里以汉地或者哈瓦拉汇款而熟知）的范例。

国家也从其他途径从非法跨界流动中获利。例如，如果国家产业能通过在目的地国避免进口税来以低价把他们的产品送到外国消费者手里，本国也许能通过向这些行业征税来获利。很多印度公司以这种方式来进入孟加拉国市场，① 而且这也是来自世界各地，无数的工业化国家的产品隐蔽地找到印度数百万计的消费者的途径②。当国家介入到目的地的市场所禁止的商品（如毒品和武器）的生产和贸易，国家和非法流动之间的联系就更加密切。缅甸、阿富汗和哥伦比亚的掌权者被指控运行"毒品国家"——依靠非法毒品所获得的收入的国家——但是很多公开指责这种行为的政府恰恰参与了"灰色市场"的武器转移。

在非法的与记录不全面的域外商品和人员流动的分析中，将这些流动与比如国家这种领土性组织之间建构截然的对立是没有意义的。国家也许会争取领土控制，对于合法流动方式的垄断，或者保卫边界——但是事实上边界是半松散的，阻断边界秘密跨界的国家行动实际上重新度量以及有时候促成了这些跨界。相反地，非法流动可以重新度量国家。挑战在于把领土国家、跨界领土布局和跨国流动看作是全球在疆域化进程中的**补充**要素。这些进程目前的要旨看起来像是要把在国家这一层面的机构变得不太中心化，倾向于加强当地化领域（如边境网络）与超国家领域之间的直接连接。

在这个权力不对等，且结果难料的游戏中，国家精英持有重要筹码：用从税收获得大量收入来接触国家机构；它们对权威的合法化、对其他国家和超国家的接近以及优越的军事力量。但是"未被批准"的企业家持有其他重要筹码：在很大程度上让国家难以辨识的情况下拥有盈利运营的权力③、高度的组织性和监管灵活性、空间移动的能力以及对国家机构重新定向，破坏国家领土性和重新度量国家的技巧。跨国商人和国家精英同时形成支撑国家结

---

① 例如印度公司生产的 phensidyl，一种在孟加拉极度受欢迎的咳嗽糖浆，即便因为其高含量的可待因以毒品被禁。其他有名的印度产品为来自克什米尔的羊毛披肩、印度南部的丝制沙丽、台式风扇、化妆品、药物以及卡车和公共汽车部件。

② 进入孟加拉的各种繁杂的商品很大部分是越过边界到印度进行非法交易，例如，日本、韩国和中国台湾的电子产品；丹麦、荷兰和澳大利亚奶粉；俄罗斯、中国和以色列的突击步枪；美国香烟和化妆品；法国香水；泰国混凝土和化肥及瑞士表。

③ 关于（非）合法性，参见 Scott, C. James. 1998. Seeing Like a State: How Certain Schemes to Improve the Human Condition Have Failed. New Haven, Conn. and London: Yale University Press.

构的联盟并让这些联盟服务"未被获准"的跨国流动利益。在这个有时候被描述为国家犯罪化的过程中,那些时常会破坏国家领土性的人以其国王拥立者和执事者的形象出现。(Bayart, Ellis, Hibou, 1999)

但是边民同样也持有重要筹码。他们的权力是基于详尽的地形和社会领域知识以及让物体和人员安全驾驭边界的重叠尺度。边民把非法流动纳入度量结构化的跨境工程里,而且这些不会被国家或者跨国商人轻易利用。这种三角矛盾在信任、奖励、威胁、暴力、规避和诡计的交织中体现。当国家尝试阻止秘密跨界和接近边界之外的市场,它们在强调将向跨国犯罪主谋开战。但是通常不被记起的是:它们也参与了与边境社会、度量结构化工程以及社会公正意识之战。

换言之,最好以同时把国家、跨界布局和跨国流动纳入视野的路径来处理全球再疆域化,因为它们是权力和利益的重叠相扣的场域——或者接触的空间[①]——而且它们比"桌球"理论家所假定的还要更难以分离。通常仅仅是国家和流动出现在再疆域化的分析中。跨界构型时常被忽略掉,或者被视为无新意,边缘的或者是无足轻重的。在本章中,我认为这是个严重的判断误区。在再疆域化(或者全球化)的研究中,边境社会构成了一个"缺失的环节"因为它们充任了领土国家之间和跨国流动(包括不同流动之间)的枢轴,而且世界上无数的边境上的跨界构型对于国家和流动的形态,合法性和组织都有着直接的影响。

参考文献

Agnew, John. 1994. The Territorial Trap: The Geographical Assumptions of International Relations Theory, Review of International Political Economy 1 (1): 53-80.

Andreas, Peter. 2000. Border Games: Policing the U. S. -Mexico Divide. Ithaca, N. Y. and London: Cornell University Press.

Anderson, James and O'Dowd. 1999. Borders, Border Regions and Territoriality: Contradictory Meanings, Changing Significance. Regional Studies 33 (7): 602-603.

Bayart, Jean-Francois., Ellis, Stephen. and Hibou, Béatrice Hibou. 1999. The Criminalization of the State in Africa. Oxford/Bloomington: Currey/Indiana U-

---

[①] 参见 Cox, "Spaces of Dependence"。

niversity Press.

Brenner, Neil. 1999. Beyond State-Centrism? Space, Territoriality and Geographical Scale in Globalization Studies. Theory and Society, 28.

Cooper, Frederick. 2001. What is the Concept of Globalization Good For? An African Historian's Perspective. African Affairs (100): 399.

Liang, Zai and Ye, Wenzhen. 2001. From Fujian to New York: Understanding the New Chinese Immigration. *In* Global Human Smuggling: Comparative Perspective. David Kyle and Koslowski. eds, Baltimore and London: Johns Hopkins University Press.

Luke, W. Timothy and Tuathail, Ó GearÓid. 1993. The Fraying Modern Map: Failed States and Contraband Capitalism. Geopolitics 3 (3): 14-33.

Smith, Neil. 1992. Contours of a Spatialized Politics: Homeless Vehicles and the Production of Geographical Scale. Social Text 33 (66).

Taylor, Peter. 1996. Embedded Statism and the Social Sciences: Opening Up to New Spaces. Environment and Planning, A28 (11): 1917-1928.

The Times of India. 2001. In Uranium Seized from Villager in W. Bengal. August 27. 2001. In India to Seek Bangla Help in Uranium Case. August 27.

Torpey, John. 2000. The Invention of the Passport: Surveillance, Citizenship and the State. Cambridge: Cambridge University Press.

Walker, Andrew. 1999. The Legend of the Golden Boat: Regulation, Trade and Traders in the Borderlands of Laos, Thailand, China and Burma. Honolulu: University of Hawaii Press.

Wendl, Tobias and Rösler, Michael. 1999. Introduction: Frontiers and Borderlands: The Rise and Relevance of an Anthropological Research Genre. *In* Frontiers and Borderlands: Anthropological Perspective. Michael Rösler and Tobias Wendl, eds. Frankfurt am Main: Peter Lang.

星系政体：传统东南亚王国的结构①

哈佛大学人类学系　Stanley J. Tambiah（已故）著
山东大学历史文化学院　李晓哲　译

曼荼罗（Mandala）作为一种宇宙地形论

我提出用星系政体来再现传统东南亚王国的政体形式，这是一种结合了宇宙论、地形学以及政治经济特点的复合型形式。这种描述符号来源于一种传统的印度-西藏概念："曼荼罗"。这一概念其实是两种元素的结合：核心（manda）与其外容物或者所围绕的物质（la）。曼荼罗图案，无论是简单还是复杂的围绕着中心旋转的卫星，一定程度上源自印度佛教的思想和实践，我们由此来探索其表述的效果。因此，坦特罗密教和佛教的宇宙分类体系以曼荼罗为表述形式，例如须弥山作宇宙的核心，周边为海洋与山脉环绕。从哲学和教义角度来看，佛教的有部学派就在描述意识（心王 citta）和与之相关的精神现象（心所 caitta）之间的关系时也用了所谓的"卫星"法则［即在这其中作为中心的心王被十个心所环绕，而这十个心所又分别被四个法相（卫星）所环绕］。(Conze, 1970; Stcherbatsky, 1923) 婆罗浮屠（Borobodur）和吴哥的大型建筑遗址的设计和布局也曾经被称为曼荼罗（Mus, 1935; 1936）。从另外一个层面来讲，**考底利耶**（Kautilya）在他的《政事论》（*Arthashastra*）中曾从一个特定王国的视角，将曼荼罗作为一个地理概念，进而讨论友好及敌对国家的空间布局。(Shamasastry, 1960) 人体同样也可被比喻成曼荼罗（Tucci, 1971），这种比喻多见于祭祀和医学实践中。最后，曼荼罗也可见于织物或是许多瞬时祭祀场景中用颜料粉绘制的画作。

本篇文章的重点在于描述传统的东南亚王国不同层次下与曼荼罗设计相

---

① 发表于1976年4月26日的人类学分部会议，2013年再版于 HAU：*Journal of Ethnographic Theory* 3（3）：503-34。

符的政体结构。而在此之前，我们首先要明确，曼荼罗是作为一种几何、地形学、宇宙论以及社会的构想，而并非只是作为一个国家和政体的区分特征。简单的曼荼罗形式在以血缘关系为纽带、刀耕火种的分散型部落社会中表现较明显，然而最为细化的设计形式则出现在更加复杂的谷地定居和集权的稻作文明中。(de Jong, 1952; Schrieke, 1955; Mus, 1935; Heine-Geldern, 1942; Shorto, 1963; Moertono, 1968; Wheatley, 1971) 然而这只是一种简化的表述。事实上，很多部落政体和地方政体确实处于简单和复杂模式之间。在（东）帝汶岛（Timor）的阿托尼人（Atoni）就是一个恰当的例子：他们沿袭父系命名，生活在村落里，在山地上轮种玉米和水稻，然而同时他们也属于某个领主；他们村落里的房子遵循内部与外部、左边与右边以及4个主要的母柱，以及12个幼柱的原则等，由中心向外扩大，建立了一套同时表达宇宙、仪式、性别和实践的衍生。(Cunningham, 1973) 并且可以预想，像它一样范围更广且构造更复杂的政体会由一个由中心和卫星以及不同种类的逐层二分的细化设计所构成。

最常见的几何设计是五单元和九单元系统。五单元系统包括了四个外围单元和一个中心单元，而九单元系统则是由一个中心、围绕着中心单元的四个次级单元以及更加次级和外围的四个单元组成（见图1，2）。因此在印度尼西亚，这种五单元原则同样也被称为玛提派特（mantijapat）（所谓的"五-四"结构），并且这种表述可以用来指代多种形式。它既可以指四个周边的村落围绕着位于中心位置的第五个村落，也可以表现为当地的一种流动市场模式，即每五天一轮换；这种形式体现在米南佳保人领地（Minangkabau）上，来自四个附属区域的户主的一致意见在土地争议中不可缺（de Jong, 1952）；这种形式也描述了村级头人委员会的作用［与在印度村落中的潘查亚特制度（panchayat）是同样的作用］；另外，这也是18世纪后半叶的马打兰（Mataram）王国所呈现的一种内在管理形式（见图1B）(Schrieke, 1955)。

类似的，九单元形式也在这种由国王和大臣共同管理的双同心圆模式中有所出现。在传统的森美兰（Negrisembilan）国家政体中，以神安池（Sri Menanti）为统治中心、围绕着它的四个"外廊区域"（serambi）以及其更加外围的四个主要统治区（见图2）。

星系政体：传统东南亚王国的结构

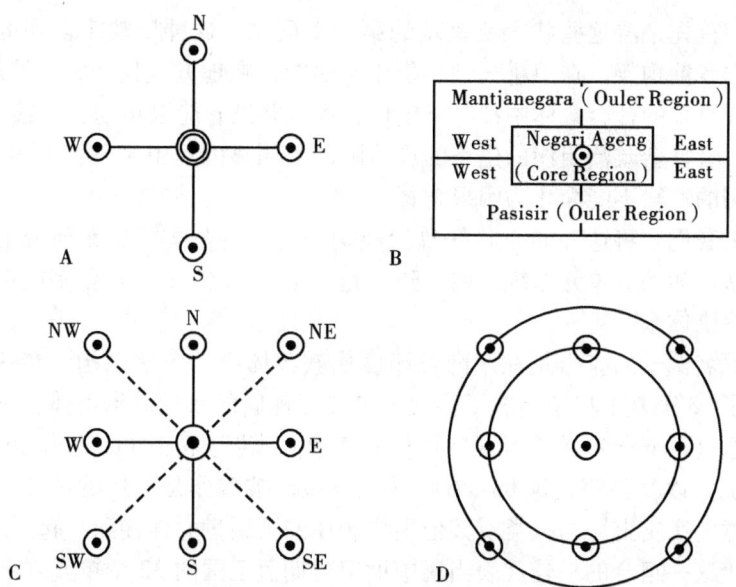

图1 A. 玛提派特（mantijapat）；B. 马塔兰国——通过世袭的二分制而建立的五单元制；C. 九单元制：放射状结构；D. 国王委员会：双同心圆形式。

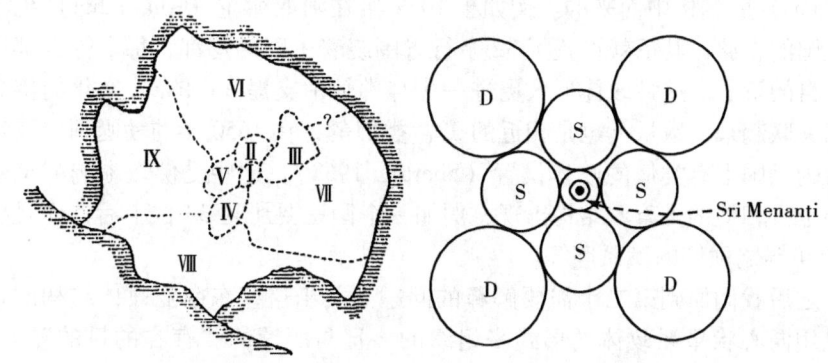

图2

上图 森美兰国家（参见 de Jong, 1952）
　Ⅰ＝神安池-首都
外廊：
　Ⅱ＝乌鲁麻坡　Ⅲ＝仁保　Ⅳ＝耿努巴斯尔　Ⅴ＝泰拉缇
外围主要区域：
　Ⅵ＝日拉务　Ⅶ＝柔佛　Ⅷ＝林茂　Ⅸ＝双溪乌绒
下图 森美兰国家作为九单元制的结构展示：
　D＝外围主要地区　S＝外廊

209

我们首先来看这些状况所呈现的第一个问题：这种反映宇宙观的几何与放射状的政治构架，在刀耕火种和稻作文明中、在地方政权和大一统政体中、在简单或复杂的社会政体中都有所出现，但是并没有能以短期、**直接**①的生态因素，或者社会政治组织的生态的逻辑限制等明显的理由来解释其表现形式。这些运用的逻辑不能简化为因果解释。

如果我们要将这种同心状的政治架构作为一种分类模式来研究的话，首先就要从最初的五单元系统开始，建立起一个由1733个甚至更多的单元组成的曼荼罗圈体系。

最著名例子的应当是在东南亚印度佛教政体中的政治结构，在这一结构中应用了33个基本单位组成了代表宇宙和万神庙的宗教政治群体，其中国王作为达摩（dharma）的使者（在世俗法律中）、转轮圣王（chakravartin，宇宙中的帝王）以及菩萨（bodhisattva，如来佛），被看作是政体的中心，并将诸神和天堂的宇宙上层与人类及其他生物居住的下层世界连接到一起。②

关于这一组合的最佳代表当属中世纪时期孟王国的32个单元（myos）以及其下设的37个缅甸神庙中的守护神的设计（Heine-Geldern，1942；Shorto，1963）；这种结构是从天神因陀罗、四天王（lokapala）以及28个蒂娃妲（devatas）的结构中而来的。例如于1057年在阿奴律陀（Anawrahta）统治下的孟国的直通，其下就设置了32个行省围绕着王国的首都，每个行省都设置有各自的王子。这种政体形式更进一步与佛教中支提（cetiya）文化的佛寺建筑相关联起来，数量上也是相近的33。类似的，在1650年的勃固国以及缅甸下游的孟国也有类似的政体设置（Shorto，1963）。这些受佛教影响的皇室结构中也有相似的曼荼罗结构出现，例如一个国王要册封33位王后，而且要有33个可与之联姻的世系等等。

之后我们回到第二个需要解释的问题。关于这些东南亚政体结构的描述多是用向心状星系政体的形式来组织的，且与所谓的"存在的目的"并存，我将之称为**宇宙观模式**。伊利亚德（Eliade）和海涅-革尔登（Heine Geldern）等人对此做过很充分的描述，另外萧图（Shorto）和惠特利（Wheatley）也对此做过说明；惊喜的是里格斯（Riggs，1967）也曾在他关于暹罗政体特点的

---

① 译注：原文中用于强调的斜体在本文中均以黑体表示。
② 这种宇宙观包含有三个世界：若欲界（kamaloka，即感官和有形世界）、色界（rupaloka，即有形世界）以及无色界（arupaloka，即无感和无形世界）。本文中主要研究若欲界，该界被分为11层——其中6层由诸神居住，包括有因陀罗居住的第二层天宫、弥勒佛居住所第四层兜率天宫；余下的五层则分别给人类、动物、阿修罗（asuras，恶魔）、饿鬼（preta）居住，最后一层为地狱界。

描述中也提到过这种类似的结构。甚至在格尔茨（Geertz）在对爪哇和巴厘岛的三位一体政体结构的形成过程的描述中，也将遵循这种"宇宙本体论"的中心-分层州级设置作为传统国家中各种仪式行为的根本来源。

当代宇宙观解读者之前辈伊利亚德在他的《宇宙与历史，永恒回归的神话》一书中就曾提出过，与现代人不同，古代人会将一些原型或者典范用于在祭祀中（或是在其他活动中），并把中心的象征符号当作**宇宙之轴**的祭祀是最为常见的庆典。对于伊利亚德而言，这种以中心为导向的宇宙观是由一种古代思维所其促成了，而不是出于一种理性或者实际考虑，但是因为它们构成了优先本体论所以对于参与者来说成了绝对的现实。换句话来说，这种"神圣"导向为那些固守传统的人们的世俗化行为提供了一种动力和指引。因此，在伊利亚德看来，古代人的生活"现实是一种对天体原型模拟的作用，（并且这种）现实通过参与'中心的象征'而获得：通过城市、寺庙或者房屋，这种居住在'世界的中心'就会成真"。

《四方之轴》（*The Pivot of the Four Quarter*）这一巨作的作者惠特利也在他的就职讲座中重述了类似的观点："在一些认为人类社会的秩序是由世界万物创造的宗教里，通过在地上建立一个缩小版的宇宙，以国家都城的形式体现，将其宇宙观戏剧化。换句话说，现实世界是通过物化与之相似的宏观与微观世界来模仿天宫原型，而缺乏了这种对应，人间繁荣不再。"（Wheatley，1969：10）

现在让我们重新梳理我对于这些卓越学者所提供的具有说服力的观点的质疑。我的问题并不是关于所述政体形式是否具有功利主义或实用主义价值，我赞同对于这种星系政体作为一个整体表述的正确性。但是我的问题是，将这种形式作为一种本体优先性的宇宙观念，这种观念同时也被表述为社会学上的先在性（anteriority），例如将"传统"或者"古代的"精神状态归结于"世俗化"并服务于现实社会。

除了这种宇宙观模式的解释是一种静态的观点或不能作为社会或其他政体长期的动态变化的考量的局限之外，传统思想与实践中仍有一些主要的反对观点，即神圣性并不能从世俗社会中分离出来，而且这些宇宙观、宗教、政治、经济层面不可能被分解开来。传统的西方分析传统所开开和确认为宗教、经济和政治可以互相合并，或者作为一个相互渗透的整体。就我所认为的，如果这些所讨论的实体以莫斯①的观点来看是总体社会现象，我们需要与过去所引用的概念中不同的分析方法来描述其特点和互相之间的关系。

---

① 译注：这里指的是马塞尔·莫斯（Marcel Mauss）。

就我个人而言,我则会采用一种"整体化"(totalization)的方法,这种方法旨在用一种综合的办法,尽可能完整并客观的描述作为现存事实的传统东南亚王国。当然这个任务是非常艰巨的,一些特定的概念和本土术语的翻译需要解决,另外还有一些概念的阐释问题。

本文旨在研究所述的东南亚王国是否根据这种星系结构来设置本国政体结构,以及这种结构是否在最大程度上以本土中心术语来进行概念化和实现的。在这些概念中最重要的当属曼荼罗概念(泰语为monthon),它代表了由一个中心以及围绕这个中心的卫星结构,这种结构可以用于多重描述,例如关于诸神神庙的排列,国家首都及行省的设置,国王、王子、贵族以及随从的官位设置,以及自治权力逐层递减的情况等。泰语(在其他东南亚语言中也有类似的表述)中的其他关键词还有:勐(muang),从政治-领土意义上指代在国家(封邑)一个向心状的政治中心区域;克罗姆(krom),指在某个管理系统中的不同部门及其下属的放射状结构,以及由领导及其各自代表的派别的延伸而组成的机构。

这些概念的一系列含义会依次出现。在此,我们首先来明确一些本文中提到的整体化概念的一些特点。首先,在语义上会与泰语中的某些概念相重合,在意思上会有些重复,即便这些概念并不一致也不属于同一语义范畴;其次,这些(包括其他类似的)概念是多义的,如果把其含义以西方概念标杆的"层次"映现,我们就应该说,是不同程度的叠加,**同时包含宇宙观的、领土观的、政治经济观、行政意义上的等等意思**。

因此,从这些传统政体整体性的角度来看,轻易地将他们按照上述的一些西方概念层次割裂开并将其看作具有充足分析性和评释性的做法是错误的。作为一个翻译和分析者,在避免这种错误的情况下,我仅能通过列举一些多样的事例来对这些关键概念进行说明。因此,本文主要先通过对这种星系政体结构的概念进行描述性的说明,之后再对整体性进行再说明。

本文所采用的描述性说明有着两层含义,类似于硬币的正反两面。一方面,由于那些宇宙观、领土观、政治经济观等都具有不同程度的失真性,并不能加之决定性以及优先的作用。而另一方面,由于本文的重点在于强调整体化概念,因此同时我们也要关注那些被割裂掉的概念(诸如宇宙观、政治观、经济观等),我们必须将这种星系政体结构看作是各种不同层面的动力。因此,这种方法使得我们将一种宇宙观念与其他描述毫无矛盾地结合了起来。最后,这种方法可以使我们将星系政体的例子与其他定义了其存在的外部限制参数相联系,并帮助我们解释在这些限制条件下的过程式摆动。

从宇宙观到政治进程

所谓的星系结构可以被看作一种动态地为政治发展服务的框架形式以及一种规律发展模式的结果。另外,这是一种新颖的观点,就其本身的壮丽和可想象性来说,那些宇宙中的传说其实可以看作是现实社会中中心政体不断发展的真实写照。就这一方面来说,有的时候神话故事比我们的推断更贴近现实。

在对这种结构的政治和经济特点进行描述之前,首先让我提供一些这种星系政体的事实描述。

素可泰王朝①

在13世纪出现并实现了泰政体(即今泰国)的素可泰王朝②,具有明显的星系政体的显著特点。

所谓的"勐"概念(孟语中类似的词为dun)实际可指代的对象有很多,包括王朝、国家、省份、城镇、首都及某些特定区域。其中最为相关的概念当属"中心的"或"向心的"而与具有"界限"的空间相对,并代表了首都、市镇或一些对周边领土有管辖权的聚落中心。从广义上看,一般来说一个王国的名称与其首都的名称多为同义词(如素可泰、大城府、帕甘、勃固、满者伯夷等)。而爪哇的一个传统类比则更加形象:一个光芒不断向外辐射并热度减弱的火炬,而代表了中心的力量决定了可覆盖到的范围。(Moertono,1968:112)

一个国家可掌控的领土的范围实际上是在不停变化的,随着中央皇室权力到地方的逐步减弱而变化,这就构成了向心状的曼荼罗系统,通常分为三个不同层次。这种同心圆系统一般代表并规定了中央与地方的关系:首都,也就是一个国家最为中心的区域,是处在国王的直接统治之下的,其周围多会围绕着由国王任命的王子或其他"统治者"统治的一圈"省份",同样的,这些省市又会被周围一些附庸政体所围绕。同时,我们应该注意的是,首都的建筑形式同样也是曼荼罗概念的一种表现形式:在素可泰首都的最中心区域并排矗立着皇家宫殿以及主要的寺庙和修道院(如大舍利寺);这种中心建筑同时又被三圈的土墙围绕,并在正方向上分别设有四个城门。(Griswold,1967)

威尔士(Wales,1934)在描述素可泰王国的领土和权力分配时重点介绍

---

① 主要文献来源参见Wales,1934;Griswold,1967.
② 译注:亦可称为苏可达耶王朝。

了丹龙（Damrong）王子，他在脱离了高棉人的控制后成功地将他周围三个两日内可到达的城市——宋卡洛（Sawankalok）、彭世洛（Phitsanulok）以及甘烹碧（Kamphaengpet）纳入了控制范围：（1）位于中心位置的是国王统治的区域勐銮（muang luang），这一区域直接由皇室控制，国王就在首都"城市"以及宫殿中实施他的统治。（2）周围的四个主要"勐"区域则是由国王的儿子直接统治（多直接世袭成为下一任统治者）。这种由王子统治的区域基本类似于独立的诸侯国，其地位类似于首都的"孩子"这种附属地位，一般被称为勐陆克銮（muang luk luang）。这些附属省份一般和首都一样接受同一种统治方式，这些王子向他们的父亲宣誓要协同保护王国的领土安全。（3）这种将各统治单元分散统治的原则，实际上为内城——不论是首都还是首府——的统治建立起了一个内部防御结构。例如较低级的班孟（pau ban），即村落首领，统治着最低级的班轩（pau krua）首领，即每个小家庭的领导。（4）在四省之外的外围第三圈结构，即独立的小国区域，与该王国保持着一种进贡关系，也就是分封制君主的结构而并不是直接的政治控制。当兰甘亨大帝（Ram Kamheng）宣称老挝的北部和东北部为他的国家时，南部的纳甲拉神安池王国（Nagara Sri Dharmaraja）和西部的勃固国便被纳入他的间接统治。

关于兰甘亨大帝的一些记载中记录了他的统治方案（与之前的孟国某些概念相似）：

1. 坤（khun），即王子或贵族统治者，尤其是相对于那些自治"省"而言；
2. 帕坤（pau khun），即坤的"父亲"，是对国王的称呼，也被称作昭勐（chao muang）；
3. 卢坤昆（luk khun），即坤的孩子，为勐中次一级的王子或贵族，也"因保护首都和人民有功的家臣被封此名号，多协助国王管理部分事宜"（p. 69）。

在举出更多的星系政体的例子之前，我们首先要理清中央或首都与其他地区在概念上的二元性，以及彼此之间相互的关系。一方面，在中央面积日益减少的同时，其边缘地区的范围则会不断地再生产和扩大；而另一方面，外围地区的扩大则会对中央的统治带来持续的分裂威胁。如果我们能够时刻注意到该政体的伸缩性，那么我们就可以注意到这种政治星群的真正特点，尽管有些统治单元在规模上有所不同，但每个小型单元都是对大型统治单元的模仿与再生产。因此，我们就能够勾勒出这种星系政体的轮廓，即一个中心政体和围绕着它的数个小型单元，这些所谓的"自治"单元均有自己的运行方式，也接受中心对它们的影响。如果我们要研究边缘区域的一个类似的中央制结构，我们也要同时把这种运行系统考虑在内，即一个有阶级分化的统治中心和不停辐射周围区域的系统。

因此，很显然素可泰统治者在领土控制方面的权力是伸缩变化的。兰甘亨扩大了他的统治范围之后，他的继任者吕泰（Lu Thai，1347—1374）却仅接管了极小的一部分统治区域，而且几乎处在了中央权力崩溃的边缘时期。他必须首先为自己的中央统治权力而战，之后才能恢复到前代统治者的所拥有的臣国数量①。在进行区域控制时的一个问题在权力的中心分配上。例如位于素可泰南部的兰纳（Lan Nu）国，东北部的蒲甘（Pagan）国，南部的大城（Ayutthaya）国，西部的澜沧（Lan Chang）国，以及东南部的吴哥（Angkor）国。在小领主统治下的间插省份纷争不断，例如在14世纪中期，勃拉邦（Prabang）与甘烹碧（Kamhaengpet）与素可泰及大城府之间时常易主。另外，一些战争或叛乱等能分裂国家政体的紧急事件也会使得首都统治者经常改变首都的地理位置。因此，当1362年吕泰开始进行讨伐平息时，他首先就去了难（Nan）国，从那里向东行军至普拉萨克（Pra Sak），最终战术性地占领了贡瑞（Kong Swe）并在此占据了七年时间才返回素可泰。因此，应该清醒地认识到实际上首都可以看作是一个移动的临时中心，这个中心极有可能是由战时首领临时搭建的竹屋宫殿或野营，其统治范围会根据战争情况扩大或缩小。吕泰的儿子在1378年仅统治了大城府的一个诸侯国，而到了1438年，素可泰省已经处在大城府王国的统治之下了。

大城王国②政体：约 1460—1590 年

我曾在最近出版的一本书③中详细描述了大城王国在一段时期内的政体设计、政治进程和管理结构的发展。尽管在此并没有空间让我进行一一赘述，我会简单地就15世纪后半叶的大城政体结构、基本统治方针等类似的星系政体进行一个大致的描述。

---

① 参见 Griswold（pp.33-34）中关于勐的统治是如何在他过世之前逐渐崩溃的证据的描述，以及如何在1347—1357年年恢复他的宗主地位的。

② 译注：亦称为阿瑜陀耶王朝。

③ 谭拜尔《世界征服者与遁世修行者》。（*World Conqueror and World Renouncer*: *Religion and Polity in Thailand Against a Historical Background*, Cambridge University Press, 1976.）

查洛王（Trailok）将这一时期的国家统治划分为下图中的形式（见图3）：

1. 凡拉贾坦（Van rachathan）：这一单元组成了大城府的首都及皇家控制的核心区域，其内部多被分成几个更小的行省单元［勐奈（muang noi），后多被称为"第四级"省份］。这种内部的次级行省理论上是由居住在首都的管理人员（大将军 senapati）直接管辖的。

2. （a）勐陆克銮城（Muang luk luang）：理论上讲，这些省份主要是由国王之子，位于第一等级的诏法（chao fa）来进行统治（也就是嫡长子）。（在后期的分类中他们也被称为第一等级省份）。关于这些省份的统治方案则是由三个之前作为素可泰-彭世洛、宋卡洛以及甘烹碧（Sukhothai-Phitsanulok, Sawankalok and Kshamphaengpet）的重要组成部分的省份组成。

（b）披耶马汉科（phra mahanakorn）：基本处在同一分类中，但是有着更悠久且坚固的本土统治历史，并且或多或少地存在一些自治权力，这与东部的那空拉沙（Nakhon Rachasima）、西部的丹那沙林（Tenasserim），以及最为著名的南部的洛坤（Nakhon Srithammarat）的统治原则是一致的。这些自治省份为这种在首都统治方案的前提下，对某些统治方针的再加工和再运作的行为提供了最好的历史证据①。在本项分类中提到的统治者均拥有自己的军队。

3. 在第一类和第二类分类之间存在着勐澜銮（muang lan luang）（实际上由国王之孙或甥侄来统治的），由处在第二等级的诏法（chao fa）王子进行管理；这些区域面积较小、起缓冲作用的省份，多是从一些大型省份中为分割中央权力而划分的。

4. 最后，在最边缘区域为那些独立政体，例如北部的清迈、清盛、帕府和难国，以及位于马来半岛的柔佛和马六甲国家：这些国家与大城府保持着进贡的关系。后来在此地建立起的柬埔寨与缅甸政体情况却完全相反，这次由大城府保持的间歇的进贡状态；尽管后者并无任何侵略的军事策略、或在星系政体的形成过程中的成为重点的打算。

---

① 例如温克（Wenk, 1968）在文中所描述的，在曼谷时代初期流行于南部博他仑府的统治方式。传统的中心权力分配方式（克罗姆）——国库（khlang）、勐（muang）、宫殿（wang）以及田地（na）——也在被各省份——效仿。

星系政体：传统东南亚王国的结构

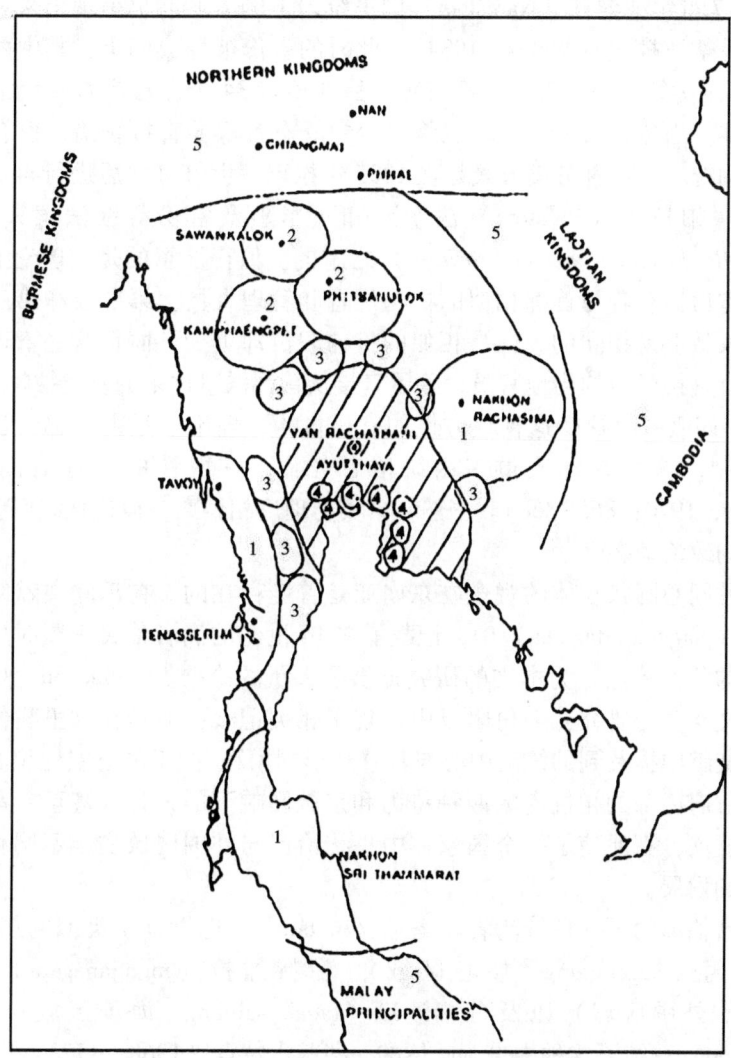

图3 1. 伯拉罕加拉（Brahyamahanagara）（披耶马汉科 Phra Mahanakhon）：主要统治省份；
   2. 勐陆克銮城（Moan Luk Hluan）（muang luk luang）：由国王的"儿子们"统治的区域；
   3. 勐澜銮（Moan Hlan Hlvan）（muang lan luang）：由国王的孙子或侄子等亲属统治的区域；
   4. 勐奈（Moan Noi）（Muang Noi）：一些组成了 Van Rachathani 的比较小的省份。
   5. 勐普达垃贾（Moan Pradhesa Raja）：一些外国（或独立的）诸侯国。

217

在17世纪纳黎萱（Naresuan）国王统治下的大城府仍呈现出来一种比较复杂的曼荼罗模式（Wales，1934）。此时的省份被分成四类：其中两个为第一级、6个为第二级、7个为第三级、另外还有34个在首都直接统治下的第四级政体。当然，第一、二、三级省份中既有首都的直接统治，也有对其下属省份的统治。这种分类方式是在1805年拉玛一世修订之后进行再加工，之后写入《帕拉丁（Palatine）法案》和《军事及省份等级法案》（Law of Military Ranks and Ranks of Provinces）之中的。值得注意的是，理论上讲，第一级的省份拥有着与首都相似的机构设置和管理人员，第二级和第三级尽管在管理人员上是相同的，但是相似的机构职位却更少，而且这些管理人员都是统治者直接任命的当地官员，除了直接从首都派遣过来的友克拉帕（Yokrabat）。第四级省份缺少这种地方性的官员机构，理论上是由首都的管理人员直接控制，这些管理人员多由统治者任命，一次性的管理时间为3年（Vickery，1970：865-866）。当然，事实与理论相偏离，但这把我们引向了星系政体的政治动态。

这种同心圆状政体的观念在东南亚是普遍存在的。在爪哇文献纳甲拉柯提加玛（Nagarakertagama）中，记载了在14世纪的满者伯夷王国时期这种星系政体的各种特点，为本文的研究提供了大量的论据。（Pigeaud，1962）一项与本文相关的研究在一份附录中发现了相关记载：但是在这里我们仍需要注意，文献中提及到的统治中心与其"环形国家"、国王的皇室地位和宫廷节俗、在首府内部的相抗衡的两种势力和宗教影响下的设计、甚至首都自身向自治的发展，都促使了一个国家在中央统治区与外围区域实施不同程度的自治制度的发展。

满者伯夷的下一任统治者马塔兰（Mataram）也设计了类似的三种分类：纳甲拉冈（nagaragung，核心区域）、曼特加拉（mantjanegara）与帕斯（pasisir，外围区域）以及丹娜沙璜（tanah sabrang，海滨区域）。摩尔通（Moertono）总结了这种中央制政体的一些基本特点（1968：112）：

> 从纳加拉冈与曼特加拉的机构设置中不难看出，某个区域的统治者的任命是由该区域受由国王管理的中央的影响程度多少决定的。因此，某个区域的司法统治权并不能单纯靠地理边界来决定，主要是由中央不断增减的权力而导致的统治范围的伸缩来决定的。

传统国家中的突出政治特点

中央的向心性

从表面看,这种宇宙观的描述呈现出一个中心集合周围几个政体并使之平衡的景象。我们只有在正确理解了传统政体的中央机构与下设机构的重复性的特点后,才能正确把握中央权力能够控制的数量。换句话说,我们要正确理解这种与韦伯式的官僚阶级概念相去甚远的星系聚落结构。

对宇宙观模式的一种典型的模仿设计就是中心制的观念,将这种整体的概念实体化。这种机制代表了一种整体的概念,并且有很多案例,都是据此概念而设计的:这种宇宙观在建筑物和首都宫殿的排列上充分的表现了出来:例如在首都须弥山(Mount Meru),宫殿的排列与同心圆内中央柱的排列形式一样。

首都的表现方式仅仅是这种宇宙观仪式的开始———一种再生与纯洁的仪式——并且波及了那些与中央政体保持着相同结构的省份中,尽管在规模上可能会略逊一筹。(参见 Archaimbault, 1971. *The New Year Ceremony at Basak*)

身处皇家后宫的女性(nang harng)——被禁锢在皇宫深处、在极少的场合才能出现、只有国王本人才可接触的女性——多是由王子、贵族或重要官员作为礼物送给国王,集中体现国王作为国家的丈夫的地位。通过这种义务性的政治婚姻,国王与这些女性背后所代表的王子、官员以及地方统治者建立了一种姻亲同盟。这再一次证明了在星系模型中地方结构是对中央结构的模仿。

在泰国,每半年举办一次的饮忠诚之酒活动——当然在其他国家也有类似的活动——将官员与外围边缘地区的统治者们带到了首都来;相似的,对于中央而言,这不过是相同的人来接受他们的头衔与统治机构。

同样是在泰国,皇家侍从团(mahatlek)的成员也主要是从王子或与皇家有关的贵族的子孙中挑选的,这对他们来说是一次珍贵的关于皇家生活的训练,同样也是获得国王的代理人,以及保证这些首都之外省份的统治者(昭勐 chao muang)忠诚的一种保障。

另外,中央直接控制或督查地方统治者也有一些其他的管理机构:在曼谷时期,已有证据表明,通过家族原因担任国王代理人的友克拉帕(yokkrabat)主要的工作是代表国王负责情报监察工作。同样的,国王也担心地方统治者会对他的权力存有二心,因此会将他们之间的非官方往来定为叛国罪。理论上讲，只有当地方统治者和官员只对国王存在单一的联系时，就如同网络中的中心点与辐射点的关系一样，国王的地位才是稳定的。

王权的悖论

关于王权机构的设置实际上也存在一些悖论。

关于王权法度（dharma）——主要代指法王（dharmaraja）这一概念——其实很难被描述成为王权的控制范围，或者是可以在合法的范畴内更改的。正如慕思（Mus, 1964）所提出的，国王的角色最好是被解释为"在因果中并无多大影响"，或者说并不逐步在未来开创一个理想的社会秩序，而是维持一个不变的秩序。这种对某一固定和无干扰的制度的需求将法度看作是一种秩序，并且主要在孟-缅甸-泰国的某些关于达姆撒（dhammasatham）或萨姆萨特（thamasat）体现为永恒的制度、由某一特定的国王来实施的拉杰萨姆（rajasatham）或许并不符合法度规则。（Lingat, 1950）

但是作为秩序相对被动但是永久守护者的国王，他的护法（秩序）者的角色在诸如为了获取战利品或人力（多为"奴隶"）的战争中才会被调动起来。这种征伐多较简短，为突袭而并非持久战，其中一个特点就是这些士兵多是务农出身，当战争发生时，附近区域的农民便会被临时征调成为作战士兵。这种传统战事的备战技术和武器装备当然是原始的，并且农民多会携带自己的武器。某些国王也会拥有少数自己的雇佣兵，并且在有机会获得通过国际贸易而来的欧洲的枪支后，这些雇佣兵的作战会更有效率。

因此，作为一种精粹的皇家活动，战争实际上是一种常年且间歇性的活动，被特定的人力、战术以及对其控制所驱使。因此战争也多与更大程度上的人力调动（在文献中多称作强制劳役）、剩余农作物的再分配模式、由统治者所控制的境内外贸易及直接或间接缴纳的赋税相关系。

正如我之前提到的，战争的目的实际上是掠夺战利品以及更为重要的是为国家获得更多的俘虏。"在实际的战争中被俘而损失的人口情况数量相对战死士兵的数量更多。"（Wales, 1934: 9）我们不能仅把着眼点放在传统的东南亚国家的人力短缺与低人口密度上，实际上在他们的政体中，对人口控制的重要性要远大于对土地的控制。①

---

① 拉宾罕达（Rabibhadana）对于在大城府与曼谷早期的类似的情况也有所论述（1969: 16）。这种情况在传统爪哇政体中也有出现，他们认为控制人口比控制领土更重要，并且他们的统治者会大规模流放囚犯（Anderson *in* Holt, 1970: 30）。

以上这些论述均表现出了星系政体中关于王权分割与长年内乱之间的关系。任何僧伽罗大史（Sinhalese Mahavamsa）或缅甸、泰国以及爪哇的编年史中，都会有类似的短期战争、时常的内乱、篡权、暗杀等行为。的确，并没有哪一个统治者是固定的，那些从小与众多竞争者们一同生长在后宫的王子们，接受的观念就是在统治期间要挫败国王的对手们。（如在缅甸，这种因为争夺王权而发生的血淋淋的惨案激怒了19世纪的英国人，促使他们征服了该地以把他们从这种野蛮的状态中拯救出来。）

但是在这我要强调的是，这正是呼应了常年叛乱、间歇性的起义的情况，由于缺乏通过有序继承的合法性才使得王位的净身以及神权拥戴仪式如此繁复又如此重要，特别在灌顶（abhiseka）时期。当然，这些篡位者多会与皇室女性联姻，或直接与皇室血统相联系起来，目的就是保障他的地位。但是在这种政治系统中同样重要的是特殊启蒙或苦行式的修行，甚至通过选择在吉兆的日子的降生等方式获得的领导魅力以及为获取世袭王权造势。一般认为皇室成员会自然继承前人留下的各种功德。但是需要国王的法度在世间起作用。因此，国王必须要定期通过苦行修行或从修行祭司（他们多是用来储存世界中的神秘能量）那里进行权力转移等方式来定期回收他的权力。但是当国王从边缘地区或从某些仪式中接管他的权力时，主要是为了凸显他的男子气概，或是在后宫及战争中扩展他的力量。

通过研究世代的政治派系斗争能够帮助我们更好地理解神圣王权与常年的叛乱相联系的原因和方式。之后我们会详细描述在大城府和曼谷时期所谓的"管理制度内卷"下的党派之争的温床。在此我们需明确的是，在这种时期，权力与财富基本是人治，并且正如在泰国，平民多会根据谁曾服侍过国王或王子而划分成不同等级［分别为普莱銮（phrai luang）与普莱萨姆（phrai som）］，而服侍国王的人则会有贵族或官员控制的专门的管理机构克罗姆（krom）来拨款支持，这些都为不同程度的党派之争以及间歇性的内乱提供了支持。

星系政体的参数比较

强国与弱国

传统东南亚政体的发展轨道可以被看作是在既定参数下不同因素发展的产物。

所谓的**弱国**或者是**弱势**政体，多有可能是正常状态下的国家形式，而那些强势政体，则有可能是在特殊时期发展起来的国家形式。

所谓的弱国政体的起源基本是以下形式的：在某一已存在的国家形式下实施地方"自治"时［如在泰语术语中由昭（chao）统治的勐］，一种集权的观念出现并试图将这些零散的自治单元集合成为一个全新的政治政体，但是由于现实情况或某些"祭祀性"的机构对权力的控制，这种想法并不能得到真正的实施，用一句英国哲学家奥斯汀的表述，也就是"只有想法是真正存在的"。

就当前的研究来看，格里克在《马来群岛西部的本土政治体系》（Gullick，1958）一文中对于传统政体中的弱势状态的描述是比较恰当的，在该文中，作者主要描述了1874年处在英国统治下的该地的主要状况。在当时的马来国家中，每个处在顶端的苏丹都"没有使得任何19世纪的国家中央集权化形式具体化。某些有权势的地方首领可以嘲弄这种政治构想并不受罚；而有的首领也因自治而变得更加富有"①。

> 在地方首领的统治时代结束之后，苏丹成了该地新的统治者。但是他在这种国家政治体系中的地位，与他另外作为地方统治者的角色一样，都缺乏一种强有力的权力来掌控全局。②（Gullick，1958：44）

将西部的马来政体联合起来的因素非常具有代表性。统治者苏丹的高傲的自尊与他在国家政治系统中位于顶尖的地位是紧密相关的，这是他们政体的标志，当然这些首领的实际权力是被分割的，只是一个头衔而已（Gullick，1958：54）。毫无疑问的是，关于外来袭击的威胁、不局限于内陆的更大的贸易体系、甚至"纯粹的地缘政治"都促进了苏丹及其下的诸侯国的稳定的存在。然而鉴于其下设单位对苏丹的模仿性并不甚强，关于这一政体的最好的描述在皇家颁布的各种法律中可见一斑。

---

① 这种矛盾部分由于经济活动所造成的，特别是由西方和中国的企业家对锡矿业的需求，使得在自己领土范围内有锡矿的地方首领获得了更多财富。

② 克里夫凯勒（Clive Kessler）（通过个人交流）告知我在与位于西边的马来苏丹相比，东部的政体更加缺乏中央集权，但是在规模上却更大。他建议我参考他的一篇论文的第2章（Islam and Politics in Malay Society：Kelantan 1886—1969, University of London，1974）。在这里他提道："在吉兰丹并没有出现传统的河边王国，而是通过对某些独立区域的不停扩张发展而来的……"（第47页）；"早在19世纪之前吉兰丹就已经建立起了一个马赛克式的海边的穆斯林政体，以及围绕着动荡的政治中心的封邑"（第51页）。

星系政体：传统东南亚王国的结构

苏丹是贵族和其他首领的头衔的来源，他的印玺代表着对头衔及地位的确认，而由各机构代表苏丹呈交给各首领和官员的标记，又一次将这种批准"具体化"，并且是切实有效的"权力"的来源。苏丹赐给某些办公机构的标记［柯帕萨拉（kebasaran）——象征伟大］多包含着乐器元素（鼓、笛子、长笛、小号等），这种标志多会出现在权杖、槟榔盒子、珠宝、雨伞、玺印、密旨以及诸如剑、长矛、用于处决的长匕首等兵器上。另外也有一些其他限制性权力标志，例如某些种类的衣物、建筑和装修样式、罕见的肉类和食物、"珍稀的"动物和人类（如白化的大象和水牛、侏儒和怪胎等），这些都可以被某些已受封的官员自行选作自己的所有物。最后，不管被赋予的权力多大，地方首领对苏丹进行的献礼仪式，以及关于苏丹就职和死亡所进行的不同等级的仪式，都不仅仅是一种表达行为，同时也是星系政体在日常行为中的表现。

在对韦伯的"世袭主义"的相关概念（1968：第Ⅲ节，第Ⅻ章）进行讨论时，涉及"分散的世袭统治：辖地与分散的封邑"这部分，这部分强调了在进行中央集权统治时必然会面对的分散的现实，以及独立的统治者所享受的高度自治，与我们所提出的星系政体的某些方面相吻合①。但是韦伯的多数讨论都集中在了世袭制统治是如何在"超越世袭统治"的范围之外进行的扩张上。

之后，我们把目光投向强势政体：这种形式的发展过程与韦伯在涉及世袭制统治时所讨论过的东南亚政体相类似：一个世袭的王子通过扩展其他独立地区对他个人的血缘关系及忠诚度，将他的领导权扩展到非世袭地区的；又通过设置审判机构扩大他的统治；之后通过军事行动、直接控制赋税等措施，在他自己的诸侯国建立起自己的独立的军队；并通过垄断奢侈品和武器贸易加强了自己的控制。在这一过程中，内部的分封与缙绅的合并是同时进行的。②

---

① 韦伯同样也提出了所谓的"星系政体"的理解，但是他的表述有两点不足。第一，他对这种政体的宇宙观和仪式方面的研究有些"不感兴趣"；第二，他把"世袭统治"看作基于统治者对土地的控制而在此地安置其拥戴者。他的原本的表述为"因此，世袭制统治是在族长制统治下的一种特殊案例——权力会通过获得土地或为其子孙获得装备等分散"（Weber，1968：1011）。关于世袭制统治的核心观点是在采邑系统下的"族长制家庭"，这与泰国传统的由首领所控制的是人，而并不控制土地本身的政治经济情况并不相符。

② 世袭制统治历来采用两种方法。第一种方法，国王自己的代理人，以及直接依附于国王的官员——封臣（ministeriales）——会在中央和地方省份努力加强自己的管理权力。这种办法在埃及、中国以及奥斯曼帝国（通过著名的土耳其士兵）都取得了一定的成果。第二种方法，当地的地主——缙绅（honoratiores）——通过妥协或让步，最终服务于统治者的权力。这一方面的例子是沙俄帝国贵族，以及17至18世纪的英格兰士绅（设置了治安法官）制。

回到东南亚,可以很明确地说这种强势政体是由某些强有力的统治者在某些特定的有利情况下才能促成的罕见且短暂的情况。我们先假定这种通过世袭制而实现的强势政体的确存在:与一个中央统治权力及其周围存在的附属统治单元,中央对地方逐步加强的控制与地方统治者自身力量的加强是息息相关的。在这一过程中,通过一种政治上的分散应用到中央统治者起决定作用的集权关系中,对所有的参与的单元都是有所"回报"的。史瑞克(Schrieke,1955)是这样描述这一过程的:"一种由原始组织的领导的特色中出现的转变:自此之后,他们不光要扮演中央意愿的代理人……但是对于中央权力的支持给具有能力的众人之首成为统治特权的升迁提供了可能性。"(Schrieke,1955:172)

荷兰印度尼西亚史学家史瑞克(Schrieke)(无疑是从马克思·韦伯关于世袭制统治的讨论中获益良多),列举了在传统爪哇政治中中央政府加强其统治权力的方法,这些方法与当时其他地方均有相似之处。其中一个较为温和的方式是通过联姻来加强王朝之间的联系,以此将国家变成一个包含着不同的分散的小单元的联合。然而在列国纷争和扩张时期,国王则通过指派出身低贱的内阁作为地方官员以削弱王子的力量;然而就长远来看,这一举动也难逃逐步分裂的命运。另一个措施就是统治者培养自己的亲信力量,以保证自己不会受诸侯国的约束。史瑞克将这种举动描述成在 17 世纪的马塔兰帝国中"联邦"体系下的"一种宽松的凝聚力"①。通过对比阿贡苏丹(Sultan Agung,1613—1646)与拉玛一世(Mangkurat 1,1646—1677)时期的统治,他指出前者的政体是需要将王子留在宫廷并通过联姻来捆绑,而后者的政策则是摧毁这些王子,改用亲近的内阁代替,移交部分税收来获得固定的年度总收入,并通过与国外的贸易形成国家垄断等方式,使自己的统治方式更为有效。

星系政体在政治经济方面的内部局限性

这种逐步加强的中央集权确实是失败了,主要原因是在农业文明基础之上的传统政体的内部限制、税收、后勤以及设备方面的安排不合理等原因。

我们应该从动机方面,将传统政体中的两种相似模式区别开来:一种是

---

① 在史瑞克的描述中"国家"是某种政治组织形式,是"为了保护其不被王国的某些元素破坏,并使当地显贵群体的作用更为有效"(1955:173)。威斯敏(Wertheim)(在 Soetajatmoko 中,pp. 346-347)将这种描述与韦伯的"世袭科层制国家"相比较。

在稻作农业的基础之下，人地关系与土地的利用模式紧密相关的；而另一种则是统治者垄断了所有的境外贸易并征收河边贸易的赋税（在某些情况下也从采矿业中获利）。

在第一种从农作物中发展起来的情况下，农民与服役之间的关系比理论上更紧张且不稳定。理论上讲，国王、首领或者苏丹，是"土地的领主""生命的领主"等；他们将自己的权力划分到中央和地方的高等级官员手中，包括征收赋税或领土内的其他服役等；而稍低级的官员则也会顺次享受到在更小范围内的统治。就这些"权力"而言，实际上在很多传统政体中，对领土与对人民的权力（也就是非世袭权力，并不像后期欧洲封建制度下的"采邑"）是不同的，当然，这些权力在作为国王或统治者的私有财产时是相同的（直到被充公）。①

关于自上而下传统的土地所有的观点：这种权力的阶级从中央开始，呈梯形放射状从顶端递减到低级的国家机构。但是当我们从下往上看时，所征收的税收每经过一层机构都要抽成，直到最后到达国库时，就会发现这种釜底抽薪的行为实际上是不值一提的。为了更好地理解每一层官员是如何运作的——在当时的农业市场结构下典型的由中间人运作的边缘利益链现象（如Dewey，1962；Geertz，1963；Mintz，1960），这也同样表明了官场复杂化与农业复杂化的密切相关——我们必须正确理解传统政体中官员的薪金模式和角色。他们贪污一部分征收的税收和自行开出的罚款，并依自己的需求来使役那些仅为国王服务的农民。因此，这一赋税征收和转化的过程为官员牟利提供了可能，但是他们却插手了国王统治范围以外的地区的管理，也就是那些附属的省份和封邑②。从这些领地中能够及时调动大量的劳动力来修建宫殿和庙宇，或者是作为临时战力参与战争。但是在这些不稳定的国家中，有些高强度或高灵活度的工程的完成具有极大的可变性。③

---

① 在涉及爪哇或后期的马塔兰时期，学者们多会将"封地"（lungguh）与"薪地"（bengkok 或 tjatu）相区别开来。封地多指由国王分封给某王侯或重要贵族的领地，在这片领地和当地居民身上，他可以获得一切利益，如税收、人民的服务、统治获得的收入等，但是超出领地范围之则没有任何权力。而薪地则是指国王统治下的普通耕地，多会被指派给某位官员、同族或亲信，主要是为个人的赋税利益服务的（Moertono，1968：117）。

② 温克描述了在曼谷王朝早期赋税的征收和分配行为，为本文的描述提供了论据（1968：34-35）。

③ 就我个人观点而言，波兰尼（Polanyi）关于"再分配"的观点似乎不太适用于传统的"向心"政体中来。在我所讨论的这种政体中，对于所获取的农业剩余的再分配并不是以一种奢侈品，而是作为一种日常必需品进行再分配的。

稻作农业经济为这种对宫廷体制的模拟及大量的随从人员提供了经济基础，并且为某些特殊工程提供了劳动力和暂时性的军备人员；但是这并不代表他们直接参与到中央的经济活动并因此控制那些接受者的行为中去，主要是由于对某些外国商品的进出口贸易的垄断及征税而获得的收入对维持东南亚国家的存在是极其重要的。通过这种经济因素获得转变并反过来又应用到农业生活中的例子就是在泰国的大城府政体（这种行为一直较好的延续到了曼谷早期）。

在传统政体中贸易所扮演的角色在很大程度上都是与其他方面相互关联的，尤其是当位于河边的谷物种植聚落与受政治垄断的境外贸易密切相关时。

古代东南亚国家在建立时对于沿海位置的选择，与基督教传播时所带来的大量的境外贸易的发端是息息相关的。由阿拉伯人、印度人、马来当地人以及中国人所运营的贸易，途经红海至中国南部，将政治与沿岸经济（例如生产交换的产品、奢侈品或珍稀商品）联系起来。这种最早的政体出现在公元3世纪，位于湄公河的下游谷地（今越南中部）以及泰国-马来半岛的峡湾地带（Wheatley，1961；Briggs，1951；Coedes，1968）。到了6世纪，在苏门答腊岛和爪哇西部也开始有国家相继出现，主要也是由于印度和中国之间的贸易而形成的①。在接下来的几个世纪中，"这种类似的形式逐渐出现在缅甸中部和下游的骠国、位于沿海平原的若开、伊洛瓦底江和湄南河下游的孟国以及爪哇和苏门答腊的其余区域中。这些爪哇国家大多数都局限在低地区域"（P. Wheatley, n. d.②）。

为了回答东南亚国家最初因何出现这一问题，多数学者都将研究重点放到了贸易和军事活动，以及与之相关的婆罗门神职人员的角色上。以再分配为目的的奢侈品、以军事策略为目的的武器以及表达新的政治模式想法和概念等，都是新兴统治者所必须控制的要素。但是在此我想强调的是，这些沿河聚落均有稻作农业的种植，他们的规模和聚落密度很有可能是与贸易的发展同步进行且缺一不可的，在这样一个体系中，他们支持本地统治者、官员甚至是教职人员，为战争工程以及宗教建筑提供劳动力，并且向当地的中央机构收集并提供木制品、香料、金属制品（尤其是金子）以及通过境外贸易

---

① 瓦特（Wolter）举了位于苏门答腊岛南部的三佛齐王国（empire of Srivijaya）的例子："偶尔控制马来半岛领土的三佛齐在7—14世纪形成了自己的贸易体系，主要是依靠海上贸易的发展，以及向来往于中亚和中国的长途商人提供有效的港口设施。"（1967：1）

② *Satyanrta in Suvarnadvipa*. （尚未出版）

获得的手工艺品。

从基督时代早期的几个世纪到后期的 19 世纪里，长期的发展并没有影响贸易和稻作文明在东南亚诸国中的重要性（尽管这很快就会被外来的殖民者所改变）。例如格里克就曾描述了 20 世纪马来政体的政体状况（1958：21）：

> 这个国家的领地主要与半岛的地理结构以及对利用交通和贸易主航线的河流相关。该国主要是靠大型的河流谷地或相邻的河流群（较少见）所形成的从沿海陆地向中心水域的延伸而形成的，其首都正是处在主要河流入海口的重要位置。在这一位置上，统治者能够控制所有进入或离开这个国家的人，抵御外敌袭击同时也能对所有的进出口活动收税①。

农业聚落的地理位置对于马来苏丹王朝、爪哇满者伯夷和马塔兰国、泰国的素可泰及大城时期都有着极其重要的影响。在曼谷王朝时期的泰国，逐步稳定的中央集权既导致又促进了贸易的发展，与农业发展相辅相成。

管理内卷化的影响

我将在此对管理内卷化的特点进行全面的总结，正如我之前所说的，这与典型的亚洲农业社会下的农业内卷息息相关。

我们已经讨论过，在一个发达的传统政体中，农业不光是其自身发展的基础，同时也是由于国王为扩充国库而征收赋税，并因此带来的管理方面的负担。

这种管理系统的设置是典型的曼荼罗模式。我们所研究的这种在小规模行省中模拟宫廷的行为，在国王众多宫殿以及围绕着王子、贵族和官员的设置中找到了相似之处。更加明显的则是对管理体系、军事系统、审判部门（krom，克罗姆）及其支部、甚至一些管理层面并不需要或仅在某些特定场合下需要的机构的模拟设置。我将这种管理发展的特点称为相似单元的二元性与复制性，这样就不仅仅是某一"单元"与其他单元相制衡，而是在这种可见的二元性单元里共同发展。〔参见威尔士（Wales，1934）、拉宾罕达

---

① 最著名的应该就是马六甲苏丹王朝，这是依靠其境外贸易的港口而发展起来的一个中央集权型政体；这应该是最接近波兰尼（Polanyi）的"港口贸易"概念的例子，同时也是为农业国家服务的。格里克认为锡矿业对于 19 世纪的马来政体有着毋庸置疑的重要性："马来统治者以多种方式对锡矿征税，基本能从其中获利三到五成。锡矿收入是马来政体的中流砥柱。"（1958：6）

（Rabibhadana，1969）以及里格斯（Riggs，1967）对这种发生在大城府后期与曼谷早期的二元性与复制性特点的举例说明。]

韦伯将自己观察到的世袭制管理结构中某些相似特点的出现称作典型化现象（我认为只是某种普通现象），并且他对比了在这种放射状官僚体系中专门化的不同原则。韦伯强调在世袭制系统中，机构与人员是相合并的；国王的权力更像是"私人所有物"，并且这种权力会被分配给王子及其他皇室成员。"既然所有的政治和经济权力都是国王个私有物，那么权力的世袭也是一种常见现象。"（Weber，1934：1052）一方面，这种世袭背景下的再分配并不会产生真正的权力分配，另一方面也不能保证赋税收入在受封者之间分配上的平等性。韦伯进一步讨论了在竞争者之间常年存在的权力分散和每种税收分配情况，以及每种款项都代表着一种典型性而并非合理性原因。随着官员获得拨款的增多，统治者的政治权力"通过不同的特权而被抽离出来……"（1934：1040）。

韦伯对于这种复杂化管理方式的社会学理论，包括二元性与重复性——尽管在后来仅有少数被采纳——不过是独辟蹊径，将这种理论与单纯的把这些特点应用到原始宇宙论的研究中相对比（如 Riggs，1967）。

在此，我意欲采用海涅-革尔登（Heine-Geldern）的理论，即将这些特点先与原始的宇宙观相联系，之后建立一个与党派相关的、管理方式复杂化导致的政治和社会结构的改变模式，而这些与不同派系之间的关系则在空间上进一步发展，也就是表现为在其领土内的星系政体形式。

正如拉宾罕达（Rabibhadana）所叙述的，在所谓的"管理"机构之外，在泰国关于克罗姆（krom）的概念同样也存在，同样也是在一个领导统治下，其他众家臣相跟随。一个王子，或是昭勐（chaomuang）（多为地方省份的王子）能够拥有他自己的私人力量，并且国王也能够指派给王子一定的特权，主要是从头衔和家臣方面（phraisom）。最显著的例子就是王子被安排在最靠前最珍稀的宫殿里［文纳（van na）与文郎（van lang）］，并且在一个相对规模较小的空间内复设皇室的机构设置。国王机构中的贵族坤纳（khun nang）拥有类似于国王的直接统治权力［普莱銮（phrai luang）］，并且他们与皇家权力机构直接相联系。而实际上，这些人都是以独立的个人领导（奈 nai）名义登记在册的，这些贵族奈们是因为以皇家任务为名的任务调动而被招募的。

简单来说，这种星系结构是由于各人彼此之间的政治经济联系而形成的。同时，在这一背景下，这种结构是与由临时的首领之间、以及顺次与下一级首领之间的联盟构成的一种"乳剂",形成了一个所谓的领导-下属,或由不同规模的党派构成的密闭型结构。这种所谓的乳剂比喻主要是指,在这些临时派别中,他们的进一步发展以及任何改变都有可能影响他们的联盟。

这种参与到权力分配中的派别多分为三种:国王及其随从、王子及其客臣、以及贵族(官员)及其下属。大城府所遭遇的灾难就是国王与王子之间剧烈冲突的表现;到了曼谷早期,包括拉玛四世(Mongkut)统治在内的19世纪中期,由于国王过于控制权力而王子则转而追求贵族的支持,使整个国家经历了类似的动荡。这种发展直接导致了贵族集团,例如蕃纳(Bunnag)家族势力的崛起,直到最终攫取了国王的权力。因此在1880年,当朱拉隆功(Chulalongkorn)继承王位时,他通过与贵族之间的不同形式的联盟来削弱贵族的力量,同时他也寻求他的皇室非亲生兄弟的支持——例如丹龙(Damrong)王子、纳雷斯(Nares)王子、拉比(Rabi)王子以及得瓦旺(Dewawong)王子等——他们同时也是现代化运动的带头人。

重新回到这个人类学问题,在此我想要强调的是,我们常误认为在传统的东南亚政体中普遍存在的"债务劳役"或"债务奴隶"现象——在一些类似的"部落"社会的阶级政治结构中同样也有所存在——最好的解释是一种主顾-客臣和党派关系,用高额的雇佣费来控制劳力。

在此我将引用格里克关于在马来苏丹王朝出现的债务劳役的一段叙述(Gullick,1985:103):

> 与很多的英国管理体制有所不同,这种债务劳役关系多是一种债主和借户之间的不平等关系。这些借户多为某个大家户的成员,是当地首领的个人所有物。对这些首领来说,借户对他们保持忠诚和服役,并且可作为雇佣兵或政治演习的免费劳力。而反过来对这些借户而言,尤其是那些穷人、鳏夫或是无家可归的流浪汉,他们则可以从这些债主手中获得自己满意的"奖赏"。这其中的一个习俗就是借户可向他们的主人要求从这个家户中挑选一名妇女作为他的妻子。

据此,格里克又进一步描述了19世纪马来政体存在的债务劳役机构(1985:100):

> 这些人群中的大部分都是这个苦难现世的流民。在这种情况下,

一个流浪汉很容易与某个首领建立起某种联系。这样他就能获得房屋、强有力的保护、接近并获得某位女性作为自己妻子的可能……他们需要一个主顾、房子和妻子。然而从另一方面来说，这些首领则需要一支私人军队。正如休·克里夫德（Hugh Clifford）所指出的，作为回报，这些流民不用再付出"其他特别的方面"就能出现在借户的位置。尽管借户的债务并不算作是他们履行的服务，他们距离债主所宣扬的服兵役行为还是有一定差距的，在这种行为中，借户可以"被随意地转移给另外一个能够为他偿还债务的债主"。

这种债务奴隶制度的特点与在其他东南亚国家中出现的类似现象相接近——包括在上缅甸有的"部落"社会中的类似的等级和首领机构。利奇（Leach，1954）关于克钦（Kachin）、马央（mayam）和史蒂文森（Stevenson）关于钦（Chin）、特发（tefa）系统的描述中均有此类的例子。例如在利奇的论述中，多将这种现象直接翻译成为多种意义上的奴隶制（与英国的奴隶制以及钦的"布瓦"（boi）都比较相似）（Gullick，1958：299）：

> 马央（mayam）有两种类型——一种是外部马央（nong，农），另一种则是家户马央（tinung，丁农），在某种程度上也被称为农奴。
>
> 所谓的外部马央拥有自己的房子和财产，他们甚至可以居住在自己的村子中，与其他人共同拥有土地。他们要向他们的债主履行沉重的负担，包括缴纳商品、提供劳力或者是婚姻的代价，尽管对于这些债主来说他们毫无任何权力可言，但是只有少数的借户感到受压迫。有些甚至为了得到土地和保护而自愿成为奴隶。
>
> 而家户马央则完全是附属于他们的债主（类似于结婚之前的父亲的孩子们）或者是其他拥有者。实际上他们是在一个家庭中被细心照料的。他们心安理得地接受着给予他们的食物、衣物、饮品甚至鸦片。他们可以获得妻子，当他们生病时也可以自行祭祀。尽管仍存在着社会等级上的差异，但是这种马央的生活与首领家户中的普通成员并无差异。
>
> 马央偶尔也会被交易。差不多每个未结婚的马央女性都会被其统治阶级的父亲赋予养育一到两个孩子的任务，这些孩子被称为朔旺（surawng）。作为父亲的首领可以依据习俗在女儿结婚的时候选择一个马央作为她的侍女。

大多数的马央都是生来便是这个地位，除了某些是作为妻子或新娘的侍女而被买来的（因此这对他们的丈夫而言反倒是很方便了）。那些无论为了偿还债务或是为了妻子或食物而自愿成为奴隶的马央则丧失了选择一个马央女性的自由，由此他们则完完全全的变成了债主的附属品。

一份1931年的人口普查报告显示，在克钦山的三角洲及相邻地区，人口数量估计为8万；而奴隶的总数量为3989（也就是说少于4%），这其中有2367人生来就处在这种债务奴隶关系中。

结　语

在将东南亚国家作为星系政体进行研究时，我希望我并没有钻以下这几种框架的牛角尖：（1）那些认为既定的文化体系只适用于本土例子，且不需要凭借历史或社会因素来解释的"古代的"宇宙观念，也就是说，一种理想情况下文化优先的极端形式；（2）一种简单地认为仅凭生态或经济基础就可以直接产生出政治和意识形态方面的星系政体结构的想法；（3）一种认为集权控制就是星系结构出现的原因的世袭制统治的原型；（4）一种被称作"中央地点"理论的放任功利主义，主要是从中央（某些城镇）的经济（和管理）功能来解释他们的阶级和位置。①

我选择了一种被我称为整体化的论述方法，通过论述星系政体在不同层面上多展现出来的几何设计，表现了其宇宙观的、领土方面、管理层面和政治经济方面的循环特点，但是这种循环设计其实是受当地统治观念下的多种

---

① 关于这一中央地点理论（Losch, 1967；Christaller, 1966；Berry & Pred, 1961）只能另开一文进行详细表述。该理论主要着眼于不同角色的城镇在分配其等级位置时所依据的原则，也就是说，这是一个关于第三方活动位置的理论。这并不是该理论的全部内容，另一方面这一部分——即（比起市场和交通原则）符合社会政治原则的中央系统——对于我们讨论传统的东南亚国家有着密切的关系。例如在克里斯泰勒（Christaller）关于"隔离原则"的论述中将政治和管理因素作为我们这种银河状形式里中心地点的封闭系统产生的原因：……这种理想的空间单元中有首都作为其核心（一个高等级的中央地点），而环绕着它的则是一圈卫星城市或者是那些较低级的城市，最外围是那些有着较少人口密度的城市……（1966：77）我们或许可以说从总体来看，克里斯泰勒的这种考虑社会政治与管理层面的结构模式，对我们银河状政体的描述既没有增添也没有减少任何内容，正是因为这是由多方面共同决定的——宇宙观、领土层面、管理以及政治层面上。然而它的确帮助我们更全面的理解了这种政体，因为过去我们仅考虑了原始的政治和管理因素，却常忽略其他方面。

层面的影响，也就是在曼荼罗体系下的多种现象集合的传统观点。在这种表述下的一个推论就是文化理论与实际参数是相辅相成且不可被分割的。

正如我之前所描述的，作为政体的星系结构并不是一个稳定和谐的单元，而是一个充斥着二元性甚至矛盾的整体。如果这代表了一个超越世俗的概念的话，那么这同时也反映了一种政治经济的现实。这种中央王权在文献以及文化上多呈现出会被发生在中央的间歇性的叛乱或被外围地方上的不配合所打断。当地的首领通过控制劳动力来控制整个政治经济系统，并且通过建立起不同的领导层来形成并保证一个高度稳定的党派，但后期多会演变为不同党派之间的权力倾轧。这种政治关系中的运动和党派之争多会恶化政体的领土范围。另外，农业与管理的复杂化发展是相辅相成的。正如从本质上来讲，一个社会既有多数的稻作农民这种世俗化团体，也存在着由于与中央统治相隔绝而带来的其他国家入侵的间歇性威胁，同时也存在着与阶级地位相关的不同管理单元之间的重复设置与斗争。人员、资源以及商品的调动模式、规则的运行机制以及官员的选择都有其自己的逻辑限定。这些都是在传统的东南亚政体的参数中为促进发展而实际存在的悖论、限制和矛盾。这些也都是比起我们之前的想象更接近宇宙观和星系政体实际的特征。

而另一个在本文中并没有展开详细描述的方面，则是这些政体并不是永恒的，他们是有历史背景的，并且具有不可逆性，例如在19至20世纪西方殖民者对此地造成的影响。在泰国，其政体则从星系转化成为更加中央集权的"放射状"政体，尽管这并不符合西方的现代化概念；而在前殖民地国家中，星系这一特点仍在一些地方主义以及社区主义的表达中有所出现，尽管与"归一革命"（integrative revolution）的愿望相违背。不过那就另当别论了。

附录　在 14 世纪爪哇群岛上的满者伯夷王国的某些星系特点[①]

在本部分中我将从传统的爪哇政体习俗开始论述——主要是哈炎乌禄（Hayam Wuruk）的满者伯夷王国——作为曼荼罗系统的典型案例，其代表了一种从中心向周围辐射的"圈状国家"的大宇宙体系，之后进一步揭示了其包含了例如不对称二分（二元论）以及多重中心的其他星体特征，这为解释分配给中心或其实施的政治要素比较仪式化和彰显化而不是管理和制度化的原因提供了依据。

---

① 参见 Pigeaud，1962；Vols. I-V.

本部分的主要文献参考来源于由佛教僧侣撰写的著名爪哇文献纳加拉卡特伽马（Nagara-Kertagama，公元1365年）；这一题目可以被翻译为首都和国家的宇宙秩序手册。诗人将他的诗称为迪沙瓦娜娜（desha-warnana），也就是彭格德（Pigeaud）所谓的"地志"（1962：509）。这一文献描述了宫殿、首都及国家的普遍排列方式，并且详细描述了国家不同区域或是皇室庆典的征收赋税和再分配的"皇家进程"（循环）。

我们首先要明确的是满者伯夷实际上是一个以稻作农业为基础的内陆国家，并且与那些在爪哇群岛北部沿海为主的商贸型封邑（pasisir）不同，它在15—16世纪首先进入了伊斯兰时期。但是当我们在称呼满者伯夷为内陆农业国家时我们也不能忽视他们所发展的贸易——包括海外、环岛、和岛外贸易——是皇家经济的一个重要支柱。满者伯夷的首都坐落在东爪哇山脉的山脚，距斯河有一定的距离，在布兰塔斯河河边有一处重要的港口布巴特（bubat），来自中国、印度和其他地方的商人或殖民者占据各方。（另一条重要的港口叫长谷。）爪哇的水稻多与印度的服装以及中国的陶瓷相互贸易。满者伯夷的首领与爪哇北部沿海的商人头领的区别即在此：就后者而言，例如图班或泗水，处于统治地位的贵族多直接参与到这种贸易活动中去，而前者则会授某些商人予皇家贸易专权以进行境外贸易、人员与职责以进行境内贸易，并且会指派固定的港口官员来督管正常的贸易①。满者伯夷的统治者宁可监管贸易也不愿意亲自参与其中。（Pigeaud，1962：第IV节：37-38，498，502-504，509）

满者伯夷的曼荼罗体系主要体现在那些夸张为了保持与宫廷的友好联盟的歌功颂德的诗篇中。对国王的赞颂主要有以下三方面："国王工作上的成功[尤其是在公众（kirtis）和宗教工作（法度dharmas）基业上]、国王的女儿们以及国王统治权力的扩大。"例如在《诗17·篇3》（Canto 17, Sanza 3）中写到的（Pigeaud，1962）：

（1）整个的雅瓦之地（爪哇）仅及王子领地的一个小镇。
（2）数以千计的人民的居住地仅及皇室仆人所住的庄园，并围

---

① 一项对比研究显示大城府，这个修建在湄南河主干上的内陆首都很有意思。在大城府（早期曼谷时期），境外贸易多经过皇家垄断而进行（直接由国王控制或者由指定的王子或贵族进行统治），在这其中有一个重要的管理划分称作巴生（Khlang），主要负责管理沿海的港口、监管境外贸易、以及征收赋税。

绕着皇家庄园组成。

（3）其他的外国岛屿都变成了有人居住并耕种的土地，人人生活幸福安乐。

（4）国王所踏之地遍布每一处绿地、森林和山川，且毫无任何后顾之忧。

这一诗篇实际上描绘了曼荼罗体系中的四种不同景象，并展示了这一系统中的中心和外部结构：

王子居住的城镇（首都）→整个爪哇；

围绕着中央的皇室庄园→众多普通人的田地；

耕地→其他岛屿；

御园→森林和山川。

另外，在《诗12·篇6》（Canto 12，Stanza 6）中对国家的描述也体现了这种模式：首都的两大元素为太阳和月亮，围绕着他们的光晕的是周围的庄园领地，而那些其他城镇和王国的努山塔拉（nusantara）则是星星和其他星球。［最外圈——在圈状国家努山塔拉（nusantara）中——多被描述成为其他独立的国家。］

毫无疑问，这种中央集权的画面、大一统结构下的逐次递减模式以及大宇宙结构都是无与伦比的——但是当我们再回过头来，仔细品味文献中所包含的其他信息时不难发现，在这首诗的开头并没有提到任何西部爪哇苏丹国家，当时满者伯夷的邻居和最大的竞争者，因为它在后期既不可能是满者伯夷的友邦、也不可能作为附属国被纳入到统治范围中。同样的，图班这个沿海重镇也被有意识的忽略了。另外，为了与所描述的"皇室进程"的范围相对应，国王对整个东部爪哇的控制范围被成比例的放大了。国王的影响范围同样被延伸到东部的巴厘岛和满都拉群岛，他们的首领被描述成于1359年参与到了这一皇室进程中来，并向国王以商队形式纳贡①。

接下来让我们把重点放到由不对称和互相重复的两部分构成的曼荼罗体系的特征上来，这种网络模式旨在构建一幅完整的"离心点彩画马赛克"。

我们之前提到的关于太阳和月亮的描述其实是指代在首都的两种中央力量之间、两个城市中心之间的互相对称与制衡关系。月亮指的是东部的温

---

① 换句话说，在大城府，中央控制的地区是由皇室直接控制，而外围的其他省份则享受着不同程度的自治。

格-达哈（Wengker-Daha）庙宇，而太阳则是指西部的满者伯夷-新柯沙里-济旺纳（Majapahat-Singasari-Jiwana）皇家领地。另外达哈城与其首都也是依据相似的原因而存在的。"很明显的，达哈城的首领是用来指代月亮对星星和其他星球的控制。满者伯夷则当然就是太阳，光芒普照万物。"（Pigeaud，1962，Vol. IV：26）。

以下摘录了彭格德（Pigeaud）关于满者伯夷国王、温克王子及他们的高官之间的权力的对比研究：

在《诗12·篇3、4》（Canto 12，stanza 3、4）中，明确记载了达哈的高官在皇家领地以北的地方拥有自己的庄园，而满者伯夷的高官则是在东部，极有可能是在达哈-温克领土以北的地方。这个中央城市中的四股最重要的力量分别坐落于四边形的四角之上。《诗8-2-4》（Canto 8-2-4）中所描述的神圣的十字路口应该指的就是这个四边形的对角线交汇处，因此才会被认为是城市的中央。从中央领地到庄园的距离尚未可知，因此并不能确定城市中心的具体位置。满者伯夷人大概对于他们的中心位置处于皇室领地的东北方位比较满意。

皇室领地与高官庄园之间的联系其实是一种重要的爪哇思想的展示。这种大一统和宇宙间的相互关系遍布于爪哇的社会和宗教组织中。（Pigeaud，1962，Vol. IV：24.）

根据纳加拉·卡特伽马（Nagara-Kertagama）来看，满者伯夷包含有两个主要的皇室领地和4个高官庄园。在这两个位于西部的皇家领地中居住着满者伯夷-新柯沙里-济旺纳家族，主要出在哈炎乌禄国王的统治下；而东部地区则主要居住着温克-达哈家族。有两个庄园坐落于皇家领地的北部，西北部主要居住达哈的高官，东北部则属于满者伯夷的官员。另外两个庄园则位于南部，其中东南部的成员为湿婆教的主教，而西南部则为佛教僧侣。除了这6个主要单元以外，在这个群体中还存在着很多的官员及其他贵族成员的庄园领地等。（Pigeaud，Vol. IV：27.）

因此，比起中世纪欧洲的那种简单的有围墙的堡垒城镇，满者伯夷更像是一个完整的复杂化的社会。在这一群体中，位于中心的皇家领地从公众化到私人化分别融入三种不同等级的区域中去。

从地形上来看，作为曼荼罗中心的满者伯夷的首都，其实是由多个互相独立的围墙领地构成的；每个领地又分别有其自己的中心和围绕在周围的下属单位，以及围在最外围的借户的住宅。不同领地的控制范围是根据他们的等级和位置来决定的。在最外围并没有城墙修建："在边界处并没有提及任何防御设施或城门的修筑，满者伯夷很有可能并不是作为一个完整的城镇进行防御的。只有皇家领地和庄园才建有围墙和大门。这些国家痕迹在所有的爪哇城镇中（现在我们或许应该把泰国、缅甸和其他东南亚城镇同样纳入进来）均保存到了现代。"（Pigeaud，1962，Vol. IV：157）

还有很多论据可证明曼荼罗系统是通过平行以及两元结构下的良性平衡进行运行的。例如哈炎乌禄国王的荣誉和权力并不是只有他的王子在竞争，他的高官们例如加查马达（Gajah Mada）也参与其中，从那篇诗篇中我们可以看出他参与了1359年的（对爪哇东部发动的）皇家进程（在国王队伍的队尾），并进贡了约400辆推车。

从宗教和官员方面来看，湿婆教与佛教之间的平行且对立，似乎可以和平共处并且互相影响，尽管前者看起来更世俗化一些，多与"物质因素"和"普世原则"相联系，而后者则更偏重与"非物质化"及"非凡的"原则（Pigeaud，1963，Vol. IV：4）。两个宗教的神职人员在每年的净化仪式上既相互合作又彼此竞争（1962：14）。他们的神殿彼此紧挨着，均坐落于皇家领地的公共庭院的东部位置，湿婆教神职人员的房舍在东，而佛教则在南。这种不对称性主要是在当时，湿婆教被认为是比佛教更优越一些，但是他们都共同在贾贾瓦（Jajawa）的中心寺庙建筑中出现，该寺庙的底座和主体都是湿婆教的装饰，而其顶部则是佛教主题的装饰。

致　　谢

在此我想向雷蒙德·史密斯教授和希德尼·明达教授表达我最诚挚的谢意，在本文成文之初，他们提供了很多宝贵的建议。当然这并不代表他们对本文中所表述的观点负有一切责任。

参考文献

Archarmbault, C. 1971. The New Year Ceremont at Basak (South Laos). Data Paper No. 78, Southeast Asia Program. Ithaca, N. Y.：Cornell University Press.

Berry, Brian J. L. & Alien Pred. 1961. Central Place Studies：A Bibliography of Theory and Application. Bibliorgraphy Series No. 1, Regional Science Research Institute. Philadelphia, Pa.

Brigge, L. P. 1951. The Ancient Khmer Empire. Trans. Am. Phil. Soc., N.

S. XL1. Part 1.

Christaller, W. 1966. Central Places in Southern germant. C. W. Baskin, Transl. Prentice-Hall. Englewood Cliffs, N. J.

Cunningham, C. 1973. Order in the Atoni House. *In* Right and Left: Essays on Dual Symbolic Classification. R. Needham, Ed. Chicago: Univ. of Chicago Press.

Conze, Edward. 1970. Buddhist Thought in India. Ann Arbor Paperbacks.

Coedes, G. 1968. The Indianized States of Southeast Honolulu: Asia East-West Center Press.

Dewey, Alice J. 1962. Peasant Markerting in Java. The Free Press.

De Jong, P. E. 1952. Minangkabau and NegriSebilan, Sociopolitical Structure in Indonesia. M. Nijhoff. The Hague.

Eliade, M. 1959. Cosmos and History: The Myth of the Eternal Returen. Harper & Row. New York.

Geertz, C. 1963. Pedlars and Princes: Social Change and Economic Modernization in Two Indonesian Towns. Chicago: Univ. of Chicago Press.

Geertz, C. 1973. Islam Observed: Religious Development in Morocco and Indonesia. Chicago: Univ. of Chicago Press.

Griswold, A. B. 1967. Towards a History of Sukhodaya Art. Fine Arts Dept. Bangkok.

Gullick, J. M. 1958. Indigenous political Systems of Western Malaya. London: Athlone Press.

Heine-Geldern, R. 1942. Conceptions of State and Kingship in Southeast Asia. Far Eastern Q., II: 15-30.

Holt, Claire *et al.*, Eds. 1970. Culture and politics in Indonesia. Ithaca, N. Y.: Cornell University Press.

Leach, E. R. 1954. Political Systems of Highland Burma. London: London School of economics.

Lingat, R. 1950. Evolution of the Concept of law in Burma and Siam. *J. Siam Soc.* 38.

Losch, August. 1967. The Economics of Location. New York: W. H. Woglom& W. F. Stolper, Transl.

Mintz, S. W. 1960. A tentative typology of eight Haitian market places. Rev.

CienciasSociales. (Puerto Rico) IV: 15-57.

Moertono, S. 1968. State and Statecraft in Old Java: AStudy of the Later Mataram Period, 16th to 19th Century. Ithaca, N. Y.: Cornell University Press.

Mus, P. 1935. Barabadur. Impr. d'Extreme-Orient. Hanoi.

Mus, P. 1936. Symbolosma Angkor Thom. Acad. Et Belles-Lettres: C. R. Seances.

Mus, P. 1964. Thousand-armed Kannon: A Mystery or a Problem. J. Indian Buddhist Stud. (Tokyo): 1-33.

Nordholt, H. G. S. 1971. The Political System of the Atoni of Timor. The Hague.

Pigeaud, T. 1962. Java in the 14th Century, A Study in Cultural history. 5 vols. The Hague.

Rabihadana, A. 1969. The Organization of Thai Society in the Early Bangkok Period, 1782-1873. Data Paper No. 74, Southeast Asia Progtram. Cornell University.

Riggs, F. W. 1967. The Modernization of a Bureaucratic polity. Honolulu: East-West Center Press.

Schrieke, B. 1955. Indonesian Sociological Studies: Selected Writings. W. vanHoeve. The Hague.

Shamasastry, R., Transl. 1960. Kautilya'sArthashastra. Mysore.

Shorto, H. L. 1963. The 32 Myos in the Medieval Mon Kingdom. Bull. School Orient. Afr. Stud. XXVI (3): 572-591.

Soetjatmoko, et al., Eds. 1965. An Introduction to Indonesian Historiography. Cornell University Press.

Stcherbatsky, T. 1923. The Central Conception of Buddhism and the Meaning of the World Dharma. London: Royal Asiatic Society.

Stevenson, H. N. C. 1968. The Economics of the Central Chin Tribes (1943). Farnborough. Hants, England.

Tambiah, S. J. 1976. World Conqueror and World Renouncer: Astudy Religion and Polity in Thailand against a historical background. Cambridge University Press.

Tucci, G. 1971. The Theory and Practice of the Mandala. Rider & Co.

Vickery, M. 1970. Thai Regional Elites and the Reforms of King

Chulalongkorn. J. Asian Stud. 24 (4): 863-881.

Wales, Q. H. G. 1934. Ancient Siamese Government and Adminstration. B. Quaritch. London.

Webber, Max. 1968. Economy and Society. G. Roth & C. Wittich, Eds. Vol. III. New York: Bedminster Press.

Wenk, K. 1968. The Restoration of Thailand Under Rama I, 1782–1809. Tucson, Ariz: University of Arizona Press.

Wheatley, P. 1961. The Golden Khersonese. Kuala Lumpur: University of Malaya Press.

Wheatley, P. 1969. City as Symbol. London: University College.

Wheatley, P. 1971. The Pivot of the Four Quarters. Chicago.

Wheatley, P. Satyantra in Suvarnadvipa: From Reciprocity to Redistribution in Ancient Southeast Asia. Unpublished.

Wolters, O. W. 1967. Early Indonesian Commerce. A Study on the Origins of Sri Vijaya. Cornell University Press.

法国殖民军事民族志记录中的越南北部边境生计，1897—1904[①]

加拿大拉瓦尔大学人类学系　Jean Michaud　著
西班牙加泰罗尼亚公立大学　张　敏　译

摘　要：尚未公开出版的越南北部边境山区殖民军事档案为了解20世纪之交在偏远高地生活的原住民的生存条件提供了新的视角。在简要描述这些档案产生的背景、方法和历史序列后，本文以土著居民生活条件为基础，着重聚焦于生活模式、产权、税收和资本化等几个方面来进行简要概述。高地生计的三大核心要素可划定为：狩猎采集、农业和贸易。最后本文就档案材料对当今越南北部高地社会研究的重大意义进行总结。

关键词：北圻　殖民地民族志　高地少数民族　越南　军事

概　述

在19世纪末法国殖民时期军事观察员抵达之前，很少有人描写过越南北部边境高原土著社会生计的细节[②]。因此，这些社会并没有留下内源性的档案，我们只能从它处寻找其历史踪迹。我调查了1880年至1930年之间北圻北部天主教传教士的著作，其中一些的确以民族志的形式存在。（Michaud，2004a，2004b，2007）为了探索越南本土的资料，历史学家布拉德利（C·

[①] 原文来自 Jean Michaud. Livelihoods in the Vietnamese Northern Borderlands Recorded in French Colonial Military Ethnographies 1897—1904. *The Asia Pacific Journal of Anthropology* 2015, Vol. 16, No. 4, pp. 343–367.

[②] 本文是米肖系列著作的一篇（2013），其中我分析了由法国殖民军记载的民族志档案的一部分。在这篇文章中，我刻意偏向描述的立场，因此，只在结论部分简要地用（后）殖民研究阐述了与档案所揭示的新知识或殖民军在记载民族志过程中的作用。我意识到，由于选择避免如此深入分析的事实，也有可能使我重犯殖民民族志当初固有的错误（Pels & Salemink，1999；Stoler，2009）。相关的进一步评估和更多的讨论将在该系列作品的其他文章中展现。

Bradley C. Davis，2011，2013）大胆挖掘了1856年由当地民政事务长官范申燏（Phạm Thận Duật）① 记载的有关偏远的西北省份颇为罕见的观察，之后这个省改称兴化（H'ng Hóa），含当代越南奠边（Diễn Biên）、莱洲（Lai Châu）、老街（Lào Cai）、河江（Hà Giang）、安沛（Yên Bái）和山罗（So'n La）各地的全部或部分。除此之外，越南档案馆中可能还遗留着一、两位阮朝观察者，这很可能是所有我们所能期待的相关资料了。② 而中国观察者的记录则更为罕见，为了将非汉民族志以文字的形式保留下来——而跨越整个南部帝国边境——那将会是异乎寻常的努力。（Yang，2009）

鉴于稀缺性考虑，我想强调一部近期出现却完全出乎意料的早年法国所涉足的越南北部区域（后称其为北圻）时期记载的民族志。越来越多的学者对中越边境高地社会的兴趣为这个原始材料提供了不断被重新审视的可能性。部分原因是近期范于近期边（van Schendel，2002）和斯科特（Scott，2009）提出的著名而发人深省的佐米亚（Zomia）的概念，另一部分原因是该区域出现了越来越多民族志研究。

该档案材料写于20世纪之交并包含了超过100个关于越南北部高地人口的未公开发表报告。由70位不同的视察官员执笔，超过4000页文字，写在纹理细密的手工制作的纸张上，并配有图片、图表、原创地图、词汇、人口表和口述历史等。总的来讲，这些材料讲述了有关农业、贸易、社会组织、工艺品和信仰等各种类型的实践活动。（Michaud，2013）

对整个20世纪直到现在的越南北部高地社会进行研究的专家，在一定程度上可以有把握地说，在殖民接触时期（19世纪80年代左右）这些北方地域的日常生活以及文化、经济都是按照东亚和东南亚农耕社会习俗和模式来构建的。（Collective，1921；Cancian，1989；Peluso，1992）父系家庭是构成社会的基本单位，家庭又是通过血缘关系——宗族和部落来集聚运行，从而形成互助的民族心智模式。萨林斯（1968）的氏族类型学显示，"泛化"与"均衡"互惠是支配家庭之间进行交换的主要原则，而货币化的"负面"形式，如薪酬或战争服役有关的交换形式次之。或者采用古德曼（Gudeman，2008）对高地社会的特性描述，社区内的相互关系优先于由市场产生的非个人化交易的关系。

在越南和中国占主导地位的民族，即与京族或者汉族共存的社会中，社

---

① 见戴维斯（2013）对范（Pham）的1856年"描述性地理"，兴化地志（Hu'ng Hoá Địa Chí）。
② 2013年11月与布拉德利·戴维斯本人的交流。

会分化、包括劳动力的内部分工相对于社会阶层结构是微不足道的。尽管如此，国家依然是最为重要的机构，即使是在偏僻小村庄也间接发挥作用。国家力量是通过行政管理、税收和稳定等方面（Fourniau，1989）来显现的。面向现代化、日趋活跃的经济变化是由市场规则和低地需求推动的。斯科特（2009）提出的物理偏远即"地域摩擦"（friction of terrain），加之文化迥异，是市场规则渗透到当地经济的障碍。与斯科特的论点背道而驰，内源性封建政体[①]在边境地区广泛存在，即便密切程度有时相对较低（Friedman，2000），居民长久以来都是通过这些政治组织或稳定的经济交流而相互联系的。

然而，20世纪之交北部高地事务的总体状态还有待观察和破译，这里所回顾的民族志[②]也将成为有力的推动。在介绍背景和方法后，我将简述这些殖民军事档案产生背后的历史序列，然后依据文本阐述这些边疆地区原居民的生存境况。为了理解他们的生计状况，我将专注于生活居住模式、财产权利、税收和资本化四个方面。然后，我会转向出现在这些档案中的高地生计的四个核心要素，即狩猎采集、农业、贸易和薪酬工作。在最后，我将简要地探讨这种原始材料的有效性。

关于民族志的说明

19世纪法国在亚洲的殖民时期，一些天主教传教士对位于红河（Sông Hông）流域北部边境社会进行了引人入胜，但参差不齐的民族志记载。（Salemink，2003；Michaud，2007）除了这些片段，再加上在几篇个别文章的中的简短章节，如涂普义（Dupuis，1910），法曼（Famin，1895）或列斐伏尔（Lefèvre-Pontalis，1902）所描述北圻北部20万左右的高地居民最初的欧洲民族志出版物（Michaud & Turner即将出版）仅限于数量有限的军事作家的书籍，即：容基耶尔指挥官（É.-E. Lunet）的《北圻北部民族志》（1904），

[①] 历史学家们争论封建主义的概念是否可以应用到欧洲中世纪之外的社会形态。我在这里使用的术语，如Condominas（1976：39）所解释的那样，一方面基于所有权和权力控制来区分不同社会或一个社会的不同群体（京族、汉族、一些泰语社会），另一方面基于失地农民（所有其他高地，血缘关系为基础的群体）。

[②] 一系列不同的民生框架至今已经沿用了超过50年。（Scoones，2009）鉴于本文的目的，我借用了特纳（2012a）关于生计的概念。广义上涵盖了近期研究的几个与资产（资本）以及脆弱性相关的常见概念。更准确地说，在东南亚高地，个人和家庭生计受到"当地的以及特别的体系（如制约当地公共财产资源获取的风俗；地方和国家土地占有规定），某种社会关系（性别、种姓、亲属关系等），以及经济机会"的影响。（Ellis，2000：6）

加上1906年的扩展版本、中校 E. Diguet（1908）《北部山区北圻人》和中校博尼法西（A. Bonifacy）作品（如1904）。① 然而，事实证明，这些军事作家的作品也是基于对我们在本文中探讨的实地调查获取的原始材料的挖掘。这些背景材料随后几乎被遗忘，并在近一个世纪内无人知晓其精确位置，也没有再次得到验证。

在我看来，以上这种情况恰好提供了一个很好的案例，显示当边境地区边缘化到出乎学者所能及范围之外时，国家可以在其中起到的积极作用，这就是冯·申德尔（2002）所言的"蒙蔽地理"（geography of ignorance）。詹姆斯·斯科特（1998，2009）描述了如何通过启动"距离抹灭技术"来增加这些空间的"合法性"（legibility），从而最终减少和消除需要与国家令人窒息的怀抱保持一定距离的"地域摩擦"。法国曾经热衷于在印度支那像在其他地方一样强制执行"开发政策"（mise en valeur）② 的系统管理，但终于从历史的经验教训中明白了与边缘地带的人群结识有多么重要（Sarraut, 1923）。19 世纪80年代后期高地获得军事占领后，法国政府于1891年将管理权移交给军方，并下令数十名步兵军官根据他们在各管辖边境的工作撰写行政区域报告。因此，两项调查相继展开，虽然偶尔有重叠之处，却是截然不同。1897年的调查是功能性的，以盘查边疆事实资料为重点，包括本地人口、资源、经济和军事组织及潜力等。1903年的调查则针对民族志。（Michaud, 2013）在未来的档案研究找到新数据资料之前，这些调查数据资料可以被视为反应当时高原北部北圻边境地区人口生活状况最稳定的、系统的和可靠的证据。

这份档案记录的内容和丰富度远远不是一篇文章所能够承载的。因而我选取了生计这一领域来作为整个档案的观察视角。不论从地理学意义还是象征性角度，生活在强大的民族国家边境人民生计的不在少数。当前就世界性边境人口生计领域的研究方兴未艾并不断产生新的理论命题。（Horstmann and Wadley, 2006；Kanji, Macgregor and Tacoli, 2005；Turner, 2010、2012a、2012b；Li, 2014）对于长久游离于学术研究之外的地区，这个档案资料为我们提供了一个世纪前的第一手观察。

---

① 这些出版物及田野调查，并不包括大多数北圻西北部的黑水河（Đà River）流域地区。这种疏忽是由于自1889年以来，该地区（西双楚泰）作为当地的白泰统治者的领土，享有着半独立政治地位。本文也没有涉及该地区。关于该地区丰富的历史考察资料，请查看法国历史学家菲利普·勒·菲勒近期的开创性工作（2014）。

② 译注：对山区多种森林物产和土地使用的经济价值开发。

殖民接触时期的高地生计

正如历史学家勒菲乐（Le Failler，2011：42）所述，直到19世纪初，越南皇家统治一直没有延伸至大部分北部高地。他谈道：

> 中国和越南人都同意认为，……一种帝国边疆地带的许久以来的概念……占了上风：不明确的边疆领土，没有达成边界共识的边境地区。因此，没有边界线……，除非在极其罕见的情况下，甚至都没有防御工事、堡垒也没有驻军。（Winichakul，1994）

19世纪，来自顺化（Huế）的皇权逐渐缓慢地对北部边疆，这块"情形复杂，但充其量是有限的"区域尝试直接管理（Failler，2011：43）。鉴于历史上越南皇家政权对北部高地统治的主动参与的缺席，应该说法国观察家1883年起任期内的早期观察和记录在很大程度上反映了边境地区管理的状况。正是在这样的背景之下，我们来探讨当地的生活模式、产权、税收、债务和资本化等话题。

定居模式与产权

法国对殖民地的占领和统治充分体现了西方民族国家的理念。1891年8月总督下令占据并管理从前被忽视的边境地区，之后将其分为军事区域（法语：Territoires militaires），每一个军事区域又各细分成圈层（法语：Cercles）和部门（法语：Secteurs）。按照该指令，法国军方着手从三角洲地区到高地建立殖民体系，以实行边境安全和有条不紊的税收政策。边境控制得以加强并从与中国云南、广西、广东[①]等省份的商贸往来中获利。人口普查工作也相继展开的同时税收制度也得到巩固——不仅限于土地所有，而且还征收包括生产、贸易和消费等税种。为加快北圻经济盈利能力和可行力，鸦片、酒精和食盐等利润丰厚的市场由国家垄断。（Brocheux and Hémery，2009）

当两项调查开始实施之时，由于基础设施落后以及缺乏训练有素的员工队伍，扩大殖民秩序的措施在边境地区鲜有成效。因此，在军官的报告中的篇幅里描述的是殖民前国家事务的残留状况。在山区，与土地占用的形式匹

[①] 当时，中国广东省向西南沿海岸延伸并到达越南边境。

配的民俗盛行，这一切都是殖民者所不熟悉的，而且山区人口密度较小，稀疏的人口分布在广阔而崎岖的领土上。在沿着河边的土路或是道路交叉口，房屋和商店相对集中，这些地方变成了军事区域（MT）殖民统治的总部。除此之外，大部分都是规模较小的基于血缘关系而聚集的小村庄散落在广袤的大片土地。例如在偏远的芒康县（Muong-Khuong）①：

> 几户人家，一般是3到4户形成一个小村庄。……一个公社包括相当数量的独立小村落（hamlet），我们非常不恰当地为之命名为村庄（village），有时村庄之间的距离之远需要2—3天的路程才能到达②（335，Muong-Khuong③）。

邻近的黄树皮（Hoang-Su-Phi）地区，"村庄通常由至少两个更小规模的村落组成，每个小村子又包括3到4个屋舍，有时木屋之间的距离相当遥远。我们还发现许多孤立的屋舍"。（317，Hoang-Su-Phi）再向东部高处的官坝（Quan-Ba）："我们几乎在任何地方都找不到大面积人口聚居的现象。而是散落在平原的仅有两三户人家的小村落。"（318，Quan-Ba）

土地所有权和使用权是在公社一级管理："作为一项规则，所有权制度是村庄内是共有的。"（335，Muong-Khuong）土地所有权大致分为两种类型：

> （在岱依人Tho④中）土地所有权可分为两大类：一是私有财产，第二公有财产。私有财产是唯一可以赠与、继承、出售或转让。由此发生的任何财产变动都由公共机构人员起草的文件证明，副本提供给各方。原件不予保留。公有财产包括耕地或未耕地，即可用储备土地。每个达到法定年龄的岱依公社成员可获得公用稻田的一部分。这部分财产只有使用权，而没有所有权，因此是不可转让的，直到他去世。至此，财产将交还给集体。（307，Yen-Minh）

---

① 为了历史的完整性，本文中的人名和地名都是按照档案中的原始写法，不同作者的写法可能有所有不同，偶尔出现破折号或大写字母，但大部分没有变音符号。

② 在本文中，我直接对法语的引文进行翻译和再版，并且未经编辑，这可能会导致民族名称、地名和方言俗语的写法有一些变异。

③ 编号在300以内的档案是1903年至1904年 MSS. EUR 系列的一部分，收藏在位于巴黎的法国远东学院。

④ Tho是法国人所赋予的族名，现在被称为岱依（Tày）。

（在热依人 Nhang① 中）土地所有权是集体的，但稻田的分配机制是古老的，使用者认为这些稻田即使无法出售，也是属于他们的财产。新耕种的土地则遵循谁开荒谁占有的原则。（332，Ban-Lao）

例如岱依人开辟森林来耕种玉米，一旦土地被耕种，他们会在接下来的几年中继续沿用。这就是由于首次占用而产生的所有权和财产的案例。（66103，Thong-Hoa-Phu②）

使用土地的私有权，依据谁开荒谁所有的原则把土地作为商品的做法在高地非常普遍。在封建实体中（主要是泰语地区），这些权利是通过继承权而进行代际之间的传递的。在远离封建统治核心的外层边缘地区，由于公共财产的缺乏而形成了以家庭为单位、相对固定的、轮换作业的农耕土地使用机制，生发出更加灵活的土地使用权的界定："（在苗人中③）土地是属于那些耕种土地的人：既没有所有权冠名也没有土地记录。仅凭传统和集体记忆来决定哪些家庭有耕种哪片土地的权利有。"（318，Quan-Ba）

关于男性在所有权中的主导地位在大多数报告都有体现，几乎所有群体中常见的做法如下：在岱依人和侬人（Nung）④中，家庭财产是由男性首领来统一管理。（305，Ta-Lung）继承的财产不仅包括土地，而且还有住房、债务、孩子以及所有个人物品。就第三军事领区的岱依人的习俗，军区区长米利尔（Mellier）有如下描述：

一旦一个家庭的男性首领无法或不愿继续亲自管理他的财产，或者当他去世，他的财产由他的男性后裔之间平分。如果女儿在未婚，或已婚但与兄弟合住并分摊共同开销的情况下也可以参与财产继承，这些共同的义务包括赡养父母、家庭房屋维护、祖先祭坛、祭祖仪式等。（317，Hoang-Su-Phi）

在远离较为肥沃的高原和山谷地区，基于血缘关系的群体中有限的财产

---

① 今天被称为热依人（Giáy）。
② 编号在66100s以内的档案是1897—1898 GGI系列的一部分，现存档于普罗旺斯地区艾克斯海外国家档案馆。
③ 现在的的赫蒙（Hmong）。
④ 侬人（Nùng）。

也使其代际传承没有那么复杂。当一个人的父亲去世①，例如，长子继续留在父亲的房子里，但他继承的遗产并不会比他的弟弟们多很多。女儿们无权继承。（307，Yen-Minh）女儿结婚并离家之时，会继承一些由家庭中的女性赠予的物品，女儿们继续将财产传给自己的女儿。

税收与债务

对于大多数高地生活的人来讲，由统治精英征税早已成为生活中不可避免的事实，多数时候，他们已经习以为常。在封建制度较为巩固的地区，由于农民已有数个世纪的交税历史，因此征税效率也更高。在这些地区，世袭社区领袖和当地地方行政长官（ly-thuong）②受法国政府认可，除其他责任之外，他还承担征收土地税的职责："村长老负责内部治安、司法、税收和公共财产的分配，他还负责销售合法化并确保适当的道路维护。"（335，Muong-Khuong）他的工作由显要人士组成的委员会来协助：

> 显要人士委员会进行公社事务管理，负责监督公共财产分配，招募社区劳力，接收公社的收入并决定其支配，监督道路和其他公共工程，决定家户作为纳税单位的份额，并负责孩子们的教育。（338，Thaï-Nien）

前殖民时期当地的征税机制就是以家户为单位，法国殖民统治依然保留了这一做法：殖根据当地习惯中，家户是由所有生活在同一个房屋的人构成，因此到目前为止，税收实际上是由居住在同一个房子的人共同缴纳。……个税不存在，而是合并到财产税中。经显要人士委员会讨论决定，灌溉水田每单位每家庭缴纳3.2元③，山区稻田每单位每家庭缴纳1.6元。（331，Ba-Xat）

消费税主要是通过盐、酒精和鸦片这3种国家垄断商品的销售来征收的。价格一般在黑市上较低，因此很多人不愿意去国营商店购买。避税类似于猫

---

① 瑶族（Dao）。
② 越南语的写法是 lý trưởng，这个词普遍翻译为"村长老"。
③ 档案中出现的货币指的是法属印度支那皮阿斯特贸易银（piastre de commerce）又称法属印度支那元。

捉老鼠的游戏：

> 我们不应该抱有任何幻想，在北圻这一带（由泰国人和安南人①管理的）酒馆和烟馆就是个骗局；而海关与之沆瀣一气。事实上，零售商有自己的客户群体，他们只申报先前商定好的鸦片和酒精的数量，通过占有鸦片无偿通关和酒精生产的税收部分获得了实实在在的好处。(343, Luc-An-Chau)

激烈的避税行动包括用脚投票："例如，一个部门的指挥官希望获得纳税人的税收，却得知这个人几个月前还属于他的领区，现在已经搬到了附近区域的某个角落。"(335, Muong-Khuong)"这些苗人几乎一无所有，一旦他们被要求工作、缴纳税收或是服劳役，他们就毫不犹豫地搬离我们的区域。"(337, Phong-Tho)

殖民前的公共管理继续得以维持，并简直成了法国军事指挥官的左膀右臂。税率和劳动力需求由高层指挥官决定，按比例分配给每个公社的人口。在多民族公社中，税收征管则沿民族序列拆分：

> 例如，(岱依人的) 村长老在与其他种族领导人协商后分配应缴纳税款。他自己征收本民族岱依人税款，其他领导人在自己的族群中进行税款征集，在同一时间，将他们征收上来的税款交给该部门指挥官。如发生争议，村长老负责解决纠纷。(308, Nguyen-Binh)

在沿边境地区，法国殖民者鼓励与中国的交往，因为由此可以在边界双向产生利润并支撑税收："我们当地人经常参加在边境的中国市场，反之亦然，中国涌向我们的市场。"(306, Trung-Khanh-Phu)

> 覆盖玉福（Ngoc-Phuoc）公社境内的广袤森林，部分被苗人砍伐来加工棺材板。用斧头砍伐的、原木制成的棺板大批量出口中国云南。这项跨境贸易的税款依据棺板尺寸大小分别支付十美分或五美分。(66105, Ba-Xat)

---

① 泰族和京族（越南）。

很巧妙地，如果对保护地有潜在的好处，殖民边界看管人也受到上级鼓励对走私视而不见：

  在过去的一年中，该部门的指挥官不断鼓励居民从事走私贸易（盐），因为这对该地区有利，甚至为那些不具备必要资源的人提供贷款。（66105，So-Nhieu）

  生产力较低的农民经常需要帮助，债务可在家户层面，抵押物通常是劳动力或下一个收获季节的大米；或在社区层面，抵押物是集体资产：（在热依人中）原则上，土地是不可分割的，但有时持有筹码的公社可以将它作为抵押品（338，Thai-Nien）。当进行婚礼和葬礼等极少不得不用到现金的场合，据记载，中国商人是现金借贷的主要来源：

  如宝塔的建造或修缮项目，贷款人往往提供部分贷款或补齐所缺款项。当然，多数情况下都会涉及中国人。在这种情况下，长老会按照财富多寡来在成员中分配债务比例。（301，Dong-Khe）

  然而，对于绝大多数的农民而言，货币形式的贷款并不易获得："（在岱依人中）除非农民一无所有，否则公社是不会为债务做抵押的。但这种情况通常并不多见。"（301，Dong Khe）相反，邻里之间的相互帮助，平等互惠的习俗更为常见，很多人引用如下的话："采收和耕种稻田都是靠邻居帮助而完成，当邻居需要，他们以同样的方式回报。"（307，Yen-Minh）

资 本 化

  一个家庭除了维持日常消费所需费用，还需要考虑长期稳定性。最常见的资本形式，除了封建公有土地使用权和驯养动物——水牛、牛、马、羊和猪等都被提及作为家庭投资的方式之外，还有首饰。在整个高原，首饰[①]非常常见，从银条、银币到铸造银饰品。几乎所有的作者都记载了这一活动："非常时尚的（侬人）女性都酷爱珠宝首饰，她们的手腕和脖子戴满了银饰品。"（306，Trung-Khang-Phu）"所有（白种泰国男人）钟爱珠宝，并从他们孩提

---

① 附带提一下，在整个的档案中黄金完全没有提及。

时代就开始佩戴手镯或项链。（苗人）都有珠宝、项链、手镯和戒指。"（337，Phong-Tho）需求几乎是恒定的，有些人投资白银贸易：

三堂（Tam Duong），沙坝（So Pa），马村（Ma Cung）和马库内（Ma Cune）每个村庄都有一个珠宝商制作项链、手链、戒指、耳环、夹子、首饰盒等，所有女性喜爱的珠宝应有尽有。芒族人（Mans）和苗人知道如何制作这些首饰，只是加工工艺还比较粗糙而已。（66105，Phong-Tho）

银匠们并没有太介入到白银交易，因为他们只是为亲友或邻居等一小撮人提供首饰制作："因此，我们发现一些漂亮的物品，如项链、手链、耳环和戒指。这些首饰都是原创设计。但像其他行业一样，人们只是自产自销而已。"（66105，Ba-Xat）

因此，对当地人而言，白银是最保值的投资方式。通常只有在某些公共场所或集体节庆，或是像新年庆典、集市，准新郎新娘们借此机会根据所佩戴首饰来确定亲家的家庭财富。尽管如此，在盗窃频发和殖民者到达前的战争时期，小型而非固定的银器投资还是具有一定的风险。几乎在1897年至1898年的每个报告中都有相关的叙述章节"征服叙事"。（McAleavy，1968）如果不是公开展示的特别需要，把白银埋在森林里才是更明智的策略。

1900年左右高地生计的核心要素

狩猎、采集、森林与覆灭

几乎每一个报告都列出狩猎和捕鱼是当地生计的基本组成部分，这里举几个例子：

芒族人（Mans）既是杰出的猎人又会捕鱼，拥有从事狩猎和捕鱼所需的所有设备。我们看到，曼苗坦（音译 Man Méo Tam）挂在自家角落的工具通常有：原始弩、矛鱼叉子和一种奇怪的枪。芒族人（Mans）和苗人把细长的枪管和没有间隙的火绳枪抗在肩上，简单地放在脸颊旁来瞄准……这些枪用来防御那些在住所周围窜来窜去的食肉动物或对农田可能造成损失的其他动物。（301，Dong Khe）

该地区的动物包括：虎、虎猫、熊、野猪、鹿、水獭、豪猪、穿山甲、猴子和黄鼠狼。主要鸟类有：老鹰、乌鸦、鸽子、乌鸫、鹧鸪、鹧鸪、野公鸡母鸡、普通野鸡和白鹇。当地人狩猎用步枪或圈套。在1897这一年里年，他们捕猎了4只虎、半打虎猫、黄鼠狼、鹿、豪猪和穿山甲。（66104，COC-RAU）

地区所有河流都盛产鱼。居民使用渔网或建筑水坝来捕鱼。所有的河流堤坝都配备了陷阱。在一些地方，当地人用一种植物来使鱼晕眩。有时一个村庄的所有居民合力用网挡住小溪，直接将鱼入网。当地人把鱼在溪岸上用特殊的烤炉稍加焙烧或烟熏即可食用。（66104，COC-RAU）

一些报告列出不少小猎物，有人对此不屑一顾，法国人可能也不会给予更多的重视：鸟类、小老鼠、蛇、蜥蜴、龟、昆虫、蜗牛，河虾和贝类等。而上文提到，当地人也猎杀大型食肉动物以保障他们的住所安全，这当然是正确之举："1897年五人在灵湖（Linh-ho）公社境内被老虎吞噬了。"（66104，COC-RAU）狩猎也有利于促进贸易，熏制或腌制的鱼、皮毛制品、销往中国和越南的药库："曼朗田人（音译 The Mans-Lang-Téen）捕熊并出售肝、胆，这些被认为是优良的抗风湿病良药。"（343，Luc-an-Chau）

大部分边境地区被森林所覆盖，据报道，这里的森林郁郁葱葱，甚至到了无法穿越的地步，这也侧面说明了当时高地森林砍伐较为适度的状态："无穷无尽的森林覆盖了所有的山脉，构成了这个区域的天然屏障，森林也蔓延至所有的包括粘土和石灰岩小山等次区域。"（66103，Na-Ri）"在北干（Bac-Kan）的部门领土，三分之二都覆盖着森林。"（66103，Bac-Kan）正如一位作家雄辩地指出："森林是整个北圻地区的伟大女主人。"（66104，Bang-Hanh）也许森林对当地居民来讲最大的价值就是提供了几近用之不竭的土地，可供不断进行轮歇式开辟和耕种，这种方法在所有群体中都十分普遍。法国人却谴责这种开辟土地的方式，他们将这种做法等同于纯粹的破坏和严重犯罪，因其大大降低了森林的"商业潜力"。"一般森林覆盖山峰；整个北部区域的当地人都遵循用火焚烧所有植被类型的传统。"（66104，Quan-Ba）"苗人清除山坡，似乎这种方式最有利于旱稻种植，但这里曾经树木繁茂，因此他们被认为是森林的毁灭者。"（335，Muong-Khuong）持有西欧人固有的对农业生产方式的理解，即使他们亲眼所见，军官们依然无法真正明白这种做法，并表示不满："岱依人，特别是芒族人（Mans），有着焚烧森林的恶习。"

(66103，Na-Ri)

> 考虑到芒族人（Mans），尤其是苗人（Meos）是游牧民族……他们扎营而不定居，他们通常在种了一两季作物之后就放弃土地继续焚烧森林开辟新的土地，我们认识到这个区域的森林岌岌可危的命运。(66105，Ba-Xat)

"即使当地人日常烧林开荒的习惯让山地满目疮痍，但森林规模还是相当大的。"该官员还加以断言，尽管可以说是出于错误的理由，林规模还是相当大就放弃土地继续焚烧森。(66103，Soc-Giang)

尽管如此，用古老的采伐方法，森林的蕴含量仍然是非常丰富的。第三军区指挥官博尼法西（Bonifacy）1903 年总结的报告记载，森林提供了广泛的消费品和商品：

> 在林产品中，棺木和桌木是最受欢迎的，台风后埋在沟壑中的残余可为证。卡克荣（音译 Coc Rau）和北光（Bac Quang）地区则出口普通的木、竹、槟榔根。野生山药（cu~ nâu）是重要的贸易商品。人们还发现森林中有食用块茎，最常见的是山药，竹笋和水果。野芭蕉树的树干可以用来喂猪。河江（Hà Giang）地区收获的甘蔗林现场处理转换成糖蜜或红糖。(313，第三军区)

森林是当地人的生命线。在食物短缺的年代，"如果缺乏水稻和玉米，他们在森林里找到竹笋，野生香蕉，花卉水果，野生块茎，嫩树或植物的叶子，他们通常在吃之前稍加烹调"。(66105，Phong-Tho) 在战争的艰难岁月中，森林起到了至关重要的避难作用，正如一个倍受启发的军官这样描述：

> 对于北圻地区北部高地的居民，高地人（the montagnard），森林实际上是提供庇护的大恩人。他知道她的每一个角落。在他曾经受到困扰的时刻，当战争与恐怖破坏困扰着村庄时，贫困、沮丧、无助的他来到森林寻求庇护。她曾保护他和家人的安全、他的牛和所有生活必需品不受侵扰。当粮食耗尽之时，森林毫无保留地提供竹笋、肉质根、所有只有山民才懂得的资源。因此，他爱她，他尊重她，他愿守护他的森林免受攻击。(66104，Bang Hanh)。

农业、经济作物、畜牧业与懒惰

农业活动取决于地形、海拔高度和来自平原的影响。生产力最高、最有价值的种植形式是梯田灌溉水稻。水稻种植大多集中在既定的领域核心区和中度海拔河谷及其辐射地带:"岱依所有的的注意力都集中在灌溉和维护状态很好的稻田上。他们只在较容易灌溉的山谷中进行种植。"(66103,Tach-Lam)

> 山谷的土壤属粘土性质,是极为肥沃的。而在山区,石灰石使得种植较为艰难,但土壤也非常肥沃,旱稻、玉米、棉花靛青和麻的产量都很丰盈。(66105,Pa-Kha)

从核心区上坡,轮歇种植仍然是占主导地位的方法,但也有很多小片过渡性的狭窄的山谷,这里两个种植系统并存:"当地的泰族人既种植平原常见的红米或白米,也模仿芒族人种植高原旱稻。"(66104,Bang-Hanh)

在较高的海拔,高山(旱)稻常常与玉米共存:

> 砍伐树木后,他(苗人)放火烧干灌木,直到所有的植物化为灰烬。然后,开始翻土、种植旱稻。这种方法也用于玉米种植,这对于苗人而言比旱稻更为精耕细作。把玉米磨成粉,这便构成了日常饮食的基础;玉米也可以用来制造当地人常喝的酒。(335,Muong-Khuong)

除了水稻和玉米之外,高原农业种植似乎较为集中在相对狭窄的几种农产品:"粮食作物以玉米、荞麦、山药、土豆为主,有少量水稻、蔬菜、甘蔗和水果树。"(313 第三军区)几乎所有的作者都指出,对于绝大多数边境农民而言,作物选择、耕地数量都取决于家庭生活所需必要量:"贸易几乎不存在。(热依)当地人非常容易满足,只要能够维持不会饿死的状态就不会更多劳动。"(334,Trinh-Thuong)[①] 事实上,一些报告强调,部分表达了记录者的

---

① 显然,一些贸易根本不存在,如下面部分中的详细说明。记载档案的军官说,也许是不自知地,从他作为欧洲观察者、位于殖民地军事前哨的有利位置来看,没有多少交易(即货币化交换)。这只是说他们的观察所及的有限范围,从而这样的结论忽略了所有超出他的视线的可能性,也许很多涉及以物易物以及其它各种形式的互惠交易都是他们没有看到的。

困惑——当地农民并没有任何想要增大生产量的意愿：

> 当地人极易满足，也不热衷于生产。对我们所追求的更好的生活无动于衷。只要能满足全家一年口粮他们就心满意足了。在这样的心态下，他们不明白为什么他们应该花时间去做那些在他们看来毫无意义的事情，如穿得更好、住得更宽敞、提高农业种植技术、织造技术、交通方式等，他们仍然维持着远古时代祖辈的一切。（66105，Ba-Xat）

很多法国记录者将这些做法解读为无耻和冷漠。"在一般情况下，岱依人懒惰、满足于小利，能活着就是唯一的目的，完全不考虑发展。"（305，Ta-Lung）"热依人耕种水稻，但像本地区的所有种族一样，他们既懒惰又冷漠，只种植他们生活必需量。"（337，Phong-Tho）"白泰人，所有的芒族人（Mans）和热依人都是农民，但是全都懒惰而粗心；他们满足于适量收益，远远没有物尽其用。"（66105，Pho-Lu）毋庸置疑，"懒惰""冷漠"和"粗心"这些字眼是欧洲中心主义的判断，正如阿拉塔斯（1977）所讨论的，这忽略了当地农村的现实和历史背景，所反映的只不过是殖民预设。（Stipe，1980；Stocking，1991）如另外一些更慎言的军官如奥古斯特些博尼法西（Auguste Bonifacy）所理解，所谓的冷漠其实更准确地应视为消极怠工，曾遭掠夺和无情的税收制度都使生产的积极性殆尽，只要保证生存所需即可：

> 岱依（Tho）农民是当地大多数人口……只有在确定不需缴纳更多税款的情况下，他们才会决定开辟新的耕地。……在这个国家，休耕地的比例是相当大的，其中当地人需求甚少，森林又提供无穷的资源，这就要求使用必要的手段来鼓励增加耕种。但一提到新的税收，这些方法顿时都徒劳无功。（313，第三军区）

报告中指出几乎所有的经济作物通过当地集市交易只产生较少盈余，主要原因是以货易货。因此通过经济作物种植而积累大量财富比较罕见。一位驻扎在鲁安州（地名音译 Luc-an-Chau）的军官对这种状况如此描述："岱依人，只有当他们需要钱时，或是庆祝春节或不得不纳税时才会卖粮食。因此，没有比元旦前或缴税前的市场更热闹的了。"（343，Luc-an-

Chau)

关于家畜,所有的报告都提到小型家养动物一般都自由在各家走窜。据观察,更大更有价值的牲畜,如马、牛和用作耕地的水牛等,为了安全起见,各家都尽可能把牲畜留在自家庭院范围。

鸦片与否

学者们一直认为,自 19 世纪中叶起,罂粟已成为整个中国南部边境的普遍作物,甚至有人提出,鸦片行业可能促成北部高原地区形成市场经济的雏形并传播至高地人当中。(Lebar, Hickey, & Musgrave, 1964; Geddes, 1976; Cooper, 198; McCoy, Read & Adams Ⅲ, 1989; Chouvy, 2009)法国商业媒体如《印度支那经济公告》以及少数民族和非少数民族高地居民当代口述历史让我们得知,越来越多罂粟种植和鸦片生产最终在边境地区成为普遍现象。然而,从 20 世纪之交来看,事实却并非如此。

法国军官 1897 年的调查一致显示,鸦片在当地并没有广泛大量种植。相反,鸦片主要从中国进口,且试图在处于低地的殖民政府工厂进行植物提炼并销售到沿海市场或更远:"鸦片主要来自云南销往三角洲地区。"(66105, PA-KHA)在第四军区的 Binh-Lu 以及沿红河区域(66104, So-Nhieu and Pho-Lu)没有本地生产的罂粟(66105, Phong-Tho)。第三军区也如此(66104, Hoang-Thu-Bi)。第二军区:"八角和罂粟不会在该地区种植。(当地人)说,土壤过热无法种植罂粟"(66103, Tach-Lam)是其主要原因。少量鸦片还是通过各种途径进入到高原市场,但规模较小,只限用于国内消费:

> (鸦片)是进口商品,来自云南。……尼伊(So-Nhieu)的人口稀疏,因此鸦片的消耗极少。许多小贩走村窜户兜售鸦片,但只有在少数处所卖出一些,都是以现金交易。(66105, So-Nhieu)

鸦片这个支撑着暴利行业的商品并被法国和英国广泛接受为合法商品的时期。(Descours-Gatin, 1992; Le Failler, 2001),值得注意的是在北圻高原地区却对此鲜有报道。殖民地国家和黑市交易商都愿意尽可能地从任何生产它的农民手中购买利润丰厚的生鸦片。因此军事观察员应该是没有理由故意在其报告中淡化它的存在。相反,在上级的鼓励下,视察员不断发现具有鸦片生产潜力的地区:"可能官坝(Quan-Ba)地区还没有适应这种(鸦片)作物。"（66104，Quan-Ba）一些人不断地进行尝试："我们的实验发现，花园中种植的法国蔬菜都奇妙地茁壮成长，但是罂粟的种植似乎并不成功。"（66105，So-Nhieu）"以咖啡和鸦片作为种植测试对比对象。咖啡幼苗生长良好。而鸦片的收获量太小，不足以得出结论。"（66103，Quan-Uyen）军方甚至鼓励当地人也加入实验的队伍来一显身手：

> 两年来，通过巨大的努力培育出一些特色产品让高平县及部门的本地人种植，之后，在欧洲殖民者的带领下，当地本可以迅速发展，通过咖啡、烟草、鸦片的种植来提升地区的财富。但是，不管我们自己示范也好，建议也罢，当地人的懒惰和漫不经心却是无法改变的本性，他们不愿意投入精力和时间，无法取得更好的效果。（66103，Circle of Cao-Bang）

5年后，在1903年调查的过程中，情况并没有显著的改变："苗人没有种植鸦片，鸦片还是来自中国。"（336，Pa-Kha）然而，军官现在更加熟悉当地的情况，为了抓住商机，也许想向当地人施加压力，因而记录了更多有关罂粟种植的参考资料："有一些热依村庄有罂粟田，但不是因缺乏照顾，就是气候不利于种植，收成一般。"（335，Muong-Khuong）"我们发现呐撒街（音译 na cho cai）附近有几块罂粟田。"（318，Quan-Ba）再往东部一带："苗人种植玉米、荞麦、油籽、蔬菜和鸦片。"（315，Dong-Van）鸦片被列入集市商品价格表中。但总体而言，罂粟种植提及较少，而且大多只提供当地人消费。在整个1903年的调查中，罂粟种植和收割汁液的唯一实际描述是河江（Ha-Giang）地区的安明（Yen-Minh）附近的几个苗人和倮倮（Lolo）村落，而且仅有四行。（307，Yen-Minh）

贸易和酬薪工作与否

用指挥官博尼法西（Bonifacy）的话来说："本地人仅仅出售或交换他们剩余的粮食和部分林产品。"（313，第三军区）另一名军官也佐证："岱依人只关心农业。"（66103，Tach-Lam）总之，贸易在家庭的生计策略中居次要地区，辅助农业、狩猎和采集，只有为了获取高地难得的必需品，贸易才得以发生。费什（Fesch）中尉对贸易相对简单的机制总结如下：

> 贸易是由土地产物的交换或者市场售卖、本地手工与餐具、工具、

本州（chau）无法制造的工艺品，或者产量不足以满足民众需要的产品之间进行进行。这里没有商业企业，连有着一个店铺和资金以获得实在的结果的萌芽阶段也算不上。中国人自己就有着主动创业的精神和必要的商业技能。（305，Ta-Lung）

在法国军官实地视察期间，在法国官员的记录里当地人之间的商品交易少之又少。即使偶尔的交换也不以货币进行也鲜有记账。"岱依人种什么吃什么，以自己的消费需求为主，由此产生的贸易几乎为零，也有以物易物的情形。"（307，Yen-Minh）此外，如果交易发生的法国军官观察范围以外，在很大程度上也不会留下任何记载。出于这些原因，报告中发现的唯一证据是指法国人观察到集市或者法国岗哨附近。

街天通常是每5天或6天一次："在前3个位置，定期每隔5天赶集一次。（66103，Na-Ri）法国人指出，在殖民统治之前，货币一直在使用，以货易货的小额交易在该地区已普遍盛行；更重要的交易（鸦片）几乎总是涉及现金。"（66104，Hoang-Thu-Bi）这特别用于与中国商人交易的情况，正如前面提到的，重要的支付都是以现金完成，如聘礼。一般情况下，农民对于大多数日常物品都是非货币化的交换，货币只为某些特殊场合而存。白银以及中国和越南钱币都是常用的货币，直到1885年法国殖民者增加了法属印度支那银元（Piastre de commerce）①。

薪酬农作与徭役不同，从报道来看似乎很少发生：

> 除了开荒这样既重要又严肃，但异常困难的事情之外，（潜在的）欧洲定居者还面临非常痛苦的情形：任何一个欧洲人想要在这个地区建立农场，都少不了最关键的要素，那就是必要的劳力。他根本就不必期待本土人会帮助他或参与收益分成种田。当地人只为自己工作，即使有再高工资的诱惑也不会为一个陌生人效力。因此，不得不从外面雇人。（66104，Bang-Hanh）

但是，除了耕地，每个部门差不多都有数以百计的法国人，也就是说总共有几百人为当地提供了有偿劳动的机会：修建公路、维护工作、用品供货、洗衣、厨师和其他个人服务等。这对当地人是否有吸引力呢？结果证明，来

---

① 更多信息请参见米肖和特纳（即将出版）。

应征这些工作职位的不是当地高地人,而是低地地区的京族人(Kin),他们专门为工作而搬迁到这里:

> 安南人来自山谷地区,他们就生活在我们的工作地点附近,并在各个站点之间做小买卖,只要工作靠近他们的住所就心甘情愿地承担各种家务苦差事。(334,Trinh-Thuong)

同样的:"安南人住在部门总部所在的村镇。男性几乎都作为侍者或苦力,妻子们做一些小买卖。"(338,Thaï-Nien)像修建海防至昆明的铁路这样的大型基础设施项目,穿过第四军区领地和其他路桥的建设,本应吸引当地少数民族劳动力。但事实上,这些职位大部分由来自中国的不熟练的外来移民所占据(甚至在法国语中也称为苦力):"不论是铁路工作还是在工厂和车间,大量的中国劳工被雇佣。"(338,Thai-Nien)

> 当地的劳动力不充分,采矿经理不得不向中国人求助。……(中国)苦力在工厂中工作,人员环境比较复杂,一帮盗贼和海盗混迹其中。大部分苦力的工作都是供应军需。(308,Nguyen-Binh)

不论是出于自愿还是被迫,军事基地的有偿工作机会非常重要。这包括进驻部队搬运、侦察、引导和其他各种服务。有些高地人至少得到了这样的一些工种:

> (红河)右岸马匹数量极少,因而雇佣更多苦力;泰族人和芒族人是很好的搬运工,每人每次能够搬运30公斤。马匹包括马夫每天的费用是45美分,搬运工的费用是15美分或20美分,这取决于是否包括食物(大米)。(66105,Pho-Lu)

通常,这样的任务由当地招聘的民兵来完成,他们也负责有关边境安全的其他任务。

> 许多我们称之为游击队的居民被我们武装起来,监管边界和一般区域。他们有责任报告任何潜入意图,当军队镇压这些势力时给

予必要的支持。(301, Dong Khe)

但总体而言，高原居民很少愿意为了获得薪酬而工作。一名军官总结说当地人缺乏对经济机会的热情："这些道路基本所有的运输都是依靠马，因为当地人厌恶做苦力这样的工作。"（66105, Muong-Khuong）报告表明，只有当地首领或是村长老委员会亲自动员，并以正式立法的形式规定，当地居民才会不得已而为之。

结 语 思 考

尽管有种种困境，这些原始资料——在其完成后极少有机会使用——在一个世纪之前已限量出版（Lunet de Lajonquière, 1904年和1906年两卷）——由此得出一个生动的形象：由平原地区的越南皇权发起、由欧洲殖民侵占者催化的一个复合的、古老的、多层次性的社会体系向现代化的迟疑转型。该材料包含了各种原真的、三心二意或者有时伪造的依从性；内源性与外源性社会、统治者和被统治者、区域、山谷、村落和家庭之间的机会主义与反抗。

然而，这幅20世纪之交高地经济活动的画像远未尽完整。[①] 我倒不是苛求其详尽无遗。这篇文章只是起到抛砖引玉的作用，这些档案资料包含太多值得继续深入研究的价值。鉴于同时代的其他佐证极其稀有，这样的民族志可能会揭示内生性政府形式与经济依附于世界新秩序的关键一刻，却随着殖民占领而被再现与扩散。得到巩固的高地国家所实施的新秩序也为后殖民时代越南的发展打下基础。

毫无疑问，由殖民国家的与殖民者书写的民族志，当目标瞄准边缘的、隔离的边境居民时，形成"距离抹灭技术"（Scott, 2009）的独特形式。它在宏大的殖民计划中的意图不单单是减少国家核心地区与边缘的文化差异，也旨在缩小其政治和经济上的距离。 （Stocking, 1991; van Bremen & Shimizu, 1999; Middleton, 2011）而且减少甚至消除地理学意义上的"地域摩擦"以及我所述的文化摩擦——威胁到国家叙事主导地位的方言乡音、鲜明的宇宙观、基于血缘的权力关系以及任意的经济体制。正如这个案例研究所显示，以及前殖民时期研究北圻边境地区的极为

[①] 更何况，西双楚泰涵盖了黑水河（Đà River）流域内的边境地区（Failler, 2014）。

罕见的民族志书写（Davis，2013），当用作一种标准化的武器之时，边缘社会地区的民族志对提升其领土以及人民的合法性产生了巨大的贡献。由于相同的过程，其他形式的摩擦依次形成，并有着惊人的相似度：经济竞争、政治调控、以国家为依照的文化同质化以及民族特征的本质化①，所有这些新的摩擦构成了完全融入现代国家体系的代价。（Scott，1998；Tsing，2005）

安·斯托勒（Ann Stoler，2009）警告说，档案中如"懒惰的土著人""本地人买女人""迷信""巫师""假的""欠缺"等字眼生动显示了出于殖民者之手的民族志的固有缺陷。（Kleinen，1996；Alatas，1977；Des Chene，1999；Pels & Salemink，1999）毫无疑问，这是一次性的，由经验不足、几乎不反思、深受固有意识形态影响、心存偏见、在刚性军事体制内进行的调查，军官记录者受限于其在殖民地的位置和主观性。这些官员只能报告他们所见所闻，他们只能记录那些适于自己等级的事，结果，他们忽略了高地其他部分的复杂性。在这个面纱所偏袒的不完整的真理背后，可能隐藏着或不可见的法律程序、活动、交易及决策过程，而这一切都超出了他们的审视范围。其结果是，这些外来者并没有充分领略文化系统或边境人群的生计，而文化体系太神秘让他们无法完全理解。那么我们是否应该因此而放弃这样的证据呢？当然不是。我们需要做的是进一步工作去破译它。

披露声明

作者声明没有任何潜在的利益冲突。

参考文献

已出版文献

Anonymous. 1903. Annuaire général, commercial, administratif et industriel de l'Indo-Chine française (General, commercial, administrative and industrial directory of French Indo-china). Hanoi: F. H. Schneider.

Alatas, Syed Hussein. 1977. The Myth of the Lazy Native. London: Frank

---

① 这就是说，现今的越南由53个"少数民族"组成，每一个民族都有一位保有原始特征的近似神灵的领袖。（VME，1997；Salemink，2001；Michaud，2009）

Cass.

Bonifacy, Auguste Louis-M. 1904. Monographie des Man Quan-coc (Monography of the Man Quan-coc). Revue Indo-Chinoise (30 November): 726-734; (15 Décembre): 824-832.

Brocheux, Pierre, and Daniel Hémery. 2009. Indochina: An Ambiguous Colonization, 1858-195Berkeley: University of California Press.

Cancian, Frank. 1989. Economic behavior in Peasant Communities. In Economic Anthropology, edited by S. Plattner, 127-170. Stanford, CA: Stanford University Press.

Chouvy, Pierre-Arnaud. 2009. Opium: Uncovering the Politics of the Poppy. Cambridge, MA: Harvard University Press.

Collective. 1921. Ethnographie indochinoise (Indochinese Ethnography). Collective summary for the 20th anniversary of the Bulletin de l'École française d'Extrême-Orient. Synthèse collective à l'occasion du 20e anniversaire du Bulletin de l'École française d'Extrême-Orient XXI: 167-196.

Condominas, Georges. 1976. Essai sur l'évolution des systèmes politiques Thais (A few remarks about Thai political systems). Ethnos 41: 7-67.

Cooper, Robert G. 1984. Resource Scarcity and the Hmong Response. Singapore: Singapore University Press.

Davis, Bradley C. 2011. Black Flag Rumors and the Black River Basin: Powerbrokers and the State in the Tonkin-China Borderlands. Journal of Vietnamese Studies 6 (2): 16-41.

Davis, Bradley C. 2013. A Vietnamese Ethnographer in Black Tai Territory. Phạm Thận Duật and the Limits of Empire. Paper presented at the workshop 'Frontier Frictions: Cultural Encounters, Exchange, and Emergence in Asian Uplands', Max Planck Institute for Social Anthropology, Halle, Germany, November 14-15.

Des Chene, Mary. 1999. Military Ethnology in British India. South Asia Research 19 (2): 121-135.

Descours-Gatin, Chantal. 1992. Quand l'opium finançait la colonisation en Indochine (When Opium was funding colonization in Indochina). Paris: L'Harmattan.

Diguet, Emile (Capitaine). 1908. Les Montagnards du Tonkin (Highlanders of Tonkin). Paris: Librairie Maritime et Coloniale, Augustin Challamel.

Dupuis, Jean. 1910. Le Tonkin de 1872 à 1886. Historie et Politique (Tonkin from 1872 to 1886. History and politics). Paris: Augustin Challamel.

Ellis, F. 2000. Rural Livelihoods and Diversity in Developing Countries. Oxford: Oxford University Press.

Famin, Pierre-Paul. 1895. Au Tonkin et sur la frontière du Kwang-Si (In Tonkin and on the Kwang-Si Border). Paris: Augustin Challamel.

Fourniau, Charles. 1989. La Frontière sino-vietnamienne et le face à face franco-chinois à l'époque de la conquête du Tonkin (The Sino-Vietnamese border and the Franco-Chinese stand-off at the time of the conquest of Tonkin). In Les Frontière du Vietnam (The borders of Vietnam), edited by P. B. Lafont, 84 – 108. Paris: L'Harmattan.

Friedman, Jonathan. 2000. System, Structure and Contradiction. The Evolution of 'Asiatic' Social Formations. 2nd ed. Walnut Creek, CA: Altamira Press.

Geddes, William R. 1976. Migrants of the Mountains. The Cultural Ecology of the Blue Miao (H'mong Njua) of Thailand. Oxford: Clarendon Press.

Gudeman, Stephen. 2008. Economy's Tension: The Dialectics of Community and Market. New York: Berghahn Books.

Horstmann, Alexander, and Reed L. Wadley, eds. 2006. Centering the Margin: Agency and Narrative in Southeast Asian Borderlands. 2nd ed. Oxford: Berghahn Books.

Kanji, N., J. MacGregor, and T. Tacoli. 2005. Understanding Market-based Livelihoods in a Globalising World: Combining Approaches and Methods. London: International Institute for Environment and Development.

Kleinen, John. 1996. Ethnographic Praxis and the Colonial State in Vietnam. In Viêt Nam. Sources et approches (Viêt Nam. Sources and perspectives), edited by P. Le Failler and J. M. Mancini, 15–48. Aix-en-Provence: Université de Provence.

Lebar, Frank M., Gerald C. Hickey, and John K. Musgrave, eds. 1964. Ethnic Groups of Mainland Southeast Asia. New Haven, CT: Yale University Press, Human Relations Area Files.

Le Failler, Philippe. 2001. Monopole et prohibition de l'opium en Indochine:

le pilori des chimères. (Monopoly and prohibition of opium in Indochina. The pillory of the chimeric). Paris: Editions L'Harmattan.

Le Failler, Philippe. 2011. The Đèo Family of Lai Châu: Traditional Power and Unconventional Practices. Journal of Vietnamese Studies 6 (2): 42-67.

Le Failler, Philippe. 2014. La rivière Noire. L'intégration d'une marche frontière au Vietnam (The Black River. Integration of a frontier in Vietnam). Paris: CNRS Éditions, 570 p.

Lefèvre-Pontalis, Pierre. 1902. Voyage dans le Haut-Laos et sur les frontières de Chine et de Birmanie (Journey in Upper Laos and on the Borders of China and Burma). Vol. 5 of Mission Pavie Indo-Chine 1879-1895 (The Pavie Mission in Indochina 1879 - 1895) Géographie et voyages (Geography and Travel). Paris: Ernest Leroux.

Li, Tania. 2014. Land's End: Capitalist Relations on an Indigenous Frontier. Durham, NC: Duke University Press.

Lunet de Lajonquière, Étienne-Edmond. 1904. Ethnographie des territoires militaires (Rédigé sur l'ordre du Général Coronat d'après les travaux de M. M. le Lieutenant-Colonel Diguet, le Commandant Révérony, le Capitaine Fesh et al.) [Ethnography of the Military Territories (written on the orders of General Coronat from the works of Lieutenant-Colonel Diguet, Commander Bonifacy, Commander Révérony, Captain Fesch, et al.)]. Hanoi: F. H. Schneider.

Lunet de Lajonquière, Étienne-Edmond. 1906. Ethnographie du Tonkin septentrional (Rédigé sur l'ordre de M. P. Beau, Gouverneur Général de l'Indo-Chine Française, d'après les études des administrateurs civils et militaires des provines septentrionales) (Ethnography of Northern Tonkin, Written on the Order of Mr. P. Beau, Governor General of French Indochina, Based on Studies of Civil and Military Administrators of the Northern Provinces). Paris: Ernest Leroux.

McAleavy, Henry. 1968. Black Flags in Vietnam. The Story of a Chinese Intervention. London: George Allen and Unwin.

McCoy, Alfred W., C. B. Read, and L. P. Adams III. 1989. The Politics of Heroin in Southeast Asia. Singapore: Harper Torchbooks.

Michaud, Jean. 2013. French Military Ethnography in Colonial Upper Tonkin (Northern Vietnam), 1897-1904. Journal of Vietnamese Studies 8 (4): 1-46.

Michaud, Jean. 2007. 'Incidental' Ethnographers. French Catholic Missions on the Frontier of Tonkin and Yunnan, 1880-1930. Leiden: Brill Academic.

Michaud, Jean. 2009. Handling Mountain Minorities in China, Vietnam, and Laos: From History to Current Issues. Asian Ethnicity 10 (1): 25-49.

Michaud, Jean. 2004a. French Missionary Expansion in Colonial Upper-Tonkin. Journal of Southeast Asian Studies 35 (2): 287-310.

Michaud, Jean. 2004b. Missionary Ethnographers in Upper-Tonkin: The Early Years. Asian Ethnicity 5 (2): 179-194.

Michaud, Jean, and Sarah Turner. forthcoming. Making Upland Livelihoods Legible: Indigenous Trade Practices, Colonial Military Surveys, and Enclosure in Tonkin's Highlands at the Turn of the 20th Century.

Middleton, C. Townsend. 2011. Across the Interface of State Ethnography: Rethinking Ethnology and Its Subjects in Multicultural India. American Ethnologist 38 (2): 249-266.

Pels, Peter, and Oscar Salemink, eds. 1999. Colonial Subjects: Essays on the Practical History of Anthropology. Ann Arbor: University of Michigan Press.

Peluso, Nancy L. 1992. Rich Forests, Poor People: Resource Control and Resistance in Java. Berkeley: University of California Press.

Sahlins, Marshall D. 1968. Tribesmen. Englewood Cliffs, NJ: Prentice-Hall.
Salemink, Oscar, ed. 2001. Viet Nam's Cultural Diversity: Approaches to Preservation. Paris: UNESCO.

Salemink, Oscar. 2003. The Ethnography of Vietnam's Central Highlanders. A Historical Contextualization 1850-1990. London: Curzon Press.

Sarraut, Albert. 1923. La mise en valeur des colonies françaises (The Development of French Colonies). Paris: Payot.

Scoones, I. 2009. Livelihoods Perspectives and Rural Development. Journal of Peasant Studies 36 (1): 171-196.

Scott, James C. 1998. Seeing Like a State: How Certain Schemes to Improve the Human Condition Have Failed. New Haven, CT: Yale University Press.

Scott, James C. 2009. The Art of Not Being Governed: An Anarchist History of Upland Southeast Asia. New Haven, CT: Yale University Press.

Stipe, Claude E. 1980. Anthropologists versus Missionaries: The Influence of

Presuppositions. Current Anthropology 21 (2): 165-168.

Stocking, George W. Jr., ed. 1991. Colonial Situations. Essays on the Conceptualisation of Ethnographic Knowledge. Madison: University of Wisconsin Press, 'History of Anthropology' series vol. 7.

Stoler, Ann L. 2009. Along the Archival Grain: Epistemic Anxieties and Colonial Common Sense. Princeton, NJ: Princeton University Press.

Tsing, Anna L. 2005. Friction: An Ethnography of Global Connections. Princeton, NJ: Princeton University Press.

Turner, Sarah. 2010. Borderlands and Border Narratives: A Longitudinal Study of Challenges and Opportunities for Local Traders Shaped by the Sino-Vietnamese Border. Journal of Global History 5 (2): 265-287.

Turner, Sarah. 2012a. Making a Living the Hmong Way: An Actor-oriented Livelihoods Approach to Everyday Politics and Resistance in Upland Vietnam. Annals of the Association of American Geographers 102 (2): 403-422.

Turner, Sarah. 2012b. 'Forever Hmong': Ethnic Minority Livelihoods and Agrarian Transition in Upland Northern Vietnam. Professional Geographer 64 (4): 540-553.

Van Bremen, Jan, and Akitoshi Shimizu, ed. 1999. Anthropology and Colonialism in Asia and Oceania. London: Routledge Curzon.

Van Schendel, Willem. 2002. Geographies of Knowing, Geographies of Ignorance: Jumping Scale in Southeast Asia. Environment and Planning D: Society and Space 20 (6): 647-668.

Vietnam Museum of Ethnology. 1997. Vietnam Museum of Ethnology. Ho Chi Minh City: Tran Phu Printing.

Winichakul, Thongchai. 1994. Siam Mapped. A History of the Geo-body of a Nation. Chiang Mai: Silkworm Books.

Yang, Bin. 2009. Between Wind and Clouds: The Making of Yunnan (Second Century BCE to Twentieth Century CE). New York: Columbia University Press.

Archival sources (档案资料)

1897 - 1898 documents: Centre des Archives Nationales d'Outre-Mer (ANOM), Aix-en Provence, France.

Series 'Gouvernement Général de l'Indochine' (GGI), 66102, 66103, 66104, 66105.

1903 – 1904 documents: Archives de l'École française d'Extrême-Orient (EFEO), Maison de l'Asie, Paris, France.

Series 'Manuscrits en langues européennes' (MSS. EUR.), 300s and 400s.

金三角佛国：佛教复兴运动和卡里斯玛僧人祜巴温忠（Khruba Bunchum）[①]

澳洲麦考瑞大学人类学系　Paul T. Cohen　著
中国社会科学院民族学与人类学研究所　王　媛　译

摘　要：祜巴温忠·亚那商瓦罗（Khruba Bunchum Yanasangwaror），尽管年轻，但在上湄公河流域的润派佛教世界已经被誉为"敦温"（ton bun[②]，"福报之源"）。他的超凡声誉源自苦行的美德、前几世积累的福报，以及对他人如菩萨般的慈悲。他的慈悲表现在：允许普通信徒以贡献财富和劳动、建造宗教古迹的方式积累福报。敦温概念的另一维度是神圣王权（sacral kingship）。在上述以及其他层面，祜巴温忠的宗教生涯效仿了20世纪早期泰国北部著名的僧人祜巴洗威猜（Khruba Siwichai）。但是，祜巴洗威猜的宗教活动仅限于泰国北部，而祜巴温忠遍及泰国北部、老挝北部、中国的西双版纳以及缅甸东北部的游历，勾勒了一个以声名狼藉的金三角为中心的神圣佛教空间。本文认为，这一想象的神圣空间超越且挑战了现代民族国家的支配话语。

关键词：金三角　佛教复兴论　"敦温"（ton bun 福报之源）　卡里斯马

导　言

近些年在以傣语为主、信仰润派佛教传统（Yuan Buddhist tradition）的区域——泰国北部、老挝北部、中国南部的西双版纳（Sipsongpanna）以及缅甸东北部一些地方，著名的魅力比丘祜巴温忠·亚那商瓦罗，吸引了大量崇拜者。在这一地区，祜巴温忠被广泛地誉为救世圣僧（福报之源）。因此，他是

[①] 原文出处 Cohen, Paul T. A Buddha Kingdom in the Golden Triangle：BuddhistRevivalism and the Charismatic Monk KhrubaBunchum. *The Australian Journal of Anthropology*, 2000, 11：2, 141-154.

[②] Ton bun，泰北佛教中的"敦温"信仰，"敦温"意即"救世圣僧"，救拔众生脱离苦海。

著名北部泰僧洗威猜创建的当代敦温传统的时代典范。本文讨论了敦温传统作为佛教复兴运动的一种形式,在建造和保存佛教古迹中得以广泛表达。我描述了祜巴温忠从位于金三角腹地的大本营出发的多次舍利建筑之旅,并认为这些宗教盛事与对前现代神圣空间观念的再想象和更新关联,这种再想象构成了对现代主权和国家边界观念的挑战。

润派佛教传统

作为福报之源,敦温是一个在前世或现世积累了巨大福报和圆满(barami)的人,出于慈悲,他为他人提供获取福报的机会①。敦温传统是菩萨观念(bodhisattva ideal)② 在润派佛教中的独特变体,典型表达于宗教古迹的修复,以及与普通信徒对福报的共享。

"润派佛教"(the Yuan ton bun tradition)一词,是传教士威廉·克里夫顿·都德(WilliamDodd)在其《泰族》(*The Tai Race*)一书中首先使用的。14世纪中叶,泰国北部清迈(Chiang Mai)中心的兰纳王国(the kingdom of Lanna)在国王三防根(Sam Fang Kaen,1402—1442)和滴洛拉(Tilokaraja,1442—1487)的影响下孕育出了润派佛教,并传播到其他讲泰语的人群,如缅甸的克伦人(the Khoen)和景栋的掸人(Shan of Chiang Tung)、中国南部云南西双版纳的泐人、德宏的傣那(the Tai Neua)以及老挝(Laos)中北部的老挝人(Lao)。润派佛教徒使用共同的泰文(tham)及用这种文字写就的宗教文献,既对流行的泛灵信仰比较宽容,也共同信仰敦温。

现代,敦温一直是僧人。现代敦温传统的当代典范是祜巴温忠③。祜巴洗威猜(1878—1939)和祜巴括毗(khruba khao pi,1889—1977)是他杰出的两个前辈。与教派传统一致,这两位高僧毕身致力于建造和修复宗教古迹,给予数千普通信徒以积累福报的机会。这些建造活动完成时通常都会举行庆祝(poi luang)和布道(thettham)。他们的崇拜者不仅包括泰北昆勐人(khonmuang),而且还有大量不讲泰语的山地人,比如克伦人(Karen)和卢拉人(Lua)。这两位高僧坚持森林圣僧的传统,并严格遵照完全的禁欲主义

---

① Ton bun 这个词源自泰北语。其他可替换泰北语包括 ton bun cao,tonwiset,和 cao ton bun(Sopha,1991:10)或简化为 cao bun. 对应的泰国标准语是 nak bun 和 phu mi bun.

② 菩萨(bodhisattva)就是一个佛教圣人,他出于慈悲,为了帮助人类誓言放弃涅槃。

③ Khruba 一词(泰北语:khuba)意为"尊敬的老师"。不是所有的 Khruba 都被认定为敦温。

实践（thudong；巴利：dhutanga），包括致力于禅修和素食主义。但他们的禁欲主义并非像阿罗汉（arahant）样逃离世界，而如菩萨积极慈悲入世。这些禁欲主义和菩萨品质，使其追随者认为他们具有某些超常能力，比如察觉其他人的想法、千里眼以及抵挡邪恶精灵的能力。暹罗君主主导的佛教改良主义，激发佛教实践理性化和标准化，在这一过程中，无论是祜巴洗威猜还是祜巴括毗都热忱地致力于对润派佛教的保护。他们都强烈反对1902年的僧伽法案，这一法案旨在增加国家对僧伽（庙宇）的管制①以及环绕边远地区（包括泰国北部）创建国家僧团组织。

斯坦利·谭拜尔（Stanley Tambiah）明确把祜巴洗威猜看作和佛教千禧现象一样，并把他的活动与缅甸救世组织（karen Telakhon sect），缅甸的萨耶山起义（the Saya San rebellion）以及泰国东北部的"圣人反抗运动"（the phu mi bun uprisings）混为一谈。（1984：298-314）他还认为，类似这样佛教千禧运动的军事形式总是易消散的，间歇性的爆发，在"领导人去世后很少有持久能量"，由于他们的"神秘信仰""无律的群体狂热"以及对"圣人非凡美德及能量热情而碎片式的关注"，这些活动虽有转换成强烈军事暴乱的趋势，但又禁不住国家有组织的武装（1984：319-320）。尽管祜巴洗威猜并不煽动反对暹罗王国神奇又暴力的千禧运动。但暹罗王朝害怕他是一个潜在的千禧暴乱领导人，这是事实；所以他们小心地对待他，以免他成为受难者。在与暹罗官方的辩论中，他确实吸引了大批热情的支持者，但他拒绝利用流传甚广关于他有超能力发动暴力革命的传闻。此外，祜巴括毗在其文论中不断提及圣者（Mettaya）这样的救世人物，但他并不鼓励佛陀救世主随着即将来临的大变动而到来的期盼。尽管他的克伦追随者相信他具有超自然能力，但他同样不鼓励这些期望，而是推动道德改善和福报积累作为他们转运的一种手段。（Kwanchenwan，1988：118-119）因此，我认为现代敦温传统是佛教复兴运动②的一种形式，而非军事千禧主义。类似"未来佛时代"（Ariya Mettaya）的"千禧"概念只提供了由佛教徒伦理（thammathipatai）③ 控制的、表达复兴主义者热情的语言和理想佛教社会的蓝图。在这种努力下，道德再

---

① 法案详见谭拜尔（Tambiah），1978，pp. 119-120.
② 我并非复兴一词的原创。Tanabe 稍早（1992）关于敦温传统的研究已使用了该词。但他采用了我之前所用的"积极的乌托邦"（Cohen，1984：207）概念来描述 Phra Phor Phan（一个受敦温信仰影响的本地领导人）的 Ariya Mettaya 观念的唯意志论解释（强调道德重建）。我认为"积极的乌托邦"与宗教复兴的概念是一致的。
③ Thama（巴利：dhamma）意为佛陀教言引导的佛教徒道德。

生和圣物（sing saksit）修建交织在一起；后者不仅是积累福报的重要行动，而且如前所述，也是以开示的形式进行道德教化的场合。

祜巴温忠·亚那商瓦罗（Khruba Bunchum Yanasangwaror）

祜巴温忠是最近的敦温名僧。其特别重要之处在于，在多族裔多国家润派佛教的政教环境中，他作为卡里斯玛核心，应运而生。

祜巴温忠的妈妈，萨恩拉（Saengla），尽管是勇族人（起源于缅甸孟勇的泰泐人一支），却出生在泰国北部清莱省（Chiang Rai）湄赛区（Mae Sai）版代（Bandai）村①。在其母的纪念册中，祜巴温忠写到，她在梦中得到授记（nimit fan），梦见自己爬山时，在一个美丽的庙中看到了一个大金佛像。不久她就怀孕了，10个月后（1966年1月5日）她漂亮的儿子降生，取名为"温忠"。温忠四岁时，父亲就去世了；妈妈及祖母带着他搬离了版代，来到了清迈附近的山甘烹地区（san kamphaeng）的班塔多茶（Ban That Dornchai）。她母亲再婚，又有了3个小孩。家庭极度贫困，只依靠他母亲做农活的收入生活（他继父病重无法工作）。如果他妈妈病了，孩子们就不得不乞讨。继父去世，他母亲回到湄赛去生活。9岁，温忠成了一名僧童（dek wat），甚至如此小的年纪，他就开始在学校操场上练习行禅（doenchongkrom）。同年，他与其他32个男孩，在清盛（Chiangsaen）地区的寺庙（Wat Sri Bunyeun）龙婆卡贤寺（与湄赛接壤）受沙弥戒。后回到版代寺，在那里冥想了3天。当地很快就有传闻：版代寺有了新的敦温（khon thang lai ko laoleukan wa nen noi ton bun kerd ma thi wat bandai）。13岁他被邀请到清迈的一个寺庙，在那里人们考验了他的知识及对佛陀教法的理解（sadaeng tham）。作为一位新敦温，他成熟和善巧的表现提升了他的区域知名度。

在受初戒的10年中，温忠前7个雨季分别在清莱［清盛、梅江区（Mae Chan）］和清迈［眉汀（maetaeng），萨科特山区（Doi Saket）］闭关。这期间他还到斯里兰卡、印度、中国和尼泊尔朝圣佛教圣地和冥想闭关。作为沙弥，他最后的闭关是在尼泊尔。

受沙弥戒两年之后，亦如敦温传统所期待，温忠开始了自己建造宗教圣

---

① 通过与库巴温忠的个人交流，1998年2月。

迹的辉煌职业①。最初是在版代寺建庙（wihan）和僧人的闭关房（kuti），后来就是在泰北及其毗邻地区——缅甸的景栋省［比如孟丰（Muang Phong），孟勇等］，每年建一个及以上的圣迹。1984 年，温忠在祜巴洗威猜建立的、位于清迈的松德寺（Wat Suan Dork）受僧戒（phraphiksu）。他回到孟丰（缅甸景栋大其力下辖的小区）寻找安静且隐蔽的角落冥想。冥想中，神（thewada）授记温忠，要修复（burana）多润舍利——古老且被破坏的舍利古迹以冥想。这个舍利古迹位于距离班帕萨港口村不到一公里的内陆，距湄赛 20 千米，距上游的缅甸、泰国和老挝交界处——所谓的"金三角"② 10 千米。

完成了多润舍利寺的修复之后，祜巴温忠继续在泰国北部和缅甸北部修建庙宇、舍利古迹和其他宗教建筑。1994 年他首次西双版纳之旅，就在勐卡（Muang Cae）（zhe）修了一个舍利古迹，次年他又首次在老挝北部班会丰（Ban Huay Pheung）建了一个舍利古迹，1995 年末 1996 年初，他（乘船、坐车以及步行）进行了一次环程旅行：从班帕萨到泰国北部的清孔县、再到老挝的孟蒙（Muang Mom）、孟门（Muang Meung）、香戈（Xiang Kok）、孟隆（Muang Long）和芒新（Muang Sing）。从芒新他跨过边境进入到云南的西双版纳，在那里他游览了勐腊（Muang La）、孟文（Muang Wen）、景洪（Chiang Rung）、勐海（Muang Hai）、清泉（Chiang Ceuan）和勐卡（Zhe）。从西双版纳他经缅甸的勐腊、孟勇、景栋和孟洋（Muang Lian）回到了班帕萨。在当地人的热情支持下，几乎每一个地方他都修建了宗教古迹。1998 年，他又进行了一次类似的旅行，包括在芒新的一些日子。

一位卡里斯玛圣僧

在芒新，祜巴温忠之旅和我的人类学田野之行交汇了，在那里，我获得了对当代敦温宗教活动和卡里斯玛吸引力的一些洞察。芒新是老挝北部琅南塔（Luang Namtha）省的一个地区，与中国云南北部的西双版纳接壤，勐泐傣族占绝大多数，大部分是西双版纳泐人移民的后代，居住在这一地区的低地。芒新一个突出的地标就是位于多清屯（Doi Chiangteum）山顶的舍利遗

---

① 祜巴温忠一直负责建造宗教圣迹，在某种程度上，他是通过观想（nimit），构思、设计和指导圣迹的物理建造。

② 形容三边区域的这个词可能是为了旅游者的目的而创造的。"金三角"通常指鸦片生产和非法交易区，包括了缅甸东北、泰国北部以及老挝的北部。

迹。这个遗迹的知名度部分与地方史（tamnan）中详细记载的一个神话有关：释迦牟尼佛旅行至这儿，并在山上停留多日，待他圆寂后，阿育法王将佛陀的一些舍利保存在此。清屯（Chiangteum）遗迹是每年11月功德节［Merit-making Festival（bun that）］的焦点，这个节日吸引了芒新及其邻近地区的泐人，如果记得，西双版纳的人也会过来。1992年中国和老挝的边境协议以及交通的改善，近些年，从这里皈依的泐人大幅度增加，估计已达2000人。(Cohen，2000)

1996年初，祜巴温忠来到清屯（Chiangteum）舍利遗迹。当地报道称，温忠的出现吸引了万名朝圣者，其中一半来自西双版纳。1月5日，为了庆祝温忠的生日，朝圣者帮助在清屯（Chiangteum）舍利遗迹东面建造了两个小塔（叫Hor Phra Kaeo和Kesa Thancai）。在这些新塔的下面，祜巴温忠放了些他剃下的头发，铜器、石头以及他刻上神奇咒语的黏土砖（yan）；还有他的两顶僧帽。这两座塔现在被视为舍利遗迹（that or phra that），表明了祜巴温忠的神圣地位①。第二天，他给上千前来瞻礼、求福报的皈依者作了一大段开示②。关于这段开示，最让我印象深刻的就是他卓越的卡里斯玛以及听众的狂热。建塔前后，祜巴温忠都进行了长时段的冥想（samadhi）——最多一次达到了6小时——随后在遗迹旁他给自己建了一个临时的闭关房。

1998年2月初，在第2次西双版纳行之前，祜巴温忠回到了芒新。在这次旅行中，他在班桑索（Ban Sam Sop）的塔周醒（That Chom Sing），复兴了一个非常古老的舍利遗迹，并在班纳坎（Ban Nakham）建立了一个新的舍利圣迹。这两次，我见证了村民们在祜巴温忠指导下热情参与建造工作的场景。村民们对温忠的欢迎仪式也值得注意，采用了传统的圆圈泐舞。在塔周醒的仪式上，女性舞者舞蹈时，甚至手举祜巴温忠的照片！

祜巴温忠的卡里斯玛魅力因其具神通、有超自然力的口碑而提升。他的兄长，尊者阿提康法森（Phra Attikan Paisan，清迈寺的住持）告诉我，温忠曾经在他面前显示过一些神力：他可以使自己的身体像萤火虫一样发光，而且能改变身体的形状（通过拉长或缩短它）。在芒新，好几次他都和我提到另一个故事，也是与温忠改变身体形状的能力有关。1995年末，在回芒新的路上，温忠在孟门（Muang Meung）［东丰区（Ton Pheung），老挝］遭遇了一个边境巡逻军官（属于非佛教少数族裔）。该军官要查看温忠的护照和其他身

---

① 泰勒认为：佛教圣人的遗迹因蕴藏福报而受人敬仰。（1993：175-180）
② 开示时，我并不在现场，但当年在一位地区官员那里观看到了这场开示的录影。

份证明。温忠什么都拿不出，警官要求温忠离开这个国家。温忠拒绝了并希望能在这里进行一个7天的闭关。这个军官指挥他的属下逮捕温忠，但他们没能给温忠戴上手铐，因为温忠使自己的手和胳膊肿了起来。据说警察变得很害怕，就把温忠放了！芒新一位很受尊敬的长者还给我讲述了另一个令人难以置信的故事。这位长者是一个热忱的佛教徒，帮助组织了1996年温忠的芒新之行。他决定陪伴温忠的版纳行。当他们到达孟文，温忠决定在一个山洞外建一个舍利圣迹。一阵微风徐来，温忠认为这是神的莅临（thewada）。老人说，马上有几百村民不知从哪儿涌来帮助建造圣迹。另一个是关于确认祜巴温忠为敦温的例子。在缅甸，他被要求进行一个测试以确认他是否是一个真正的敦温。一段由轻轻的脆米铺成的路，脆米上盖着一块布，他需要从上面通过。他不仅通过了这段脆米之路，并且没有碰碎任何一个！

润派佛教世界的佛教复兴

从祜巴温忠在上湄公地区的游历可以清晰确认，他不仅如敦温一样修建宗教圣迹，而且像菩萨一样与普通信徒共享福报。根据其兄长，尊者法森（Phra Phaisan），这些旅程都是为进一步推进这一地区佛教复兴事业的愿力所激发。"文革"期间，红卫兵在西双版纳试图破坏佛教：上百座庙宇和佛像被毁，僧人和沙弥被迫还俗（Hsieh, 1989：232-233；Peters, 1990：347）。在泐人看来，这是名副其实佛教所言的混乱末法时代（kali yuk）和道德滑坡。在芒新，也有一场相对温和的老挝式文化革命。然而，很多和尚离开这个地区，年轻人也不被鼓励加入僧团。

但是，在西双版纳（20世纪80年代初）和芒新（20世纪80年代末）的泐人中都有一场佛教的精神复兴。在西双版纳，呈现出来的就是寺庙和佛像的重塑（通常是在傣族旅游者和施主的帮助下）以及僧团的恢复（通过与泰国北部和西双版纳僧人增进交往[①]）。无论是西双版纳还是芒新都有一场泐人书写系统的复兴——泰文（tham）的一种变体[②]，为信仰润派佛教的泰国北部、老挝、掸邦和克伦人共同使用。

[①] 例如，西双版纳泐族僧人在泰国北部南奔（Lamphun）的 wat phraphutthabattakpha 寺接受训练。（Keyes, 1993：28）

[②] 据查尔斯·科伊斯（1993：26-27）解释，1955年，汉族和泐族语言学者引入了一种传统书写系统的变体。泐族偏爱僧人和初学者在贝叶上的传统书写，因而普遍拒接改良后的书写系统。有意思地是，传统书写的保留使它很容易让泰国北部、克伦和老挝的僧人阅读相同的文本。

就共产主义中国和老挝而言，国家政策发生了重大转变，两个国家毋庸置疑地推进佛教复兴。经过一些年的倒退，1982年中国宪法中正式恢复了宗教自由。特别是在西双版纳，中国政府让傣泐领导人放心，重建佛寺和僧团不会遭受报复。（Peter，1990：348）自1989年，老挝民主共和国政府对佛教的态度和政策也有重大转变，始于1989年并最终在1991宪法中转向保护佛教：

> 国家尊重和保护所有佛教和其他宗教信众的合法活动，动员和鼓励佛教僧人、沙弥以及其他信仰的教士参与有利于国家和人民的活动。（Evans，1998：65）

中国和老挝给予宗教更大自由的政策变化，与中国、老挝和泰国的经济改革和政治修好不无关系①，有效促进了旅游和跨边境宗教接触。

在缅甸的景栋省，佛教事业下滑，并不是伴随着共产主义的扩张，而是和该地区国家控制弱化，民族起义和鸦片非法交易引起的政治动荡有关②。Phra Phaisan 告诉我，祜巴温忠选择住在班帕萨附近的原因，就是那里是金三角的中心，因毒品和武器的非法交易而臭名昭著——是一个"坏地方"（N. T.：sathanthibo di）和一个"邪恶的地区"（daenatham）。同时邻近地区有相当多的掸邦农民保持了原来的润派佛教，并且他们可以成为佛教复兴的先锋在此创造一块"佛土"（daenthamma）。

如果不考虑其追随者中不同族裔有特定忠诚——例如，对芒新的泐人而言，他是泐人曹奔——尊者菲亚浪法翁（Lue cao bun——Phra Phiya Luang Phawong）的转世，然而对泰国北部人而言，他是祜巴洗威猜的转世，很明显祜巴温忠的使命并不局限于任何一个泰族群。他在这些讲泰语族群居住的任何地区建造舍利和其他宗教圣迹（泰国北部，老挝，泐、克伦和掸邦）。他的族源是泐族，在泰国北部接受了青年时的教育和受戒，他的多语技巧以及在整个泰国北部、老挝北部、西双版纳和缅甸的游历——都突出了一个宗教使命，即在从前的润派佛教世界，包容多族群，事实上多国家的信徒。这个观

---

① 政治正常化的一个关键就是越南军队1989年从柬埔寨（Cambodia）撤军（受苏联解体以及苏联从越南撤走了军事及经济援助）。这次撤军有助于缓解中国和泰国对越南和老挝作为苏联在东南亚大陆扩张代理的担心。

② 自1961年，不同的掸邦军队起义反抗缅甸军政府。

点在一次采访中得到了 Phra Phaisan 的高度确认。他说祜巴温忠相信这四个国家的泰人们"不应该保持分裂"。（N. T.：bo khuan ca'taek yaekkan）通过佛教的复兴，他"想在他们中间创造团结和亲属意识"。（N. T.：tongkan hue pen nam neung cai diaokan pen pinongkan）

靠近班帕萨的多润舍利寺（Wat Phra That Dornreuang）是这些泰族佛教世界的神圣中心。目前包括了一个大宗教建筑和纪念碑的寺庙群（wat），由温忠的僧房（kuti）以及其他驻僧的房子，一些为游僧和世俗者准备的大宿舍和两个大寺庙（包括一个重要的八角寺庙——wihanphracaoinsan——靠近完工）构成。大约两公里外，有 108 个小的舍利古迹和一个壮观的观景塔，可以俯瞰湄公河。在多润舍利寺附近，祜巴温忠筛选了核心人员组成的随行队（Khathatboriphan，lit. "slave attendants"），男女老少都有。目前这支随行队大约有万人规模，主要来自孟丰下辖的掸邦村。他们的功能主要是宗教的，从领颂祷文，收集供养并协助宗教纪念碑的建造，到保洁和维护宗教建筑等更卑微的任务。根据他们的能力以及与祜巴温忠的亲近程度分为不同等级，在着装上有明显区别。主要的等级有：库马拉/库马力（Kumara/Kumari）；桑科塔萨/桑科塔西（Sangkhathasa/Sangkhathasi）；塔麦塔萨/塔麦塔西（Thammathasa/Thammathasi）；普塔塔萨/普塔塔西（Phuthathasa/Phutthathasi）；普塔旺萨/普塔旺西（Phuthawongsa/Phuthawongsi）。大部分这些术语有宗教内涵（如 Phuthawongsa 意味着"佛的仆人"）。但最高等级官员的头衔有更多世俗的起源。祜巴温忠的得力助手叫 PorPaya（意思是"父神"）或 PorMuang（国父）——这些词曾被用于前现代泰国（muang）的高级官员或首领。尊者法森（Phra Phaisan）将多润舍利寺的寺庙群和温忠的宗教官府恰如其分地称为"佛国"（muangkhongphraphutthacao）。

祜巴温忠作为一个泰国受戒僧人而且还是泰僧伽的正式一员，如何能在缅甸安全生活，且鲜受打扰？毕竟，缅甸是泰国的传统敌人，边境的政治紧张这些年是常态。（就在 1999 年 10 月缅甸政府还关闭了边境。）

答案是祜巴温忠在缅甸有当地政府保护，受以下几个因素驱使：他的卡里斯玛和圣人口碑，个人接触，以及现实的考量。尊者法森详细记录了大量关于高级缅甸军官和一些多族裔毒品贩子下决心、要检验祜巴温忠超自然能力的故事。测试是这样的：通过埋地雷，并在上面盖上一条长垫子，在垫子的一端放置一尊佛像，类似前面提到的宗教脆米的测试。温忠能够在垫子上走来回而不引爆炸点。从那以后，如故事所说，缅甸军官和地方毒品贩子逐渐与他建立了信任，很多还加入了他最热情的支持者行列。毫无疑问，他的生存概率也由于他与势力庞大的富商卡南墩（Kamnan Daeng，又名 Saengsanit Chaisri）的私人友谊而大大提高。卡南墩是祜巴温忠的第一批信徒之一，从温忠早年当沙弥时就开始了，作为一个拮据的出租车司机他奉献了很多时间搭温忠到这儿到那儿。卡南墩的财富部分来自他在距湄赛13公里处、横跨湄洛克河（Mae Ruak River）（构成了缅甸北部边境的一部分）的平底船跨边境贸易，另一部分源于他承包了缅甸一定的修路项目（包括从大其力到景栋的路段）。据说他与仰光（Yangon）和景栋的一批高级缅甸军官关系密切。另一个因素就是祜巴温忠以供养的形式吸纳了大量资金，特别是来自泰国的。这些钱并不是所有都用于宗教建筑；温忠调配了其中的一些在景栋开展活动（比如修路、医院和学校）以及从缅甸政府获得经济和政治上的便利（我猜测，也包括潜在的掸邦叛乱的和解）。显著的是，温忠个人的特权位置延伸至他的"王国"的地位（khathatboriphan），在这个意义上，缅甸军方一般会免去从温忠王国招募士兵、警卫和野外工人。然而，他们的处境会更不稳定。我了解到，一些年前缅甸军方威胁要从本地掸邦征兵与鸦片军阀坤桑的军队作战，温忠也被迫交出一大笔钱作为补偿。

祜巴温忠在一个新的"佛国"里作为宇宙陨迹

敦温①观念有一个维度在查尔斯·F·凯斯（Charles F. Keyes）"救世圣人"的注释中是含糊的（1982：149）：即在"正义统治者"（巴厘：dhammaraja；N. T.：phayatham）和"宇宙统治者"（巴厘：cakkavatti；N. T.：thammacakkawat）概念中表达的神圣王权维度。值得注意的是敦温、菩萨、法王和转轮王几个词在北部泰语文献中交替使用，包括对虔诚且强大的兰纳王，如孟莱王（Mangrai，1296—1317）和提洛卡拉王（Tilokaraja，1442—1487）的特指。②（Kwanchewan，1988：29、36、37；Sopha，1991：12）

在讨论祜巴洗威猜时，谭拜尔（Tambiah）突出了敦温的神圣王权维度。他注意到，祜巴洗威猜筹钱和建设项目都是"典型的王权精髓活动"③（1984：304）。谭拜尔也将祜巴洗威猜隆重的葬礼视为大人物的葬仪（1984：307）。大

---

① 科伊斯使用了 nak bun 一词，对应于中部泰国的 ton bun 一词。
② Kwanchewan Sriswat 也注意到库巴括毗的信徒交替使用敦温，菩萨和法王（1988：150）。
③ 请注意罗纳德·斯维尔的评论，"舍利塔在东南亚的传统佛教统治者中可以被视为最卓越的象征"。（1981：49）

人物（mahapurisa）具有菩萨注定成为宇宙王（cakkavatti）或者佛陀的32种迹象和80种次级标记。一份教义文本（MahaparinibbanaSutta）清楚地表明，皇家为佛举行的葬仪与为转轮王举行的是一样的。(Bareau, 1969: 15)

在罗纳德·斯维尔（Donald Swearer）提出的佛的双重性——"国君与苦行"和"佛陀为宇宙陨迹"（cosmocrater）（1981: 34, 38），在此处也很明显。① 作为一个宇宙陨迹，"佛的物理形象是为了建立'圣地'（buddhadesa）"（1981: 34）。"佛神圣化土地，通过他的物理呈现、现实探访或象征，比如他的遗址或形象，他成了政治秩序和权力的基础。"② (1981: 38) 斯维尔认为，一些编年史都提及佛陀不可思议地造访了东南亚大陆的小乘佛教区。例如，在一本题为《佛陀的世界之旅》的编年史中，佛陀在泰北建了城和寺院（1981: 36）。其他的编年史（斯维尔并未提及），如《清莱地志》（Tamnan Phra That Doi Tung）和《孟勇地志》（Tamnan Muang Yong），都记载了佛陀造访距离清莱北部50千米的黎敦山（Doi Tung）和孟勇的多炯勇（Doi Jom Yong）地区（Penth, 1993: 77-78）。根据《佛教掌故文集》（Phra Cao Liap Lok）这本编年史，佛陀从空中飞过，到达了泰国中部的华富里（Lopburi），接着来到清盛，直到景栋，并从景洪返回印度。《帕夭府志》（The Phayao Chronicle）编年史也断言，佛陀也到访了景洪的渤国（1993: 64）。我也注意到《清屯地志》（Tamnan That Chiangteum）中记载了佛陀到达了芒新。在通猜·维尼差恭（Thongchai Winichakul）"前现代泰国的空间观念"的研究中，他认为这类神话是对"佛教逻辑空间"的呈现，他称之为"地志"（tamnan geography）。(1994: 22、28)

斯维尔（1981: 34）描述了祜巴洗威猜作为一个"宇宙陨迹"，尝试将泰北的兰纳恢复为圣地或佛地（buddhadesa）。我认为，祜巴温忠可能也同样被视为宇宙陨迹，以神圣王权的形式整合了"国君与禁欲"的特征。

例如，祜巴温忠在芒新的出现，暗含了很多皇家象征：女性舞者的欢迎仪式，通向寺庙和舍利圣迹的沿路都插着小白旗，圣迹寄存处前面的小型"宫殿"（prasat）用于收藏遗物，为祜巴温忠准备的如御驾般的座席，他在此接受虔诚的供养，并进行开示。与宗教场合类似，信众抬着轿（saliang）中的温忠至少行进一小段距离——在过去这是一种只为那些拥有很高地位的人，

---

① 弗冉克瑞诺德（Frank Reynolds）用"宇宙统治者"一词表示转轮王的征服遍及位于四个基本方位的部洲，每一个部洲都由中心辐射并归向或紧密联系于印度传统中的中心宇宙山——梅鲁火山。

② 例如，斯维尔说明，当佛陀神降泰北时，"他预测他的其中一个遗迹会被阿迪卡王（Adicca）发现。这个发现与哈利班超王国的扩张相吻合……"（1981: 36）。类似的，根据芒新的 Tamnan That Chiangteum，一位叫班耶谭海（Panya Tanhai）的法王在发现并挖掘了佛陀遗迹后重建了弃城。

如国王才保留的荣誉①。当年1月，在祜巴温忠的生日庆典上，他坐在一台精致的金轿上，被抬到多润舍利寺附近的不同仪式地点，成百的信众簇拥着，一些人还擎着金伞。这与皇家仪式的相似性是无误的。看上去的明显区别，是祜巴温忠装饰华丽的浴帐，位于同一地区的Suan Utthayan公园中。这个帐篷饰以红色和金色的围帘，位于修剪整齐的美丽花园中，侍者，位于20米以外，通过从大罐子将水舀进竹管中，为浴帐供水。最清晰和明确的皇家特征是缅甸政府赠予祜巴温忠的王冠，标志着他已经进入了国家最高教士的序列（"Atyatham"类）。在他最近的生日庆典上，数千人得到了他的金冠照。

祜巴洗威猜的"佛土"限于泰国北部。但祜巴温忠，通过他的建造圣迹之旅跨越了国家边境，勾画出了更广泛的神圣地理。事实上，这个想象的神圣空间与讲泰语的润派佛教世界紧密相连，在这个佛教世界中，人们共享佛教文献和文字（tham），也共享敦温传统。在世界的中心，是神圣的多润舍利寺和温忠独立的宅邸（khathatboriphan）——他的"佛国"（muangkhongphra-phutthacao）。因此，就如泰语"muang"（王国）表示其政治范围之内的资本和地区一样，太多温忠的佛国可能更多地也指其在多润舍利寺的资本及其贯穿泰国北部、老挝北部、西双版纳和东北缅甸的建造圣迹之旅所圈定的神圣空间。这是一个想象的跨国空间，（作为一个想象的共同体）与民族国家关系不大。这是一块乌托邦式的"佛法之地"，在这里佛法是主宰，不受国家边界和法规的限制。

结　　论

本文在润派佛教敦温传统中聚焦了一位值得尊敬、具有超凡魅力的僧人祜巴温忠·亚那商瓦罗。作者认为在这个传统中，至少祜巴洗威猜创立的现代形式，并不像谭拜尔所说的，是军事千禧年主义。而是在被视为政治和道德衰败的时代，通过修建宗教圣迹和道德重建表达宗教复兴的一种形式。在祜巴温忠的个案中，与中国和老挝（由于共产主义），以及缅甸（由于族群叛乱和鸦片的非法交易）佛法衰落时期促生的道德更新需求有关。

我已经强调，敦温传统是润派佛教关于菩萨慈悲观念的独特表达。这层意思在科耶斯形容敦温的"救世圣人"一词中有所表达。但是，我认为这个解释掩盖了神圣王权在敦温观念，以及祜巴洗威猜和祜巴温忠活动中的重要

---

① 库巴·斯维澈也享受过这样的礼遇。

性。我描述了他们都是宇宙的统治者,致力于通过建造和修复宗教纪念碑重建神圣的"佛国"或"佛土"。但祜巴温忠1994年、1995年、1996年在整个泰国北部、老挝北部、西双版纳(南部中国)和北部缅甸的游历使他创造出一个更广泛的神圣空间。祜巴温忠的"佛国",以神圣的多润圣迹为世界之轴,与古代润派佛教世界的地理空间相仿,荒谬的是,这也是臭名昭著的金三角。这是一个想象的空间,超越并挑战(尽管未必恰当)了王权和国家边境的现代观念。这个结论支持了通猜·维尼差恭关于现代民族国家地物空间(geo-body)的主张(1994:131):"还有其他的空间知识,残余或新兴的,与(民族国家)地物空间观念竞争。地物空间的出现一直在经受挑战。"

致　　谢

本文部分基于澳大利亚研究委员会的资助,自1995年定期开展到老挝芒新的田野之旅。在麦考瑞研究基金的资助下,笔者也承担了在泰国北部和缅甸的两个短周期研究(1999年10月和2000年1月)。我想感谢(清迈)皇家学院的Prachan Rakphong和Aroonrut Wichienkeeo协助我采访了祜巴温忠的兄弟(Phra Attikan Phaisan)。我也非常感激泰国湄赛区庞和寺(Wat Pang Ha)住持Phra Attikan Thiraphon的热情款待以及他为我拜访库巴在多润寺宅邸所做的安排。

参考书目

Bareau, A. 1969. The superhuman personality of Buddha and its symbolism in the *Mahaparinirvanasutra* of the *Dharmaguptaka*. In *Myths and Symbols*: *Studies in Honor of Mircea Eliade*. J. M. Kitagawa and C. H. Long, eds. Chicago and London: University of Chicago Press.

Cohen, P. T. 1984. The sovereignty of dhamma and economic development: Buddhist social ethics in northern Thailand. *Journal of the Siam Society* 72: 197–211.

Cohen, P. T. 2000. Lue across border: Pilgrimage and the Muang Sing reliquary in northern Laos. In *Where China Meets Southeast Asia*: *Social and Cultural Change in the Border Region*. G. Evans C. Hutton and Kuah Khun-Eng, eds. Singapore: Institute of Southeast Asian Studies (forthcoming).

Dodd, W. 1923. *The Tai Race*: *Elder Brother of the Chinese*. Cedar Rapids,

Iowa: The Torch Press.

Evans, G. 1998. *The Politics of Ritual and Remembrance: Laos Since 1975*. Chiang Mai: Silkworm Press.

Hsieh, Shih-chung. 1989. *Ethnic-political Adaption and Ethnic Change of the Sipsong Panna Dai: An Ethnohistorical Analysis*. Ph. D. Dissertation, University of Washington.

Keyes, C. F. 1982. The Death of two Buddhist saints in Thailand. *Journal of the American Academy of Religion*, Thematic Studies 4 (3 and 4): 149-180.

Keyes, C. F. 1993. Who are the Lue? Revisited ethnic identity in Lao, Thailand, and China. Paper presented at Seminar on 'The State and Direction of the Study of Thai Culture', Bangkok, September 10-13.

Khruba Bunchum Yanasangwaror n. d. *Raleuktheung Khun Mae Saengla Kantha Phu Bangkert Khong* Khapracao (In *Memory of my Mother Saengla Kantha*). Private commemorative volume.

Kwanchewan Srisawat 1988. *The Karen and the Khruba Khao Movement: A Historical Study of the Response to the Transformation in northern Thailand*. MA thesis, Graduate School, Ateneo de Manila University.

Penth, H. 1993. *Prawat Phrathat Doi Tung* (*A History of the Doi Tung Reliquary*), Chiangmai: Mae Fa Luang Foundation and Social Research Institute, Chiang Mai University.

Peters, H. 1990. Buddhism and ethnicity among the Tai Lue in the Sipsongpanna. Paper presented at the *Proceedings of the International Conference on Thai Studies*, Kunming (PRC), 11-13 May, Vol. 3. pp. 339-352.

Reynolds, F. 1972. The two wheels of dhamma: a study of early Buddhism. In *The Two Wheels of Dhamma: Essays on the Theravada Tradition in India and Ceylon*. Bardwell 1. Smith, ed. pp. 6-30. Chambersburg, Pennsylvania: American Academy of Religion.

Sopha Chanamun 1991. *Khruba Siwichai: Ton Bun Haeng Lanna*. (Khruba Siwichai: A Lanna Ton Bun). Ma thesis, Faculty of Arts, Thammasat University.

Swearer, D. 1981. *Buddhism and Society in Southeast Asia*. Chambersburg, Pennsylvania: Anima books.

Tambiah, S. J. 1978. Sangha and polity in modern Thailand: an overview. In *Religion and Legitimation of Power in Thailand, Laos, and Burma*. Bardwell L.

Smith, ed. pp. 111-133. Chambersburg, Pennsylvania: Anima Booms.

Tambiah, S. Jl. 1984. *The Buddhist Saints of the Forest and the Cult of Amulets*. Cambridge: Cambridge University Press.

Tanabe, Shigeharu. 1992. Khorkhit hen reuang ton bun lathiphra Sri Ariyalaelathifeunfusasananai Lanna (Notes on ton bun, millennialism and revivalism in Lanna). Paper presented at Seminar on the Study of Buddhism and Lanna Society, Chiang Mai University, 8-10 November.

Taylor, J. L. 1993. *Forest Monks and the Nation-State: An Anthropological and Historical Study in Northeastern Thailand*. Singapore: Institute of Southeast Asian Studies.

Thongchai Winichakul 1994. *Siam Mapped: A History of the Geo-Body of a Nation*. Chiangmai: Silkworm Books.

克伦难民苦处的调解及其权利的表征①

哥本哈根大学跨文化与区域学系　Alexander Horstmann　著
云南大学民族学与社会学学院　朱　迪　译

摘　要：这篇文章旨在探讨对泰缅边境地带的难民提供少数者权利的种种主张。参与运作这些难民的各项政治经济权利中的人包括：社区性组织、克伦民族联盟（KNU）、国际人道主义组织、宗教人道主义组织、本地人权组织以及基督教传教士网络。在东南亚的缅甸（缅甸联邦共和国）②克伦邦发生的冲突中，存在着对克伦文化不同建构和复兴，它们与强大的行动者和权利联系在一起。克伦文化同克伦民族主义紧密地联结在一起，并被再发明、泛化、民族化作为打包向西方的精英和赞助人提出诉求。克伦文化这种标准化的建构遮盖住了克伦民众之中存在的差异性。而这种标准化了的克伦文化被呈现在西方的赞助组织以及媒体的面前，用来为克伦民族联盟争取更多支持。这篇论文借用了梅莉（Merry）的观点，即社会运动和社区性组织如何翻译国际法框架，并将之通俗化。通过这个观点，本文首先尝试把在缅甸东南和泰国西北部的克伦人内部中活动的本土人权组织、国际人道主义非政府组织、宗教人道主义非政府组织以及克伦人中的本土传教士衔接起来。本文认为这些遭受暴力的克伦村民把人道主义组织作为第三或非国家空间连接起来，为他们的需求进行谈判。这样跨国人权话语和人道主义机构就可以被泰国和缅甸的难民通俗化。在压制性制度语境下，这种通俗化被用来抵制人权的滥用并且创造社会安全和福利。最后，本文认为对这个重要课题的研究刚崭露头角，还需要对其进行更多的探讨研究。

关键词：克伦难民　克伦文化　克伦人权组织　宗教人道主义　调解　代表　少数人权利　泰缅边境地带

---

①　为本文的第一稿，我想对亚历山德拉·德内斯和菲莱·巴里极具帮助和所有为他们友善的邀请我参与到泰国西里通人类学中心文化和权利项目的举动表示感谢。原文来源：Alexander Horstmann. Mediating the Suffering of Karen Refugees and the Representation of their Rights. In Sangkomsat Chiang Mai (Chiang Mai Social Sciences Journal), Vol. 24, No. 1-2, pp. 1-2.

②　译者注：英殖民时期，缅甸旧称 Burma，1989 年后改称 Myanmar。

引　言

　　这篇文章旨在两个方面。一是笔者对泰缅边境地带克伦的难民或移民进行自我组织的兴趣；二是本文还针对人权提出了疑问，并关注不同的人道主义行动者们如何使在泰国和缅甸的克伦难民移民参与到他们的行为中。本文特别关注有关人道主义援助和人权代表之间的种种争论和协商，强调人道主义援助和人权诉求的政治特点。

　　由于权利话语是一种普世的、乌托邦式的、带有强烈自由主义和个人主义色彩的彻头彻尾的西方发明（Goodale，2009），人权惯例对处在暴力冲突下的缅甸东部克伦人没有太多的实际意义，且在缅甸东部权益的获取或者是实行带有很大的危险。但这并不意味着普世的人权标准同缅甸克伦难民毫不相干。尤其近来缅甸政权体系的透明化和随之而来的克伦邦停火，虽然是局部的且会一触即发，但是给了缅甸人享受到更多自由表达观点的希望。不过，克伦难民背井离乡的处境需要一种善解人意的方式来面对人权。人权是以具体需要、选择和希望基础，而不是基于对自由选择保护的抽象概念。其次，在国际法律框架、传统规范和价值以及难民组织之间存在张力。后两者往往处于西方自由主义治理范围和西方话语体系之外。保护少数族群权利和群体认同的惯例更有实质性意义。当这方面的努力被原住民所赞赏时，国际惯例同时也被民族主义运动借用了，民族主义者们刻板化少数族群文化并且通过声称代表他们的利益来压制内在差别。

　　由于克伦村民极少享受公民身份，甚至土地权和使用习惯法，因而在缅甸的克伦邦难民是一个非常有说服力的案例。缅甸政府在根本上被克伦村民看作是敌意的、具压制性、威胁他们安全的政府。只有那些在联合国难民组织（UNHCR）官方注册的克伦难民才能享受到有限的权利和人道主义救援，而同时，克伦邦境内流离失所的人们则被剥夺了任何由国际人道主义组织提供的保护。克伦难民同宗教组织、克伦当地的传教士、救济和社会福利组织仍然有定期的互动，人权运动组织同武装派有更多的政治诉求。克伦民族联盟和其武装派别克伦邦国家解放军（KNLA）将自己作为人权守护的战士来展现，但同样将克伦村民暴露在由于他们不合时宜的存在和反叛所引发的暴力中。

　　本文概述了各个克伦群体在有关人权话语上的诉求，以及他们在缅甸东南和泰国西北建立的联系。本研究基于一个有关克伦难民神圣空间的研究计划,同德查·唐司法(Decha Tangseefa)和旷彻万·巴当(Kwanchewan Buadaeng)共同合作完成,并由泰国研究基金资助。最先在泰国达府、湄索镇以及迈拉难民营①进行最初的田野,随后来到了缅甸东部的帕安(Hpa-an)。为了追寻克伦难民在难民营和他们在缅甸的家园之间活动的轨迹、跨境社会结构和网络,使用了多点田野调查的方法。

权利研究领域的人类学家热衷于国际法律框架在当地语境中的转化,强调国际人权规范是如何被"通俗化"并被赋予本地意义。(Cowan et al., 2001; Cowan, 2006; Goodale, 2009; Merry, 2006b; Wilson and Mitchell, 2003)在一篇颇有影响力的论文中,梅莉(Merry)认为学术界、跨境人权NGO,社会运动组织者和社区领导们既增强了对国际人权框架的把控,又增强了本土抗争能力,并且可以将国际规范"转化"并实施到本土法律框架中。(Merry, 2006a: 39-40)在梅莉看来,权利的通俗化是本地草根运动、本地平权组织和社会运动对于权利的维护,而不是一种专注于将权利的合法实施的策略。

就像简·考恩(Jane Cowan)指出的那样,颇具讽刺意味的是,就在人类学家疑惑于是否真的有文化存在的同时,或是文化这个概念是否有用的时候,少数群体和他们的民族主义组织则在有意识地挪用文化概念,从而使之成为一种资源。(Cowan, 2003、2006)尤其是一个发展中的民族主义运动在谋求自决的情况下,文化成了承载民族希冀的合法资源。文化权利同样会同人权相矛盾,尤其在缅甸政府将人权理解为西方阻碍其政治事务的一种武器的情况下。

还有一个有关克伦难民文化和权利的观点充满了方法论上的问题。我认为我们不能假设人道主义组织或者人权运动者能够支持克伦村民索要其权利。相反,我在这一章里提议对权利政治领域的探究,其中各路参与者声称代表克伦难民的困境。我提出的问题如下:克伦人民的苦难被国际人权框架调解的图景是怎样的?本土权利组织可以对文化资源进行更具有参与性的管理吗?

文化权利中的关键概念

按照如何面对少数族群权力和濒危少数族群文化的国际惯例,克伦人权

---

① 译注:迈拉难民营位于泰国达府,最早成立于1984年,是在泰国最大的缅甸难民营,超过90%的难民是克伦族。来自维基百科: https://en.wikipedia.org/wiki/Mae_La_refugee_camp

组织声称他们的文化在缅甸被系统性地压制了，政府军在缅甸最长的冲突中威胁着人们的生计，并且克伦的"文化生存"问题迫在眉睫。然而如今在缅东，尽管存在资源的匮乏和军政府军事战役的破坏，全克伦邦的村民都在以种种方式庆祝和恢复克伦文化。在一些争夺得最厉害的地区，如一些甚至已被烧毁数次的村寨，其传统纺织人口比例最高。似乎村民使用文化技能和集体纺织来生存下去并在深度暴力的语境下保持清醒。日常生活与权利的相关性并非意义自明，并且权利问题出现在本土、国家和全球几个层面里。本地的，高度语境化的阐释与去语境化的、常规少数族群权利宣称存在竞争。

关于人权的流动及其含义的解释，史蒂夫·卢克曼（Steve Lubkemann）有关战争中平民的迁徙和流动性的研究非常有启发。（cf. Lubkemann, 2008）卢克曼在做有关西非无休止的战事的研究时，认为从人们的生活事务中脱离开来研究暴力是徒劳无功的。（ibid.）在一个战争成为"常态化"的国家，在战争的"文化混乱"（cultural chaos）中研究生活的策略十分有必要。人们不会停止他们繁衍后代、追求孩子们的教育或者是婚姻。卢克曼发现在一个对其生计不确定、怀疑和有威胁的语境中，迁徙和流动是最能避免烦恼的重要策略之一。（ibid.）当迁徙被看作是难民最后的选择，处于跨国网络里的难民组织和在其网络中的流动起到了有利于难民的功效。

当在大量人权影视报告中出现人权受到损害的画面，当可以从人权 NGO 获得大量视频时，我们却对为克伦村民的人权奔走以及声称代表他们的人相对知之甚少。人权问题经常以文字和影音的形式写在报告和网上，其总是被负面地滥用，而不是积极地担负起责任。有关人权最重要的文学作品，毫无疑问是谨慎地证明当地人权竟被主张人权的组织所违背。报告在西方主导者的期望之光中被书写，他们迫切地想在"受害者"行为上采取行动。（Wilson, 1997）这些报告常常有失偏颇，只单维度的叙述"压迫者"和"受害者"如何如何，却往往忽略文化实在、立场多样性，并且将人们都介绍成平等主义者或被动的受害者。克伦民族联盟克伦民族联盟（KNU）、缅甸解放游击队（Free Burma Rangers）所报道的克伦难民的困境，以及一些基督教人道主义组织甚至是一些学者，都在使用这种有失偏颇的范式去分辨"好"与"坏"。与之形成对比的是，克伦人权组织（KHRG）和"缅甸问题"①（Burma Issues）是克伦本土 NGO 们给村民们的发声渠道，他们以朋友的方式

---

① 译注：缅甸问题是一个非营利组织，由缅甸东部的年轻人组成，他们现在致力于教育以及赋予在缅甸东部的草根社区以权力。

对待村民，并训练村民在权利和权利损害的问题上做研究。① （Happner，2006）

报道必须迎合赞助者的期待。不幸的是，有关克伦难民处境的报道严重倾斜于一种典型的对人权损害和内战的解释，并且确实没有探讨社区领袖如何组织他们自己、他们的文化生活、社会关系和生活选择的方式。所以进行声明的程序只能通过考虑本土行动者、土生土长却被驱逐的权利行动者、精英分子、跨国社区、人道主义援助组织和（看不见的）网络社区、新型管理模式例如欧盟或联合国的结构中所理解。本土的行动者，例如克伦人权组织（KHR），成了跨国网络的产物，在鱼龙混杂的观众和潜在雇主之间不停演习。就像考恩观察到的那样，少数族群的主张不仅是在国家和少数族群间对话的关系，更多的是，权利的主张"在全球的观众的目光和对它所做回应的期待下被维护和作答"。（Cowan，2003：141）当权利讨论已广泛涉及国际权利宣言的全球性主张和文化相对主义间的张力时（Cowan et al.，2001；Cowan，2006），新的途径致力于跨越这种二元特性并超越权利、全球化和跨国主义的解释模型。

在克伦难民的案例中，"缅甸问题"和克伦人权组织（KHRG）可以被看作是奋斗在第一线的人权运动者。这些 NGO 在泰国边境训练克伦当地志愿者，去支援在东缅甸冲突区域内的克伦村民。这些在泰国边境工作的权利组织大多是具有政治化倾向的，并且将他们的工作当作是一种对被认为具有压迫性的缅甸政府的抵抗，基督教人道主义和传教组织以及佛教寺庙在缅甸国内被合法地注册，并低调运作，专注于同政治无关的人权问题，如健康和教育。

目前为止，基督教人道主义传教网络和社会服务是嵌入到当地最成功的组织，这得益于长久以来建立起的传教学校和医院。就在本文写作时，天主教、圣公会以及复临派教堂都派了从教堂职业学校毕业的年轻志愿老师和医疗工作人员，去东缅甸处于冲突中的边境村庄中。各个教堂组成了促进基督教各派大联合的网络中，在不同的冲突区域运作、应对，但是在泰国边境的多个教堂，包括美国、泰国和韩国的宗教团体成员和五旬节教堂同样为了赢得这些流离失所的灵魂而竞争。传教士成了村民的好友，并收取一些食物作

---

① http://www.khrg.org/about.html 对于克伦人权组织的解释。可以找到许多被研究得很到位的人权滥用及村民的生存策略的研究报告。http://www.burmaissues.org/可以找到关于"缅甸问题"和"和平基础"（Peace Way Foundation）的资料。

为他们贡献的回报。最终，教师们会在小教堂中邀请这些村民，许多年轻人开始造访修道院和小教堂。对圣经学习习惯后，一些青少年已经为改宗做好了准备。传教士对文化很感兴趣，例如教育和织艺，但是对许多文化仪式下的泛灵观念报以怀疑态度。

通过种种途径，饱受痛苦的村民成为叛乱军队和派系的人质，他们变为了人权组织存在和财政支持的必要条件，并且成为人道主义救助的接受者，世界范围内活动的国际组织将其重新安置，这些国际组织在曼谷、清迈和湄索的繁华地带都设有办公室。

我们必须分辨本地和国际人道主义组织和 NGO 在泰国西北对难民进行的工作。首先，难民们自己组织起了一些群体。许多像这样的 NGO（克伦女性组织、克伦学生网络社团、克伦青年组织、克伦移民教育网等）是同克伦民族联盟克伦民族联盟（KNU）紧密联系着的。另外还有一些宗教和人道主义援助组织，例如美国犹太复国主义组织（ZOA）、同伴（Partners）、安泽国际救援会（ADRA）、缅甸解放游击队（Free Burma Rangers）和天主教难民服务中心（Jesuit Refugee Services）等。国际人道主义组织则包括国际救援委员会（International Rescue Committee）、国际红十字会（International Red Cross）等。这些组织的活动非常丰富，并且涵盖了初级卫生保健、母婴项目、教师培训、妇女权利、儿童权利、社会发展等各方各面。

一些本土宗教组织、基督传教士和人道主义机构（如缅甸解放游击队）将布道者和人道主义目标合并一处，并且在法律框架之外进行操作；同克伦邦国家解放军（KNLA）合作，合法越过边界，以那些被缅甸军队烧毁房屋的克伦村民的名义介入冲突中去。

泰国西北部的难民营接受大约 15 万难民（包括那些接待缅甸国内的难民）。这些难民营由难民委员会（Refugee Committees）和泰国内政部管理，并接受很多人道主义组织（如泰缅边境联合会 Thailand Burma Border Consortium 组织）的服务和定期访问[1]。总之，克伦民族联盟（KNU）、国际 NGOs 和人道主义组织在不同的法律框架中，在不同的主权范围内运作。他们都宣称代表克伦难民的权利。

---

[1] 难民营的人数经常由泰缅边境联合会提供。只有一半的难民营人数会被登记在联合国难民组织中。

克伦文化权利

克伦文化，以及语言、传统、习俗和展演的权利已经成为愈发重要的问题，尤其在东缅甸社会冲突、许多克伦社区领导人的流亡经历和国际人道主义组织在难民营中出现等语境下。

例如，在克伦学生组织（Kayin Student Organization）的鼓励下，16岁以上的年轻人每年的4月（夏季）在帕安聚集一堂，学习克伦民族舞蹈洞舞、克伦诗歌文学，并且在泰缅边境（靠近泰国西北）进行大型绘画比赛。洞舞的意义已显著改变了：洞舞最先是村寨生活社会凝聚的一种表达，现在已经成了克伦民族认同的一个中心符号。在缅东它被用在克伦新年的庆典上，在泰国西北（包括在难民营），尤其是在美国、澳大利亚、加拿大、挪威和英国的新移民社区，它被视作克伦团结和民族的符号。同别处的自决运动一样（Herzfeld，1997），克伦民族联盟已经在使克伦人民和领土获得平等的努力中，和为了独立而做出的清晰的领土诉求中，发展了对克伦文化的精炼说法。（Rajah，1990）克伦文化的定义因为几方面原因出现了问题。克伦民族主义被美国基督传教士严重塑形了，他们为基督教斯高[①]克伦（Sgaw Karen）精英所引导的民族主义运动的出现提供了基础。（Gravers，2007；Hayami，2004；Keyes，1979）一开始，克伦文学的竞争十分激烈，佛教运动一直在互动中延续自身的克伦本源作为对基督传教士的回应，同时本地文化运动例如"乐凯运动"（Leke）和"塔拉库运动"（Talaku）已经形成了语言和文字。（Womack，2005）在此之外，400万—700万缅甸的克伦人不仅生活在临近孟邦、克耶邦的克伦山野平原中，还生活在仰光、永盛和伊洛瓦底省三角洲。

由克伦民族联盟发明的规范文化将文化和宗教群体的多元性，以及在政权、阶级、语言、生态系统、社会分层和教育方面的差异给简单化了。（Gravers，2007）当克伦民族联盟被接受西式教育、笃信基督教的斯高克伦精英所引导时，克伦中的大多数信佛的人仍跟随孟邦的缅甸人以及他们自己的克伦传统，同时尊重祖先传统和精神信仰。根据该传统，或许有上百种不同的本土运动是隶属于不同的佛教千禧年传统、复合型宗教传统和泛灵论运动。（Hayami，2004；Kwanchewan，2003）也就是说，当克伦民族联盟可以从本土

[①] 译注：斯高（Sgaw），是缅甸克伦的一个民族，常被称为"白克伦"（white karen）。见维基百科：https://en.wikipedia.org/wiki/S%27gaw_people

和国际观众中为克伦自治而获得国际支持和赞助时，同时也压制了边缘的、土生土长的克伦群体们的声音，他们和克伦民族联盟所希望的民族主义台词并不能达成一致。克伦民族联盟已经参与到一种符号竞争中去了，这些竞争包括占据符号表达、与僧侣乌杜扎那的符号及文化话语交换，同时克伦民族联盟也压制了许多挑战他们权威和领导地位的克伦社区，例如塔拉库（Taleku）社团的宗教领袖。（Gravers，2007；Kwanchewan，2008）更进一步说，克伦民族联盟不是一个单一的组织，民族主义运动和其武装被世代之间的冲突所挑战，这些冲突分别来自于在克伦女性组织中存在的强大性别态度和克伦学生网络中强大的革新力量。

克伦民族联盟对权利的把控最终成了具有支配性的规则，同许多佛教徒和泛灵信仰者的期望并不相符。克伦佛教徒已经在克伦民族联盟规范之外，更进一步地发展了灵活的民族主义，在其中对具有超凡魅力的（charismatic）佛教僧侣的尊敬以及传统文化和"非西方"价值观的复兴成了关键角色。

不同于克伦民族联盟对在缅甸受迫害的克伦人叙述的再生产，我和其他学者的工作是探寻克伦难民每一天日常生活中的挣扎，在他们家乡和泰国的克伦难民间的跨国区域内寻求终结的策略，在生活于难民营、泰国边境的人生轨迹中改变认同，和在西方社会中重建社区的努力。

我曾提到克伦民族联盟利用了国际人权话语的控制权以吸引人道援助。（Horstmann，2011b）越来越多的援助工程在泰国边境扎根，尤其在湄索（Maesot），因为克伦民族联盟而开始提供一些类似于社会福利的东西。（South，2008）另一方面，国际救援组织的存在同时为新兴有薪中等阶层的缅甸运动者提供了工作机会。然而一些NGO（其中有部分认同于克伦民族联盟），培训并策划村民收集和研究有关人权受到损害的数据。例如克伦人权组织（KHRG）通过推广基层的方法来挑战国际法律框架。因而有人可能会说克伦人权组织致力于扮演成梅莉（2006a）所提倡的那种角色。克伦人权组织采纳了权利的政治议程，声称已将村民纳入国际社会规范，从而帮助他们使用自己的策略去获取权利。许多国际人权架构同当地语境是息息相关的，在当地语境中，关注点永远在于生存策略而不是法律权利的实现。

另一方面，笔者最近一次对帕安（在克伦邦）的调查揭示了本土公民社会联盟的出现，它能够表达出在公共领域中的重要权利问题，尤其是克伦教育，包括语言、文化和舞蹈。当其宣传网络对吸引国际关注至关重要时，人道主义援助和人权工作的首要关注点就集中在难民营里，而对缅甸西南内部的村民帮助几乎没有。然而，很多国际NGOs的工作已促进了跨国联系，并且极大地促使村民对缅甸内部权利的关注。

暴力冲突和人权侵害时代的乡村生活

在东缅甸的克伦和克耶邦，一场内战正蹂躏着山间社会（Smith，2007）。克伦民族联盟正发动着一场抗衡中央政府的暴动（他们将其称作革命）。同其他本土冲突一样，内战中的人民需要承担其灾劫。在一些地方，暴行和人权的损害随缅甸军"四减法"（four cuts）而来——烧毁整个村庄，减少一个地区的人口，迁移人口，强制性地摧毁和剿灭克伦内战人口。（Decha，2006）由于战争已经持续了很久，媒体的目光也转移到了其他地方，极少会转过头来关注克伦人民的命运。然而克伦人民已经获得了许多来自西方的同情，尤其是在已对"受迫害"基督教堂进行了慷慨捐赠的教会人群中。因此，基督教化的克伦人群从西方社会获得了受偏爱和可信任难民地位。

克伦民族联盟的领导大部分是基督徒，同时他们的组织借鉴了在美国、加拿大、澳大利亚、斯堪的纳维亚的基督教会网络。事实上，作为基督徒的克伦民族联盟表现出对克伦人民内部的多样性的否认，事实上克伦人民其中的绝大部分都是佛教徒。美国教堂同样卷入了纷争，并给宗教人道主义组织和行动群体以捐赠。对受到迫害的基督徒（教堂被烧毁、建起佛塔的信仰战争）的赞颂符号化地架构起了冲突，并将不断增长的各种小范围暴动简单化了，在其中家族成员的斗争既不是为了克伦邦国家解放军或民主克伦佛教军（DKBA），也不是为了投机取巧。更进一步的是，在克伦邦国家解放军充当马前卒的士兵大多是佛教徒，他们受到民族主义运动的感召，但并不能为其基督教首领所统战。这种过度自我保护的态度已经塑造了很多在泰国边境的基督援助组织，并形成了使克伦文化陷入险境的舆情。无休止对于可怕前景的宣传和常常陷入神权政治的言论一同强化了邪恶的观念，残害着无辜的村民们。

此种观点不仅给权利以偏颇的模样，重要的是，对克伦民族联盟和克伦邦国家解放军来说对人权和文化生存的讨论已经厌倦了，因而克伦和克伦民族联盟文化几乎成为同义词。这种政治经济权利的主导和代表已对权利问题独立于克伦民族联盟民族主义的困境的复杂情况做了研究。本文致力于对人权中的文化和政治问题做批判性的讨论研究。克伦民族联盟已经把持了所有人权话语并将它作为夸张的武器。最近，克伦民族联盟已经向人权问题投入了更多的关注，且为了临时操纵而训练其自己的指挥官，因为克伦民族联盟必须考虑它的国际名声,尤其是从重新安置克伦社区而来的难民支持正不断地在为其财政情况提供助力。

支持村民是无助的受害者的这个观点,被克伦人权组织的凯文·摩西德(Kevin Malseed)所批评,他关注于东缅甸村民主张实现文化权利的策略。摩西德正确地指出了人权报告和学术分析限制了他们的表达,"根本没在意村民反应和抵制的诸多方式"(2008:12)。一项关于权利主张的研究,包括了人们反抗暴力的策略和回应,和主张人生中生存和自由选择的权利。当摩西德批判有关村民机构研究的匮乏时,他没有注意到对低强度冲突充满分歧的回应,将克伦邦村民们均质化了。然而自相矛盾的是,当指挥官、受到良好教育的精英、克伦民族联盟领袖以及同克伦民族联盟相关联的运动者可以进行迁徙并且不时地提升自己的地位,穷人们却被谴责,要留下来。那么我认为,关于权利的讨论必须包括对人们来说可行的选择和期望的讨论。

成为常态的战争和抵抗的策略

再开始分析之前,要对一些理论进行思考。"内部难民"(internally displaced people,IDP),模糊了内部差异和不同人个体力量,并且使我们无法看到地位和立场的区别。甚至"难民"这个词也已经被重复批判,因为它加之给了一群人扼要表达、毫无特色的看法,而不是个体生活史有着分化轨迹的描摹。(Malkki,1995)由此使用民族学的方法,则对人们发声和展现自己便极为有利。它同样关注接触被排除在资源之外的人,以及各种网络如何作为社会支持框架发挥作用的。战争和暴力被看作是一种"常态",不同的武装和军事力量将自己强加在克伦农民的身上,在那里,人们与派系合作是授权和追逐物质利益的策略。

不仅是缅甸政府军在克伦村庄掠夺抢占,民主克伦佛教军、克伦邦国家解放军有时也是如此。人们处在压抑的环境中,并被各种部门、政党征税,被卷入到了一股试图把控主权和控制土地人民的力量当中,它们一直尝试控制和管制人民的运动,而人民则成了他们的资源。缅甸政府军重新将人民安置到国家空间中的做法必须正大光明。被迫的迁徙已经成了对威胁和各种武装,某种形式上的回应。

村民们最常见的策略是,将克伦邦国家解放军和他们的军事专家作为资源来预测缅甸军队的到来。由于竞争最激烈的地区为停火区域,并且自从村民们知道了他们将被挟持、奴役和凌辱,他们便消失到了森林之中。最常用的策略便是拒不服从和逃避，而不是同缅甸军事做斗争。村民们在森林里建起了隐蔽的藏粮处。军队总是毁灭生机、屠杀村民、烧毁粮仓、炮击村庄并埋下地雷。最终缅甸军队组织村民休养生息的行为，将会导致食物危机，驱使村民投奔泰国的难民营。难民营成了改变信仰的中心：许多来到难民营的难民赤裸裸地处在基督教改宗的气氛下，最终成为基督教徒。用尽各种手段声张其权利的人们，被种种支配关系所引导着。

虽然摩西德认为回避策略是抵抗最好的策略，但我认为在难民营的再组织、政治宗教网络中的社会组织中的重新组织，以及和国际人权、人道主义网络、跨国教堂网络的联盟，以及这些网络在东缅甸以再生形式进行的再组织，人权和传教士运动和同克伦民族联盟的这些努力紧密的联系，都是抵抗的最重要的策略，尽管这些策略和这些同再生、援助项目紧密的联系，对克伦民族联盟的政治组织来说没有明确被表述和批准。在我的理解中，这种政治组织和重建导致了人权话语被某个精英（基本是基督徒）所盗用，并导致了人们通向应有权利的差异方式，例如获得市民权利、迁徙和资源的途径，其中包括金钱、事务、衣服、医药和书本。并非是迁徙有损于大多劣势群体，而是非自愿的流动对他们有所损害。在东缅甸大部分的佛教徒和泛灵信仰的克伦人可能并不认同克伦民族联盟项目。他们可能只是将难民营作为临时的避难所，而并非是逃离悲惨人生的最后一种方式。家庭可能会将孩子留在难民营中，在那里孩子们可以从克伦民族联盟和基督传教士网络的免费教育中获益，同时其他的家庭成员却更愿意待在山里。宗教宇宙观对克伦人的社会生活是十分重要的，它将分析的纳入给了人们以声音。宗教是被达德利（Dudley）称为"情感逃离"（sensescapes）的其中一种，它们组成了物质宗教文化的核心并影响了精神和流动性。（Dudley，2010）克伦的不同群体被大量的宗教运动所吸引，狂热的崇拜和追寻宗教乌托邦的工程，致使道德准则和公平正义的重建。这些精神工程看起来对我寻求本土权利观点至关重要，但是对于外来者来说十分难以理解，并且可能已经被克伦民族联盟给边缘化了。

对克伦文化的争论

考虑到克伦民族和宗教的多样性，到底什么是克伦文化，其定义并不清晰。更多的是，当克伦的文化概念包括一整个信仰系统，并注重社区的宇宙观的价值以及人类同环境、宇宙之间的联系时，国际权利框架则尝试在演说中支持个人主义和自由。（Hayami，2004）克伦文化几乎是道德合宜有序图景的代名词，但与此同时，这种在习惯法上的关注点包括不同的本土宗教已经在这个社区中建立了不同的信仰体系，并组织起日常生活和社会关系。不同社区现在正在同各种运作者建立联盟，其中包括克伦民族联盟、充满神授色彩的佛教徒、美国基督传教士、国际人权组织、联合国教科文组织办公室以及本土克伦人权组织。社区被不断进行的斗争弄得分崩离析和再次复兴，并被距离和泰缅边境分割开来。在对克伦文化传统充满竞争的描述的争论中，宗教扮演了一个社会需求主要的角色，一个社会团结的基础和政治意愿。

克伦文化也在民族主义运动中被重新发明了。克伦文化，或更被精挑细选出的部分成了克伦民族联盟民族主义运动的民族主义诉求中一个重要存在。伴随着克伦民族联盟领导人不断的基督化，同时浸礼会教堂在不断地传播基督文化和生活方式，民族主义抗争越来越被认为是种精神层次上的抗争。克伦民族主义同基督教纠缠得越来越深并被其合法化。宗教合法化以及民族主义运动的发起者使得佛教徒和泛灵主义者更加难以认同基督教的家园蓝图。分离出去的民主克伦佛教军，在乌杜扎那的精神领导下，已经在佛教区域建立了进行抗争的佛教民族主义，在那里，缅甸法律不可施行，素食主义和苦行被提倡，道路和电力作为发展和现代化的标志被推广。配合克伦民族联盟的公共仪式，民主克伦佛教军推出了他们自己的民族旗帜并颂唱着佛教国歌。（Gravers，2007）

向基督教的转变被视作打破了传统的泛灵信仰。新教徒被鼓励中止他们牺牲精神的信念，而以加入"上帝之国"作为替代。克伦文化陷入到了民间传说、旗帜颜色和民族主义赞歌当中。当传统的手段和音乐元素可以交织在一起并转变成为新教会的教堂音乐时，同传统叙述、史诗和歌曲相连的泛灵主义观念便被丢置了。因而，当音乐的精神维度被视作异端之时，在泰国边境难民营中的传统音乐，只有一部分被克伦民族联盟难民委员会所支持。我认为难民营被当地难民委员会（被克伦民族联盟的牧师所统领）所管理，已经成了改变宗教信仰的中心（Horstman，2011a）。59个分属于不同教派的基督教堂（Protestant，Catholic）在迈拉（Mae La）的难民营决定了这些难民营的文化氛围，难民营的公共空间经常被浸信会圣经学院教堂用来进行仪式。在难民营中的克伦浸信会领导为了动员、教化和管理他们，并对营地进行文化管理，便组织进行周密的运动，将信赖的泛灵主义者基督化。佛教徒和泛灵主义者众的难民完全处在民族主义叙述和基督圣经学习之中，几乎所有的儿童都参观基督寄宿学校，孤儿们成了基督徒。

克伦民族联盟代表进行的内部安全实践和克伦民族主义宣传都没有合法的基础，除了克伦民族联盟在难民营建立的合法生态。当泰国政府尽全力进行监督时，它完全尊重浸会教堂的自由。其他也有在难民营设教堂的教派，包括天主教、七日教会（Seven Day Adventist）、灵恩派教会［神召会（Assembly of God）］、五旬节教派（Pentecostal）等。当克伦-缅甸边界协会（KBBC）同克伦民族联盟和克伦"原因"紧密捆绑，其他教堂已经有了独立的宗教议程并且将他们自己从浸会教中区分开来。不同于许多宗教组织通过浸会教堂进行操作，天主教和七日教会有他们自己的人道主义宗教组织，并且开办他们自己的学校。国际人权会议更易被克伦民族联盟的基督精英擅用，而不是其他什么群体。就像我下面会说的，克伦民族联盟太依赖国际法律人权框架去游说西方政府了，同时佛教徒则更倾向于他们自己的宗教世界观，并没有借助国际人权框架。这里谈论的权利更倾向于佛教社区应尽的义务，以及做好事的义务，已经很难关注到全球人权会议了。通过对克伦民族联盟的模仿，民主克伦佛教军也已经开始依靠国际人权了。

然而，克伦的小乘佛教传统是与缅甸传统有所区别的，有部分还是对立的。克伦的佛教继承了孟邦缅甸的传统，有1000年的厚重传承，并趋向于关注那些"得道高僧"，他们被认为将解救克伦于水火之中。在东缅甸的克伦佛教徒渴望着第五如来，并且特别尊敬易被当作本土朝圣中心的得道僧侣和圣遗物（Gravers，2001）。在泰国，许多佛教徒不待在难民营里，他们认为难民营中都是些克伦民族联盟的基督教领袖，而是作为拿薪酬的劳工在泰国的湄索河谷的城郊工作，同在缅甸自己的家乡保持联系。他们将从缅甸不同地区获得的强力圣物带到异国他乡、投奔法力高深的僧侣并建造寺院以驱散乡愁、使自己似乎仍在故乡。但是由于新建的寺庙在泰国佛教联合体系之外，克伦的领袖僧伽（sangha）就得利用佛教关系联系泰国的佛教领袖，让他们准许并支持这些寺庙的建立。然而，克伦移民还是倾向于信任说缅甸话的克伦僧侣，而不是从泰国传统中心而来的泰国僧侣。他们喜欢听缅甸或者克伦语的布道，追崇孟缅的活动和克伦本土传统习俗，这些泰国的僧侣对这些则一无所知。就像难民营的基督徒更乐意采用缅甸牧师的服务一样，佛教徒也几乎原封不动地与他们的村庄联合齐头并进。

同克伦群体相似，莱凯和塔拉库是最有名的混合宗教运动。（Kwanchewan，2007、2008）莱凯和塔拉库都是涵盖了克伦宗教和意识群体巨大多样性的运动。这些群体同样表现出克伦的文化和宗教混合性，但也有紧紧抓住社区价值的决心。达德利（2010）发表了一篇报告，指出在克伦难民营基督教环境中举步维艰的克伦民族的泛灵主义群体，具有极大的差异性。事实上，泛灵主义群体可能对他们在难民营中的本土宗教更加敏感，在那里他们感受被占据支配地位的基督传统所歧视。对此他们可能的回应是，在难民营中保持重复进行仪式的传统，或转变成基督主义或克伦民族主义。

与文化权利组织的接触

当非西方看法和坚持人权的西方定义不一致的时候，克伦已察觉到他们可以将国际惯例量体裁衣，以变成自己的优势。这对克伦民族联盟来说特别适用，他已将自己包装成了一股为了人权和文化权利抗争的民主力量。克伦民族联盟的新衣几乎被认定比坚定的民族主义以及反共和、基督教、专制和腐败的联合都更重要。克伦民族联盟现在正将其政治网络向新移民扩张，过分将国际人权惯例用在他们对西方的宣传上。它正在欧洲组织政治网络，动员克伦年轻人对抗进行（用他们的话说）"种族灭绝"的缅甸军独裁者。克伦民族联盟勒令各团体为其效力。克伦民族联盟对政府进行游说，希望能够从事人权抵抗方面的工作。我已提过克伦民族联盟和 KKBC 都是基督传教士网络的天然伙伴，这些网络需要克伦民族联盟背景的牧师来进入难民人群中提供有效的援助。由于基督组织无法在东缅甸起作用，他们在 1984 年建立了难民营，这就成了人道主义援助的一项基础。在人道主义领域，新人道主义运作者将低水平的人道主义援助发展成为高水平的援助项目。在湄索的边境城镇成立了许多人道主义组织，他们关注的焦点在难民营地的人们身上。在城郊未注册的移民和内部离散的人民非常难以获得援助。克伦民族联盟可以控制人们并将人道主义援助分配在难民营中，并将人道主义援助引导至暴乱中。许多组织将克伦民族联盟认同为一个优秀的民主组织。第二，克伦民族联盟在东缅甸倡议大量提供救济，在克伦邦国家解放军的保护下非法跨域边境，打造了第二道人道主义前线。许多从缅甸而来的克伦家庭在克伦民族联盟中有他们的家庭成员，在各种国际 NGO 中为在湄索或清迈的救济项目、浸信会教堂或宗教人道主义组织工作，例如"同伴"。"同伴"是一个美国基督教组织，它提供救济项目，同缅甸解放游击队一起帮助移民学校和移民伙伴——缅甸解放游击队是一个由福音传道者（同英国军队联系紧密）所资助的救济组织。缅甸解放游击队在清迈省有着训练护士跨境到冲突地带工作的基础。这些护士做三种事情：为受伤者提供紧急医疗护理，记录人权的侵犯以及提供基督礼拜和传教士工作①。从缅甸而来的受到基督教育的克伦人受益于克伦民族联盟、NGO和信仰组织的人道主义纽带，已形成了在泰北的一部分有薪中产阶级。人道主义组织被组织成共同体，也就是前基督教联盟。之后，基督教便退位了。共同体用非常专业的工作向尽可能多的人们提供紧急援助。但肯定的是，它们无法控制所有粮食的分配，一部分物资在黑市上售卖或者被给了克伦邦国家解放军。包括辛西雅（Cynthia Maung）运营的梅道诊所在内的救援努力，为来自缅甸的难民提供免费医疗服务，同时在缅甸的背包医疗工作队（backpack health worker teams）和克伦教师工作队（Karen Teacher Working Group）分别发放药品和教科书。这些克伦民族联盟、NGO和人道主义组织采取的措施因为将他们的活动积极地推向国际媒体并获得私人捐赠，而使得紧急救援政治化了。在健康和人权上通过影视媒体大做文章，本土人道主义NGO导致了人权公共关系的损害，这已组成了一整个的非法二级救援福利系统。（Horstmann，2010）

克伦人权团体

"缅甸问题"和克伦人权团体这样的组织处理起人权问题时更明确，他们同样与在泰缅边境的克伦民族联盟和人道主义有接触。克伦人权组织是权利的调停者中最出类拔萃的。为村民组织工作场所、训练村民对滥用权利进行研究，这个团体将己身理解成克伦村民们的代言人。

克伦人权组织认为克伦难民的人道主义危机，并不仅仅因为克伦邦国家解放军和缅甸政府军之间的二元矛盾，而是缅甸军将主权强加在人民身上的恶性目的，以及通过重新安置和安排他们强制劳动、强行对财物征税的方法、企图用军事法律取代当地主权的结果。来自于不同文化、宗教、生态系统、地区等背景的人们报以的回应则是通过逃亡附近的森林、以隐蔽的口粮和礼拜之地，依靠传统内部救助系统不断地将秩序打破，忽略命令并实施其他逃避策略。摩西德认为克伦村民采用了回避国家的生存策略，以阻止对社会结构的全部威胁。他批判了人道主义援助可以是中性的观点，原因在于人道主义带头人必须支持村民从来自国家的威胁下保护自己。他们认为村民是能动的主体，村民们使用"孱弱这项武器"来迎战国家镇压他们的战争。克伦人

---

① 一个对于缅甸解放游击队解释，见http://www.freeburmarangers.org/，缅甸解放游击队曾由退休美国特使和新教传教士艾伦·由班克（Allen Eubank）资助。

权组织批判了国际法律权利框架并乐于挑战其假设。他们要求将诉讼权利的工作情境化,从而可以帮助村民谋划、寻求权利。健康和教育应该被草根行动者组织,而不是被政府组织所控制。克伦人权组织这种组织已经在像联合国难民组织这样的组织身上吃够了苦头,和社区领导一起紧密地工作来授权并鼓励他们谈论权利问题。克伦人权组织批判了将难民为 IDPs 的人道主义话语,IDPs 被认为只为获取救援服务而自诩为受害者。对斯科特(Scott)提出的"不被统治的艺术",克伦人权组织认为对克伦村民来说,"离散是一种流动和持续不断的过程,相较空间概念更接近社会文化,并且经常作为一种求生策略,在他们反抗国家控制同时在认同、土地、生计方式上保全自己的当地主权的挣扎中出现"。(Heppner,2006:24)这和联合国难民组织的差别在于将内部离散的人们定义为由于战火被迫离开自己家乡的人们。联合国难民组织,作为一个国际化的政府主体,需要将难民和 IDPs 遣返并安置,通过将保护和援助的责任赋予到外国机构和国家身上。根据玛姬(Malkki,1995)的看法,克伦人权组织挑战了技术统领一切的语言,并问责了国际组织在每种定义中都忽略无视的克伦村民机构的削弱政策。技术论解释对"村民多样认同和才能以及泛化他们的多样离散经验"是盲目的。(Heppner,ibid.,2006:24)在此意义中的流动性必须被看作是软弱无能,但是在国家控制的区域,流动实际上是主要的减轻和避免勒索、威胁和滥用的策略。通过对当地村民认真的研究,克伦人权组织发现村民为了自己的生存、缓和外界攻击,而建立无国家在场空间,在那里他们一边依靠社区网络、通用支援网络、教育和宗教,一边它他们进行再生产。克伦人权组织认为危险时人道主义援助误解了国家和村民之间真正的战役,忽略了村民们维持传统的无国家空间的策略,并强制他们进入国家体系、使他们被国家有效管控并依赖援助。

这里有一个案例,是在难民营里的难民处在国家(泰国政府)控制之下,获得独立的援助(国际人道主义援助),通过克伦难民委员会和难民营的管理而被克伦民族联盟所控制。克伦人权组织将难民营看作避难所,并不对其投有过多关注。虽然,难民营已经成了难民生活和的一部分,和跨国的紧急形式。克伦人权组织证实很多家庭都会将他们的儿子送到克伦邦国家解放军,源于村民们需要克伦邦国家解放军的保护。但是克伦人权组织同样发觉缅甸军事极少会在战役中同克伦邦国家解放军交战,而是专注于烧毁克伦村民的粮仓。不行的是,克伦人权组织忽略了克伦民族联盟在暴力中的角色,他们为克伦邦国家解放军募兵,克伦邦国家解放军收税,无政府力量对人民的恐吓和人权滥用。克伦邦国家解放军控制了难民营中的人们,限制他们活动以及外出。难民营委员会和Kawthoolei①教堂在难民营克伦文化的再生产上施加了巨大的影响。克伦民族文化的再生产甚至包括在移民学校，对不遵守民族主义基督教规则学生的处分。在难民营中，文化的权利与克伦民族联盟的民族主义计划紧密相连。难民营中的少数族群无法同克伦民族联盟的领导者面对面，但可以创造出属于他们自己的空间。佛教徒和缅甸、泰国西北的克伦寺庙建立了网络，并将他们纳入到佛教仪式中。从不同宗教社团而来的难民，在难民营中通过邀请宗教领袖和从他们家乡来的社区长老，再造他们自己的仪式。泛灵主义团体，当被克伦民族联盟的传教士邀请转变为基督徒时，同样回到了在冲突区域自己的家乡社区以贯彻传统精神崇拜，特别是飨神的丰收仪式。虽然克伦人权组织对村民政治组织的各个方面都很敏感，尽管移民组织组成了社团和相互支持网络的牢固部分，但克伦人权组织似乎对他们的文化和宗教组织并不感兴趣。我认为，在政治、文化和宗教方面对村民的自我组织的关注，能对人们怎样持续参与到他们的人生历程、在不同环境中丰富他们的日常生活、发现重生和丰富的乐趣、他们怎样在流亡中定位自己、他们怎样重获新生、怎样找到意义、自信和希望，提供给我们更好的理解。对文化参与的关注有助于对村民的价值和梦想的理解，减少对他们抽象的权利图景的关注。

结　　论

　　文化并不是一种无知、中立的资源，可以轻易地被国际法律权利框架用全球主张和思潮所左右。在权利范围中的活动者，包括国际人道主义组织、不同旨趣的宗教组织、各式各样的基督传教士网络、克伦民族主义运动（尤其是克伦民族联盟）和本地无政府权利阻止。在西缅甸和泰国西北展开的冲突中，各种文化概念和强权的行动者及权益联系在一起。克伦文还在不断高涨的克伦民族主义和克伦民族联盟中，已经成了被发明、被表达、被少数化和被打包起来吸引受过教育的精英和西方赞助者。对克伦民族联盟来说，打造出克伦文化的一种独特概念是非常重要的，为了支持其对克伦故土的正当愿望——为一个民族的社区而奋斗。但是由于强势基督教和传教士已构成了

---

　　① 译注：Kawthoolei是一个克伦概念，从20世纪40年代起缅甸的克伦人就致力于建立Kawthoolei。它与今天的克伦邦（Kayin State）意思相近。资料来源，维基百科：https://en.wikipedia.org/wiki/Kawthoolei

克伦想象的共同体,大部分佛教徒和泛灵主义者无法认同克伦"国族"。克伦基督传教运动和基督宗教组织甚至为基督教殉教者和无神主义者(恶魔)之间的精神战争发声。基督传教士网络使用可怕的侵害人权的文件做宣传,为了提高在美国教堂集会中的关注度,并为医疗救济福利、信仰福利和传教士工作募集捐赠。基督传教士网络和宗教信仰组织使用"种族灭绝"这个词来定义内战中受到屠杀的人民,却避开了对冲突动态的认真的分析,这可能被误导成简单的二元描述。目前缅甸解放军对克伦的流行文化或他们将其作为前基督时代的克伦信仰(甚至有时他们将其同"反基督"联系起来)不感兴趣。缅甸解放军、其他基督宗教信仰组织和克伦民族联盟的传教士群体一起传教。本土权利组织则对政治经济权利和生存重建策略更感兴趣。然而我们所见到的本土人权组织同样对国际人权议程、遣送回国的目标同样持有批判的态度,尤其是尊重国家主权和在国家组织机构中工作的条例。本土权利组织为了在无国家区域建立当地主权而为了村民的本土策略而奋斗。本土人权组织和克伦民族联盟、克伦邦国家解放军以及其他NGO、西方人权组织之间紧密的联系将他们推向了类似的国际视野中。于是现在的问题是:是否文化和权利这样一种西方话语将自己强加在了第三世界国家的当地语境中?本土人权组织成功地将村民载入到了人权滥用的文件中,包括非法拘留、恐吓、折磨、强迫劳动和非法征税。克伦民族联盟使用符号化的暴力推广文化认同的支配定义,而许多克伦村民是不认同这个概念的。克伦民族联盟或克伦邦国家解放军在争夺的领土上施加自己的影响,是没有过问过克伦村民的意见的。各个权利组织和宗教组织同本地志愿者一起工作,志愿者和社区工作者、教师和来自不同基督教会的牧师和教派在克伦社区内都有了一席之地。本土人权组织、宗教组织、NGO和本地传教士社会可以调解克伦村民健康、教育、文化和更好的生活的权利,克伦村民活跃地同他们建立起联系和联盟以提高自己的生活环境和抵抗萧条的国家。

利益相关者回忆是必要的,它将社区领导者、长老同NGO、人道主义实践者、学者、知识分子和牧师领袖、权利运动者一起,可以在文化中发现存在的定位,并设计策略保护文化,刺激关于文化权利的讨论并建立一个文化空间,在那里文化可以被批判地讨论,而文化的价值也得以保存。

参考文献

Cowan, Jane. 2003. The Uncertain Political Limits of Cultural Claims: Minority Rights Politics in South-East Europe. In *Human Rights in Global*

Perspective, edited by Richard A. Wilson and J. B. Mitchell, 140–62. London: Routledge. 2006. Culture and Rights after Culture and Rights, *American Anthropologist* 108 (1): 9–24.

Cowan, Jane K., Marie-Benedicte Dembour and Richard. A. Wilson, eds. 2001. Culture and Rights. *Anthropological Perspectives*. Cambridge: Cambridge University Press.

Decha Tangseefa. 2006. Taking Flight in Condemned Grounds: Forcibly Displaced Karen and the Thai-Burmese In-between Spaces, *Alternatives* 31: 405–29.

Dudley, Sandra. 2010. *Materializing Exile: Material Culture and Embodied Experience among Karenni Refugees in Thailand.* Oxford: Berghahn. 2007. Reshaping Karenni-ness in Exile. Education, Nationalism and Being in the Wider World. In *Exploring Ethnic Diversity in Burma*, edited by Michael Gravers, pp. 77–106. Copenhagen: NIAS.

Goodale, Mark. 2009. *Surrendering to Utopia: An Anthropology of Human Rights.* Stanford, CA: Stanford University Press.

Gravers, Mark. 2007. Conversion and Identity: Religion and the Formation of Karen Ethnic Identity in Burma. In *Exploring Ethnic Diversity in Burma*, edited by Mikael Gravers, 2007–258. Copenhagen: NIAS Press.

Hayami, Yoko. 2004. *Between Hills and Plains: Power and Practice in Socio-Religious Dynamics among Karen.* Kyoto: Kyoto University Press.

Heppner, Kevin. 2006. We Have Hands the Same as Them: Struggles for Local Sovereignty and Livelihoods by Internally Displaced Karen Villagers in Burma. *KHRG Working Paper*. Accessed at http://www.khrg.org/papers/wp2006w1.htm.

Herzfeld, Michael. 1997. *Cultural Intimacy: Social Poetics in the Nation-State.* New Yok: Routlege.

Horstmann, Alexander. 2010. Ethical Dilemmas and Identifications of Faith-Based Humanitarian Organizations in the Karen Refugee Crisis. *Journal of Refugee Studies* 24 (3): 513 – 532. 2011a. Humanitarian Crisis, Religious Nationalism and Competition: Buddhist and Christian Karen in the Thai-Burmese Borderland, *Encounters* 4: 191–213. 2011b. Sacred Spaces of Karen Refugees and Humanitarian Aid across the Thailand-Burma Border, *Austrian Journal of Southeast-Asian Studies* 4 (2): 254–272. 2011c. Sacred Networks and Struggles among the Karen Baptists across the Thailand-Burma Border, *Moussons* 17: 85–104.

Keyes, Charles F., ed. 1979. *Ethnic Adaptation and Identity: The Karen on the Thai Frontier with Burma.* Philadelphia: ISHI.

Kwanchewan Buadaeng. 2003. *Buddhism, Christianity and the Ancestors. Religion and Pragmatism in a Skaw Karen Community of North Thailand.* Chiang Mai: Social Research Institute. 2007. Letters of Contestation: Leke Religious Cult among the Karen in Myanmar and Thailand. Unpublished paper presented at the Center for Southeast Asia Studies, Kyoto University, 23 March. 2008. Constructing and Maintaining the Ta-La-Ku Community: The Karen across Thailand-Myanmar Border. In *Imagined Communities in Thailand.* Edited by Shigeharu Tanabe, 83-106. Chiang Mai: Mekong Press.

Lubkemann, Stephen. 2008. *Culture in Chaos. An Anthropology of the Social Condition in War.* Chicago: University of Chicago Press.

Malseed, Kevin. 2008. Networks of Non-CpmplianceL Grassroots Resistance and Sovereignty in Militarized Burma. Unpublished lecture for the Agrarian Studies Colloqium, Yale University, 25 April, 2008.

Malkki, Liisa H. 1995. Refugees and Exile: From 'Refugees Studies' to the National Order of Things, *Annual Review of Anthropology* 24: 495-523.

Mathieson David S. 2009. *Burma's Forgotten Prisoners.* New York: Human Rights Watch.

Merry, Sally Engle. 2006a. Transnational Rights and Local Activism: Mapping the Middle, *American Anthropologist* 108 (1): 38-51. 2006b. *Human Rights and Gender Violence: Translating International Law into Local Justice.* Chicago: University of Chicago Press.

Rajah, Ananda. 1990. Ethnicity, Nationalism, and the Nation-State: The Karen in Burma and Thailand. In *Ethnic Groups across National Boundaries in Mainland Southeast Asia*, edited by Gehan Wijeyewardene, 102-133. Singapore: Institute of Southeast Asian Studies.

Rogers, Benedict. 2004. *A Land without Evil: Stopping the Genocide of Burma's Karen People.* Oxford: Monarch Books.

South, Ashley. 2008. *Ethnic Politics in Burma: States of Conflict.* London: Routledge.

西双版纳的少数民族治理和发展：
作为商人的阿卡和傣族胶农[①]

西蒙弗雷泽大学地理系　Janet C. Sturgeon（已退休）著
德国马普宗教与民族多元研究所　马　祯　译

摘　要：在中国云南南部的西双版纳地区，阿卡人[②]（Akha）和傣族（Dai）被认定为"落后"且是接受国家发展扶持的农民，他们通过种植橡胶并将其扩展到邻国老挝，阿卡和傣族胶农逐渐致富。由国家主导、旨在提高少数民族收入的经济作物项目无意中使阿卡和傣族农民成为颇具活力的承包商。本文以维奈·基德万尼（Vinay Gidwani）将发展理解为提高社会和经济的"价值体系"（regime of value）的视角为基础并以此分析发展的意外之果。地方政府工作人员认为自己是发展的推动者，可为处于持续落后的少数民族农民带来恰当的社会发展和经济改善。在每个人对自身发展负责的时代，少数民族农民则将其理解为提高自身收入和"素质"的过程，而"素质"这一术语在中国指的是社会价值。国家发展话语鼓励人们通过提升经营能力从而提高人口素质，且城市精英和少数民族胶农都已经熟知这一倡导。通过创造性的、后福特生产模式和灵活地利用土地、劳动力和资金，少数民族农民获得了比国有橡胶农场工人更高的收入，大型农场福特主义的生产模式在计划经济不均衡地向资本市场转化过程中被淘汰。中国边疆地区"落后的"阿卡与傣族胶农出乎意料地成为灵活生产规划的先行者，而这种生产方式盛行于2001年中国加入世界贸易组织后形成的竞技台中。

关键词：中国西双版纳　少数民族　橡胶　政府　价值体系

[①] 原文来自 Janet C. Sturgeon, Governing minorities and development in Xishuangbanna, China: Akha and Dai Rubber farmers as entrepreneurs. *Geoforum* 41（2010）. pp.318-328.

[②] 译注：阿卡人，在中国被识别为哈尼族的一支，他称为僾尼人，自称为阿卡。阿卡人是一个跨境族群，在国际上统称为阿卡，为了行文方便，本文以国际惯例将其翻译为阿卡人。中国的阿卡人主要分布在云南南部地区，境外的阿卡人主要分布在老挝北部、缅甸东北部、越南西北部以及泰国北部。

导　言

　　中国西双版纳地区的阿卡和傣族农民，作为国家认定的"落后"群体，通过种植橡胶变得富裕起来。通过种植自有土地或租用他人土地，甚至与他人共享橡胶树，胶农的收入超过了国有大型橡胶农场工人的收入。近些年来，阿卡和傣族农民除了对橡胶种植享有完全的持有之外，他们还以更为灵活的方式分配土地、劳动力和资本，并且将橡胶种植扩展到邻国老挝。在几十年以来西双版纳的橡胶种植和生产以国有橡胶农场为主导，且国有橡胶农场的橡胶产品和质量在国际市场上颇具竞争力的背景下，农民的收入是令人惊讶的[1]。与农民迅速扩张的跨国橡胶种植对比，近年来被改造为私有橡胶公司的国有农场，在寻求老挝北部更大的橡胶种植特许权中仅获得了十分有限的成功。在从计划经济向市场经济转化的过程中，国家通过种植经济作物进而提高农民收入的一系列农业化扩大种植项目大部分以失败告终。但是，这些种植项目使农民学会了如何自己创造并扩大市场。如今，农民意料之外的成功威胁到了早已沉淀下来的中国社会分层。在这一社会等级中，汉族被认为是中国迈向国际市场的领头羊，边疆地区的少数民族因其较低的素质而落伍。但是，少数民族农民认为其在响应国家号召之下通过致富从而为经济发展做出贡献的过程中提升着自身素质。

　　为了解释快速的变化和少数民族农民意料之外的收入，本文聚焦于国家对西双版纳少数民族及其发展的治理。在此语境中，政府治理培育了"价值体系"（Gidwani，2008），在这一概念中，人们行为的提升和经济的增长互为依托。在西双版纳，地方政府在不断资本化的市场经济条件下以促进经济发展为目标，并希望在创造经济价值的同时提高少数民族人民的"素质"以及他们的社会价值。以2006年为例，地方政府和国有农场管理者们把农民收入的增长视为国家发展项目为被动、落后的少数民族农民带来"舒适生活"的证据。在国家工作人员看来，如若没有地方政府和国有农场的扶持，少数民族农民应该还在贫困线挣扎。同时，少数民族胶农确信他们不仅提高了收入，还在中国社会中提升了自身素质。正如我将在下文讨论的，"素质"在中国社会具有多重含义，这是政府机构人员用于维持社会分层的概念，甚至少数民

---

[1] 这一收入对于农民、国家工作人员以及研究者来说都是令人惊讶的。这一意料之外的成功，尤其是阿卡人的成功引发了此项研究。

族也用做进行自我改变的术语。地方政府并不欢迎那些经济冒险可能会挑战国家在发展中的角色。当国家工作人员用"混乱""干扰性"等这些对中国社会次序不利的词汇来形容阿卡和傣族胶农在老挝境内的生产活动的时候，这些胶农的跨境交易至少是暂时停止了。

为了探究少数民族农民的市场开拓和跨境实践，本文将首先介绍西双版纳的基本情况，以及政府对少数民族和发展的治理机制，接下来的理论部分关注中国社会中价值，或者"素质"这一概念的前提下，将进行"价值体系"的理论性分析，即在其中人和经济的价值同时得到提升；其次，是对研究方法的简述；再次，是对西双版纳橡胶种植历史的回顾，这一历史反映了围绕着橡胶种植而形成的社会和空间分层，并解释为什么国家工作人员认为少数民族无法依靠自身获得发展的原因。然后，将回顾中老边境的长期交往，为边境胶农的故事展现情景，这些记录描述了中国胶农如何在西双版纳灵活利用土地、劳动力和资本，并在老挝扩展经济作物种植。最后，本文的结论部分突显在计划经济向市场经济转型中，对于提升社会和经济价值的政府治理的聚焦，揭示了基于对少数民族长期假设基础上的国家计划如何无意中创造了少数民族农民致富的条件。

西双版纳的政府治理

西双版纳位于中国云南省南部，是一个与缅甸和老挝接壤的热带地区。

在历史上，西双版纳被称为"十二版纳"（Sipsongpanna）[①]，是受与缅甸掸邦、老挝以及泰国北部地区有往来的傣族领主统治的一个封邑。1949年中华人民共和国成立后对"十二版纳"实施了管理，随后以"十二版纳"的傣语音译将其更名为"西双版纳"。除了居住在坝子里的泰族（Tai People），即汉语所称的傣族（Dai），西双版纳还居住着阿卡人[②]、基诺族、拉祜族、布朗族、彝族和瑶族这些山地民族。中国政府将西双版纳地区理解为边疆地区，这一地区以对新国家政体模糊的非汉族族群为主要居民。（Sturgeon and Menzies，2006）20世纪50年代国家进行的民族识别，将这些居民归类为官方认可的少数民族。（Harrell，1995）民族识别之后，每个民族都按照从奴隶制度、封建制度、资本主义制度到社会主义制度的生产方式和社会发展阶段

[①] 译注："十二版纳"为意译。Sipsongpanna为泰语以及傣泐语。
[②] 阿卡人是中国哈尼族的一个分支，阿卡人自称为阿卡，也就是本文使用的名称。

进行了划分。在生产方式和社会发展形态上，大多数少数民族都落后于汉族。这一识别事实上基于中国几个世纪以来形成的社会分层，即与原始的西南边疆少数民族相比，汉族处于文明发展的最前端。（Hostetler，2001；Harrell，1995）自从1949年以后，对少数民族地区的治理成为国家治理中十分重要的组成部分。

在寻求发展的过程中，地方政府主要聚焦于热带经济作物，尤其是作为自治州经济支柱的橡胶。（Xu，2006）从20世纪60年代到80年代早期，西双版纳的橡胶几乎全部产自国有农场。国有农场的员工是中国内地的汉人，其管理和运营也与周围的少数民族隔离。（2006年2月，国有农场职工访谈）20世纪80年代早期，在废除农业生产合作社开始实行家庭联产承包责任制时，情况发生了很大变化。20世纪80年代中期，国有农场将橡胶树苗分发给少数民族农民，并免费教他们如何在轮耕地上种植橡胶。（2006年2月国有农场职工访谈）除此之外，政府推进一系列鼓励少数民族家户种植经济作物的运动，由于几乎所有西双版纳的农民都是少数民族，因此，对少数民族地区的治理与对发展的治理不可避免地结合在一起，通过这些经济作物的种植，地方政府希望能够提升当地经济和人口素质。

在西双版纳，废除农业生产合作社推行家庭联产承包责任制之后，地方政府的任务是促进当地少数民族的经济发展。这项任务中最重要的部分是教会少数民族农民种植橡胶和割胶。2001年中国加入世界贸易组织后，橡胶种植在两个方面发生了重大变化：第一，2003年，国有橡胶农场进行了私有改造，其中一个原因是改造之后的橡胶公司可以到邻国老挝和缅甸扩大种植；其二，少数民族跨境和他们的亲戚和朋友一起加入橡胶种植，中国少数民族农民将橡胶"外包"到邻国老挝。

在此，就出现了两个问题：第一，国家工作人员如何解释社会价值，或者汉族和少数民族的素质，以及国家认为少数民族的素质比汉族低，且无法通过自身获得发展的原因；第二，已十分清楚其在中国社会分层中位置的少数民族农民，对市场机会和国家话语中企业家的价值做出了积极回应，并认为他们不仅提高了社会价值还提升了自身素质。正在形成的资本主义和"素质"之间的关系我将在下一节论述。

理 论 思 考

在印度的殖民发展的讨论中，基德万尼（Gidwani，2008：xxi）指出，殖民政治寻求把人类欲望和"非人类流动体"(nonhuman flows)(货币、产品和重构的土地)用来产生资本主义的"价值"。的确,基德万尼扩展了福柯治理术——对行为的引导,将其理解为"对价值体系的激励",这里的价值既指人类的特性和行为,也指发展和经济。(Gidwani, 2008: xxi)基德万尼认为,殖民政府暴露了自由主义的内部矛盾,他们在英国倡导自由主义和个人权利,但却准许对印度的独裁统治。(Gidwani, 2008: xx)寻求解决自由主义内部伦理矛盾的过程就是促进印度的发展,而这一切可以实现的前提是通过科技手段提高社会和经济发展水平,从而使落后的民族文明化。基德万尼的研究展现了资本主义"通过将自身转移或附着于其他的能量或者逻辑之上而显现其力量",因为在这一过程中,非资本交易和价值与经济变迁天衣无缝地结合在一起。在他的研究中,资本主义将自身与社会性别结构、社会等级和宗教结合在一起,将发展规划者预期的成果转移。

在本文中,我试图揭示资本主义如何在西双版纳自治州一些意料之外的地方出现,而这里正经历着从计划经济到市场经济的转变。同样,人的价值和经济价值在西双版纳少数民族的治理和发展中出现,但这里的情况和印度有所不同。在发展的语境中,资本累积和人口素质提升互相关联。我将论述的是计划经济发展的出路如何从它的实施、资本和素质的本质中转向。当少数民族农民通过跨境橡胶交易提升了收入(和素质),西双版纳政府为了限制"混乱"的跨境橡胶交易,在2006年后半年关闭了中老官方边境通道。国家工作人员在治理条款中停止了"干扰性"的资本交易。

在资本主义内部,基德万尼将资本视为"可溶性能量"(solvent energies),他认为不均衡的资本积累会导致社会不公。正如他指出的:"资本在多样的发展轨迹中,选择性的忽视分层会侵蚀,甚至改变原本固化的秩序。"(Gidwani, 2008: x)这样的过程恰好在西双版纳得到了例证。本文呈现的案例说明了资本操控并不一定要遵循政府的路径来优惠那些"高素质"的人。"素质"这一概念具有很大包容性,以至于国家工作人员和少数民族农民都可以使其适应自身需求。由于提高经济和社会价值会改变而不是维持已有社会阶层,通过促进社会经济发展的政府治理或许可以带来意外的收入。

对其他学者关于政府管控研究的梳理,不仅可以扩展这一分析,还可以说明本研究与基德万尼的有所不同。尼古拉斯·罗斯(Nikolas Rose)论述了"发达的自由化"(advanced liberal)治理,这是"所有政治谱系的精神基础"。(Rose, 1996: 60)他明确表达道:"这是一种新的统治方式,就是通过控制入选者和激发自我实现和自我提高来完成。"(Rose, 1996: 41)针对中国政府的治理，格雷·席格伦（Gary Sigley）认为："社会主义和新自由主义混合出现的政治合理性就是集权主义。同时，试图让部分主体而不是全部人的自治实现统治。在中国，城市人被视作可自我管理的主体，但是农村人口，尤其是农村的少数民族被认为无法通过自身实现管理。"

对于自由主义的解释或许与非民主非自由的政府有一定关系。席格伦吸收了巴利·海因兹（Barry Hindess）的观点，即集权主义事实上是由自由合理性的行动所组成的。海因兹列出了三种自由化政治合理性的主体类型：（1）无法实现自我治理的人，这些人必须被清除；（2）需要经过长期引导才能进行自治的人，比如被殖民者（基德万尼论述的印度的殖民统治）；（3）那些因经历长期贫困、教育水平低下，而不是社会性别和种族等问题而无法自治的人。就西双版纳来说，国家工作人员将一切经济发展归功为政府的扶持，并认为如果仅靠少数民族自身，他们只能处于"贫困落后"之中。这种想法和海因兹论述的第三种类型吻合，即一些人没有自治的能力是因为其贫困、教育水平低。但不同于海因兹的第三种类型，无论少数民族农民的收入水平怎样，国家工作人员一直视其"素质低""落后"。这暗示了在国家和政府的理解中，"素质低"是少数民族固有的特点，如果没有政府的扶持，少数民族就不能改变这种状况。在他们眼中，少数民族的"价值"或者说"素质"并没有提高多少。与基德万尼研究的印度不同，中国的自治州发展计划建立在这样一个假设之上，即少数民族处于贫穷之中。

如果更近距离地观察中国农村地区，"价值"或"素质"的问题就变得更加清晰。"素质"这一概念伴随着国家在农村推行义务教育和免费医疗，即将发展的责任从国家转移到个人身上。（Murphy，2004）农村人必通过提高自身素质从而在"现代化"中受益，同时他们对任何发展的失败负责。

对素质的强调来源于自1979年为控制人口数量而实行的计划生育政策。国家鼓励夫妻控制孩子数量，提高孩子素质。到了邓小平时代，提高人口素质成为一个主要的政治目标。（Anagnost，1997：201）高素质的人才是接受过良好教育、具有科学技术且理性的。同时，为了符合社会主义市场经济的需求，人们也应该成为企业家。（Anagnost，2004；Greenhalgh and Winckler，2005：42-43）在邓小平时代，提高人口素质是获得政治权威的途径。（Anagnost，1997；Bakken，2000；Murphy，2004）邓小平将人口素质和经济发展联系在一起，他声称：在"社会主义市场经济"中"致富是光荣的"。（Deng，1994）共产党和中国政府认为国家应该帮助人民获取致富的可能。（Sigley，2006：498）最初，国家的角色是提高人民素质使个人和国家都富起来。由于

"素质"这一概念事实上确立了农民应该对自身发展负责、农民应该提高自身素质的观念。

通过"素质"这一本来在中国社会有广泛意义的概念,中国人能够"认识到自身在社会阶层中的位置"。(Anagnost, 2004: 192)"素质"的其中一个影响是"它加固了相关的评价体系"(Murphy, 2004: 3),例如城市和乡村,现代和落后,发展和停滞,在本文的案例中,则是汉族和少数民族。这样的分类事实上是按照福柯"为了能将其有效控制,将人们分为对立双方"而区别对待。(Foucault, 1995; 1990)即使公众的焦点是通过提高素质而变得富有,在二元对立中,例如农民等被认为"素质低"的人具有低教育水平的特征,而正是这一特征阻止了他们的发展,因而一直很贫困。即使农民被认为比城市居民具有"更低的素质",在20世纪50年代进行民族识别时,少数民族素质低于国家价值标准。少数民族被认为是落后、不理性、停滞的,是这个国家最缺乏教育的人群,并且在消极等待政府的扶持。他们的"个人素质"阻碍他们提高任何社会价值,并且他们获得的任何发展都是国家扶持的结果。

即使在社会语境中"素质"这一概念十分流行,但其具体含义依然捉摸不定。事实上,素质这一概念更加经常地被理解为汉族和少数民族、城市和乡村、现代和落后之间的"差异",而不是它内在的意义。(Yan, 2003: 96)精英是有素质和没有素质的人之间一种不言而喻的差异,但诸如少数民族等这些不被看好的人,可以具有精英们的素质,如他们可以具有企业管理技能,可以提高自身的素质。正如发展所倡导的,少数民族的社会和经济价值同时获得了提升。

对西双版纳地区发展的治理可以用一种有国家经济作物所形成的运动式思维(campaign mentality)来说明。在毛泽东时代,政府治理的核心是群众路线,通过自上而下和自下而上的过程,群众路线需要地方干部将国家理念传达给群众并为群众所需提供回应。在后来的一些国家政治运动如"文化大革命"中(1966—1976),群众路线被用来动员群众。(Sigley, 2006: 506)到了今天,群众路线被用作推行如打击腐败等国家运动。按照国家的方式,西双版纳政府以运动引入如新型经济作物种植等国家项目。阶段性的国家项目在经济发展中动员农民改变地貌,将对人的治理和"非人的流动"结合在一起。但是,如果某种经济作物种植失败,失败就会被归因为少数民族农民的"低素质",而不是推广这些经济作物的国家工作人员。这种状况与塔妮娅·李(Tinia Li)对发展的观点有所共鸣:"被扶持者较好的发展必须与混乱或破坏保持距离，扶持者"总是解决问题的一方，而不是引起问题的一方。"（Li，2007：21；citing Timthy Mitchell、Rule of Experts，2004）

将国家主导的发展理念和农民提高自身素质的需求相结合，反映了政府治理本质的改变，这样预示着国家必须发动并改变农村人口，在发展中农民自我奋斗。① 同时，在政府作为经济发展的提倡者的语境下，国家支持的项目重复把自己构建为积极的引领者，其中农民们被动地接受国家带来的福利。但即使在这样的假设中，经济作物项目不经意间产生了一个魔术效应：项目很大程度上失败了，而在这一过程中，农民懂得了市场及其跨界经济冒险的可能性。

研究方法

本文使用了多点田野调查方法，在调查中采用了半结构访谈。第五和第六部分基于2005年及2006年1月和2月在西双版纳的调查，涉及的访谈来自13个不同的村落，5个国有橡胶农场，西双版纳州农业、森林和生态环境保护部门，热带经济作物种植管理局，西双版纳热带植物园和私人橡胶公司。第七和第八部分基于2006年2月在老挝琅南塔省②的农业和森林部门、芒新县③农业和森林部门的橡胶办公室，以及中国边境的傣族和阿卡村寨的访谈。除此之外，我在西双版纳山区的一个阿卡人村寨已持续进行了超过12年的研究，在这期间，很多经济作物项目开展。

西双版纳经济作物种植的魔力

在西双版纳，事实上几乎所有的农民都是少数民族，国家在制定发展项目规划时认为农民似乎什么都不懂。在少数民族极端落后这一假设的前提下，无论是提高农民收入，还是控制其森林利用，扶持项目直接关乎农民的土地利用。在过去约15年中，政府推行了一系列经济作物种植运动。自从1994年我第一次到西双版纳，这些被认为具有魔力的经济作物，已经历了从菠萝、

---

① 席格伦在2006年指出，中国"适者生存"观念是伴随着市场经济而复活的，这是因为市场被认为会促使人民具有高素质和竞争性。

② 译注：琅南塔省，是老挝北部省份，其西北与缅甸接壤，东北与中国接壤，面积9325平方公里。

③ 译注：芒新县，属于老挝北部琅南塔省，与中国西双版纳勐腊县勐满镇接壤。

西番莲到咖啡再到甘蔗的类型转变。从 2003 年开始所宣传的作物又发生了改变：即高海拔山区种植的茶①，低海拔坝区种植的橡胶。正如毛泽东时代的政治运动，新的作物替代前一种作物，并摒而弃之。在西双版纳地区考察的医学人类学家认为，上述运动式思维也融入医疗卫生计划中。（Hyde、Pers、Comm, 2005）结果，政府部门人员并没有建立一系列能提高卫生保健的知识库。在经济作物项目的例子中，国家工作人员并没有积累怎样选择或者进一步推进这些经济作物的经验。在每一项新的经济作物项目过程中，知识都是重新建构的，导致这一现象的原因是政府假设农民什么都不懂。但是，运动式思维说明了国家工作人员不了解市场成功所需的各种因素。在缺乏市场利润分析、未考虑运输和加工的条件下，每一项经济项目都被假设为"能够成功"。没有逐渐累积的专业知识，农业技术推广人员在选择经济作物种类时并没有考虑当地农民能否从中长期获益。同时，当任何一个经济作物项目失败时，对下一个项目的需求性已在不知不觉间被确定。国家工作人员对自身"高素质"的假设基于知识和能动性是来自国家的理解。

通过这些经济作物项目，农民知道了哪种作物会侵蚀土壤；如果没有运输、加工和出售的基础设施会怎样；他们也知道如果一种作物以未预料到的低价出售谁会损失。在每一种失败的经济作物种植中，国家工作人员或许会承认一些过错，但最终还是责备少数民族农民"没有知识，他们的素质太低了"②。正如塔妮娅·李的分析所指出的：政府将所有成功都归于自己，而农民要对发展过程中的任何失败负责。同时，农民已经十分确定地了解了哪种经济作物值得长期投资。因此，政府发起的经济作物种植，以一种出乎意料的方式，在帮助有所准备的少数民族农民在西双版纳加入国际市场的过程中创造了新的市场机会。

当政府为加入世界贸易组织做准备时，从 20 世纪 90 年代开始，为了达到国际市场价格，政府逐步降低了橡胶价格。这样一来，橡胶价格下降，但由于其过程缓慢，就不会对海南和西双版纳这两个适合橡胶生产的热带地区的胶农造成大的震动。2003 年，为了配合中央政府减轻中国加入世界贸易组织之后财政负担的努力，以及世界贸易组织要求减少国家对工业的补贴

---

① 译注：这里的茶叶指的是普洱茶。
② 2006 年在景洪农业科学技术研究所的访谈揭示了农业技术推广员知道经济作物项目失败的原因，即低价格，没有市场空间，没有收购，交通不便，但是在州农业管理部门比较流行的观点是因为农民的"低素质"。

(Holbig, 2004: 342、344), 西双版纳的国有橡胶农场被改造为私有公司。这些橡胶公司不得不参与市场竞争。同时, 作为私有公司, 他们也被允许在境外投资。由于产自中国的橡胶只能够满足国内需求的 1/3①, 新型的公司急于获取在邻国老挝开发大型种植园的特许权。

为了消除农民的贫困, 政府于 2003 年取消了农业税。在西双版纳, 农业税的取消和对农业产品出口管制的放宽, 意味着农民可以参与跨境贸易, 且由于他们不再需要种植粮食以上交农业税, 因而农民也可以将他们的田地进行更多的商业化利用。很多人在自己所有的土地上已经种植了橡胶, 他们还可以将其橡胶种植扩展到邻国老挝。这些国家和州政府层面的双重改变提供了农民向老挝发展橡胶和其他作物种植的可能。接下来的一节我将呈现西双版纳橡胶种植的简要历史, 并分析在这种新的条件下, 橡胶公司和少数民族胶农如何经营。

西双版纳的橡胶种植历史

橡胶是西双版纳最主要的经济作物, 它是最主要的收入来源, 也是国有橡胶农场、县乡政府以及农村家庭进行其他投资的资金基础。(Xu, 2006) 围绕着橡胶这种经济作物, 中国进行了"国家建构"过程。(Watts, 2003: 65) 在这一过程中, 人们在社会发展状况和空间上被划分出等级。橡胶第一次被引入西双版纳是 1949 年中华人民共和国成立不久后的 20 世纪 50 年代, 通过国有农场开发种植实现。由于中华人民共和国成立之初受到西方国家的封锁, 在国家军事和工业发展的需求下, 橡胶被认为是一种十分重要的经济作物。(Xu, 2006: 254) 国有农场的员工为汉族, 正如国有农场所呈现的, 就工业现代化来说, 唯有汉族具有科学技术、理性、高效的素质, 因而是能够妥善管理经营农场的民族。(国有农场访谈, 2006 年 2 月) 尽管国有农场的设立是为了给国家而非市场生产其所需橡胶产品和资本, 但因其在熟练劳动力组织下高效地生产某种单一产品的大型实体, 国有农场可以被看作是一个"福特主义"的模型。(Harvey, 1990: 125-127) 经济价值由一些被认为具有较高社会价值的人创造。

从 20 世纪 50 年代开始到农业生产合作社结束, 无论是农场本身还是在其管理运营上, 国有农场都与其周围的少数民族隔离。国有农场及其员工属

---

① 国家需求为 1/3 的数据来自东风农场管理者和景洪热带经济作物研究所的一系列研究。

北京和昆明的农垦局管理，而少数民族农民在1958年之后属于州政府管理的农业生产合作社。少数民族农民被认为是与现代化相对的——他们落后、没有科学技术、不理性并且是停滞的。这种社会分类遵循的是福柯的"分类实践"概念，这种分类本身就是对人口和空间的管控，因而通过分类就可以实现政府治理。在西双版纳，人口被划分为先进的汉族和落后的少数民族，在这种划分中，不同人群对应着不同的土地使用方式——空间化的社会分层，即汉族及其所居地的"现代"和少数民族所居地的"落后"。在这种分类下，国有农场生产橡胶，与之对应的少数民族，尤其是以轮耕为主的少数民族，被认为实行的是低下的生产方式。

在20世纪80年代的西双版纳地区，废除农业生产合作社以及将土地承包给农民的过程伴随着这样一种认识：地方政府应该帮助少数民族发展经济。将土地承包给家庭，包括少数民族在内的农民被重塑为家庭个体户。在中国，发展与国家责任以及剧烈的变化分不开。家庭联产承包之后不久，国家工作人员和国有橡胶农场的工人开始教少数民族农民种植、管理和采割橡胶。根据已退休的国有橡胶农场工人回忆，20世纪80年代中期的橡胶项目有两个方面的原因：第一，国有农场的橡胶已经无法满足日益增长的国家工业发展需要，为提高橡胶产量少数民族家户规模的橡胶种植被提上日程；第二，地方政府的角色是帮助农民提高收入。

在2005年和2006年的访谈中，农民们回忆了从1985年到1987年首次橡胶种植。那时很多橡胶种植在低于900米的轮歇地，900米是可以种植橡胶的最高的海拔。即便不是所有的农民都理解或者种植了橡胶，由于从1999年到2009年的10年之间，橡胶价格翻了3倍，给农民带来了意料之外的收入。（Qiu，2009：246）不具社会价值的少数民族农民创造的经济价值说明发展的目标确实达到了，但同时这也给社会带来了一个前所未有的问题。

在1994年到1995年间实施了另一个通过开发种植更多橡胶树而消除贫困的大型国家项目。西双版纳地区很多农民参与了这一项目的实施，导致这一地区家庭所有的橡胶总面积超过了国有农场[①]。到了2002年，另外几个更引人注目的橡胶种植项目实施。这次的橡胶种植与退耕还林项目相结合。退耕还林是2001年西部大开发项目中的一部分，即政府鼓励农民在具有一定坡度的土地上种植树木，从而提高森林覆盖率。（Economy，2002）为此，林业

[①] 2006年2月，这样的表述在热带经济作物研究所和包括勐捧农场在内的很多国有农场一遍遍重复。

局免费发放树苗。由于种植的树木会归入林业局的管控之下，农民将从林业局得到 8 年的粮食补贴——退耕还林补助粮。当退耕还林于 2002 年在西双版纳实施时，林业局会时不时发放补助粮给农民让他们种植橡胶，将退耕还林和另一个国家项目——扶贫合二为一。根据景洪扶贫办主任的采访，这样做的目的是为了将"退耕还林和扶贫结合在一起"。由于橡胶林被算为森林覆盖，似乎环保意识并没有消失。正如西双版纳州林业局一位官员介绍的："橡胶在防止土地退化方面比粮食好。"这种将橡胶种植和环境保护结合在一起的理念，引导农民不仅将橡胶种植在其轮歇地中，还扩大到很多私有林和村寨集体林。在如今的西双版纳，900 米以下（甚至一些更高地方）的土地上到处都是橡胶林。

由于云南省对森林砍伐的担忧，自 1995 年以来国有农场未被允许扩大橡胶种植。同时，对环境的担忧体现为对少数民族农民带贬义的描述，即"他们不知道树木的价值"。国有农场、林业局，以及西双版纳州其他政府部门的管理者抱怨农民混乱的橡胶种植，暗示着农民的橡胶种植对社会分层造成的威胁。但国家工作人员不能，或者不愿减缓农民的橡胶种植。这是因为即使森林不断消失，但橡胶是体现现代和先进的一种重要工业产品。橡胶为西双版纳的农民带来了未曾预料到的财富。国家工作人员可以抱怨，但结果是经济的发展，且说明国家主导的发展项目获得了成功。对于橡胶种植来说，环境保护和经济发展的目标扭曲地融合在一起。

同时，大型国有橡胶农场的密集型橡胶园，和其他如砖瓦厂、发电厂等企业是坝区最主要的景观。2005 年和 2006 年，高层领导在对国有 8 个农场中 5 个的参观后，证实了国有农场在科学管理下具有世界一流产量的橡胶生产。西双版纳州府景洪市的热带经济作物研究所，已经对橡胶进行了长达近 50 年的研究。由于国有农场不被允许扩大种植范围，最近的研究主要集中在如何提高产量上，这种集中研究的结果产生了可种植在海拔 900 米以上的两个橡胶品种：77-2 和 77-4 号。正如政府部门所强调的，即使农民种植的橡胶面积已经超过了国有农场的橡胶，但是国有农场所拥有的现代、科学的特性是农民无法企及的，因此国有农场的橡胶产量依旧高于农民。在国有农场，另一个十分普遍的说法是："国有农场为西双版纳带来了现代化，是我们建设了公路和桥梁，我们供应了电。如果没有国有农场，西双版纳应该还是落后的。"国有农场的官员认为在国家的扶持下，胶农是"舒适富裕"的。国有农场的管理者将自身看作是地区发展的推动者，而少数民族农民是受施者。

橡胶农场抱怨少数民族农民"浪费自然资源"。农民在不知道橡胶树可以采割长达 40 年的情况下在树长到 10 年后将其砍掉。农民应该"听从政府"，因为他们的"文化素质太低了"。这些言说论说明了管理者认为自己是先进、科学的，因此橡胶公司的汉族管理者不可避免的将其和落后的少数民族农民进行了区分。这样的评价反映了国有农场员工领会了政府对少数民族的理解，即国家要扶持少数民族地区进行发展，也包含了由于现代和落后之间的差距很大，少数民族的素质很低，在扶持其发展过程中困难重重。这样的评论同时也反映了诸如经济作物项目等国家行为，因其仁慈的目的还创造了市场机会，阐释了在以周期性改变经济作物为主的国家计划过程中成长的国有农场职工的主观性。在资本主义经济体制里长大的人通常在播种新作物之前会有经营计划，但是对他们而言，经营计划不是他们所考虑的一部分。发展来自"国家计划"，而非市场扩大的结果，因而国家是发展的源头。

如果将橡胶公司和小型农户的生产方式和收入进行比较，橡胶公司的"科学管理"方式和"低素质"农民的生产方式都需要思考。2005 年和 2006 年，西双版纳热带植物园和昆明植物研究所的高级研究人员的报道暗示了已经改造为私有企业的国有农场面临着财务危机。这是因为他们在向老挝扩大橡胶种植时不够灵活，适应性也不强。作为大型的国有企业，国有橡胶农场是一个典型的福特型生产模式，这种大型的经营模式"以物质材料和科学理性作为基本保障"。（Harvey，1990：339）他们受益于国家的补贴和保护近 40 年。

少数民族胶农的家户经营经验不同于国有农场。在 20 世纪 80 年代开始的市场经济改革中，家长式的国家作为最主要的计划者决定种植何种经济作物，通过一系列经济作物的替换种植，国家事实上在不经意间教会了农民如何灵活地把一种作物转变为另一种、如何重新利用土地、劳动力，以及为更多投资积累资金。农民掌握了可以灵活地生产和进行劳动力分配的"后福特主义"生产模式。（Harvey，1990：339）在这样的方式中，农民擅长快速的土地利用方式转变并在老挝进行跨境种植。橡胶种植使得西双版纳的少数民族与老挝芒新县的人们形成了长期的资本化关系。在国家层面，中国经济已经以世界最快的速度增长了超过 10 年。西双版纳的经济比老挝芒新县的经济更强势，这意味着中国企业家和农民积极跨过边境，从而在中老不对称的经济中获利。

与老挝的正式与非正式联系

西双版纳,即之前的"十二版纳",与相邻老挝芒新县有长期联系。在法国人到来之前的一些地区性地图中,显示了芒新是西双版纳的一部分。(Gabrowski,1999)无论是中国还是老挝,他们均声称居住在中老边境的傣族和阿卡人长期以来因族群、亲属关系和劳动力交换而彼此关联。1949年中华人民共和国成立以来,人们常常自由往返于老挝芒新县与中国西双版纳之间。农民有时会因重大政治事件而穿越边境。蒙(Mom)是老挝芒新县的一个傣族村落,这个村落首领的先辈就出生在西双版纳的勐远(Meng Yuan)地区,为了躲避1958—1960年的中国"大跃进运动"而逃到了芒新县。近年来,勐远村民吸引了蒙村民进行经济作物的扩大种植。

自从中国于2001年加入世界贸易组织之后,中老边境农民的非正式跨境交往不断增加并深入。这种交换对两个国家少数民族农民的生计有重大影响。通过西双版纳阿卡和傣族农民的历史渊源可知,这一变迁对中国一方的影响尤为显著,它使中国的少数民族农民转变成了活跃的商人。

少数民族胶农

对西双版纳勐腊县勐远的傣族和阿卡村寨进行的访谈记录,说明了在农民在尝试新的可能中其土地、劳动力和资金的快速变化。其中一个例子是曼朵党(Ban Dok Douang)①,这是一个傣族村落,由于原村落被洪水淹没,村寨于1994年搬到现在所在地。村寨搬迁之后,很多村民就开始种植橡胶,并约从2000年开始割胶。一些家庭出售幼小的橡胶树以获得更多资金,并在其他土地上种植更多橡胶树,当新种的橡胶树开始割胶时,村民可以从橡胶种植中获得好几份收入。对橡胶的复杂安排,或许是随着时间自然而然发生、而不是精心策划的,导致国有农场管理者对胶农做法的误解,即认为农民不知道胶树可以采割多久。与之相反,胶农意识到橡胶树可以以多种方式产出并带来多样化的收入。

事实上,直到近期,曼朵党村民还在种植甘蔗。2000年中期,由于甘蔗的价格太低,村民很快将甘蔗替换为橡胶。2003年,中央政府免除了农业税,

---

① 译注:根据傣语音译。

农民不用再向国家上交一部分粮食。到了 2005 年，农民将一部分稻田出租给来自广东的老板种植香蕉。农民每年可从每亩土地收取 500—800 元租金①。傣族人不再种植水稻，而是从邻国老挝购买比中国更便宜的大米。这里的农民说他们平均每年可以从橡胶、其他经济作物以及打工方面获得 6 万到 7.5 万元（8778—10973 美元）②。

　　许多傣族农民在其老挝亲戚的土地上与他们共同种植橡胶。由于傣族农民提供投资和技术支持，老挝农民提供土地和劳动力，其收益通常按照 6 : 4 或者 7 : 3 分配，傣族农民可以得到更大份额。在某些情况下，老挝农民也会最终继承橡胶树。直到近期，由于老挝人的人工费只有每天 15 元，而中国人的人工费为每天 35—40 元，在城镇工作的曼朵党的年轻人日薪平均要比村中高出 40 元，因而很多老挝亲戚被带到中国从事插秧、除草、收稻谷等工作。换句话说，这些家庭更加灵活地安排了土地、劳动力和资本，他们可以将来自橡胶的收入投入到诸如向老挝扩大橡胶种植等经营中。同时，他们也根据农作物价格的快速变化和新的机会来转变土地利用，如用香蕉取代甘蔗、从老挝购买大米而不是自己种植水稻。中国农民利用中老两国之间的工资差异安排农业生产；利用城乡工资差异增加家庭收入。这种做法是农民利用中国加入世界贸易组织之后，在中老跨境收入差异悬殊的背景下灵活积累财富的体现。

　　第二个例子是叫作曼坝伞（Man Ba San）的一个阿卡村寨。这里的副村长说以前他们居住在老挝边境山区，那时他们在轮歇地里种植高山稻谷。1981 年，当政府要求他们搬下山时，他们将村寨搬迁到了现在所在地。在 1982 年到 1983 之间包产到户时期，很多家庭得到了轮歇地，并在 1985 年到 1987 年的第一次经济作物项目执行过程中将其种为橡胶。对于这些家庭，到 2000 年中期已可采割的橡胶树基本是他们的收入来源。正如上文提到的傣族农民一样，他们以与老挝的亲戚以 6 : 4 利润分成比例共享经济作物。到了 2006 年，他们与广东老板签订了一个 8 年的合同，将水田出租给老板用来种植香蕉。村长介绍了村民如何计算应种植哪种经济作物：农民可以从一亩水稻中获得大约 100 元的收入，种植甘蔗每亩可以获得 300 元，将土地承包出

---

　① 7.56 元 = 1 美元；15 亩 = 1 公顷。
　② 在西双版纳，并没有官方的关于"富裕"的标准。这里的评估基于农民对自身或者其他农民的评价。相比之下，西双版纳的贫困县是年均纯收入 882 元。假设一个五口之家，年收入为 4410 元为贫困线，如果是六口之家，贫困线就是 5292 元。本文案例中的家庭收入高于此贫困线 10 倍多。

去，农民则可以获得每亩 500 元的收入。农民对经济作物市场价值的评价是显而易见的。如曼多克端的村民一样，曼坝伞村家庭的平均年收入为 6 万至 7.5 万元（8778—10973 美元），这些收入基本来自橡胶，而在曼朵党村，村长的收入增加到 18 万至 22.5 万元（26334—32918 美元）。

曼朵党村一个显著特征是人们对国家社会服务消退之后的反应。如今，农民必须自己负担孩子的教育和医疗保险，而这些服务以前由国家补贴。（Murphy，2004：4）这里的阿卡人说："钱最重要，钱使其他的事情成为可能。"这里的"其他的事情"包括将孩子送到州府景洪读高中，甚至送一些孩子去读大学；购买养老保险和医疗保险。也包括先前整个村寨一起在景洪庆祝的一个节日。这些投资和花销在应对国家号召个人发展自身并带动国家经济发展的城市中产阶级中更加普遍，这样的号召被霍夫曼（Hoffman）称为"个人发展事业心"。（Hoffman，2006：556）当国家不再负责其教育和医疗保障时，阿卡农民自谋发展之道的行为同时也反映了"素质"这一概念。在另外一些案例中，当与"素质"这一概念有关时，阿卡农民的贫困被认为是其自身"低素质"的结果。（Sturgeon，2007）然而在这些案例中，当农民为自身取得的成果骄傲时，事实情况得以逆转。农民在此前从来没有得到国家的津贴，但是，如今阿卡人将自身条件与国有橡胶农场职工进行比较。国有橡胶农场的职工确实得到了包括退休金在内的补贴。他们告诉阿卡农民自己很后悔没有土地可以种植橡胶树。的确，一些国有农场的职工接近村民，试图租用其土地。正如村长说的："如果在国有农场工作的阿卡农民种了自己的橡胶树，就会比现在富有。"根据报告，国有农场职工一年最多可以挣到 4 万至 5 万元（5852—7315 美元），比曼朵党和曼坝伞村民的收入低。通过复杂的土地利用劳动力和转换，以及他们和老挝的跨境联系，曼坝伞村民不是依靠国家理念和资助，而是自身谋求发展。在当下，阿卡农民的收入比国有农场职工高，并与城市企业家一样，他们正在对国家经济的发展做出贡献。

第三个例子是另一个以前位于山区，叫作国防（Guo Fang）的阿卡村寨。国防村的村民与许多老挝村民有很密切的联系。在山上，他们常常在其轮歇地上种植高山稻谷，养殖大量家畜，主要是水牛和黄牛。在国家的扶持下，国防村于 1958 年搬到山下，此后一直居住在现在的低地。与大多数西双版纳傣族和阿卡村寨的经历一样，在 1982—1983 年的土地分配过程中，家庭分配到了轮歇地和柴薪山林，村子作为集体获得了用于修建房屋的集体森林，所有这些土地现在都种植了橡胶。每家平均收入在 5 万至 7.5 万元（7315—10973 美元）。而村长在收入最多的 2005 年曾获得 55 万元（80465 美元）巨款。国防村村民和其老挝亲属及其短工在老挝共同拥有橡胶林，他们事实上从1958年之后就有很多联系，已经互相熟知。通过这些联系，据说有些家庭在老挝种植了200亩橡胶。据一位信息报告人指出：老挝人的生活在正在改善，他们现在有拖拉机和摩托车，可以每天都洗澡，穿新的衣服，不再穿他们过去的传统服装。对于国防村村民，他们有大型的现代房屋和最新型的汽车。对于落后地区的定义已经从中国转移到了老挝，而他自己已经到了现代阶段。这些说法均来自现代化生产和快速经济发展的中国国防阿卡村。

第四个例子展现了并不是西双版纳边境一线的村寨都有足够的资金通过跨境联系在橡胶种植中获得更多收入。坝卡龙（Ban Kalong）阿卡村寨被认为是勐腊县最贫困的村寨之一。坝卡龙于1988年搬到村子现在所在的地方，直到最近才意识到在一些大量需要水的季节没有足够的水供应。村委会正在和勐腊县扶贫工作人员一起为村寨的供水建造一个蓄水池。同时，正如在勐腊县很多村寨普遍存在的模式一样，坝卡龙的很多家庭将水田出租给广东老板种植香蕉。但是，这里的橡胶种植与老挝的模式一样：即这里的农民和来自勐腊其他地区或者云南其他市县的人共有橡胶林，其收成以4∶6或者3∶7的比例，即坝卡龙的农民获得较少收成而外面的承包者获得较大比重。这里的农户缺少向橡胶投资的资金，也缺乏其他种植橡胶的方式。据报告称，坝卡龙农户2005年的年收入是1万元（1463美元）。

通过不同村寨的访谈，反映出西双版纳边境一线一系列频谱式土地利用方式。在一些比较富裕的村寨，如曼朵党，曼坝伞和国防村，都将自己的土地出租给香蕉老板种植香蕉，他们自己租种或者和老挝人以6∶4或7∶3的收入分配方式共有橡胶林，从这些种植中他们的占了大多数收成。在坝卡龙这个比较贫困的村寨，将土地出租出去获得收入，同时也和其他的人承包商共同拥有橡胶林，但是其利润的分配比例是4∶6或3∶7，其中，坝卡龙农户所获得的收益占较小的份额。处于这个频谱最底端的老挝农民，与承包商以4∶6或者3∶7的比例共同拥有橡胶林，却没有将土地承包给香蕉种植者的机会。正在形成的资本主义在村寨之间形成了层级化的经济。同时，富裕的农民不经意间挑战着已经长期形成的社会分层以及国家在发展中的作用。正如基德万尼指出的："可溶解的资本能量"产生了意想不到的收入，即可以提升少数民族的社会阶层，也可以改变其在中国社会中的阶层。

同时，大型国有橡胶农场似乎越来越像一个大型的社会主义永恒物，依旧具有现代性象征的十年大跃进，即具有科学性、理性并被汉族，尤其是汉族领导决定①。西双版纳的胶农作为某种意义上的承包商,同时也在利用"政府与政府"的关系在老挝寻求新的橡胶种植方式。一些橡胶种植承包商在与老挝洽谈开发大型种植园②,另外一些人也在积极加入中国政府对老挝的援助项目。中国政府从中国公司在老挝的橡胶种植中抽取资金与老挝的农民一起在老挝开展扶贫。到2006年,至少是与中国相邻的老挝琅南塔省和丰沙里省,这些项目仍然困难重重。根据2006年2月琅南塔省芒新县的森林管理人员解释,他们也在进行土地和森林分配,这个过程正像20世纪80年代初期,中国将土地划分给家庭相似,直到土地被分配并登记完成前,老挝林业人员不愿意给中国公司土地租期,或鼓励中国人与老挝农民合作,原因是他们的土地还没有被制图和分类。

在阿卡和傣族"农民与农民"的合作中,橡胶种植面积在边境沿线快速上升。农民通过亲戚关系将橡胶种植在老挝,这些已经种植了橡胶的土地包括被老挝森林管理机构分配的,也有未被分配的。所有这些橡胶所出产的胶水都被运送到中国进行加工,并最终进入中国市场。与其他失败了的经济作物项目不同,用于加工和出售橡胶的基础设施早已完善,这些设施同时服务于农民和橡胶公司。农民的成功是通过灵活、富有创造性的产品分配而实现的。同时,和"现代的"其他族群一样,少数民族农民实现了其自身的经济发展。在农民自己的眼中,他们提升了自身素质,并实现了收入的增长,而这些正是国家的发展目标所在。

结　　论

从20世纪80年代早期开始,在"价值体系"包括在计划经济发展的背景下,西双版纳少数民族和发展的治理就已经包含了提升社会和经济的双重指标。即使农业发展很大程度上依旧由国家规划并引导,西双版纳在不经意间转向了市场经济。20世纪80年代,地方政府通过使少数民族家庭加入橡胶种植,以及之后的一系列经济作物项目来提高社会和经济水平。通过这些项目,被认为只有国家工作人员才具有的能动性和知识,给本质上是低素质的少数民族带来经济发展,因为任何发展或者取得的成果都是国家的功劳而不

---

① 在勐醒国有农场的访谈揭示了国有农场的管理者和每个生产队队长必须是汉族。农场的职工可以是少数民族,除了勐捧和勐醒两个农场之外,其他农场的职工都必须是西双版纳之外的人。

② 中国公司已在老挝成功开发了大型橡胶种植园(Barney, 2008)。

是少数民族逐渐提升的技能。在这一过程中，除了橡胶种植之外的几乎所有经济作物项目都以失败告终。但是在这些项目过程中，农民学会了如何快速适应新的作物、发展出新的策略、开拓市场和劳动机会。中国加入世界贸易组织之后，农民还扩展了其技能——跨境产业。变为私有公司的国有农场却缺乏农民的这种灵活性。农民灵活的、后福特主义方式更适合时刻变化的市场环境和国家化的机会。

本文试图在中国语境中对一些未预料到的变化做出合理的解释。第一，少数民族农民创造了适合跨境的生产方式，而汉族主导的橡胶公司却落于其后；第二，国家的一系列经济作物项目的失败，不经意间使农民在这个过程转向市场并发展了跨境种植；第三，国家工作人员似乎在经济作物项目执行过程中没有学到任何东西，与之相对，农民却获得了诸如市场如何运转等知识；第四，少数民族农民知道其在中国社会分层中较低的位置，但他们认为自己正在提升自身素质、增加收入；第五，由于游离在国家自上而下的发展计划之外，农民的成功既不是规划的也未被认识到，对这些令人惊奇变化的解释，为理解国家对资金运作和社会质量治理之间的关系拨开了乌云。

在中国更广阔的范围内，对于发展和民族治理不只有一种话语表述。具有支配性的话语概括了西双版纳少数民族和汉族之间的本质差异，即汉族是经济发展的推动者，而少数民族是落后者、国家扶持的受施者。在全国范围内，一系列独立的关于发展的话语事实上希望所有人都能富起来，并为提高人口素质和促进国家经济发展做出贡献。阿卡和傣族农民在无意识中挑战了中国各民族之间的分层，他们成功地回应了国家"富起来"的号召，在不经意间威胁了西双版纳的社会和空间分层。由于汉族具有企业家能力，代表着更高的素质，因而他们被认为是提高收入和向国际发展过程中的领头羊，而少数民族因其没有主动性且素质低下而掉队。但可溶解的资本能量使少数民族农民而不是国有农场的汉族管理者受益。尤其当与国有橡胶农场的失败相比，农民承包经营的成功威胁的不仅仅是原有的社会分层，还有发展如何表述的意识形态。富裕的少数民族农民，尤其是那些比橡胶公司经营更好的农民承包商，侵蚀了将每个人都固定在特定地域的区隔化实践方式。西双版纳的国家工作人员用"无秩序""干扰性"等对社会和谐和良好治理有威胁的词来描述农民，因而关闭了西双版纳与老挝的边境，从而阻止农民的跨境橡胶种植。

发展中"可溶解的资本能量"并不是总是可以预测的。在本文的案例中，资本主义嵌入"素质"这一包涵着企业管理能力的概念中。海因兹（Hindess）关于自由规则3种例外形式的归类并不完全适用于中国，却有效地表明了"素质"的本质化过程。国家发展的目标就是提高少数民族的收入和"素质",但是素质却被表征为一种固定的差异而不是可改变的标杆。通过人们"可调控的选择和愿望"(Rose, 1996:4)的治理形塑了胶农和城市商人的行为。胶农通过自我管理,以及加入到资金运作和素质提升中而被治理。这是正如胶农深知却有些混淆的理念:国家工作人员应该改变农村人口,但发展必须依靠农民自身。

本文并无意展示资本主义的胜利,而是为了解释在中国这样一个人们已被归类的社会,那些最不可能成功的人如何变得拥有技术和知识,并在无意中创造了大多数新的市场机会和国际化。由于承包投资由政府高层推动,少数民族农民偶然的成功并没有挑战到国家。但由于获得成功的方式,地方政府工作人员依然认为少数民族就如他们想象的那样被动,并通过关闭边境阻止胶农的跨境种植,从而防止社会混乱。

通过和经济发展联系在一起来理解"素质"这一概念,国家发展项目可以被看作是将汉族和少数民族固定在其固有社会阶层和特定地理空间上的途径。但同时,素质难以形容的属性以及国家号召人们提高个人素质的口号共同为阿卡和傣族农民提高自身素质提供了一定的空间,至少在少数民族农民眼中,他们利用资本提升了自身社会和经济水平。国家工作人员和少数民族农民对素质这一概念不同理解之间的矛盾,以及素质本身的可采纳性,说明阿卡和傣族农民提升其在中国社会阶层中的位置不太可能,但他们日益增长的收入不断挑战着汉族和少数民族之间现代和落后的二元对立格局,同时也挑着了中国社会中知识和能力的所属(属于汉族)。事实上在实践中,以上二元结构已被扭转,这是因为少数民族农民的生产模式比橡胶公司更加"先进"、高效。在计划经济向计划、市场和国际化扩张等多种因素聚合的模式转变过程中,少数民族农民成为灵活支配土地、劳动力以及资金的先行者,并成为西双版纳加入世界贸易体系之后的先行者。

致　谢

本研究受到 NSF 资金项目"东南亚内陆山地的资源治理系统和地理景观变迁研究"(HDS0434043)的支持。我十分感谢叶婷(Emily Yeh)、伊夫·古迪尼奥(Yves Goudineau),以及迈克尔·海瑟薇(Michael Hathaway)对本文初稿所提出的宝贵意见。我也十分感谢本文的 3 位匿名评审人以及他们的修改建议。我也感谢来自老挝的 NSF 团队成员藤田弥生(Yayoi Fujita)提供的关于橡胶种植令人敬畏的知识,同时她也是 2006 年我在老挝进行访谈时的翻译。文中可能存在的任何错误由我本人承担。

参考文献

Anagnost, A. 1997. National Past-Times: Narrative, Representation, and Power in Modern China. Duke University Press, Durham.

Anagnost, A. 2004. The corporeal politics of quality (Suzhi). Public Culture 16 (2), pp. 189-208.

Bakken, B. 2000. The Exemplary Society: Human Improvement, Social Control, and the Dangers of Modernity in China. Oxford University Press.

Barney, K. 2008. China and the production of forestlands in Lao PDR: A political ecology of transnational enclosure. In: Nevins, J., Peluso, N. (Eds.), Taking Southeast Asia to Market: Commodities, Nature, and People in the Neoliberal Age. Cornell University Press, Ithaca, NY.

Deng, X., 1994. Selected Works of Deng Xiaoping, Vol. III. Springer, Berlin. pp. 1982-1992. Economy, E. 2002. China's Go West Campaign: ecological construction or ecological exploitation? China Environment Series (5). (Environmental Change and Security Project, Woodrow Wilson Center).

Foucault, M. 1990. The History of Sexuality. Vintage Books, New York.

Foucault, M. 1995. Discipline and Punish: The Birth of the Prison. Vintage Books, New York.

Gabrowski, V. 1999. Introduction to the History of Muang Sing Prior to French Rule: the Fate of Lü Principality. Bulletin de l'école français d'extrême orient 86, pp. 233-291.

Gidwani, V. 2008. Capital, Interrupted: Agrarian Development and the Politics of Work in India. University of Minnesota Press, Minneapolis.

Greenhalgh, S., Winckler, E. 2005. Governing China's Population: From Leninist to Neoliberal Biopolitics. Stanford University Press, Stanford.

Harrell, S. 1995. Introduction. In: Harrell, S. (Ed.), Cultural Encounters on China's Ethnic Frontiers. University of Washington Press, Seattle.

Harvey, D. 1990. The Condition of Postmodernity. Blackwell, Cambridge.

Hindess, B. 2001. The liberal government of unfreedom. Alternatives: Global, Local, Political 26 (2), pp. 93-111.

Hoffman, L. 2006. Autonomous choices and patriotic professionalism: on gvernmentality in late-socialist China. Economy and Society 35 (4), pp. 550-570.

Holbig, H. 2004. The emergence of the campaign to open up the west: ideological formation, central decision-making and the role of the provinces. China Quarterly 2004, pp. 335-357.

Hostetler, L. 2001. Qing Colonial Enterprise: Ethnography and Cartography in Early Modern China. University of Chicago Press, Chicago.

Hyde, S., Pers. Comm. 2005. Sandra Hyde, A Medical Anthropologist at McGill University (has done research in Xishuangbanna for over ten years).

Li, T. 2007. The Will to Improve: Governmentality, Development, and the Practice of Politics. Duke University Press, Durham.

Murphy, R. 2004. Turning peasants into modern Chinese citizens: 'population quality' discourse, demographic transition and primary education. China Quarterly (177), pp. 1-20.

Qiu, J. 2009. Where the rubber meets the garden. Nature 457, 246-247.
Rose, N., 1996. Governing 'advanced' liberal democracies. In: Barry, A. (Ed.), Foucault and Political Reason. UCL Press, Great Britain. Sigley, G., 2006. Chinese Governmentalities: government, governance and the socialist market economy. Economy and Society 35 (4), pp. 487-508.

Sturgeon, J. C. 2007. Pathways of 'indigenous knowledge' in Yunnan, China. Alternatives: Global, Local, Political 32 (1), pp. 129-153.

Sturgeon, J. C., Menzies, N. 2006. Ideological landscapes: Rubber in Xishuangbanna, Yunnan, 1950 to 2007. Asian Geographer (1-2), pp. 21-37.

Watts, M., 2003. Development and governmentality. Singapore Journal of Tropical Geography 24 (1), pp. 6-34.

Xu, J. 2006. The political, social, and ecological transformation of a landscape: the case of rubber in Xishuangbanna, China. Mountain Research and Development 26 (3), pp. 254-262.

Yan, H. 2003. Neoliberal governmentality and neohumanism: organizing Suzhi/value flow through labor recruitment networks. Cultural Anthropology 18 (4), pp. 493-523.